젠더와 경제학

GENDER & ECONOMICS

한국여성경제학회 지음

PEARSON

젠더와 경제학

초판 1쇄 발행 | 2012년 8월 10일

지은이 | 김애실 · 김경아 · 김영옥 · 김종숙 · 민세진 · 박진희
윤자영 · 이은형 · 최숙희 · 한현옥 · 황수경
발행인 | 유재성
발행처 | (주)피어슨에듀케이션코리아
등 록 | 제13-579호(1999. 3. 31.)

판매처 | 경문사
전 화 | (02)738-7035(주문 및 고객지원)
팩 스 | (02)722-4678
이메일 | kmsp@korea.com

ISBN | 978-89-450-1089-6

값 28,000원

머리말

이 책은 한국여성경제학회의 숙원사업의 하나로 출판되어 빛을 보게 되었다. 먼저 이 책이 나오게 된 배경을 설명하면 다음과 같다.

한국여성경제학회가 공식적으로 출범한 것은 1999년이다. 그러나 학회가 공식적으로 출범되기 몇 년 전부터 소수의 여성 경제학자들이 정기적으로 친목 · 연구 모임을 가지면서 경제학에 대한 새로운 접근방법과 도전을 제시한 『Beyond Economic Man: Feminist Theory and Economics』(마리안 A. 퍼버, 줄리 A. 넬슨, 1993)라는 책을 접하고, 함께 공부하며 그 책을 번역해서 1997년에 『남성들의 경제학을 넘어서: 페미니스트 이론과 경제학』을 출판했다. 솔직히 그때까지 주류경제학에 익숙해 온 경제학자들이 젠더의 관점으로 경제학의 이론과 실증적 연구를 고찰하고 이해하기는 쉽지 않은 일이었다.

1999년, 경제학의 다양한 분야에 생물학적 성(性)이 아니라 문화적으로 형성된 젠더(gender)의 시각을 접목하여 경제학 연구의 방법과 지평을 넓혀 갈 필요가 있다는 데 공감한 여성 경제학자들이 모여 한국여성경제학회가 창립되었고, 2012년은 한국여성경제학회가 창립된 지 14년째가 되는 해이다. 그동안 다양한 전공분야의 경제학자들이 학회활동에 활발하게 참여하고 있으며 젠더 문제와 관련된 좋은 연구물들이 나오고 있다. 그러나 경제학을 공부하는 학생들이 성차별과 구조적인 성불평등 그리고 그로 인한 노동시장과 자녀양육 및 가사, 복지 등에서의 젠더격차에 관하여 공부할 수 있는 경제학 교재는 우리나라에서는 아직까지 단 한 권도 출판되지 않고 있다. 한국여성경제학회는 초대 학회장으로부터 시작해서 역대 회장단이 젠더와 경제 문제를 다루는 교과서의 공동 집필을 계획 · 추진해 왔는데 이제 그 결실을 보게 되었으니 매우 기쁘고 의미 있는 일이라고 하겠다.

이 책의 특징은 다음과 같다.

첫째, 이 책은 대학이나 대학원에서 '젠더경제학' 이라는 과목을 개설한 대학이 없는 한국 경제학의 현주소에서 여성 경제학자들이 교재용으로 공동 집필한 젠더경제학 관련 책이라는 것이다. 책명을 '젠더경제학'으로 하지 않고 '젠더와 경제학'으로 한 것은, 이 책의 저자들이 젠더 문제에 관심을 가진 경제학자들이라는 공통점을 가지고 있으나 젠더경제학을 대학원에서 전공으로 공부한 사람보다는 다른 분야의 경제학 전공자가 더 많기 때문에 이 책의 구성과 내용에 한계가 있음을 반영한 것이다.

둘째, 이 책의 필자들은 시장의 경제활동과 가정에서 젠더격차가 어떻게, 왜 발생하는가를 경제이론과 통계 및 실증분석 자료를 활용하여 설명하고 정책적 제안을 하는 데 성인지적(性認知的) 관점을 도입하려고 노력했다는 점이다. 이 책이 남성중심적 경제이론과 실증분석에 익숙한 학생들에게 경제학에 대한 흥미와 관심을 더하고 경제학의 발전과 아울러 양성 평등한 사회에 대한 비전과 전략을 세우는 데 도움이 되기를 바란다.

셋째, 이 책은 경제학과 상급 학년 학생들과 대학원 여성학과 학생들을 대상으로 저술된 것이다. 따라서 성인지적 관점에 익숙하지 않은 경제학과 학생이나 경제학 이론에 익숙하지 않은 여성학과 학생들에게 도움이 될 수 있도록 쉽고 재미있는 구체적인 사례를 넣으려고 노력했다.

이 책은 5개의 부, 15개의 장으로 구성되어 있다.

제1부는 도입부로, 제1장에서는 젠더경제학을 공부하는 데 필요한 몇 개의 개념을 설명하고 젠더경제학의 등장 배경, 젠더경제학의 발전 과정, 젠더경제학의 기여 및 과제 등 젠더경제학에 관한 전반적인 이해를 돕고, 제2장에서는 전 세계에서 일반적으로 나타나는 젠더격차의 현상을 통계 자료를 통해서 살펴보고 우리나라 젠더격차의 특성을 살펴본다.

제2부는 가계생산과 노동공급을 주제로 하여 제3장에서는 가계생산 이론과 남성과 여성의 시간 배분 문제, 그리고 결혼과 출산 및 자녀양육에 대한 경제이론과 통계분석을 다루고, 제4장에서는 여성노동공급의 특징과 패턴을 분석하며, 제5장에서는 여성노동공급의 이론을 설명한다. 제2부의 마지막 장인 제6장에서는 가사, 육아 및 가족 돌봄 등 주로 가정에서 이루어지는 보이지 않는 노동과 젠더의 문제를 심층적으로 다룬다.

제3부에서는 노동시장에서의 젠더격차를 집중적으로 다룬다. 제7장에서는 노동시장에서의 차이(difference)에 대한 경제학적 설명과 차별(discrimination)의 유형과 원인 등을 설명하고, 제8장에서는 노동시장에서 구체적으로 나타나는 일자리 탐색, 직업, 종사상의 지위, 임금 등에서의 젠더격차 현상을 분석한다. 제9장에서는 기업에 존재하는 유리천장에 초점을 맞추어 여성의 관리직 진출 현황 및 문제를 집중적으로 분석한다.

제4부에서는 젠더와 복지를 다룬다. 제10장에서는 여성빈곤의 현황과 요인을 분석한 다음 여성빈곤 해결을 위한 복지정책을 소개하며, 제11장에서는 젠더와 국민연금제도, 제

12장은 젠더와 개인연금제도를 다루는데 공적연금제도가 여성에게 주는 의미와 문제점 및 과제 등을 설명하고, 영국, 미국, 일본의 개인연금제도를 소개하고 우리나라 개인연금제도에서의 젠더격차 문제 및 제도개선 방향을 논한다.

마지막 제5부에서는 젠더와 정책에 초점을 맞춘다. 제13장에서는 재정 또는 재정정책이 성중립적인가의 문제와 거시경제 흐름에서 제외된 무급노동의 평가 및 역할에 대해 논하고, 성인지 정책의 주요 도구인 성인지 예산의 정의, 배경, 분석방법 등을 자세히 설명한다. 제14장에서는 저출산 · 고령화의 추이와 현황 및 파급효과를 설명하고 구체적인 정책 방향을 자료와 함께 제시한다. 마지막 제15장에서는 세계 여성정책(젠더정책)의 흐름과 우리나라 여성정책의 흐름을 살펴보고 우리나라의 여성정책 및 남녀고용평등정책에 관해 설명한다.

『젠더와 경제학』이 책으로 출판되기까지는 적지 않은 시간이 필요했다. 그러나 이처럼 책으로 엮여 세상의 빛을 볼 수 있게 된 것은 이 책의 집필에 참여한 사람들의 열정 덕분이라고 생각한다. 각자의 강의와 연구 일정 등으로 매우 바쁜 가운데서도 수차례에 걸친 세미나와 워크숍에 적극적으로 참여하여 집필 방향과 책의 구성, 내용 등에 대해 논의하고 조언하면서 하나의 책으로 만드는 작업에 힘을 합할 수 있었던 것은 소중한 체험이 아닐 수 없다. 이 책이 경제학의 분야를 확장하고 양성 평등한 미래를 향한 발걸음에 기여할 수 있기를 바라는 마음 간절하다.

2012년 7월

『젠더와 경제학』 집필 위원장 김애실

CONTENTS

PART 1 도입

PART 2 가계생산과 노동공급

Chapter 03 가족, 가계생산, 결혼과 출산의 경제학

Chapter 04 여성 노동공급의 특징

PART 4 젠더와 복지

Chapter 10 여성과 빈곤

Chapter 11 젠더와 국민연금제도

Chapter 12 젠더와 개인연금제도

PART 5 젠더와 정책

Chapter 13 거시경제, 재정 및 젠더

Chapter 14 저출산 · 고령화 시대의 젠더정책

PART 1 도입

CHAPTER 01

젠더경제학의 등장과 발전

김 영 옥

1 몇 가지 개념

젠더경제학(gender economics)을 설명하기 위해서는 먼저 젠더의 개념을 이해할 필요가 있다. 젠더(gender)는 생물학적으로 남녀를 구분하는 성(sex)이란 개념과 대비되는 것으로 사회문화적으로 형성된 남녀의 역할과 지위, 남녀관계를 의미한다. 북유럽의 여아가 태어나 교육받고 직업세계와 가정생활에서 겪는 경험과 자아정체성, 역할, 권한 등은 아시아나 아프리카의 여아가 겪는 경험과 권한 등과는 매우 상이할 것이다. 그러나 이 세 지역의 여아는 생물학적으로 '여성'이라는 점에서는 동일하다. 이와 같이 사회 · 문화적으로 배태된 여성스러움, 남성스러움과 같은 성 역할과 태도, 각 성에 부여된 지위와 권한 등을 젠더 또는 젠더관계라고 칭한다. 성(sex)은 선천적 성, 젠더는 후천적 성으로도 불린다. 젠더에 해당하는 마땅한 우리말이 없어서 성별관계로 번역되거나 그냥 젠더로 표기되고 있다.

| 표 1-1 | 성과 젠더의 구분

성(sex)	젠더(gender)
생물학적인 남성과 여성의 구분 (female or male)	사회문화적인 남성과 여성의 구분 (feminine or masculine)
염색체의 차이 : 여성은 XX, 남성은 XY	여성과 남성이 되기 위한 문화적 특성
남성과 여성을 구분하는 데 있어 모호함이 없음	문화에 따라 남성과 여성의 구분방식이 다르기 때문에 모호함이 있음

따라서 젠더경제학은 사회문화적으로 형성된 성별관계의 관점[1]에서 경제학을 해석하는 학문적 시도와 결과라 할 수 있다. 이전까지의 경제학, 즉 젠더가 고려되지 않은 경제학은 '주류경제학'이란 용어로 부르기로 한다.

젠더경제학과 유사한 용어로 젠더의 경제학(economics of gender), 젠더와 경제학(gender and economics), 여성주의 경제학(feminist economics) 등이 있는데 이들 개념들이 그다지 다르지 않다는 것을 발견할 수 있다. 예를 들어 Jacobsen(2007)은 『젠더의 경제학』을 저술했고 서론에서 이 책의 연구목적을 다음과 같이 세 가지로 정리했다. 첫째, 남성과 여성의 역할, 보상 등에서 자주 발생하는 논쟁을 설명하는 데 젠더가 필요한 정보를 제공한다는 것이다. 예를 들어 1815년 미국에서 여성 취업자는 남성이 1달러를 벌 때

1) 성인지적(gender-aware, gender-responsive) 관점이라고도 한다.

29센트를 벌었으며, 2004년이 되어서야 남성이 1달러를 벌 때 76센트를 벌게 되었다는 등의 정보가 그것이다. 둘째, 남성과 여성이 어떻게 그리고 왜 다른지에 대한 설명을 제공할 수 있다. 보다 구체적으로 여성의 수입이 왜 적은가? 직업상 성차별은 왜 자주 일어나며, 이러한 성차별은 수입의 차이와 어떤 관련이 있는가? 여성의 취업 증가는 가전기구, 이혼, 저출산 등 가정생활의 변화를 이끄는가? 아니면 그 반대로 가전기구의 도입과 가정생활의 변화가 여성의 취업 증가를 이끄는가? 등의 질문에 대답할 수 있다. 셋째, 정책의 성별 함의를 분석할 수 있다. 예를 들어, 반차별(anti-discrimination)정책, 동일임금정책, 복지정책, 출산장려 또는 억제정책 등에 대한 찬반의견을 정리하고 정책효과가 남성과 여성에게 어떻게 다르게 나타나는지를 살펴본다.

'젠더의 경제학'의 이와 같은 목적은 '젠더경제학', '젠더와 경제학' 등에도 공히 적용 가능하며, 어떻게 부르든 젠더에 기반한 불평등을 인지하고 설명할 뿐 아니라 경제학 전반의 발전을 꾀하는 학문이라 하겠다. 이 책에서는 생물학적으로 결정된 성이 아니라, 사회·문화적으로 형성된 젠더가 경제학에 미치는 영향에 주목하면서 성인지적 관점에서 경제학의 분석역량을 정립하고 확장하려는 움직임을 젠더경제학으로 통칭하고자 한다.

젠더경제학이 어떻게 경제학의 발전을 이끌 수 있을까? 오래전의 예를 들어 설명해 보면, 19세기 말과 제1차 세계대전 사이에 여성의 저임금이 경제학 논쟁을 불러일으킨 적이 있었다. 이때 Bodichon, Fawcett, Heather-Biggs 등의 여성 경제학자들은 노동시장에서의 남성 독점을 없애야 한다고 주장하면서 동시에 노동시장에 존재하고 있는 직종분리가 여성의 저임금을 낳는 주요 요인이라고 비판하였다. 이에 반해 Edgeworth, Marshall, Pigou 등의 남성 경제학자들은 여성이 있어야 하는 적절한 위치는 가정이라고 주장하였고, Marshall은 여성의 노동시장 진출이 유아의 사망률을 높이고 노동계급의 저하를 가져온다고까지 주장했다(Marcuzzo & Rosselli, 2008). 당시 '젠더' 요인을 함께 분석한 여성 경제학자들의 의견은 소수 의견이었을지 모른다. 그러나 그 당시의 사회환경에서 혁신적인 분석으로서 이후 관련 경제학 분석을 이끈 시도적 연구라 하지 않을 수 없다. Marshall 등 남성 경제학자들의 목소리는 이 문제에 관한 한 더 이상 유효하지 않다.

경제학에서 젠더를 고려해야 할 이유를 좀 더 살펴보자. 주류경제학의 대표격인 신고전파 경제학의 기본가정을 단순화하면 가격과 소득이 주어질 때 소비자가 가구에게 최선의 선택을 한다는 것이다. 선택에는 재화와 서비스의 구매가 포함된다. 이러한 구매활동에 선호가 매우 중요할 것으로 생각되는데 신고전파 경제학에서는 선호를 외생적, 즉 주어진 것으로서 별로 중요하게 생각하지 않는다. 이처럼 신고전파 경제학에서는 젠더관계가 선호에 영향을 미칠 수 있다는 사실을 무시하므로 소비자의 성 정체성은 경제 분석에 관련 없는 변수가 된다. 그러나 실증분석 결과를 보면 선호는 개인에 따라 다르고, 특히 젠더관계에 의해 형성된다는 명제를 강하게 뒷받침한다. 이를테면, 여성은 가족을 위해서 소득을 지출하나 남성은 개인적 소비를 위해 사용하는 경향이 두드러진다고 한다.

또한 시장에서 구입한 재화와 서비스는 최종적으로 소비할 수 있는 형태로 변환되지 않는 한 수요를 충족시킬 수 없다. 이런 변환을 위해서 요리와 같은 '노동'이 필요하게 된다. 음식 준비뿐만 아니라 육아, 의류 손질, 주택관리, 청소 등의 노동도 이에 해당한다. 이러한 작업은 가구 내에서 이루어지며 행위자에게 급여가 주어지지 않는다. 그러나 시간과 노력이 필요한 작업들이다. 그러므로 경제학적으로 설명하면 합리적인 가구는 최종적으로 소비될 수 있는 상품과 서비스를 생산하기 위해 자원(이 경우에는 노동)을 할당한다. 문제는 전통적 성 역할에 따라 여성이 대체로 이 역할을 담당한다는 것이다. 가구 내 무급노동활동은 노동력 재생산의 필수요건이나, 이를 여성이 담당하게 되므로 여성의 상품생산을 위한 노동력 공급은 제약될 수밖에 없다. 이처럼 남성과 여성의 생물학적인 차이가 사회적 차이를 낳고 경제활동에서의 차이와 불평등으로 이어지는 것이다.

한편 우리 사회에는 외부경제가 작동하고 있다. 무급가사노동의 사회적이고 경제적인 이득은 상품생산을 위한 노동력 제공이라는 긍정적 외부효과를 창출하지만 가사노동의 가치는 재화와 서비스의 가격에 반영되지 않는다. 가사노동은 가격을 지불하지 않아도 혜택을 누리게 되는 골목길의 가로등처럼 적어도 가정 내에서는 공공재이다. 서비스 제공자에게 보상하지 않아도 구성원이 필요한 서비스를 제공받게 되기 때문이다.

주류경제학에서는 완전경쟁시장을 전제로 하지만, 현실의 시장은 훨씬 불완전하다. 성 역할은 생산자와 소비자로서 시장에 참여하는 남성과 여성 간에 비대칭 정보를 초래하고 비대칭 정보는 제한된 합리성(bounded rationality)으로 연결된다. 그리고 생산이 시장활동의 사전조건이라면, 재생산은 생산의 사전조건이고, 재생산은 성 역할에 기인한 성별 분업의 결과이다. 이처럼 젠더관계는 시장에 내재되어 있으며 종종 이중노동시장의 예처럼 시장을 불완전하고 분절적으로 만들거나 아예 시장을 사라지게 한다.

완전경쟁시장이 드물다는 것은 죄수의 딜레마에서도 나타난다. 현실에서의 시장은 일련의 젠더관계변수에 종속되는 사회제도에 가깝다. 다음과 같이 죄수의 딜레마는 젠더경제학이 필요한 이유를 이해하는 데에도 도움을 준다.

- 정보가 주어지지 않는 상태에서는 용의자들에게 최악의 결과를 초래할 수 있는 선택을 할 동기가 주어진다. 따라서 서로에 대해서 알지 못한 채 이루어지는 시장에서의 교환이 사회 전체적으로 최선의 결과를 산출하지는 않는다.

• 정보가 주어지면 협력할 동기가 생기지만 상대방에 대한 불신과 개인의 이득을 취할 유인이 작동한다. 이 경우 상대방을 믿었던 행위자는 쓰디쓴 패배를 맛본다. 이처럼 정보가 주어졌다고 하더라도 시장에서 반드시 최선의 선택이 이루어지는 것은 아니다. 실제 시장에서는 정보가 동등하게 주어지지 않는 경우가 많다. 협력을 통해 얻게 될 이득이 동등하게 배분되지 않음을 의미한다.
• 시장에서 정보는 여성과 남성 사이에 다르게 배분되고, 이것은 여성의 시장참가 가능성 및 역량에 영향을 미친다.
• 죄수의 딜레마는 서로에게 더 나은 결과를 위해 첫째, 모든 참가자가 동등한 정보를 제공받고, 둘째, 서로 협력하도록 하는 유인(incentives)과 공공재의 필요성을 시사한

참고자료 1-1 **죄수의 딜레마**[2)]

죄수의 딜레마(prisoner's dilemma)는 게임이론의 유명한 사례로, 2명이 참가하는 비(非)제로섬 게임(non zero-sum game)의 일종이다. 예를 들어 두 명의 용의자가 체포되었는데 증거가 충분치 않아서, 검사는 이들이 자신의 범죄행위를 자백하지 않는 한 그들을 기소할 수 없는 상황이라고 가정하자. 검사는 이들이 서로 의사소통을 할 수 없도록 격리시켜 놓고 각각의 용의자들에게 동일하게 다음과 같은 제안을 하였다. "만일 당신이 자백을 하고 당신의 동료가 침묵한다면 당신을 석방시키겠다. 그러나 당신의 동료가 자백을 하고 당신이 침묵한다면 당신은 매우 엄한 처벌을 받을 것이다. 만일 당신들 모두가 침묵한다면 가벼운 처벌을 받게 될 것이다. 둘 다 자백한다면 중범죄로 처벌되겠지만 그 처벌은 당신이 침묵하고 당신의 동료가 자백한 경우보다는 가벼울 것이다. 어떻게 하겠는가?"

이 상황을 표로 정리하면 다음과 같다. 두 사람에게 모두 유리한 전략은 침묵하는 것이지만 결과는 자기 이익을 위해 둘 다 자백하는 것이다. 만약 서로 소통하도록 하면 어떻게 될까? 침묵하자고 합의를 해도 결과는 마찬가지일 수 있다. 상대에 대한 불신과 이기심이 작동하기 때문이다.

구분		용의자 B의 전략	
		침묵(협력)	자백(배신)
용의자 A의 전략	침묵(협력)	둘 다 6개월 수감	용의자 A는 10년 수감 용의자 B는 석방
	자백(배신)	용의자 A는 석방 용의자 B는 10년 수감	둘 다 5년 수감

2) 'prisoner's dilemma'는 보통 '죄수의 딜레마'로 번역되지만, 아직 형량이 확정되지 않은, 교도소가 아닌 구치소에 갇혀 있는 미결수(즉 수감된 형사 피고인)이므로 '용의자'라고 표현하는 것이 보다 정확할 것이다. 여기서는 그동안의 익숙함을 고려하여 '죄수'라고 칭했다.

다. 비대칭 정보가 존재하는 시장은 최선의 결과를 내지 못하는데, 이러한 비대칭 정보의 기저에는 전통적인 성 역할이 작동한다. 또한 돌봄 등 가정 내 무급노동은 사회 전체적으로 이득을 제공하지만 주로 여성들에 의해 제공되어 왔으므로 남성의 입장에서 보면 굳이 무급노동에 참가할 유인이 없어 과소공급될 가능성이 크다. 이 상황을 바꾸기 위해서는 남성의 참여를 유도할 인센티브를 제공하거나, 돌봄 서비스를 공공재의 일환으로 제공해야 할 것이다.

2 젠더경제학의 등장

경제학 분야에서 여성주의 논의가 시작된 배경은 1870년대에 근대경제학이 탄생한 이후 여성에 대한 차별을 인식하면서부터이다. 젠더경제학은 여성들이 여성이라는 이유로 받아 왔던 불이익을 시정해야겠다는 관심에서 발전되었다. 보다 구체적으로 말하면, 경제학이 객관적이어서가 아니라 충분히 객관적이지 않기 때문에 문제가 있다고 보고 있다. 전통적으로 경제학에서는 남성의 활동을 주요하게 다루어 왔고, 이론적 모형이나 방법론은 심리학적으로 의존(dependence)과 연결(connection)보다는 자율(autonomy)과 분리(detachment)라는 남성적 패턴을 반영했다는 것이다(Nelson, 1995). 따라서 이러한 기존 경제학에 여성주의 시각을 바탕으로 한 새로운 해석을 통해 그간 굳어진 성차별을 수정함과 동시에, 경제학 분야 전반의 개선을 목표로 하고 있다.

그러나 여성주의 흐름은 유독 경제학 분야에서 늦게 자리를 잡았다. 이는 경제학이 지니는 폐쇄성 및 경직성 때문이라는 지적이 있다. 즉 정치학이나 사회학 등의 학문분야에서는 이미 여성주의를 흡수하여 새로운 시각을 발달시켰으나, 경제학이 여성주의를 받아들이는 데에는 경직성과 폐쇄성으로 인해 타 학문에 비해 무려 20년이 늦었다(Coughlin, 1993).

젠더경제학은 주류경제학이 지닌 결함을 비판하는 데에서 시작된다. 이 같은 비판은 미시경제 영역과 거시경제 영역, 개발경제 영역 등 광범위하게 걸쳐 있지만 주로 신고전파 경제학에 초점이 맞춰져 있다. 먼저 젠더경제학을 옹호하는 학자들은 경제학이 사회와 무관한 과학이라기보다는 사회적으로 구성된 학문이라는 전제에서 출발한다. 즉 경제학의 연구내용은 인간의 행위를 다루고 있기 때문에 인간의 한계나 편견 등이 경제학에 영향을 끼칠 수 있다는 것이다(Nelson, 1995). 결국 경제학의 진리란 것은 아무리 수학이나 통계학 등을 사용한다고 해도 이를 연구하는 사람들의 신념체계에 불과하다(홍태희, 2003).

경제학은 객관적이라고 알려져 있지만 남성을 학문의 중심 대상으로 삼을 뿐만 아니라, 남성적인 가치를 우수하다고 옹호하는 것을 보면 객관성이 결여되어 있음을 알 수 있다. 젠더경제학의 주류경제학에 대한 비판을 경제학의 대상 및 주제, 경제학의 기본전제, 경제학의 방법론, 이 세 가지로 나누어 살펴보고자 한다.[3)]

1) 주류경제학의 대상 및 주제 비판

주류경제학에서 다루는 주제는 재화와 서비스, 금융자산 등 시장 영역에 집중되어 있다. 따라서 여성들의 가사노동이나 양육활동 등의 비시장 영역은 경제학의 주제에서 배제된다. 무보수의 집안일이 여가로 분류되어야 하는지 노동으로 분류되어야 하는지의 논쟁이 있는 정도이다.

이에 반해 젠더경제학은 단지 상품의 공급이 아니라 인간생활의 공급과 관계된 경제학을 주장한다. 즉 인간의 생존에 필요한 과정에 초점을 맞추는 것이 경제학이라는 것이다. 실제로 Adam Smith는 경제학이 단순히 선택과 교환으로 정의되는 것뿐 아니라, 인류의 생존과 번영에 필요한 것임을 강조하여 모든 종류의 '생활필수품과 편의'를 생산하고 배분하는 것을 포함한다고 규정한 바 있다(Nelson, 1995). 이러한 정의는 물질적 측면뿐만 아니라 육아와 건강관리, 기술의 전수와 같은 비물질적인 서비스도 포함한다.

이런 이유로 경제적인 행위와 가족적 · 사회적 행위 사이의 이분법이 붕괴되어야 한다. 구체적으로 한 국가의 경제규모를 측정하는 지표 중의 하나인 국내총생산(GDP : gross domestic products)을 측정하는 기준은 분배형평성과 지속가능성을 보여 주는 교육적 성취나 건강과 같은 결과 등도 포함해야 마땅하다. 기존에 양육은 비경제적인 영역으로 간주되었지만 인적자본에 대한 초기투자로 본다면 경제학 영역에 포함되어야 한다. 1960년대에 등장한 신가족경제학(new family economics)은 이러한 비판에 대한 하나의 대응이었다. 신가족경제학은 신고전파 이론을 가족 내에서의 임금노동 및 비임금노동 간 배분, 남성과 여성의 인적자본 투자량이나 자녀 수의 결정에 적용함으로써 분석영역을 확대한다.

---

3) 이 분류는 Nelson(1995)이 주류경제학의 편견들을 살펴볼 때 나누었던 경제학 이론적 모형, 경제학 방법론, 경제학 주제, 경제학 교육법을 참고했다. 이 책에서는 경제학 교육법은 제외하였다. Nelson은 기존의 경제학 교육법은 주류경제학의 이론적 모형, 방법론, 주제들을 영속화시키는 역할을 한다고 하였다. 또 남성중심적인 교육법으로 인해 무의식중에 여성 학자들의 자신감 상실, 혹은 경제학이 여성에게 어울리지 않는 학문으로 치부하게 하는 등의 부정적인 영향을 낳을 수 있다는 것이다. 따라서 보다 포괄적인 접근방식을 취해야 하며 경제학의 수업방식도 변화해야 한다고 주장한다. 예를 들어, 실험 등을 통한 시뮬레이션, 인터뷰 자료 수집과 분석 등의 방법론을 보완하고 교수와 학생, 그리고 학생과 학생 사이의 거리를 좁히며 토론과 대화를 많이 해야 한다.

이로써 가족 사이에서 이루어지는 행위가 경제적 행위의 하나로 인정되었다.[4)]

또한 주류경제학의 분석단위는 개인을 기본으로 하고, 집단의 경우라면 기업, 노동조합, 정부 등이며 가족은 분석 주제가 되지 못했다. Nelson(1997)은 경제학에 대한 정의 중에서, 즉 상품의 생산과 분배에 대한 학문, 재화와 용역의 교환과정에 대한 학문, 교환을 포함하여 개인의 선택에 관한 수리모형이 중심이 되는 학문이라는 세 가지 정의 중에서 세 번째 정의가 현재 경제학에서 가장 인정받는 것이라고 하면서 개인 단위와 수리모형이 주류경제학에서 차지하는 의미를 강조하였다.[5)]

이처럼 개개인의 선택에 집중하게 되면 가정이나 회사, 국가가 갖는 특수성을 추상화하는 오류를 범할 수 있다. 신고전학파와 달리 신제도주의자들은 거시경제적 차원에서 제도가 가져오는 경제적 결과를 분석하는 데 초점을 둔다. 즉 개인에만 초점을 맞추지 않고 교환의 조직 및 계약의 본질, 사회적 · 정치적 규칙과 정치제도의 구조까지도 동시에 고려하는 것이다. 이를 통해 많은 관계와 계약들이 신고전학파가 가정하듯이 완전히 협상 가능한 것이 아니며, 오히려 규칙과 규범 등에 의해 결정된다는 것을 유추할 수 있다(Dijkstra & Plantenga, 1997).

따라서 경제학의 주제는 보다 확장되어야 하는데, 젠더의 관점에서 다음 세 가지 영역에 관심을 기울일 필요가 생긴다. 첫째, 효율성뿐만 아니라 평등과 분배 문제도 경제학의 주제로 포함시켜야 한다. 현대 경제학은 평등보다는 효율성에 더 무게를 두기 때문에 분배 문제는 연구주제로 주목을 덜 받았으며, 1980년대 임금불평등 문제가 드러나면서 비로소 연구가 시작되었다. 정책이 효율성만으로 결정되어서는 안 되며, 효율성을 높이는 정책이 언제나 바람직한 것도 아니다. 평등과 효율성 간에 협상이 필요할 경우, 평등이 더 중요하다는 견해도 있다(Blank & Reimers, 2003).

둘째, 여성과 관련한 주제들이 포함되어야 한다. 예를 들어 노동시장과 가사노동 사이에 이루어지는 기혼여성의 시간 배분, 단시간근로가 여성의 노동시장 참가 기회에 미치는 영향, 저숙련 여성의 복지를 위한 공적 지원정책 등과 같이 여성의 생애 경험에 직결되는 주제들이다.[6)]

---

4) 후에 자세히 살펴보겠지만, 신가족경제학은 주류경제학에서 처음으로 젠더 문제를 인식했다는 점에서 그 의의가 있다. 그러나 기존의 성차별을 고착화시켰다는 비판도 받았다.

5) 경제학 저널의 최근호를 훑어보거나 경제학 교과서를 찾아보면 개인의 선택에 관한 수리모형이 중요하게 다루어진다는 것을 알 수 있다. 제도주의학파, 마르크스주의학파, 오스트리아학파 및 후기 케인지언학파 등은 신고전주의학파에 비해 논문 수나 영향력 면에서 미약하기 때문에 많은 대학들이 교과과정에서 제외시키기도 한다.

6) 이에 대해 오로지 여성 문제만을 다루는 것이 아니냐는 비판이 있을 수 있다. 그러나 신가족경제학의 발달

셋째, 여성을 대상으로 하는 문제는 아니지만 여성에게 적잖은 영향을 미치는 주제들, 예를 들어 저소득층을 위한 사회보장제도의 개혁, 저임금 및 단시간 노동자를 위한 고용보험 혜택, 연금제도의 구조 변화, 빈곤과 거시경제, 실업보험이나 공공지원 프로그램에의 참여 등의 주제에 대한 연구가 필요하다.

2) 주류경제학의 기본전제 비판

신고전학파 중심의 주류경제학이 갖는 기본전제를 대략 세 가지로 나눌 수 있다. 첫째, 합리적이고 자율적이며 자기이익을 생각하는 경제적 인간(homo economicus)을 상정한다. 둘째, 자원은 희소하다. 셋째, 인간의 선호는 외생적으로 주어진다.

첫 번째로, 주류경제학에서 인간은 어떤 제약하에서도 최적의 선택을 하는 합리적이고 자율적이며 자기이익을 우선시하는 경제적 인간으로 그려진다. 그런 이유로 경제적 인간은 '홉스적 인간'이라고도 불리는데(Nelson, 1995), 홉스적 인간이란 환경의 영향을 받지 않는 완전한 상태로 사회에 등장한 존재로서 완전하게 발달되어 있으며, 따라서 능동적이고 자기충족적이다. 경제적 인간들끼리의 상호교류란 사회의 영향을 받지 않는 채 시장에서 가격을 통해 이루어진다.

주류경제학에서 전제하는 경제적 인간을 England(1997)는 인간들 사이의 연대나 상호교류를 전혀 고려하지 않는 하나의 독립된 개체라는 의미에서 '분리적 자아'로 표현하기도 했다. 그러나 인간은 완전한 상태로 등장하지 않으며 오히려 사회화의 과정을 끊임없이 거치거나, 유아 시절 혹은 노쇠해졌을 때 타인의 돌봄을 받아야 하는 것처럼 전적인 의존 혹은 상호의존이 필요하다. 문제는 이러한 사회화 과정 및 돌봄이 경제활동이 아닌 여성의 일로 인식된다는 것이다. 이에 젠더경제학은 자율적이고 자기이익을 최우선으로 하는 인간의 특성 이외에 의존성과 관계성 등 인간 행위의 사회적이고 감성적인 측면을 동시에 고려할 것을 주장한다. 이는 단순히 경제적 인간과 상반되는 경제적 여성(femina eoconomica)을 주장하는 것과는 차원이 다르다.

둘째, 주류경제학에서는 자원이 유한하다고 본다. 그런데 자원이 유한한 것은 사실이지만, 실제 많은 문제들은 자원의 희소성이 아닌 불균등한 분배로 인해 발생한다고 한다(Strober, 1994). 자원의 희소성은 광고와 같이 경제적 행위자에 의해 조작되는 경우가

에서 알 수 있듯이 여성에 관한 주제는 주변적인 것이 아니라, 가장 흥미로운 분야 중 하나이다. 또한 여성 문제를 다루려는 노력이 있었기 때문에 현재 가족과 노동 간의 선택 문제나 저숙련 여성 정책 및 시장에서 여성의 역할에 관한 주제에 대해 대중의 관심이 급증하고 공공정책으로 만들어지고 있는 것이다. 이처럼 기존 주제들과는 다른 주제를 가져와 연구한다는 측면에서 여성 학자들의 역할이 중요하다고 볼 수 있다.

많다.

셋째, 개인들의 선호는 외생적으로 주어진다는 주장이다. 주류경제학자들은 이러한 선호가 개인들 사이에 커다란 차이가 없기 때문에 거의 모든 행동들이 가격과 부존자원에 의해 설명될 수 있다고 본다. 선호가 외생적으로 주어지고 나아가 다른 사람들과의 반응을 통해 변하지 않는다는 생각은 신가족경제학에서도 마찬가지이다. 가정이라는 공간에서 이루어질 수 있는 각종 상호작용에도 불구하고 선호는 외생적으로 주어져 있다고 가정하는 것이다.

수년간의 직장생활을 통해 동료와의 상호작용이 있음에도 선호에 영향이 없고, 이웃 소비자와의 상호작용에 의해 선호에 아무런 영향을 받지 않는다는 가정은 비현실적이다. 다양한 인간 사이의 상호작용을 통해 선호가 바뀔 수 있음을 가정하지 못하는 주류경제학의 모형은 인간이 지닌 경험의 다양한 측면을 간과하는 셈이다. 선호라는 것은 문화적 규범, 전통, 집단의 압력, 이해관계, 이데올로기, 젠더 등 다양한 사회적 요소로 인해 영향을 받을 수 있으므로 젠더경제학은 선호를 내생화해야 한다고 주장한다. 예를 들어 여성과 남성이 다른 방식으로 사회화되었기 때문에 남성은 돌봄에 더 작은 가치를, 직업에는 더 큰 가치를 부여하게 된다. 제도, 규범, 자산과 같이 선호는 개인과 집단의 행위에 영향을 미친다.

그 외에 주류경제학이 지니는 효용함수에의 의존 그리고 개인 간 효용비교 불가능성에 대한 비판도 존재한다. 효용은 1930년대 이래 '개인의 주관적인 욕망의 충족'으로 이해되어 왔다(England, 1997). 주류경제학에서는 파레토 최적을 효율성의 기준으로 삼는데, 이는 만일 다른 어떤 집단의 효용이 감소하지 않고, 한 집단의 효용이 증진될 수 있다면 이를 파레토 우위에 있다고 보는 것이다. 예를 들어 이기적인 두 사람 간의 자발적인 교환에 의해 파레토 우위적인 분배를 산출한다는 것은 교환하지 않는 것보다 교환한 후에 복지가 증대되었다고 느껴야만 하는 것을 말한다. 반면 부유한 사람이 가난한 사람의 이익을 위해 효용이 감소되는 재분배는 파레토 우위가 될 수 없다. 이처럼 파레토 최적의 법칙은 개인의 효용이 비교불가능하다는 것을 가정하는 것이나 다름없다. 다시 말하면 인간을 분리되고 독립된 존재로 보는 것이다. 인간들 사이의 감정적인 교류는 불가능하고, 따라서 개인 간의 효용을 비교할 수 없다. 개인 간의 효용비교가 불가능하다는 것은 나아가 집단 간에도 효용을 비교할 수 없다는 것과 연결된다.

그러나 인간들 사이의 감정이입을 인정하고, 개인 간 효용이 비교가능하다고 가정하여 연구하면 개인의 상대적인 이익과 불이익에 대한 정보를 제공할 수 있게 된다. 그렇게 되면 효용비교를 원칙상 불가능한 것이 아니라 실제적인 측정상의 문제—마치 잠재가격

(shadow prices)을 계산하는 것과 같은—로 간주할 수 있게 된다(England, 1997).

개인 간 효용비교 불가능에 대한 주류경제학자들의 강변에도 불구하고 실제로 경제학자들은 개인 간 효용비교를 수행하였으며 그 결과는 여성에게 불리했음을 알 수 있다. 후생경제학의 대가인 Pigou는 공개적으로 '여성은 남성보다 약하다' 고 하는 한편 국가의 복리를 증가시키도록 가정 내 여성 노동을 어떻게 활용할 것인가에 일차적 관심을 가졌다. 또한 Pigou는 여성의 임금을 남성보다 낮게 유지하는 것이 '후생 극대화' 에 기여할 수 있다고 주장하였다(Pujol, 1992). 이처럼 Pigou는 남녀 간의 효용을 비교하는 동시에, 여성의 효용에는 관심을 두지 않았음을 알 수 있다.

3) 주류경제학의 방법론 비판

주류경제학의 방법론은 논리적 일관성, 수학, 과학, 추상성, 합리성, 정확성, 이성 등에 초점을 맞추고 있다. 많은 경제학자들은 이러한 경제학의 특성이 객관성을 담보한다고 믿는다. 현실경제와 관련이 적은 연구일수록 고차원적인 연구라는 평가를 받는 것이 사실이다. 추상적인 모형들은 흔히 '지적인' 혹은 '순수' 경제학 이론으로 간주되지만, 제도적인 구체성을 포함한 모형들은 '평범한' 경제학 이론 혹은 '단순한 응용' 이론으로 치부되는 것이다(Nelson, 1997). 위와 같은 특성들은 남성성을 대변한다. 이와 반대되는 개념들인 주관성, 연관성, 협력, 직관, 질적 분석, 구체성, 감정, 부드러움 등은 여성적 가치들로 간주됨과 동시에 학문의 객관성을 위해 배제되어야 할 항목들로 분류된다. 다시 말해 여성적 가치 자체가 부정적으로 인식되는 것이다.

그러나 유연함 없이 단단함만을 강조하는 남성적인 경제학은 경직성을 면치 못할 것이며 또한 큰 그림을 보지 못하고 논리성만 강조하는 것은 무의미하고 공허한 추론이 될 수 있다. 인간적 가치를 간과하는 과학적 진보는 비인간적인 결과를 낳을 수 있다.

경제학의 방법론을 둘러싼 이분법과 그중 남성적인 특성들만을 우수하다고 간주하는 주류경제학에 대해 다양한 대응방안이 나올 수 있는데, 이 책은 단순히 남성적 경제학이나 여성적 경제학 어느 한쪽을 택하기보다는, 이분법을 거부하는 대안을 제시하고자 한다. 실제로 사람의 인식이 단순한 이분법으로 나뉠 수 없을 뿐만 아니라, 주류경제학을 비판할 때 이분법을 거론하는 것은 오히려 남성적인 특성과 여성적인 특성을 영속화할 수 있는 위험이 있다. 나아가 남성적으로 인지되는 가치들과 여성적으로 인지되는 가치들은 모두 긍정적인 측면과 부정적인 측면을 동시에 지니고 있기 때문에 둘을 아우르는 것이 더 중요하다.

다시 말해, 보다 나은 경제학이란 남성적인 특성을 모두 제거하는 것이 아니며, 여성다움과 관련된 특성을 무분별하게 수용하는 것도 아니다. 오히려 '남성적인' 접근방법과 '여성적인' 접근방법 모두로부터 경제학이 최상의 학문이 될 수 있도록 하는 접근방법을 신중히 선택하는 것이 필요하다. 즉 남성적 가치와 여성적 가치를 상보적으로 연결하는 것이다. 예를 들어 남성성으로 대표되는 단단함이라는 가치가 경직성을 의미할 경우 부정적으로 변하고, 여성성으로 대표되는 부드러움이라는 가치가 유연성을 의미할 때 긍정적으로 인식된다. 따라서 남성적으로 인지되는 긍정적인 가치와 여성적으로 인지되는 긍정적 가치를 모두 포함하여, 단단하고 논리적이며 과학적이고 정확한 남성적인 가치와 함께 유연하고 인간적이며 맥락에 충실한 여성적 가치가 동시에 고려되어야 한다.

Nelson(1997)은 미국경제학회 경제학대학원 교육위원회의 문제제기를 인용하면서 실제 경제 문제를 다루기 위해서는 도서관 리서치 방법이나 비판적 독서 기술 등을 익혀야 한다고 주장했다. 기존 경제학이 지니는 방법론의 편협성을 극복하려면 경험적 자료에 대한 관심을 높여야 하고, 상황에 따라서는 설문조사 등도 필요하다. 한편 개인적이고 주관적인 경험도 좋은 자료가 될 수 있음을 주지해야 한다. 일례로 남성에게 성차별을 인지시킬 수 있는 가장 좋은 자료는 딸이 차별받은 경험이었다는 조사내용이 있다. 즉 객관성은 상황적 관찰에 기반한 지식에서 비롯되는 것이며, 연구대상과의 단절이 아니라 보다 큰 공동체와의 관계성에서 획득된다고 볼 수 있다.

이를 통해 경제학의 존재이유까지도 다시 생각해 볼 수 있다. 경제학의 궁극적 목적은 인간 행위에 대한 특정한 공리적 이론을 정밀화하는 것이라기보다는 생산, 권력과 빈곤, 실업, 의료와 교육 서비스 등 실제적인 경제 문제들을 다루는 것에 있을 것이다.

참고자료 1-2

미국경제학회의 The Blue-ribbon Commission on Graduate Education in Economics 의 1991년 보고서에서 지적된 주류경제학 방법론의 문제점 일부

> …기존의 경제학 방법론이 지나치게 맥락에서 자유로운 분석을 취하고 있어 방법과 실제 사이의 불균형을 초래할 가능성이 있다. 대학원 교육도 마찬가지로 이론과 수리경제학이라는 도구와 현실의 문제들과의 연계가 충분히 이루어지지 않고 있다. 대학원 교육과정이 기교는 갖추었으나 실제 경제적 문제를 모르는 수많은 어리석은 학자들을 양성할지도 모른다….

출처 : Nelson(1997, p. 35)을 정리.

또한 남성과 여성의 경험을 모두 분석해야 한다. 통상 주류경제학은 남성을 분석 표본으로 삼으면서 여성에 대한 언급은 거의 하지 않는다. 남성이 가족이나 자녀양육에 의해 영향을 받지 않는다는 가정은 잘못된 것으로, 실제로 점점 더 많은 남성들이 양육활동에 참여하고 있으며, 남성의 노동 선택과 임금은 결혼 및 자녀출산에 의해 영향을 받는다. 이는 육아휴직 및 가족간호휴가 관련법이 여성에게만 영향을 주는 여성 문제가 아니라는 것을 시사한다.

향후 용어사용에 보다 신중해야 한다. 경제적 인간이라는 단어에서도 알 수 있듯이 남성과 인간을 동일어로 놓는 오류를 범해서는 안 된다. 노동을 지칭할 때에도 임금노동만을 의미하지 않도록 해야 하고, 가사노동이나 자녀양육과 같은 무보수노동도 경제적 행위로 포함시키며, 여가라고 명기하지 않아야 할 것이다.

주류경제학의 방법론에 대한 성찰과 더불어 젠더경제학에서는 신고전주의 경제학 방법론을 비판적으로 수용하려는 노력도 활발하게 이루어지고 있다. 즉 신고전주의 경제학 이론에 젠더 관점을 적용하여 이제까지와는 다른 정책적 함의를 도출하는 것이다. 이것은 기존 방법론의 남성중심성을 없앨 뿐만 아니라 전반적인 효율성을 증가시켜 신고전주의 이론 자체를 발달시킬 것으로 기대된다. 앞의 참고자료 1-3에 그러한 분석 사례를 정리해 보

참고자료 1-3 신고전주의 경제학 방법론에 젠더 관점을 결합한 분석 예

- 개인의 선택을 중시하는 경제학 모델은 마찰과 시장의 불완전성을 분석하는 틀로서 유용할 수 있다. 즉 여성의 정보 제약, 높은 거래비용, 임금차별 등이 어떤 결과를 초래하는지를 파악할 수 있다. 예를 들어 차별하지 않는 기업과 차별하는 기업의 차이점이 무엇인지, 주 35시간 이상 근무자에게만 고용보험 혜택을 주는 것이 여성의 노동공급 행동에 어떤 영향을 미치는지, 자녀양육비용이 시간당 10달러인 것과 시간당 5달러인 것의 차이가 무엇인지 등을 분석할 수 있게 된다.
- 여성이 당면한 문제를 이해하는 데에 도움을 준다. 예를 들어 여성의 양육과 가사노동 부담은 노동시장에서 남녀 사이의 생산성 차이를 초래할 수밖에 없으며, 이는 다시 가정 내의 불평등한 책임 분배를 강화한다는 것이다.
- 시장의 힘이 지니는 영향력은 잘 설계된 정책조차도 실패하게 만들 수 있다는 것을 이해하게 해 준다. 유급가족휴가의 의도가 좋음에도 양육책임이 있는 여성의 고용을 어렵게 하거나 저임금 등의 차별을 초래할 수 있다.
- 자녀양육 문제를 분석하는 데 도움을 준다. 즉 경제학 모델을 통해 자녀양육에 드는 비용이 여성의 행동에 어떤 영향을 끼치는지를 분석하게 해 준다.

출처 : Nelson(1997, p. 35)을 정리.

았다.

4) 신가족경제학의 출현

주류경제학인 신고전주의 경제학에서 젠더 이슈가 주목을 받기 시작한 것은 1960년대 중반의 신가족경제학의 탄생부터라 하겠다.[7] 신가족경제학의 태동을 알리는 주요 논문 및 저서로는 Becker의 "시간의 배분에 관한 이론(A Theory of Allocation of the Time)"(1965), Gronau의 "여가, 가계생산 및 일(Leisure, Home Production and Work: The Theory of the Allocation of Time Revisited)"(1977), 그리고 Schultz가 편집한 『가족경제학(Economics of the Family)』(1974) 등이 있다. 이들 연구를 통해 본격적으로 가사노동이 경제활동의 하나로 등장하게 된다.

특히 Becker의 이론은 가계 내부에서도 시장과 같은 교환 및 분배가 일어나며 결혼, 이혼, 노동 분업, 가계 내부의 자원 분배 등이 경제적 효용, 그중에서도 생산성에 따라 이루어진다고 본다(홍태희, 2003). 가족 사이의 노동 분업은 남성이 시장노동을, 여성이 가사노동을 전담하는 형태로 이루어질 때 가장 높은 효율성을 창출할 수 있다(Gustafsson, 1997). 한편 Gronau의 이론은 시장노동, 가사노동, 여가 사이의 시간 배분을 중점적으로 분석함으로써 유급노동과 여가에 추가하여 가사노동을 개인의 경제활동 중 하나로 인식하게 했다.

신가족경제학은 주류경제학이 여성의 영역이라고 여긴 가족과 재생산에 최초로 관심을 가졌다는 데에 큰 의의가 있다. 그렇지만 여전히 주류경제학의 방법론이나 모델을 사용했다는 점에서 한계를 갖는데, 차례로 살펴보면 다음과 같다.

첫째, 여성과 남성의 전통적인 역할에 기반하여 남녀 차이를 정당화하고 미화시켜 더욱 고착화할 우려가 있다.

둘째, 가족을 경제학의 분석 대상으로 삼은 것은 맞지만, 가계 내부의 역학관계까지는 고려하지 않고 있다. 특히 신고전주의 경제학에서는 경제행위의 주체를 개인으로 상정하고 있으며, 경제학을 무한한 자유가 보장된 개인의 선택에 관한 학문으로 여긴다. 그러나 가족이라는 구조는 상호의존, 종속, 억압, 착취 등의 힘의 관계를 내포하고 있으므로 개인이라는 분석틀로 연구하기에 부적절하다. 사실 가계 내부에는 여러 경제주체가 모여 있으며 의사결정의 주도권을 쥐는 사람에 따라 자원의 분배와 소비 · 저축 성향이 확연히 달라

7) 신고전주의 경제학은 1870년대의 한계효용분석에서부터 시작되었다(Gustafsson, 1997).

진다. 이처럼 가계를 단일한 경제주체로 보기에는 내부의 역학관계가 복잡하다. 또한 가계 자체는 노동력의 재생산과 의식주의 해결이라는 면에서 그 어떤 조직보다 많은 가치를 창출하는 생산의 주체이기도 하다. 이러한 조직을 단순히 소비의 주체로 파악함으로써 재생산 영역을 저평가하는 것은 정당하지 못하다.

셋째, 이타적인 가장의 설정방식에 따른 문제이다. 신고전주의의 기본가정 중 하나는 인간을 사회의 맥락에서 분리된 독립적 자아로 상정하는 것이다. 즉 인간은 독립적이고 사회적인 영향에 대해 둔감하며, 인간 간 감정이입과 감성적인 연대감이 존재하지 않는다. 문제는 이러한 인간이 가족 내에서는 다르게 행동하는 것으로 가정된다는 것이다. 즉 가장은 이타적으로 행동한다고 가정되고, 개인 간의 감정이입이 있는 연대관계가 가족 내에서 강조된다. 시장에서 존재하는 인간은 이기적이라고 가정하면서 유독 가성 내 가장을 이타적으로, 그리고 그에 따른 수혜자는 여성과 어린이로 상정하는 것은 모순될 뿐 아니라 쉽게 동의하기 어렵다. 남성의 이타주의를 강조하면서도 남성이 소유하고 있는 힘이 여성에게 불이익을 안겨 줄 수 있는 위험성에 대해서는 고려하지 않는다. 즉 이타심이 가족에게 기여하는 긍정적인 면만을 부각시킨 채, 남녀 사이의 노동 분업으로 인해 여성이 겪는 차별과 불이익은 간과하고 있는 것이다.

3 젠더경제학의 발전

젠더경제학이라는 용어 자체가 발달되지 않았던 시기에도 경제학 분야에 여성주의 시각을 적용한 주장이 있었다. 대표적으로 1840년대에서 1870년대 사이의 Mill과 Taylor, 그리고 Bodichon 등이다. 이들은 특히 고용과 재산권 소유에 있어서 여성의 평등을 주장했으며, 그중에서도 Mill과 Taylor가 함께 쓴 『여성의 종속(On the Subjection of Women)』은 여성의 낮은 경제적 지위를 설명하는 고전이 되었다(Pujol, 1992; Strober, 1994).

한편 1890년대에서 1920년대 초반까지의 시기 동안 영국에서는 여성과 남성의 동일임금을 둘러싼 논쟁이 벌어졌다. 이 논쟁은 Fawcett, Heather-Biggs, Rathbone, Webb 등이 중심이 되었다. 한편 미국에서는 Gilman이 가정 내에서의 여성의 지위를 분석하고 여성이 시장에 참여하는 것이 중요하다는 점을 역설하였다(Pujol, 1992; Strober, 1994).

앞서 살펴본 바와 같이 젠더경제학이 처음으로 주류경제학의 영역에서 관심을 받게 된 것은 1960년대의 신가족경제학의 탄생과 함께한다. 이때에는 여성의 노동시장 참여, 가사노동, 남성과 여성 사이의 임금 격차 및 직업분리, 빈곤의 여성화, 보육경제학 등이 중요한 이슈로 부상하였다.

1980년대에 들어서면서 단순히 표면적으로 드러나는 여성의 지위 문제에만 국한하지 않고, 학문으로서 경제학이 지니고 있는 근본적인 구조에 문제를 제기하게 된다. 예를 들어 Blau의 경우, 경제학에서 가치중립적인 학문이 불가능하다고 언급했으며, Bergmann은 경제학자들이 지식을 알아 가는 과정 자체에 의문을 제기했고, Strober는 경제학에서 가치와 감정이 갖는 역할을 역설했다. 또 Waring은 비시장 노동을 국민계정에서 배제하는 것이 여성에게 어떤 부정적인 영향을 끼치는지를 다루었다.

1980년대 말에서 1990년대 초에 이르기까지는 경제학에 내재되어 있는 성차별주의에 보다 집중한다. 특히 주류경제학자들이 주장하고 있는 경제학의 기본전제인 자원의 희소성, 이기적인 개인의 선택, 분리된 자아, 합리성, 외생적 선호 형성 등에 대한 반박이 주를 이루고 있다(Strober, 1994).

한편 젠더경제학은 주류경제학 이론을 비판하면서 발전해 왔지만, 그와 동시에 기존 경제학과의 결합 가능성을 논하면서도 성장했다. 크게 신고전주의 경제학 및 제도주의 경제학과의 결합을 중심으로 그 내용을 살펴보고자 한다.

1) 신고전주의 경제학과의 접목

신고전주의 경제학에 젠더적 관점을 도입한 첫 시도는 앞서 살펴본 신가족경제학이라 할 수 있다. 기존의 신고전주의 경제학에 대한 비판 및 여성의 향상된 권리에 따른 사회적인 요구와 함께 탄생한 신가족경제학은 분석 대상으로 여성을 첨가하였으나, 그간 지적되어 온 한계에서 벗어나지 못했다는 비판이 존재한다. 그러나 신가족경제학을 긍정적으로 평가하는 움직임도 있다. 일례로 Gustafsson(1997)은 신가족경제학 이론에 힘입어 남성과 여성 사이의 임금 격차나 가족 내에서의 노동 분업, 출산 결정, 보육보조금 등이 여성의 노동공급에 미치는 영향 등을 분석할 수 있게 되었다고 평가하였다.

여기에 여성주의 관점을 보다 적극적으로 반영하면 경제학 이론 전반의 발전을 꾀할 수 있다. 구체적으로 Gustafsson은 가족 내 노동 분업에 대하여 Becker의 신가족경제학과 여성주의의 관점을 비교 · 소개하고 있다. 먼저 가족 내 노동 분업에 대해서 Becker는 남성이 시장노동에, 여성이 가사노동에 참여하는 완전한 역할 분리를 통해 효용을 달성할 수 있다고 주장한 반면, Ott는 협상모델을 통해 각자의 효용이 극대화될 수 있다는 주장을 편다. 특히 결혼생활에서 출산이나 양육 등 여성이 불리할 수밖에 없는 조건들을 함께 고려함으로써 평등과 같은 여성주의 목표가 기존 경제학에서 중요시하는 효율성의 증진과 양립 가능하다고 보았다.

비슷한 방식으로 차별에 대해서는 Becker의 이론과 Rosen의 이론을 비교한다. Rosen은 남성과 여성 사이의 차별이 Becker가 주장하는 것처럼 임금에서만 일어나는 것이 아니라 직업획득에도 존재한다는 것이다. 다시 말해, 남성과 여성 사이의 초기임금은 동일하나, 여성에게 직업 제안이 더 적게 들어오고 결과적으로 남성보다 덜 효율적으로 여성 개인의 능력과 직업 사이의 연결이 이루어진다. Becker는 차별하지 않는 고용주가 높은 이윤을 얻고, 차별하는 고용주는 시장에서 내쫓길 것이기 때문에 임금차별이 자동적으로 사라질 것이라고 주장한다. 반면에 Rosen은 차별을 통한 균형이 매우 인징적이어서, 상기적으로 봤을 때에도 지속될 것이므로 여성주의 목표를 달성하기 위해서는 행동이 필요하다고 본다. 아울러 차별을 철폐하면 여성과 직업 사이에 보다 효율적인 연결이 이루어지기 때문에 전반적인 효율성 향상에도 기여할 수 있다고 본다.

2) 신제도주의 경제학과의 접목

젠더경제학은 제도주의와의 결합을 통해서도 발전하고 있다. 제도주의는 원래 19세기 말에서 20세기 초에 신고전주의 경제학에 반기를 들고 나타난 이론이었다. 자원의 배분이 시장이 아니라 사회의 구조, 즉 제도와 권력에 따라 이루어진다는 전제를 가지고 있다. 따라서 신고전주의 경제학처럼 합리적이고 이기적인 개인에 집중하는 것이 아니라 관습, 규범, 가치, 전통 등으로 이루어진 문화적 환경의 중요성을 주장하고 있다. 따라서 제도주의는 생물학적 결정론이 아니라 사회 · 문화적으로 형성된 젠더의 차이를 고려해 볼 수 있다는 점에서 젠더경제학과의 유사성이 높다고 볼 수 있다(홍태희, 2003).

제도주의는 Veblen 이후 큰 성과를 거두지 못하다가 1970년대 중반 신제도주의 경제학으로 재탄생하기에 이른다. 신제도주의 경제학은 신고전주의에 가까우며 개인주의에 바탕을 두고 있다(Jennings, 1997). 예를 들어 경제적 인간은 제도를 통해 인간과 인간 사이의 관계에 질서를 세우고자 하는데, 이때 제도를 이용하는 것은 거래비용의 절약 때문이라고 주장한다. 결국 남성과 여성 사이의 노동 분업이나 차별 등도 거래비용을 절감하기 위해서라는 것이다.

더욱 본격적으로 제도주의와 여성주의의 결합 가능성이 높아진 것은 1980년대 중반부터이다. 게임이론의 분석틀 속에서 남성과 여성 간 관계 및 노동 분업을 다룸으로써 젠더 문제에 접근했다. 가족 간 협상 시 게임의 법칙이 작동한다는 것인데, 남성과 여성은 협조적 갈등을 통해 서로 싸우거나 협력하면서 새로운 젠더관계를 만들어 간다. 즉 젠더가 사회 · 문화적인 게임의 결과로 결정된다고 보았다. 따라서 제도와 관습이 외생적으로 주어진 것이라고 여기지 않고, 경제학 분석 내부로 가지고 오면서 젠더 문제를 근본적으로 설명할 수 있게 되었다. 또한 여성도 게임의 주체자로 등장시켜 경제활동을 하는 일원으로 여기게 되었다(홍태희, 2003).

이처럼 제도주의와 여성주의가 결합되어 탄생한 여성주의 제도주의자들은 주류경제학에서 차별의 원인을 여성의 경제력 결여로 돌리는 것에 반론을 제기한다. 나아가 경제적 · 비경제적 간의 정의 자체에 도전한다. 현대사회가 지니고 있는 신념과 관습, 그리고 문화가 경제적인 것과 비경제적인 것의 구분을 만들어 왔다는 것이다(Jennings, 1997).

비슷한 인식을 바탕으로 Krug(1997)는 차별로 인해 오히려 불이익을 받기 때문에 장기적으로 봤을 때 차별이 사라질 것이라는 신고전주의적 해석에 반대하면서 차별은 오히려 제도의 문제라고 지적한다. 그리고 차별이 존속하는 이유를 세 가지로 정리했는데, 첫째는 차별하지 않는 개별 행위자들이 부재하기 때문이다. 즉 모든 거래관계에 있어서 차별하지 않는 행위자, 이를테면 사업 파트너, 결혼 파트너, 무역 파트너 등을 만나야 하는데 이는 실질적으로 힘들다. 둘째, 차별에 반대하는 사람들의 지리적 분포가 매우 넓다. 따라서 이들을 찾아가는 데에는 이동비용이라는 변수가 발생한다. 마지막으로 차별하는 집단의 구성원들이 누구인지 쉽게 파악되지 않는다. 이로 인해 누가 차별하는 집단인지 찾아내는 탐색비용이 많이 들게 된다.

Krug는 차별이 지속되는 원인을 크게 공급과 수요의 측면으로 나누어 살펴보았다. 먼저 차별의 공급자는 차별을 통해 이익을 얻고, 이 이익을 사라지게 할 경쟁의 요소가 약한 (내부노동)시장에서 활동하는 경제적 행위자를 뜻한다. 이는 단순히 고용주만을 차별의 공급자로 보는 신고전주의와 차이가 있다고 볼 수 있다. Krug는 차별의 공급자를 회사와 직속상관, 단체교섭, 내부노동시장 근로자, 남편, 정당으로 분류하였다.

한편 차별의 수요자란 남성 동료와 동일한 임금을 받지 못하거나, 가구소득을 남편과 동일하게 나누어 갖지 못하더라도, 취업하거나 결혼 제안을 받아들이는 여성을 의미한다. 특히 차별하는 직장이나 결혼에서 얻는 소득이 차별하지 않는 직장이나 결혼에서 얻는 소득보다 높을 때 차별의 수요는 지속된다. 또한 여성의 거래비용(정보비용, 탐색비용 등 여성이 노동이나 결혼시장에 진입하거나 탈출할 때 드는 비용), 임신 · 출산 등 가족의 형성과 변화, 세법(여성의 노동공급 등에 영향을 미치는), 가족법(이혼 시 재산분할청구권 부여 등), 피드백과 학습효과(직업훈련투자 수익률 등) 등의 변수에도 영향을 받는다. 이런 이유로 차별을 없애려면 제도를 변혁시키는 것이 보다 근본적인 해소책이 될 수 있다. 따라서 단순히 차별의 구조에서 탈출하는 것이 아니라 연대를 조직하여 반대 목소리를 내는 것이 필요할 것이다.

4 젠더경제학의 기여

Jacobsen(2007)은 여성주의의 등장이 여타 학문에 끼친 성과를 크게 세 가지로 본다. 첫째, 학문의 대상으로서 그리고 학문의 연구자로서 여성이 배제된 것을 입증했나. 둘째, 이러한 학문적 성차별을 시정할 수 있게 하였다. 셋째, 젠더가 과학적 탐구와 사고를 어떻게 구성하는지에 대해서 알게 함으로써 여성주의는 학제 간 연구를 활성화하였다. 마찬가지로 경제학 분야에서도 여성주의 관점이 도입되면서 경제학 분야에서의 여성 배제 및 차별을 발견하고 이를 시정해야 한다는 목소리를 주도하였으며, 젠더가 경제학에 어떻게 영향을 주는지도 알 수 있게 하였다.

여성의 배제를 밝히는 작업은 다시 두 가지로 나뉜다. 하나는 여성이 남성중심으로 이루어진 활동 및 기관에 참여하는 것을 배제당하는 것이다. 예를 들어 법제, 문화, 차별적인 관례들이 정치와 군대 등을 전통적인 남성 분야로 지정하여 여성의 참여를 막는 것이다. 또 다른 하나는 여성에게 적합하다고 간주되는 활동이나 일에 대한 대가가 너무 적은 것이다. 출산, 가사노동, 자원봉사 등이 국내총생산(GDP)에 포함되지 않는 것도 같은 맥락에서 문제로 제기된다. 이에 여성이 주로 종사하는 일에 대한 가치 평가를 제대로 하는 작업과 동시에 전통적으로 여성적이라고 간주되어 온 일을 경시하는 가치관 자체를 변화시키려는 노력이 뒤따르고 있다.

여성에 대한 차별과 저평가를 시정하려는 구체적인 노력의 일환으로 역사 속에서 가려져 있던 여성 경제학자들을 다시 이끌어 내려는 시도가 있어 왔다. Thompson의 『Adam Smith's Daughter』가 선구적인 저서라고 볼 수 있다. 그 후로 Pujol(1992), Dimand 외(1995), Nyland와 Dimand(2003) 등이 잊힌 여성 경제학자들을 알리기 위해 노력했다. 특히 Dimand는 『A Biographical Dictionary of Women Economists』라는 저서를 통해 200년 동안의 여성 경제학자들을 다양한 기준으로 재조명하였다. 이 인명사전은 경제학 분야에서 두드러지게 기여한 학자들을 포함함과 동시에, 유명한 남성 경제학자와 함께 작업하는 과정에서 자신의 재능을 숨겨야 했던 여성 경제학자들도 포함하였다. 예를 들어

Mill과 함께 작업한 Taylor, Condorcet의 부인인 Sophie, Marshall의 부인인 Mary 등의 재발견이 그것이다(Marcuzzo & Rosselli, 2008).

이처럼 젠더경제학의 가장 큰 기여는 학문적으로 경제학 분야의 외연을 확장시켰다는 데 있다. 경제학 분야에서 성차별적이지 않은 시각이 적용된, 보다 진보된 전형들을 발전시킬 수 있는 계기를 마련했고, 이전에는 다루어지지 못했던 인간행위의 다양한 측면들, 이를테면 혼인, 이혼, 출산 등의 인간 행위를 분석하는 데 유용한 틀을 제공하였다.

또한 CSWEP와 IAFFE 등의 조직을 비롯하여 여성 경제학자들이 세계 각지에서 펼친 활발한 활동에 힘입어 경제학 분야에서 여성의 위치가 보다 신장되었다.

경제학 분야 여성지위위원회(CSWEP : Committee on the Status of Women in the Economics Profession)는 미국경제학회(American Economics Association) 산하 위원회로서 연 3회 뉴스레터(16쪽 분량)를 발간하고 AEA 연례학회에서 세션을 구성하며, 멘토링 워크숍 개최 및 경제학 분야 여성 지위에 관한 연간보고서를 발간한다. 또한 경제학 연구 분야에서 여성 지위를 개선하는 데 공이 큰 사람에게 Carolyn Shaw Bell Award를 수여하고 있다.

국제페미니스트경제학회(IAFFE : The International Association for Feminist Economics)는 경제 이슈에 대한 여성주의적 연구를 진척시키고 여성주의적 관점을 전파하기 위한 비영리조직이다. IAFFE는 1990년 미국경제학회의 연례학회 소그룹 토의의 결과로 잉태되었다. 여성 경제학자들은 여성주의적 분석에서의 어려움을 겪고 있었고, 같은 학문적 토양에서의 논의를 갈망하고 있던 차였다. 이때 "Can Feminism Find a Home in Economics?"라는 제목의 세션에 많은 사람이 몰렸고 이때 모인 사람들은 이후 여성주의적 경제학 네트워크 결성을 도모하였다. IAFFE는 1992년에 정식으로 설립되었으며, 1997년 UN의 경제사회이사회에 특별자문지위를 갖는 비정부조직(NGO)이 되었다. IAFFE는 현재 64개국에 총 600명의 회원이 있으며 주로 경제학자이지만 인접 학문의 학자를 비롯해 학생, 활동가, 정책입안가를 포함한다. 주요 활동으로 연례회의를 개최하고, 학술지 「Feminist Economics」를 펴내고 있다.

1993년 암스테르담에서 개최된 'Out of the Margins' 회의는 주류경제학 내에서 성차별이라는 문제를 다루기 위해 많은 학자들이 세계적으로 모인 최초의 회의라는 점에서 의의가 있으며, 지속적으로 협력을 꾀할 수 있는 기회가 되었다. 또한 'Dutch Network on Feminist Economics(FENN)'가 발족하였다. 1998년에 설립된 'IAFFE 유럽지부'는 1999년과 2000년의 'EAEPE(European Association for Evolutionary and Political Economy)'에서 패널을 조직하였으며, 그 외에도 1999년 베를린에서 열린 '여성과 경제

참고자료 1-4 CSWEP 2012년 여름호 뉴스레터 첫 페이지

Newsletter of the

Committee on the Status of Women in the Economics Profession

Summer 2012

Visit CSWEP.org

Published triennially by the American Economic Association's Committee on the Status of Women in the Economics Profession

Interdisciplinary Frontiers in Economics

Joan Haworth Honored for Changing the Way the World Views Women

Dr. Joan Haworth was honored by the National Council for Research on Women as one of 30 women who have been instrumental in changing the way the world looks at women.

Dr. Haworth was chosen by her peers for the award based on her substantial contributions to the development of equitable employment policies and practices in U.S. workplaces throughout her career as an

continued on back cover

TOP TEN TIPS
FOR COLLABORATING WITH
NON-ECONOMISTS

SEE PAGE TWELVE

2011 Carolyn Shaw Bell Award Winner

CONTENTS

Interview with Sharon Oster, Frederic D. Wolfe Professor of Management and Entrepreneurship at Yale School of Management

By Jody Sindelar, Yale School of Public Health

Sharon Oster is the Frederic D. Wolfe Professor of Management and Entrepreneurship and Director of the Program on Social Enterprise and served as Dean of the Yale School of Management at Yale University from 2008 to 2011. Sharon received her PhD in economics from Harvard University. Sharon was the first woman to receive tenure at the Yale School of Management. She is an expert in the areas of competitive strategy, microeconomic theory, industrial organization, the economics of regulation and antitrust, and nonprofit strategy. In addition to her articles, she has published several books including Modern Competitive Analysis and Strategic Management for Nonprofit Organizations. Her Principles

continued on page 11

학: 학문의 젠더 특수한 관점(Women and Economics: Gender Specific Aspects of the Science)', 2001년 빈에서 개최된 '여성주의 경제학 워크숍', 2000년 독일에서 발족된 '경제학, 여성주의, 그리고 과학(EFAS : Economics, Feminism, and Science)' 등 지

참고자료 1-5 IAFFE의 홈페이지

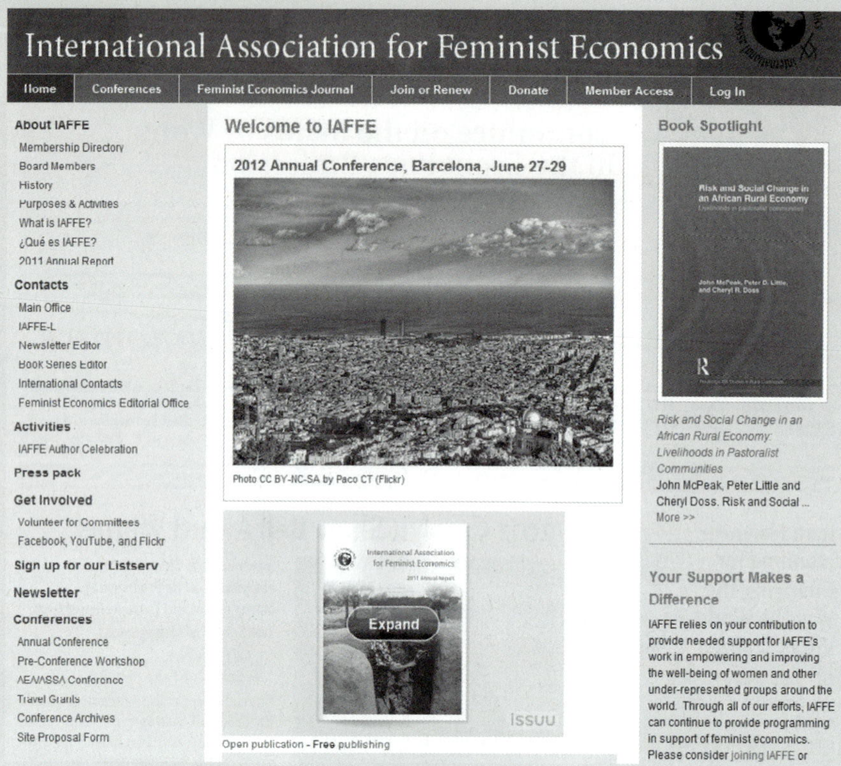

역단위에서도 젠더경제학과 관련된 많은 회의가 열리고 기구가 조직되었다.

출판물에서도 그 성과를 찾아볼 수 있다. 1995년부터 발간되기 시작한 「Feminist Economics」는 보다 지적으로 유연한 경제학의 도래를 독려하고 있다. 1995년부터 연간 4회 발간하는 「Feminist Economics」는 여성주의 경제학 관점에 대한 논의의 장을 제공하는 학술지로서 새로운 문제제기와 다양한 목소리를 환영하고 비판적 교류를 촉진한다. 이 학술지의 목적은 젠더 및 경제 이슈의 이해를 제고하고 더 나은 이론을 개발할 뿐 아니라 아동, 여성과 남성 모두의 삶의 조건을 개선하는 것이다. 「Feminist Economics」는 빠르게 발전하여 경제학 분야의 선도 저널로 자리매김하고 있다.

참고자료 1-6 「Feminist Economics」의 2012년 1월호 목차(Vol. 18, No.1)

Volume 18, Number 1, January 2012

Diana Strassmann and Günsell Berik, editors

Articles

5 | 젠더경제학의 과제

앞서 평가했듯이 젠더경제학이 경제학 내에서의 여성의 지위를 향상시키는 데에 기여했다는 것은 부정할 수 없다. 그러나 Ferber와 Nelson이 1993년에 젠더경제학을 알리고자 집필 · 편집한 저서인 『Beyond Economic Man』이 출간된 지 10년 만에 다시 편찬된 『Feminist Economics Today: Beyond Economic Man』을 살펴보면 여전히 경제학이 남성 위주로 움직이고 있다는 것을 알 수 있다. Ferber와 Nelson은 그간 경제학 분야에서 여성의 지위가 얼마나 신장되었는지를 알 수 있는 지표로서 여성의 경제학 학위 수여 비율, 여성 경제학 교수 비율, 미국경제학회(AEA)에서 여성 경제학자들의 수상경력 및 공직 비율, 여성 경제학자들의 저널 게재율 등을 사용하였다.

미국의 예를 살펴보면, 여성의 경제학 박사학위 수여 비율은 1949~1950년에 5%에 불과했고, 1985~1986년에 20%로 증가했으나 1997~1998년에 이르러서도 고작 28%를 넘어설 뿐이었다. 경제학과의 여성 교수 비율은 1993년에 12%에서 7년이나 지난 2000년에도 15% 수준이었다. 심지어 1997년의 조사에 따르면 미국경제학회에 소속된 333개 경제학과에서 여성학자가 아예 없는 곳이 52개나 되었다. 미국경제학회에서의 활동을 살펴보면 여성이 회장이었던 경우는 불과 두 번에 불과했고, 수상경력도 존 베이츠 클라크 메달의 경우는 여성 학자가 받은 적이 단 한 번도 없었다(Ferber & Nelson, 2003).[8] 이런 이유로 경제학을 공부하려는 여학생들에게 여성 경제학자의 롤모델이나 조언자가 부족할 수 있다. 심지어 남성중심적인 경제학 분위기 속에서 여학생은 경제학 전공과 어울리지 않는다는 의식이 존재할 가능성이 있다.

또한 Ferber와 Nelson(2003)은 영향력 있는 여성주의 책 3권이 1993~2003년에 몇 번이나 인용되었는지를 분석한 바 있다. 먼저 Bergmann의 1986년 저작인 『The Economic Emergence of Women』은 109회, Ferber와 Nelson이 1993년에 편집한 『Beyond Economic Man』은 108회, Folber의 1994년 저서인 『Who Pays for the Kids? Gender and the Structures of Constraint』는 136회 인용된 것으로 나타났다. 문제는 이들 저서가 인용된 경우는 대부분 비경제학 저서에서였다는 것이다. 즉, 학제 간 연구나 사회학, 여성학, 법학에서는 젠더경제학이 중요하게 다루어진 반면, 권위 있는 경제학 저널에서 다루어진 경우는 불과 10%에도 미치지 못했다. 여성주의 경제학자들이 쓴 저서가 일정 정도 학계에서 관심을 끄는 데에는 성공했지만, 권위 있는 경제학 저널에서는 관심을 덜 받았다고 볼 수 있다.

남성중심적인 주류경제학계 내에서 젠더 관련 연구가 충분히 인정을 받지 못하고 있다. 여기에는 여성 경제학자의 수적 열세도 한몫을 한다. 또한 자신과 동성인 학자의 글을 인용하는 경향이 있어, 경제학 분야가 남성중심으로 흘러가는 한 여성 학자에 의한 젠더경제학은 당연히 주변화될 수밖에 없는 것이다.[9]

경제학을 직접 가르치는 교실에서의 상황도 여전히 한계를 드러내고 있다. Ferber와

8) 이는 2009년 최초로 여성 경제학자가 노벨경제학상을 수상한 것으로도 증명된다. 노벨경제학상 시상이 1969년부터 시작되었으니 40년 만에 처음으로 여성 경제학자에게 상이 돌아간 것이다. Ostrom 인디애나 주립대 교수는 UC 버클리대의 Williamson과 공동으로 지난 2009년 10월 12일 노벨경제학상을 수상했다. 한겨레21, "경제학의 위기, 여성배제가 불씨", 2009년 10월 22일 자 참조.

9) 한겨레21, "경제학의 위기, 여성배제가 불씨", 2009년 10월 22일 자 참조.

Nelson은 시중에서 가장 많이 팔리는 경제학 개론서 6권을 분석한 결과, 여성 학자들에 대한 언급 비율이 5~27%에 불과하다는 것을 찾아냈다.[10] 또한 경제에서의 여성의 역할에 대한 언급도 매우 적었다. 여성 노동참여율의 증가 및 그 이유에 대한 언급은 있지만 국내총생산(GDP)의 논의에서 비시장 노동에 관한 언급은 거의 없었다. 또 빈곤이 여성에게 불균형적으로 영향을 끼친다는 것과 노동시장에서 성차별이 존재할 가능성이 있다는 것을 설명하면서도 시장경쟁이 차별을 없앨 것이라는 믿음에서 벗어나지 못한다. 여성주의 이론은 정규 경제학 과목 이외의 공공정책학, 가족학, 농촌개발학, 여성학 등에서 더 자주 다루어지고 있었다. 또한 젠더경제학은 정규 강의보다 비공식적인 풀뿌리 활동(grassroots)에 의해 확산되는 경향을 나타냈다. 실제로 상당수의 학생들은 연사의 강의나 우연히 접하게 된 논문 또는 책에 의해 젠더경제학에 관심을 갖게 되었다고 언급한 바 있다(Ferber & Nelson, 2003).

젠더경제학에 남겨진 과제는 첫째, 젠더경제학의 연구에서 이론적 모델, 실증적 작업, 정책 분석의 세 요소 간 균형을 맞추는 것이다. 실제로 기존 경제학은 정책에 대한 고려가 부족하다는 비판을 받아 왔다. 엄격하고 수리적인 이론에만 치우쳐 있기 때문에 실제 경제적 상황에 대해서는 알지 못한다는 것이다. 따라서 남성과 여성을 모두 포함하는 이론 모형을 만들고, 나아가 이를 근거로 한 실증연구를 통해 이론만을 위한 엘리트주의에 빠지지 않고 현실적인 여성 문제에도 관심을 가져야 한다. 예를 들어 가정 내의 노동 분업, 노동시장에서의 지위, 불평등한 임금, 회사 내에서의 승진 가능성, 직업분리 등을 탐색하는 것이다. 또한 이론 및 실증연구를 바탕으로 한 정책의 시행 및 영향에 대한 분석도 이루어져야 한다.

둘째, 전통적인 경제학 경계를 넘어서서 다음과 같이 타 학문 간의 교류가 보다 활발해져야 한다.

- 먼저 사회학과의 결합을 통해 주류경제학이 지니는 공동체에 대한 인식 부족을 극복할 수 있다. 실제로 공동체의 사회적 규범은 개인의 삶을 규정짓는 경우가 많다. 그러나 주류경제학의 경우 개인들의 행위를 합하는 것 이외의 집합적 개념에 대한 설명이 부족하다. 따라서 사회 네트워크의 역할, 동료효과(peer effect), 사회적 자본의 역할

10) 분석한 개론서는 『Principles of Macroeconomics』(Case & Fair, 1999), 『Principles of Microeconomics』(Case & Fair, 1999), 『Principles of Macroeconomics: Principles of Microeconomics』(Mankiw, 2000), 『Economics』(McConnel & Brue, 1999), 『Economics』(Samuelson & Nordhaus, 1995), 『Economics』(Stiglitz, 1997)였다.

등 사회학 문헌을 통해 전체가 부분의 합보다 많다는 공동체 개념을 보충할 수 있다. 그 결과, 예를 들어 경제정책들이 여성의 가정 내 행위 및 경제행위에 어떤 영향을 미치는지, 여성의 노동시장참가 선택에 영향을 주는 사회적 규범이 무엇인지, 동료효과와 사회적 압박이 청소년 성행위와 출산에 어떤 영향을 미치는지 등을 이해할 수 있게 해 준다(Blank & Reimers, 2003).

- 다음으로 조직행동론은 제도적 구성이 어떻게 개인의 행위에 영향을 끼치는지를 분석할 수 있게 도와준다. 주류경제학에서는 제도적 제약이 외생적으로 주어지는 것으로 인식하는 한계를 지니고 있다. 그러나 조직행동론으로 보완한다면 제도적 구성과 개인적 행동 사이에 상호교류가 있다는 것을 이해할 수 있을 뿐만 아니라 조직 내 제약의 발생과 유지과정, 변화요건 등도 설명이 가능해진다.
- 한편 심리학이나 인류학, 사회학 등 학문과의 연계를 통해서 선호의 형성에 대한 이해를 도울 수 있다. 기존의 경제학에서는 개인의 선호를 주어진 것, 불변의 것으로 인지하는 경향이 있다. 그러나 선호형성 모델을 통해서 개인의 신념, 욕구, 필요 등이 어떻게 형성되는지 설명이 가능해질 것이다.
- 역사학과의 결합은 제도와 사회적 규범이 시대에 따라 어떻게 진화하는지를 알 수 있게 해 준다. 여성사 분야의 발전양상을 고찰함으로써 젠더경제학에서 다루어야 할 주요 주제에 대한 정보를 얻을 수 있는 것이다. 예컨대 가족사, 자녀양육 관습, 사회에서 여성의 역할, 아이나 고령자와 같은 의존적 구성원들의 돌봄을 지원하는 사회정책 등의 주제가 있을 수 있다.

셋째, 계량적 분석뿐만 아니라 직관과 추론을 사용하는 방법론을 통해 보다 유연하게 경제학에 접근하는 것이다. 이것은 여성적인 가치가 옳기 때문에 주류경제학의 남성적 특성을 대체해야 한다고 주장하기보다는 추상적이고 수학 중심의 기존 경제학에 구체적이며 인간 중심의 가치가 추가되어야 함을 의미한다.

참/고/문/헌

낸시 폴버(1997), "페미니스트적이며 과학적인 사회주의", 『남성들의 경제학을 넘어서: 페미니스트 이론과 경제학』, 마리안 A. 퍼버 · 줄리 A. 넬슨(공편), 김애실 외(공역), 한국외국어대학교 출판부.

마리안 A. 퍼버 · 줄리 A. 넬슨(1997), "서장: 경제학의 사회적 구성과 성의 사회적 구성", 『남성들의 경제학을 넘어서: 페미니스트 이론과 경제학』, 마리안 A. 퍼버 · 줄리 A. 넬슨(공편), 김애실 외(공역), 한국외국어대학교 출판부.

앤 L. 제닝스(1997), "공(公)과 사(私)?: 제도경제학과 페미니즘", 『남성들의 경제학을 넘어서: 페미니스트 이론과 경제학』, 마리안 A. 퍼버 · 줄리 A. 넬슨(공편), 김애실 외(공역), 한국외국어대학교 출판부.

줄리 A. 넬슨(1997), "선택의 학문인가, 공급의 학문인가?: '性과 경제학의 정의'", 남성들의 경제학을 넘어서: 페미니스트 이론과 경제학』, 마리안 A. 퍼버 · 줄리 A. 넬슨(공편), 김애실 외(공역), 한국외국어대학교 출판부.

폴라 잉글랜드(1997), "분리적 자아: 신고전학파 가정의 남성중심적 편견". 『남성들의 경제학을 넘어서: 페미니스트 이론과 경제학』, 마리안 A. 퍼버 · 줄리 A. 넬슨(공편), 김애실 외(공역), 한국외국어대학교 출판부. pp. 49-71.

홍태희(2004), "여성주의 경제학의 시각과 대안 경제학으로서의 가능성", 『여성경제연구』 제1권 제1호, pp. 23-46.

______(2003), "경제학과 젠더: 성별경제학(gender economics) 정립을 위한 근대경제학 비판", 『경제학연구』 제51집 제2호, pp. 151-177.

Akram-Lodhi, A. H. & L. C. Hanmer (2008), "Ghosts in the Machine: A Post Keynesian Analysis of Gender Relations, Households and Macroeconomics," *Frontiers in the Economics of Gender*, Routledge.

Bebel, A. (1971), *Women and Socialism*, Schocken Books.

Blank, R. M., & C. W. Reimers (2003), "Economics, Policy Analysis, and Feminism," In Ferber, M. A., & J. A. Nelson (eds), *Feminist Economics Today: Beyond Economic Man*, The University of Chicago Press. pp. 157-173.

Cagatay, N. (2003), "The Need for Crossing the Method Boundaries in Economics Research," *Feminist Economics*, Vol. 3, pp. 121-125.

Cagatay, N. & K. Erturk (2004), "Gender and Globalization: A Macroeconomic Perspective," *International Labour Organization World Commission on the Social Dimensions of Globalization Working Paper*, No.19.

Collier, P. (1994), "Gender Aspects of Labour Allocation During Structural Adjustment-A. Theoretical Framework and the African Experience," in S. Horton, S. M. R. Kanbur, & D. Mazumdar, *Labor Markets in an Era of Adjustment*, World Bank.

Corner, L. (1996), *Women, Men, Economics: The Gender-Differentiated Impact of*

Macroeconomics, UNIFEM.

Coughlin, E. K. (1993), "Feminist Economics vs. 'Economic Man' : Questioning a Field's Bedrock Concepts," *Chronicle of Higher Education*, Vol. 39, No. 43, pp. A8-A9.

M. A. Dimand, R. W. Dimand, & E. L. Forget (eds) (1995), *Women of Value: Feminist Essays on the History of Women in Economics*, Edward Elgar Publishing.

Dimand, R. W., M. A. Dimand, & E. L. Forget (eds) (2000), *A Biographical Dictionary of Women Economists*, Edward Elgar Publishing.

Dijkstra, G. A., & J. Plantenga (1997), "Introduction," In Dijkstra, G. A. & J. Plantenga (eds). *Gender and Economics: a European Perspective*, Routledge.

Elson, D. (1995a), "Gender-neutral, Gender-blind or Gender-sensitive Budgets? Changing the Conceptual Framework to Include Women's Empowerment and the Economy of Care," *Gender Budget Initiative: Background Paper*, Commonwealth Secretariat.

________ (1995b), *Male Bias in the Development Process*, Manchester Univ Press.

Encarta (2001), Microsoft Ltd.

Evers, B. (2003), "Broadening the Foundations of Macro-economic Models through a Gender Approach: New Developments," M. Gutierrez (ed), *Macro-economics: Making Gender Matter*, Zed Press.

Folber, N. (2001), *The Visible Heart*, The New Press.

Freiburg-Strauss, J. (2003), "Macroeconomics and Gender: Options for their Integration into a State Agenda," in M. Gutierrez (ed), *Macro-Economics: Making Gender Matter Concepts, Policies and Institutional Change in Developing Countries*, Zed Books, pp. 88-105.

Gustafssno, Siv. (1997), "Feminist Neo-classical Economics: Some Examples," In Dijkstra, Geske A. & Janneke Plantenga (eds), *Gender and Economics: a European Perspective*, Routledge, pp. 36-53.

Hanmer, L. C. & A. H. Akra, Lodhi (1998), "The House of the Spirits: Toward a Post Keynesian Theory of the Household?," *Journal of Post Keynesian Economics*, Vol. 20, pp. 415-433.

Hudson, P. (2008), "The Historical Construction of Gender: Reflections on Gender and Economic History," *Frontiers in the Economics of Gender*, Routledge.

Jacobsen, J. P. (2007), *The Economics of Gender*, Blackwell Publishing.

Jennings, A. (1994), "Toward a Feminist Expansion of Macroeconomics: Money Matters," *Journal of Economic Issues*, Vol. 28, pp. 555-565.

Kirman, A. (1992), "Who or What Does the Representative Individual Represent?," *Journal of Economic Perspectives*, Vol. 6, No. 2, pp. 117-136.

Krug, B. (1997), "Discrimination Against Women: a Neo-institutionalist Perspective," In Dijkstra, G. A. & J. Plantenga (eds), *Gender and Economics: a European Perspective*, Routledge, pp. 54-72.

Kuiper, E. & D. K. Barker (eds) (2006), *Feminist Economics and the World Bank: History, Theory, and Policy*, Routledge.

Marcuzzo, M. C. & A. Rosselli (2008), "The History of Economic Thought through Gender Lenses," *Frontiers in the Economics of Gender*, Routledge.

McCloskey, D. M. (1993), "Some Consequences of a Conjective Economics," In Ferber, M. A., & J. A. Nelson (eds), *Beyond Economic man: Feminist Theory and Economics*, The University of Chicago Press, pp. 69-93.

Nelson, J. A. (1995), "Feminism and Economics," *Journal of Economic Perspectives*, Vol. 9, No. 2, pp. 131-148.

Nyland, C. & R. W. Dimand (2003), *The Status of Women in Classical Economic Thought*, Edward Elgar Pub.

Palmer, I. (1994), *Social and Gender Issues in Macro-Economic Policy Advice*, Eschborn.

Pujol, M. A. (1992), *Feminism and Anti-feminism in Early Economic Thought*, Elgar.

Sen, A. (1985), "Women, Technology, and Sexual Divisions," *Trade and Development*, UNCTAD Review 6, pp. 195-223.

Smith, J. P. & L. H. Ingham (2005), "Mother's Milk and Measure of Economic Output," *Feminist Economics*, Vol. 11, No. 1, pp. 41-62.

Strober, M. H. (1994), "Can Feminist Thought Improve Economics?: Rethinking Economics Through a Feminist Lens," AEA Papeers and Proceedings, Vol. 84, No. 2, pp. 143-147.

Taylor, L. (1995), "Environmental and Gender Feedbacks in Macroeconomics," *World Development*, Vol. 23, pp. 1953-1961.

Walters, B. (1995), "Engendering Macroeconomics: A Reconsideration of Growth Theory," *World Development*, Vol. 23, No. 11, pp. 1869-1881.

Waring, M. (1988), *If Women Counted: A New Feminist Economics*, Harper & Row.

CHAPTER 02

젠더격차의 현실과 이해

한 현 옥

1 젠더격차의 이해

젠더(gender)란 사회, 문화적으로 형성되고 습득된 여성과 남성의 역할이라 할 수 있다.[1] 여성과 남성이 가지고 있는 일부 생물학적 차이가 각 젠더별로 적합한 행동과 활동, 역할이 무엇인지에 대한 문화적 · 사회적 통념으로 이어진 것이다. 그러나 젠더는 단순한 사회적 통념 차이로 그친 것이 아니라 정치 · 경제적 권리, 자원에 대한 접근성, 영향력의 차이 등 현실적 불평등으로 이어졌다. 그 결과 인적자본, 경제적 기회, 정치적 참여 등에 있어 젠더 간에 격차가 발생하여 '젠더 불평등(gender inequality)'이 오랜 기간, 전 세계 거의 모든 지역에서 지속되어 왔다.

다행히 근현대에 들어서 남성들에게 절대적으로 유리했던 중후장대(重厚長大)를 특징으로 하던 기존 산업과 경제구조가 여성들에게 상대적으로 유리한 경박단소(輕薄短小)의 형태로 변화했다. 또 각 나라마다 젠더 간 격차를 줄이기 위한 꾸준한 노력이 계속되었다. 그 결과 과거에 비해서 젠더격차가 많이 줄어들고 있는 것은 사실이지만 나라별, 부문별, 지역별로 젠더 불평등은 여전히 극복하기 어려운 벽으로 존재한다.

특히 빈곤 국가나 여성의 활동에 제한을 강요하는 종교 국가, 보수성 강한 소외지역이나 농촌지역에 살고 있는 여성들은 여전히 같은 지역의 남성들에 비해 불평등과 강요된 역할을 감수하면서 살고 있다. 저개발 국가 여자아이의 교육 기회는 같은 나이 또래 남자아이보다 훨씬 적고, 소득 수준이 낮은 국가에 살고 있는 여성들은 소득 수준이 높은 국가에 살고 있는 여성들에 비해 남성과 비교한 사망률이 높은 수준이다. 특히 영 · 유아기나 출산시기의 여성 사망률이 상대적으로 높게 나타나고 있다.

그렇다면 왜 다른 사회과학 학문뿐 아니라 경제학이 젠더격차에 관심을 가져야 하며 젠더격차를 줄이기 위해 노력해야 하는가? 젠더격차의 존재는 개인적 차원에서 불평등의 문제를 야기할 뿐만 아니라 경제 전체의 효율성을 저해하기 때문이다. 즉, 젠더격차에 따른 불평등을 해소하는 것은 여성이 개인적인 차원에서 더 많은 교육과 경제적 기회를 얻고, 좀 더 건강한 생활을 하면서 더 높은 질의 삶을 향유하는 것 이상의 의미를 가진다. 젠더격차를 줄이는 것은 전체 경제 측면에서 생산성을 높이고 경제적 효율성을 증진시켜 경제발전으로 이어진다. 이것이 경제학이 젠더격차 해소에 특히 관심을 가져야 하는 핵심 이유일 것이다.

---

1) sex는 생물학적 성(性)의 차이를 의미하는 데 비해 gender는 사회 · 문화적 성 역할을 의미한다.

World Bank(2011)는 젠더 간 평등이 경제성장을 촉진시키는 세 가지 경로를 제시하고 있다. 우선 여성의 기술과 재능을 좀 더 효율적으로 배분할 수 있도록 하여 생산성 이득(productivity gains)을 얻을 수 있다. 둘째, 여성의 타고난 자질(endowments), 기회(opportunities), 의사결정능력을 개선하여 다음 세대에 좀 더 긍정적인 결과를 이끌어 낼 수 있다. 마지막으로 여성 개개인의 사회적 행동능력(agency)을 향상시켜 집단적인 행동능력을 증대시키므로 더 나은 결과, 제도, 정책 선택을 만들어 낸다.

FAO(Food and Agriculture Organization)는 여성 농부가 남성 농부와 동일하게 생산자원에 접근할 수 있는 경우 개발도상국의 농업 생산이 2.5%에서 4%까지 증대된다는 추정 결과를 밝혔다(FAO, IFA, & ILO, 2010). 또한 비슷한 결과로 여성이 특정 부문이나 직업에 진입하는 것을 막는 장애요인을 제거하는 경우 근로자당 생산량이 13% 내지 25% 증가한다는 추정 결과도 있다(Cubers & Baqué, 2011; Hurst et al., 2011).

이처럼 여성의 재능을 좀 더 효율적으로 사용함으로써 발생되는 생산성 이득은 국제화시대에 더 큰 의미를 갖는다. 글로벌화의 진전으로 국경 없는 경쟁을 벌이고 있는 현 상황을 고려할 때 여성의 능력 활용에 따른 생산성 증가는 그 효과가 더욱 커진다 할 것이다. 뿐만 아니라 고령화시대의 도래로 인해 근로자 1인당 부양해야 할 노령인구가 증가되고 있어 경제활동참가율을 증대시켜야 한다. 그런데 현재 노동시장에 참여하고 있지 않은 여성인력을 활용하지 않고는 고령화시대에 노년부양을 감당할 수 있을 만큼 경제활동참가율을 높이기가 어려울 것이다.

2 젠더격차 현황

젠더격차는 여러 분야에서, 그리고 모든 국가에서 발견된다. 또 국가별로도 큰 차이를 보인다. 다음 그림 2-1은 소득 수준에 따른 국가 간 젠더격차를 나타낸 것이다. 기대수명, 초등교육, 중등교육, 의회 네 분야의 여성과 남성비율을 보여 준다. 기대수명을 제외하고 모든 분야에서 여성의 비율이 남성보다 낮게 나타나고 있다. 이러한 젠더격차는 소득이 높은 국가보다 낮은 국가에서 상대적으로 더 크게 나타나고 있다. 특히 의회 진출의 경우 소득 수준과 상관없이 모든 국가에서 여성의 비율이 20%에도 못 미쳐 젠더격차가 크게 나타나고 있다.

젠더 간 차이는 분야에 따라 상이한 모습을 보이는데 여기에서는 경제, 사회, 교육 세 부

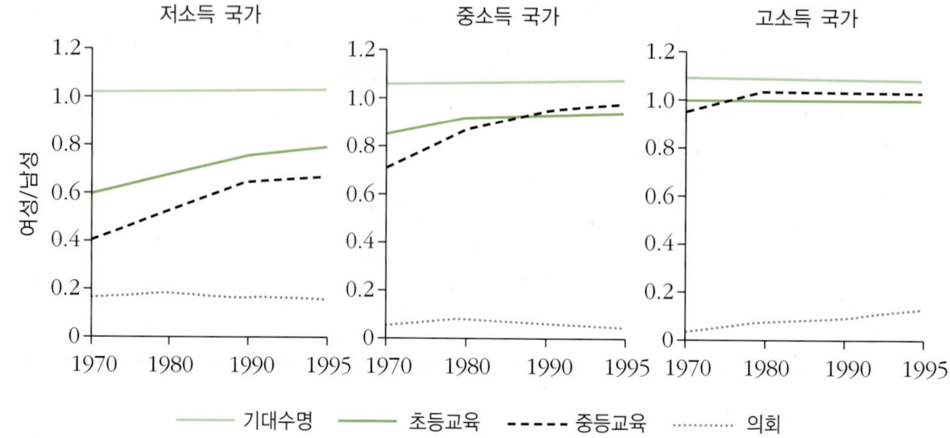

|그림 2-1| 소득 수준에 따른 국가 간 젠더격차(1970~1995년)

출처 : Nallari, Raj, & B. Griffith(2011), p. 10, Figure 1.2.

문을 중심으로 젠더격차 현황을 살펴보고자 한다.

1) 경제활동 부문

OECD 국가의 경우 1990년 여성의 경제활동참가율이 58%였으나 2010년에는 65%로 증가되었다. 여성의 경제활동참가율 증가에 따라 경제적 젠더격차가 점차 줄어들고 있기는 하나 여전히 존재한다.

그림 2-2에서 볼 수 있듯이 젠더격차는 전 세계 모든 지역에서 나타나고 있다. 다만 격차의 수준은 지역별로 다소 차이를 보인다. OECD 국가의 경우 1990~2010년에 젠더격차가 9%포인트 감소했으며, 다른 지역에서도 동일 기간 젠더격차의 감소추세가 뚜렷하다. 반면 동유럽과 중앙아시아, 동아시아 태평양 지역은 그 감소정도가 상대적으로 미미한 것으로 보인다.

여성 경제활동의 특징 중 하나는 특정 시기에 경제활동이 줄어든다는 것이다. 그림 2-3의 연령대별 여성의 고용률 변화를 보면 출산과 양육시기라고 볼 수 있는 25~34세에 감소한다. 물론 그림 2-3에서 볼 수 있듯이 25~34세에 고용률이 감소하는 경향은 시대의 흐름에 따라 완화되는 경향이다. 1960년과 2010년을 비교해 보면 그 차이를 뚜렷하게 볼 수 있다. 특히 1990년 이후에는 출산과 육아 등의 이유로 노동시장을 떠나는 여성들이 줄어들고 있는 것으로 보인다.

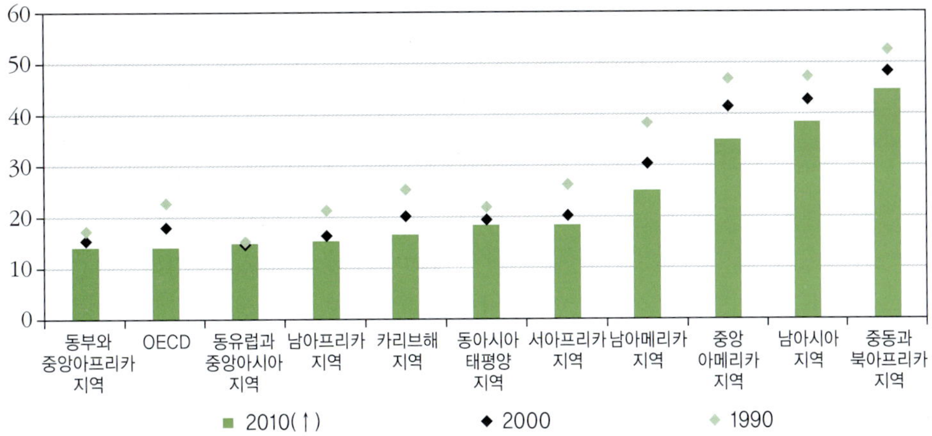

|그림 2-2| 세계 지역별 경제활동참가율 젠더격차*(1990년, 2000년, 2010년)

* 여기에서 젠더격차는 남성과 여성의 경제활동참가율의 차이를 의미함.
출처 : OECD(2012a) 재인용.

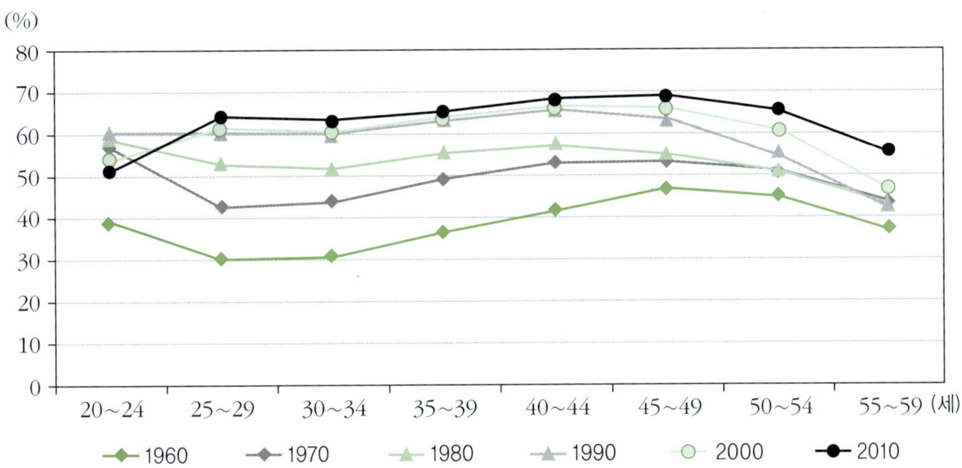

|그림 2-3| 여성의 연령별 고용률 변화(1960~2010년)

출처 : OECD(2012a) 재인용.

한편 연령별 여성 고용률 변화 역시 국가별로 차이를 보이고 있다. 북유럽 국가의 경우에는 연령대에 따른 고용률 변화나 차이가 별로 없으나 헝가리, 일본, 한국[2] 등은 특정 연령대에서 고용률이 감소했다가 다시 증가하는 뚜렷한 특징을 보인다. 이러한 국가들은 여

2) 한국의 경우는 다음 절을 참조한다.

성들이 일과 가정을 양립하기 어려운 환경이기 때문인 것으로 보인다.

특정 연령대에 여성의 경제활동이 줄어드는 현상은 성별 임금 격차 문제로 이어진다. 육아 이후 다시 노동시장에 나선 여성들이 고임금 전문직에 다시 진출하기 쉽지 않기 때문에 저임금 직업을 감수할 수밖에 없기 때문일 것이다.

그림 2-4에서 볼 수 있듯이 국가 간에 정도의 차이는 있지만 남녀의 임금 격차는 모든 국가에 존재한다. 특히 한국의 경우 임금 격차가 큰 것으로 나타났는데 남녀 평균[3]임금 차이가 남성 임금의 거의 40%에 육박한다. 달리 표현하면 한국 여성은 남성 임금의 60%를 약간 상회하는 수준의 임금만을 받고 있음을 의미한다. 그림 2-4(b)에서 볼 수 있듯이 성별 임금 차이는 상위 10% 임금을 기준으로 하는 경우 대체로 더 커지는 경향이 있고, 하위

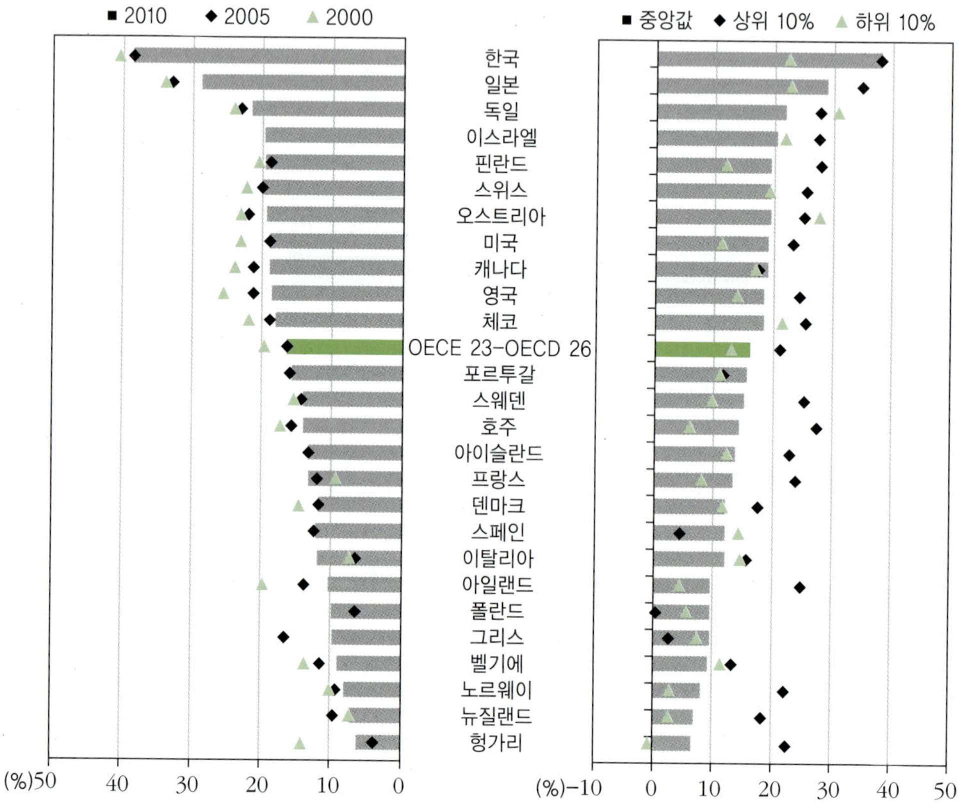

|그림 2-4| 임금에서의 젠더격차*

* 주 : 남녀 임금 차이를 남성의 임금으로 나눈 값.
출처 : OECD(2012a).

3) 여기에서 평균은 중앙값(median)을 의미한다. 즉 전체 임금 수준에서 50%가 되는 임금 수준을 의미한다.

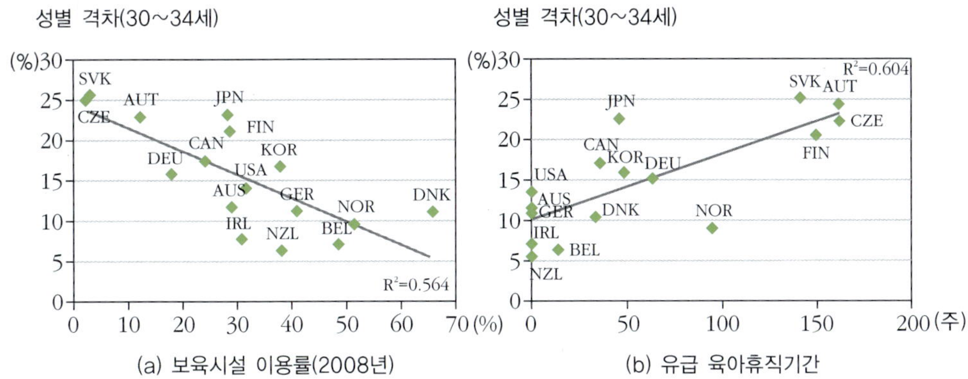

|그림 2-5| 성별 임금 격차와 육아, 휴직 정책 간의 관계

출처 : OECD(2012a)에서 재인용.

10%를 기준으로 하는 경우는 그 격차가 줄어드는 경향이 있다.

성별 임금 격차는 연령에 따라서도 다르게 나타난다. 2010년 기준 16개 OECD 국가 평균 자료에 의하면, 25~29세의 경우 남녀 임금 차이가 남성 임금의 9% 정도이나 55~59세의 경우 24%에 이른다. 나이가 많은 집단에서 임금 격차가 훨씬 크게 나타나는 것이다. 그 이유로는 출산과 양육시기에 여성의 경제활동이 줄어드는 것과 밀접한 관련이 있을 것으로 추정된다. 출산과 양육 등의 이유로 노동시장을 떠났던 여성이 다시 노동시장으로 재진입했을 때 경력단절 등으로 인해 남성들에 비해 낮은 임금을 받게 되는 것이다.

젠더의 역할에 대한 사회적 전통적 관념이 뚜렷한 나라일수록 여성은 일을 하더라도 육아 부담을 져야 하는 것이 현실이다. 따라서 육아에 대한 제도적 대안이 없다면 경력단절 내지 노동시간 감소로 인해 여성의 임금 저하로 이어질 가능성이 훨씬 높다. 그림 2-5에서 볼 수 있듯이 공식적인 보육기관에 등록된 아이의 수가 많을수록 임금 격차가 줄어들고, 육아 관련 휴직기간이 길수록 임금 격차가 증가되는 경향을 보인다. 따라서 성별 임금 격차가 여성의 육아 관련 부담에 기인한다는 것은 부인하기 어려운 사회적 현실이라고 할 수 있다.

2) 사회활동 부문

국가 경제발전의 주요 원동력은 기업의 생산활동이며 기업 입장에서는 인력의 효율적 활용이 경쟁력을 결정하는 중요한 요인 중 하나가 된다. 이런 관점에서 최근 여성 인력 활용의 중요성이 더욱 증대되고 있다. 기업의 입장에서 여성 인력의 활용이 중요한 근본적인

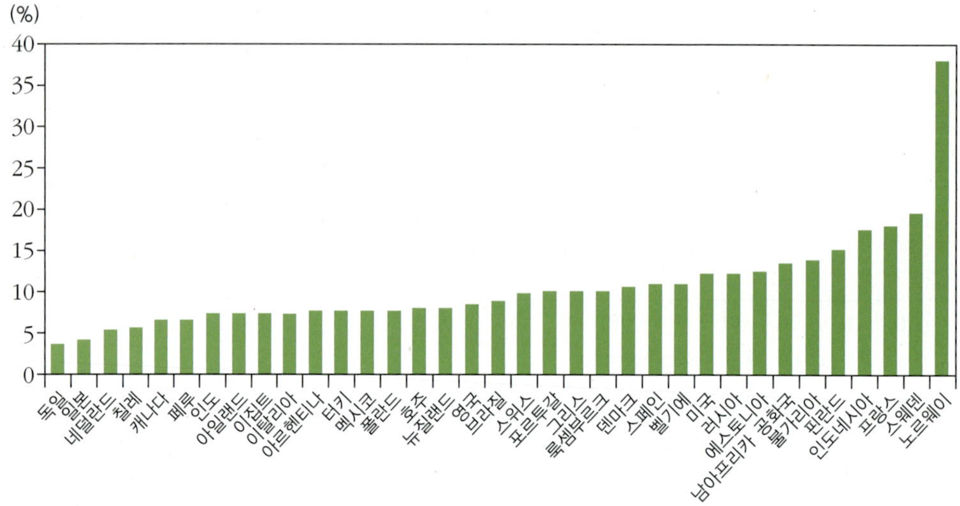

|그림 2-6| 국가별 이사회 여성 비율(2009년)

출처 : OECD(2012a)에서 재인용.

이유는 '성별과 관련 없이 가장 유능한 인력을 활용하는 것' 이 필요하기 때문이다. 여기에 더해 여성 인력의 활용을 통해 과거보다 직장 내 다양성을 증진시킬 수 있으며 이러한 다양성 증진은 전반적인 기업성과 개선으로 이어진다. 또한 가계의 소비결정에 있어 여성의 권한이 커짐에 따라 여성 인력의 적절한 활용은 시장의 요구와 니즈를 좀 더 시의적절하게 반영할 수 있는 수단이 되기도 한다.

그럼에도 불구하고 아직까지 직장 내 고위직에서 여성의 비율은 아주 낮은 상태이다. 예를 들어 그림 2-6에서 볼 수 있듯이 이사회에서 여성의 비율이 아주 낮아 2009년 기준 35개국의 평균 비율이 10% 정도이다. 노르웨이의 경우 여성의 비율이 40%[4]에 육박하나 독일, 일본, 네덜란드의 경우에는 5%에도 못 미치고 있다. 상장기업 중 이사회에 여성이 없는 기업의 수도 많다.[5]

여성이 상위직으로 진출하는 데 걸림돌이 되는 주요 장애요인은 무엇일까? World Economic Forum(2010)에 의하면 일반적인 규범이나 문화적 관행, 남성중심적인 기업문화, 롤모델의 부재 등이 주요 장애요인으로 제시되고 있다. 이러한 요인들은 여성의 능력이나 역량과는 무관한 요인으로 개인의 노력만으로는 극복하기가 쉽지 않다.

---

4) 노르웨이에서 여성의 비율이 높은 이유는 2006년에 도입된 할당제와 관련이 있다.

5) 예를 들어 칠레는 상장기업 중 90%, 뉴질랜드는 57%, 캐나다는 41.9% 기업이 이사회에 여성이 없다(OECD, 2012a).

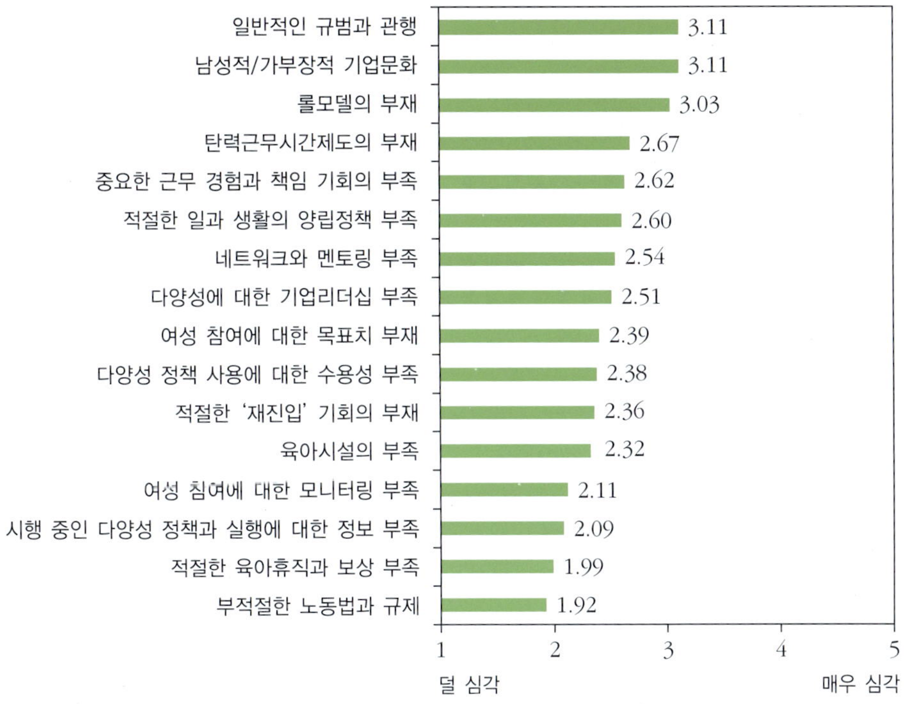

| 그림 2-7 | 여성의 상급직 진출 장애 요인

출처 : World Economic Forum(2010), OECD(2012a)에서 재인용.

여성 CEO나 사업가도 여전히 모든 국가에서 낮은 비율에 그치고 있다. 사업가[6] 중 여성의 비율은 EU 27개국의 경우 25% 수준이며 시간의 경과에 따라 그 비율이 뚜렷하게 증가하는 추세를 보이지 않는다. 여성 사업가 비율이 낮은 이유는 남성에 비해 자신의 사업을 시작할 수 있는 기회나 동기가 부족하기 때문인 것으로 분석된다. 독립 창업을 하는 이유는 임금 근로자보다 많은 위험을 감수하더라도 훨씬 더 큰 성공을 기대하기 때문인데, 여성의 경우 무임금 가사노동 시간이 많아 사업에 자신의 전체 시간과 노동의 열정을 모두 헌신하기 어렵고, 자금조달 기회와 비즈니스 기회 등이 남성보다 상대적으로 열악해 사업의 성공 사례를 창출해 나가기가 쉽지 않기 때문이다.

이와 같은 이유로 다음 그림 2-8에서 볼 수 있듯이 모든 OECD 국가에서 전체 고용에서 사업가로 볼 수 있는 고용주로 종사하고 있는 여성과 남성의 격차는 뚜렷하게 나타난다. 여성 고용주 비율은 평균 2% 정도이나 남성 고용주 비율은 대부분의 국가에서 여성의 2배인 4%를 넘고 있다.

6) 여기에서 사업가는 자영업자(self-employed) 중 피고용인이 있는 사람을 의미한다.

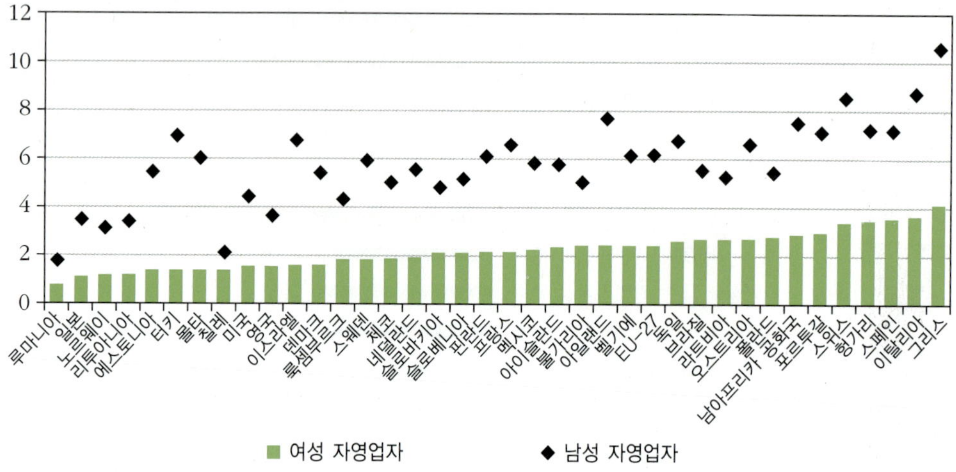

|그림 2-8| **성별 고용주 비율*(2010년)**

* 주 : 전체 고용에서 피고용인이 있는 자영업자 비율.
출처 : OECD(2012b).

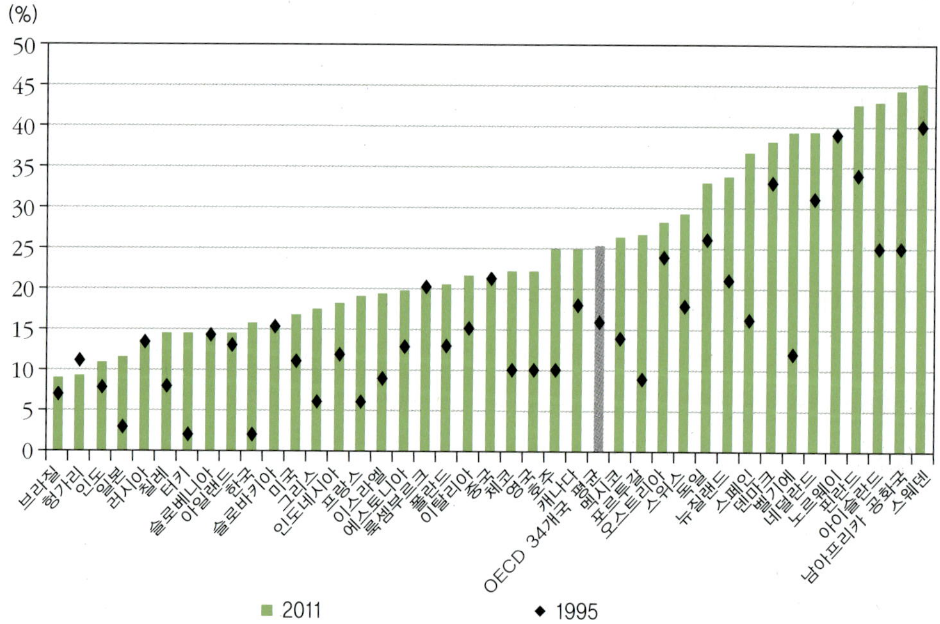

|그림 2-9| **여성 의석 수 비율(1995년과 2011년)**

출처 : Inter-Parliamentary Union(www.ipu.org), OECD(2012a)에서 재인용.

한편 전 세계적으로 법학을 공부하는 여성의 수는 남성과 비슷하다. 그럼에도 불구하고 판사 중 여성의 비중은 평균 27% 정도이다(UN Women, 2011). 또 정치활동을 통해 의회에 진출한 여성의 비율도 점차 증가하고는 있으나 그림 2-9에서 볼 수 있듯이 많은 국가에서 여성의 비율이 30%[7]에도 못 미친다.

3) 교육 부문

젠더격차가 여성과 남성의 인적자본의 차이에 기인한다고 볼 수도 있을 것이다. 그러나 국가별 교육에 있어 젠더격차는 별로 존재하지 않는 것으로 보인다. 특히 대학 진학과 같은 고등교육기관의 진학률은 여성이 남성의 진학률을 능가하는 국가도 있다.[8] 교육 단계별로 보면 대부분의 국가에서 초등 내지 중등교육 단계에서는 남녀 간의 차이가 거의 없는 것으로 나타났다. 심지어 고등교육의 경우에는 많은 국가들에서 여성의 진학률이 더 높은 것으로 나타났다(그림 2-10 참조).

이와 같은 고등교육에서의 젠더격차 부재를 어떻게 해석해야 할까? 우선 설명가능한 이

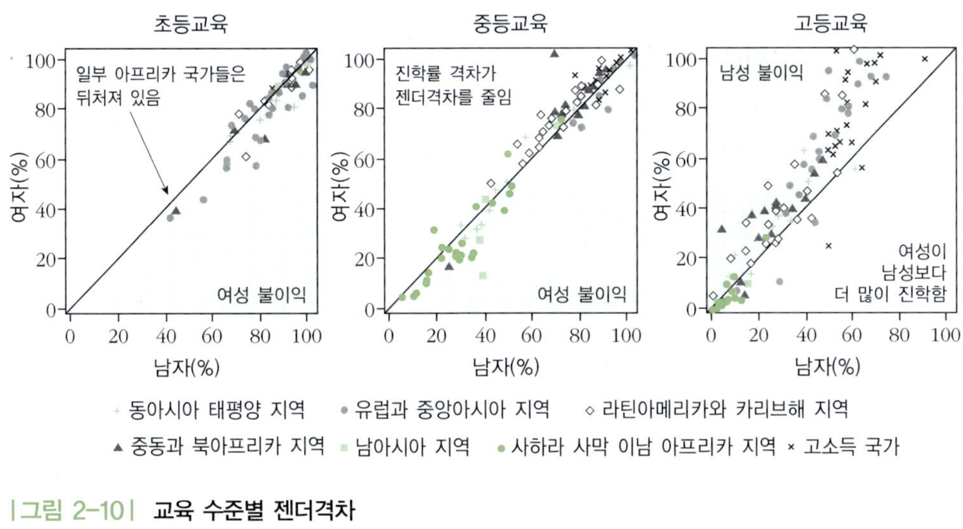

|그림 2-10| 교육 수준별 젠더격차

출처 : World Bank(2011)에서 재인용.

---

7) 여성의 비율 30%는 여성의 정치적 대의권(political representation)을 결정하는 결정적인 한계로 알려져 있다(Dahlerup, 1988; Childs & Krook, 2008).

8) 미국의 경우 1965년 이후 출생자들을 기준으로 할 때 성별 대학교 졸업자의 비중에 있어 여성의 비율이 높다. 한국의 경우에도 당해연도 졸업자 중 상급학교에 진학한 사람의 비율(재수생 미포함)로 정의한 대학 진학률을 보면 2009년, 2010년 모두 여성의 진학률이 남성의 진학률을 능가하고 있다.

유는 자녀 수가 줄어들고 선진국일수록 무상교육 기회가 많아져 교육에서 굳이 남녀를 차별할 필요성이 줄어들었다는 것이다. 또 여성의 경우 같은 교육 수준의 남성보다 일자리 찾기가 쉽지 않아 남성보다 높은 고등교육을 받을 강한 경제적 동기가 존재한다는 점이다.

교육의 경우 젠더격차가 적은 반면 중등 및 고등교육 진학률이 저개발국과 선진국 간에 큰 차이를 보이고 있다. OECD 국가의 경우 지난 50년간 경제성장의 절반이 교육 기회와 교육의 질적 증대에 기인한다고 볼 때, 남녀 모두의 고등교육 진학률이 낮게 나타나는 국가에서는 젠더격차를 줄이는 것뿐만 아니라 전체적인 교육 수준을 높이는 노력이 필요한 것으로 보인다.

교육 부문에서의 젠더격차 문제는 교육 수준 그 자체보다는 여성과 남성이 각각 선택하는 전공분야에서 찾아볼 수 있다. 특히 이공계통인 STEM(Science, Technology, Engineering, Mathematics) 분야를 선택하는 여성의 비율이 현저히 낮게 나타나고 있다.

그림 2-11에서 볼 수 있는 것처럼 여성은 고등교육 수준에서 인문학(humanities)과 예술을 공부하는 비율이 높았다. 이러한 현상은 모든 국가에 공통적으로 나타난다. 반면 컴퓨팅 사이언스(computing science)[9]와 공학(engineering), 제조(manufacturing), 건설(construction) 분야에서는 남성의 비율이 압도적으로 높다. 컴퓨팅 사이언스 분야의 경우

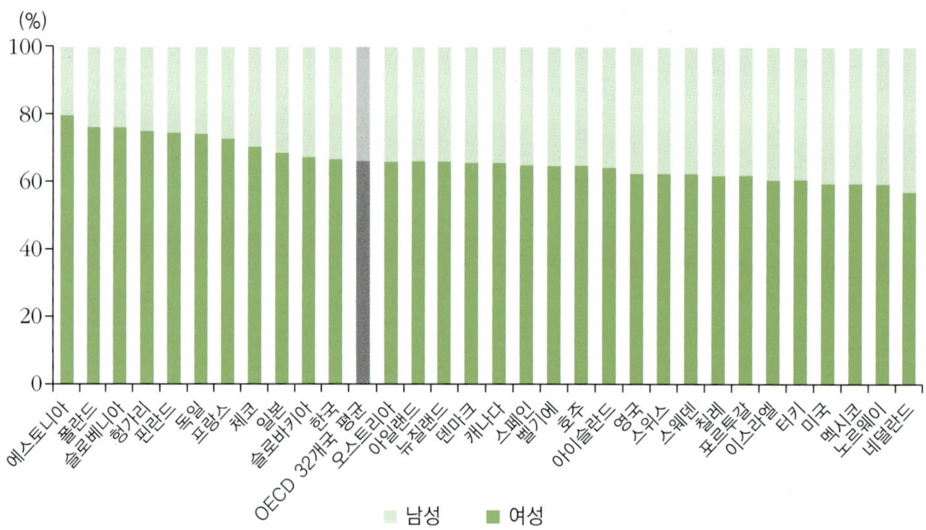

| 그림 2-11 | 인문학과 예술 분야 대학 학위 소지자 비율(2009년)

출처 : OECD Education database(2011).

9) 보험계리학, 컴퓨터 프로그래밍, 데이터 프로세싱, 소프트웨어 개발 등을 포함한다.

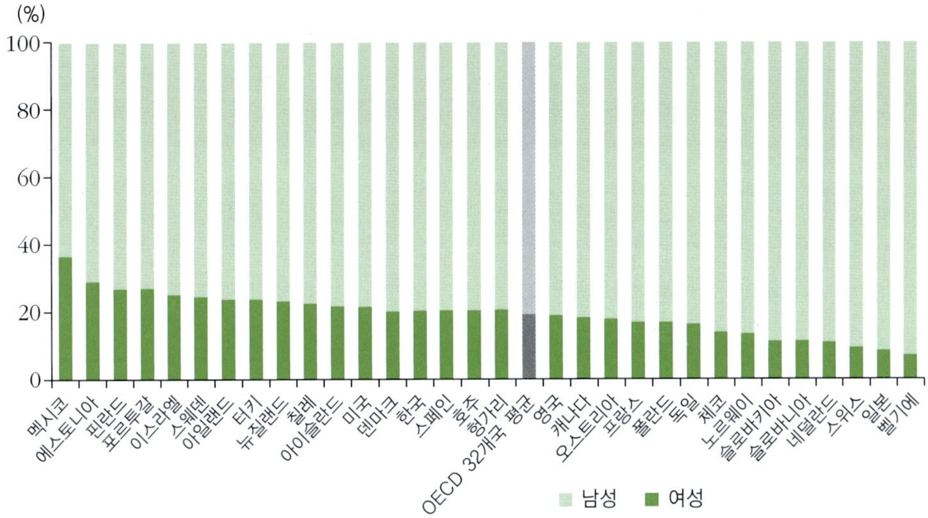

|그림 2-12| **컴퓨팅 사이언스 분야 대학 학위 소지자 비율(2009년)**

출처 : OECD Education database(2011).

대학 수준의 학위를 가진 여성의 비율은 평균 20% 정도이며, 여성의 비율이 가장 높은 나라인 멕시코도 40%에 못 미친다(그림 2-12, 2-13 참조).

전공분야 선택에서 나타나는 성별 격차를 중요한 관심사항으로 보는 이유는 전공 선택

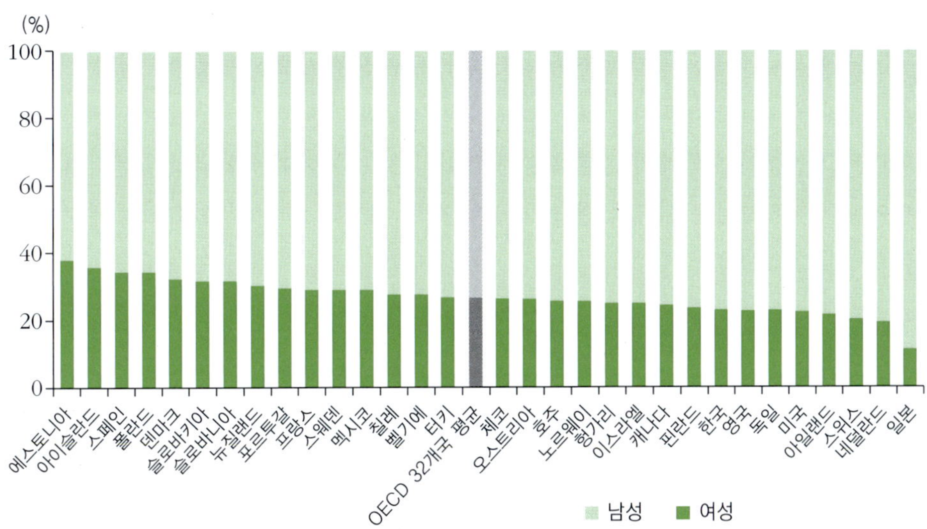

|그림 2-13| **공학, 제조, 건설 분야 대학 학위 소지자 비율(2009년)**

출처 : OECD Education database(2011).

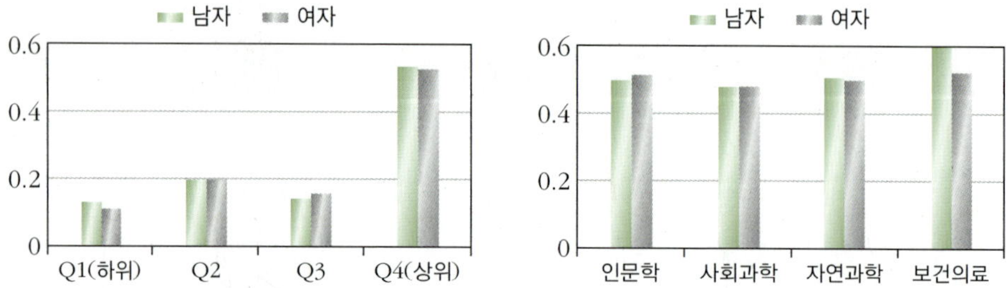

(a) 졸업생의 사분위 학점 분포 (b) 학문분야별 고학점 졸업생

| 그림 2-14 | 고등교육 단계에서의 젠더 간 성과 비교

출처 : OECD(2012a).

의 차이가 전문직종 선택의 차이로 이어지고, 이는 다시 높은 임금 격차로 이어질 가능성이 있기 때문이다. 실제로 인문학 분야의 경우 고임금 취업이나 창업에 있어 공과계통보다 불리할 가능성이 높다. 전공 차이가 성별 임금 격차로 이어지는 문제에 대해서는 추가적인 연구가 더 필요한 것으로 보인다.

한편 여성과 남성이 선택하는 전공분야에 있어 큰 차이를 보이고는 있지만 이러한 차이가 여성과 남성의 능력의 차이에 기인한다고 보기는 어렵다. 그림 2-14(a)에서 볼 수 있듯이 여성과 남성 간 학점 분포에 별다른 차이가 없다. 그림 2-14(a)는 모든 전공분야를 포함한 것인데 전공분야를 나누어서 보았을 때도 젠더 간 큰 차이는 발견하기 어려웠다. 그림 2-14(b)를 보면 인문학, 사회과학, 자연과학, 보건의료 분야에서 최고의 성적으로 졸업하는 학생들에게서 성별 격차를 발견하지 못했다. 다만 보건의료 분야에서는 성적이 좋은 남성의 비율이 높게 나타났다.

따라서 전공분야 선택에서 성별 차이가 나타나는 이유는 여성과 남성의 젠더별 역량의 차이에 기인하기보다는 사회적 관습, 전공에 대한 여성의 인식 및 선호도 등에 기인하는 바가 큰 것으로 보인다.

3 | 한국 여성의 경제적 지위 국제비교

1) 한국 여성의 경제활동 현황

한국은 조선왕조 500년의 지배 이데올로기인 유교, 특히 사회나 가정에서 남성의 역할에 대해 강한 주도성을 주장하는 주자학의 전통 때문에 여성의 경제활동참가율이 상대적으로 낮은 편이다. 1960년대와 1970년대 경제의 고도성장기에는 농촌에서 유리민화되어 가발공장과 피복공장 등에서 일하는 여성들이 늘어나면서 30~40%의 경제활동참가율을 보였으나, 이는 자발적이고 적극적인 경제활동 참여라기보다는 악화된 노동환경하에서 최저임금을 받아 가며 가계의 생계에 보탬이 되려고 했던 생계형 취업에 불과했다. 1980년대 초·중반까지만 해도 상대적으로 고임금 취업은 여성들에게 거의 허락되지 않았다. 대부분의 직장에서 응시조건으로 '병역을 필한 남성'을 명시했기 때문이다. 그 기준을 피해 운 좋게 취업을 한 고학력 여성이라도 입사 시에 결혼을 하면 즉시 그만둔다는 불평등한

|표 2-1| 경제활동참가율 추이(단위 : %, %p)

연도	전체	여성	남성	남녀 차	연도	전체	여성	남성	남녀 차
1968	58.0	39.1	79.0	39.9	1990	60.0	47.0	74.0	27.0
1969	57.8	38.3	79.6	41.3	1991	60.6	47.1	75.0	27.9
1970	57.6	39.3	77.9	38.6	1992	60.9	47.1	75.7	28.6
1971	57.4	39.5	77.2	37.7	1993	60.9	47.1	75.7	28.6
1972	57.7	39.6	77.5	37.9	1994	61.6	47.8	76.3	28.5
1973	58.4	41.5	76.8	35.3	1995	61.9	48.4	76.4	28.0
1974	58.9	41.5	77.7	36.2	1996	62.1	48.9	76.2	27.3
1975	58.3	40.4	77.4	37.0	1997	62.5	49.8	76.1	26.3
1976	59.7	43.2	77.4	34.2	1998	60.6	47.1	75.1	28.0
1977	59.4	41.7	78.7	37.0	1999	60.6	47.6	74.4	26.8
1978	59.9	43.3	77.9	34.6	2000	61.2	48.8	74.4	25.6
1979	59.5	43.3	76.9	33.6	2001	61.4	49.3	74.3	25.0
1980	59.0	42.8	76.4	33.6	2002	62.0	49.8	75.0	25.2
1981	58.5	42.3	75.8	33.5	2003	61.5	49.0	74.7	25.7
1982	58.6	43.4	75.0	31.6	2004	62.1	49.9	75.0	25.1
1983	57.7	42.8	73.7	30.9	2005	62.0	50.1	74.6	24.5
1984	55.8	40.7	72.1	31.4	2006	61.9	50.3	74.1	23.8
1985	56.6	41.9	72.3	30.4	2007	61.8	50.2	74.0	23.8
1986	57.1	43.1	72.1	29.0	2008	61.5	50.0	73.5	23.5
1987	58.3	45.0	72.5	27.5	2009	60.8	49.2	73.1	23.9
1988	58.5	45.0	72.9	27.9	2010	61.0	49.4	73.0	23.6
1989	59.6	46.6	73.4	26.8	2011	61.1	49.7	73.1	23.4

출처 : 통계청, 「경제활동인구조사보고서」 각 연도.

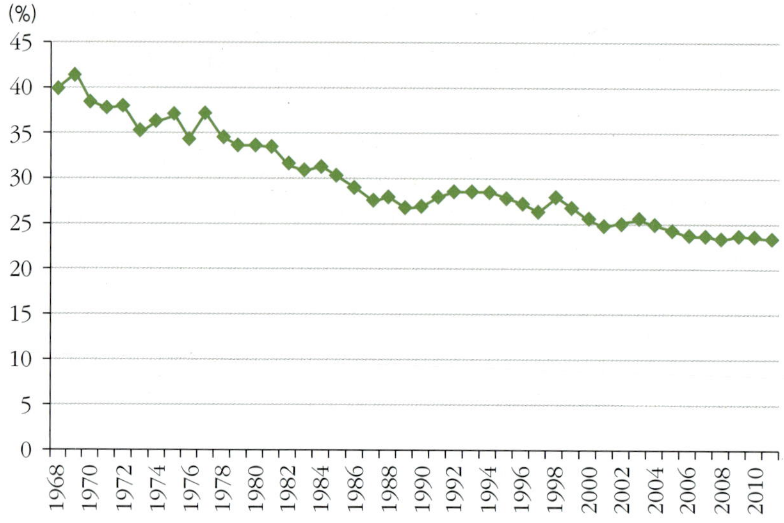

|그림 2-15| 남녀 경제활동참가율 차이 추이(1968~2011년)

계약조건에 서명을 해야 했다.

한국 경제의 성장과 함께 사회에서 여성의 역할이 커지고 고등교육을 받은 여성들이 늘어나면서 여성들의 사회참여가 점차 증가하고 고임금 직장 취업도 증가하고 있다. 그러나 여성들의 경제활동 참여율은 기대만큼 급격한 변화를 보이지 않고 있다. 표 2-1에서 볼 수 있듯이 2005년이 되어서야 겨우 50%를 넘어섰을 뿐이다. 그나마 미국발 서브프라임 위기로 경제가 악화되기 시작한 2008년부터는 오히려 감소하는 우려스러운 경향이 나타나고 있다. 그림 2-15에서 볼 수 있듯이 젠더 간 경제활동참가율 격차는 점차 줄어들고 있기는 하지만 1990년 이후부터는 증가율이 둔화되고 있다.

여성과 남성의 연령별 경제활동참가율 구조를 보면 여성에게서만 M자형 패턴을 볼 수 있다(그림 2-16 참조). 2000년에는 20대 초반 이후 여성의 경제활동참가율이 낮아지고 2009년에는 20대 후반 이후부터 경제활동참가율이 낮아지는 차이가 있기는 하나, 여전히 30대 중반 이후부터 다시 경제활동참가율이 높아지는 동일한 M자형 패턴을 보인다. 이러한 M자형 패턴은 그림 2-3에서 이미 보았던 것으로 1960~1970년대 OECD 국가들에서도 발견되었으나 1990년대 이후에는 거의 사라진 형태이다. 그럼에도 불구하고 우리나라에서는 여전히 뚜렷한 형태를 보이고 있다. M자형 패턴을 보이는 이유는 앞에서도 이미 언급하였듯이 결혼과 출산, 그리고 그에 따른 양육의 문제로 인한 것으로 여성들에게만 나타나고 있다.

남성의 임금을 100으로 잡았을 때 여성 임금의 변화 추이를 보면 1990년대부터 여성의

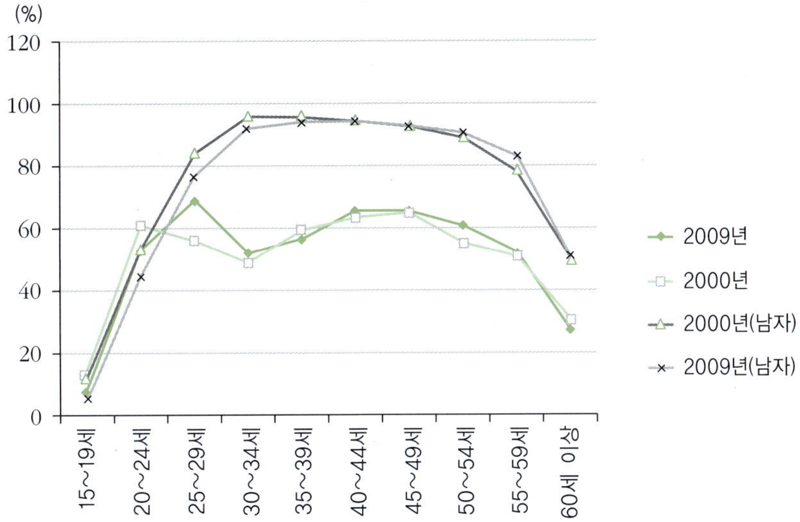

|그림 2-16| **연령별 경제활동참가율(2000년과 2009년 비교)**

임금이 급속하게 증가되었음을 알 수 있다. 그러나 2000년대부터 증가속도가 둔화되어 2000년대 후반부터는 여성의 임금 증가가 정체된 것으로 보인다. 또한 1990년 이후 남성과 여성의 임금 격차가 급속하게 줄어들었다고는 하지만 여전히 여성의 임금이 남성 임금의 70%에도 못 미치고 있다. 이는 동일 직장에서 동일 직급으로 동일한 업무를 수행하고

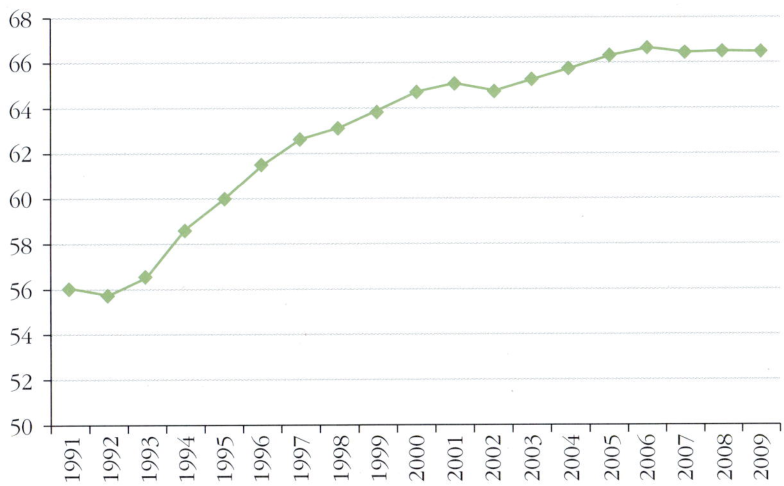

|그림 2-17| **여성의 임금* 추이(남성=100, 1991~2009년)**

* 주 : 근로자 수 5인 이상 사업체 대상임, 임금은 월급여(총급여) 기준임.
출처 : 노동부, 「고용형태별근로실태조사」 각 연도.

있는 여성의 임금이 남성의 70%밖에 안 된다는 뜻은 아니다. 그보다는 여성들이 상대적으로 임금 수준이 낮은 분야에 많이 종사하고 있고, 자녀양육 후 다시 일자리를 가졌을 때 경력단절 등의 이유로 상대적으로 저임금 직장에 취업하기 때문에 평균적으로 남성보다 임금 수준이 낮다고 해석하는 것이 타당할 것이다. 그 원인이 무엇이든 전반적인 여성의 임금 수준이 남성보다 낮다는 것은 부인할 수 없는 현실이다.

2) OECD 국가와의 비교

최근 우리나라의 저출산 · 고령화 추세가 가시화됨에 따라 여성 인력 활용의 중요성이 커지고 있다. 또 최근 들어 한국 여성의 사회 · 경제적 지위가 과거에 비해 많이 개선된 것도 사실이다. 경제적 측면에서 볼 때 여성의 경제활동참가율은 꾸준히 증가하고 있으며 관리직 진출 여성의 수가 늘면서 남성과의 격차도 줄어들고 있다. 특히 공무원 채용시험 합격자 중 여성비율의 증가는 놀라울 정도이다. 1993년 2.6%에 불과했던 행정고시 합격자 중 여성비율이 2010년에는 47.7%로 거의 절반에 이르고 있다. 외무고시의 경우는 1993년 3.3%에서 2010년 60%로 상승했다(통계청, 2011 참조).

이와 같은 변화는 여성들에 대한 높은 수준의 교육 기회 때문인 것으로 보인다. 대학 진학률의 경우 남녀 모두 증가추세이나 2009년과 2010년 여성의 대학 진학률은 각각 82.4%, 80.5%로 남성의 대학 진학률인 81.6%, 77.6%를 능가하고 있다.[10)]

그러나 그림 2-18에서 볼 수 있듯이 우리나라의 여성 고용률은 OECD 국가 평균에 비해 매우 낮으며 그 격차가 감소하는 뚜렷한 추세도 발견할 수 없다. 뿐만 아니라 상급직이나 전문직에서의 여성비율도 다른 국가에 비해 아주 낮다. 행정고시 여성 합격자가 절반 가깝게 늘었지만 4급 이상의 고위 여성 공직자 비율은 1999년 1.8%에서 10년이나 지난 2009년에도 겨우 4.7%에 불과하다. 이와 같은 젠더격차는 고등교육기관인 대학교원 충원율에서도 비슷한 양상을 보인다. 주요 대학의 여학생 비율이 50% 선인데도 여성 교수의 비율은 20%에도 미치지 못하는 대학들이 대부분이다.

이 때문에 우리나라 여성의 사회 · 경제적 지위가 단기간에 OECD 선진국 수준으로 향상될 수 있는지에 대한 우려가 여전히 존재한다. 우선 2009년 기준 한국 여성의 경제활동참가율은 49.2%로 2009년 OECD 평균 여성의 경제활동참가율 63.6%에 크게 못 미치고 있다. 비슷한 유교권 국가인 일본과 비교했을 때도 낮은 수준이다. 그림 2-19는 한국과 OECD 평균, 그리고 주요국의 여성 경제활동참가율 추이를 보여 준다. 한국 여성의 경제

10) 통계청(2011), "2011 통계로 보는 여성의 삶".

| 그림 2-18 | 여성의 고용률* 추이(2000~2009년)

* 주 : 고용률 = 고용자 수/인구
출처 : OECD.Stat.

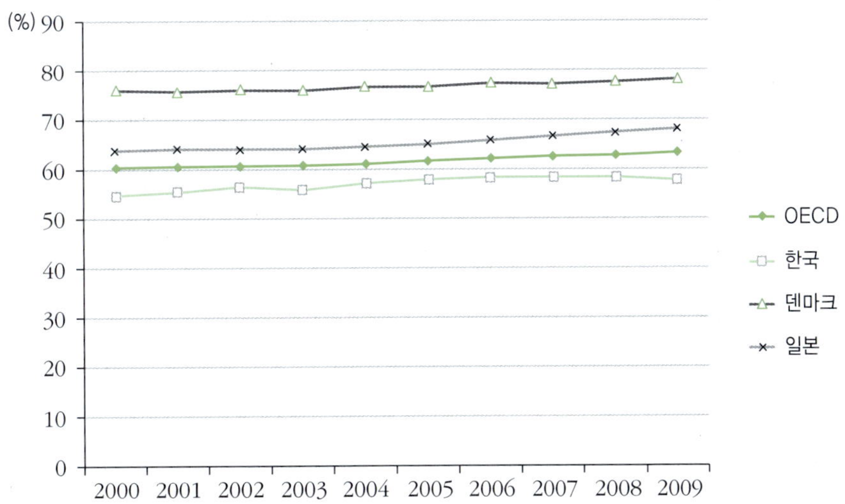

| 그림 2-19 | 여성의 경제활동참가율 비교

출처 : OECD, Labour Force Statistics 2010, from OECD.stat.

활동참가율은 OECD 평균보다 낮을 뿐만 아니라 그 차이가 줄어들고 있지도 않는 것으로 나타나고 있다.

그림 2-20은 우리나라와 주요 선진국 여성의 연령별 경제활동참가율을 나타낸 것이다. 거의 전 연령대에 걸쳐 한국의 경제활동참가율이 낮게 나타나고 있을 뿐만 아니라 우리나

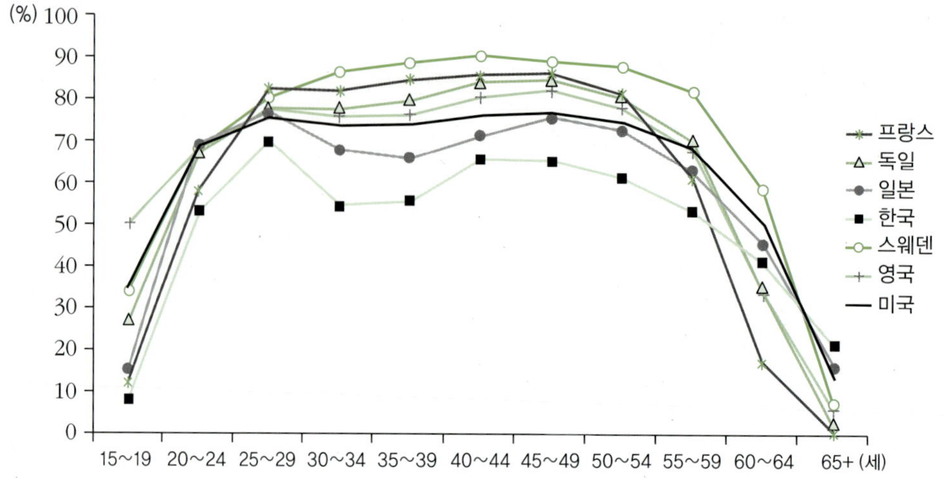

|그림 2-20| **각국 여성의 연령대별 경제활동참가율**

출처 : OECD, Labour Force Statistics 2010, from OECD.stat.

라와 일본을 제외하면 M자형 패턴을 뚜렷하게 보이는 국가가 없다.

임금에서의 젠더격차도 그림 2-4에서 보았듯이 OECD 국가 중에서 가장 큰 것으로 나타나고 있다. OECD 평균은 20%에 못 미치는데 우리나라의 젠더 간 임금 격차는 40%에

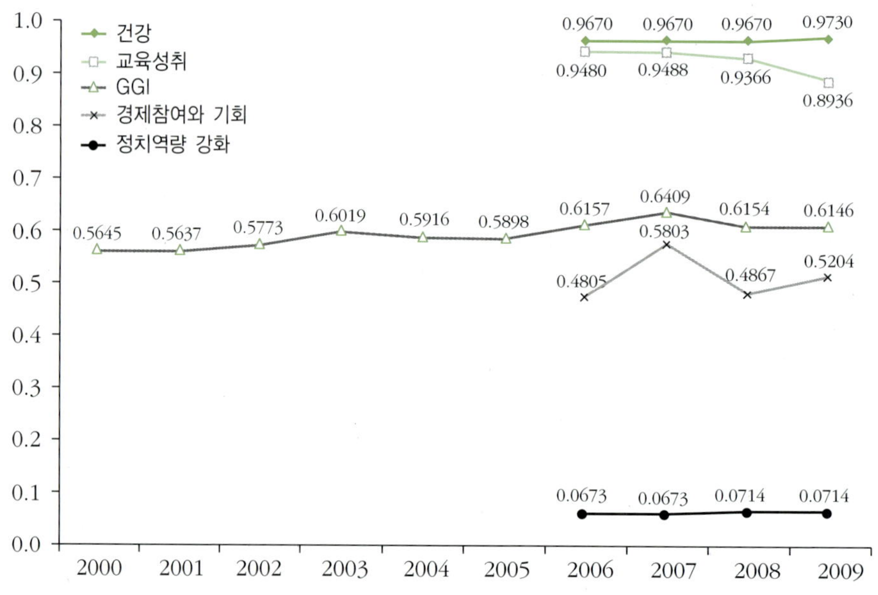

|그림 2-21| **한국의 GGI 하위지수 값의 변화**

출처 : 전기택 · 문유경 · 주재선(2009), 여성가족부(2010)에서 재인용.

가깝게 나타나 거의 2배에 이른다. 따라서 우리나라는 OECD 국가에 비해 경제활동에 있어 젠더 간 격차가 크게 존재하는 것으로 보인다.

3) 성평등지수로 본 한국의 젠더격차

성평등지수[11] 측면에서 보았을 때 우리나라의 젠더 간 평등은 아직 부족한 것으로 나타난다. 예를 들어 스위스에 본부를 둔 세계경제포럼(WEF : World Economic Forum), 일명 '다보스 포럼'에서 2006년부터 발표하는 젠더격차지수(GGI : Gender Gap Index)[12]에 의한 한국의 순위를 보면 2009년 조사대상 134개 국가 중 115위로 최하위권에 속하는 것으로 나타났다. 2006년 이후 순위의 변동이 있기는 하나 만성적인 하위권에 머물고 있으며, 점수도 2007년에 약간 상승되었던 것을 제외하면 매년 거의 비슷한 수준이다.

1위 국가나 30위 내 국가 평균과 비교해 보면 우리나라의 젠더 불평등의 정도를 좀 더 분명하게 볼 수 있다. 2006년과 2009년을 비교했을 때 1위 국가나 30위 이내 국가 평균, 또는 대상국가들의 평균은 모두 증가하여 젠더 평등도가 증가되었으나 한국은 증가하지 않았다.

GGI는 경제활동참여와 성취 기회(economic participation and opportunity), 교육성취(educational attainment), 건강과 생존(health and survival), 정치적 권한(political empowerment) 등 4개의 하부지수로 구성되어 있는데 우리나라 여성은 건강과 교육성취 지수는 다른 나라들에 비해 높지만 경제활동과 구직 기회, 정치적 권한 점수는 다른 나라들에 비해 크게 낮은 점수를 보이고 있다.

성평등지수 가운데 UNDP(United Nations Development Program)에서 발표하는 대표적 성평등지수 중 하나인 젠더관련개발지수(GDI : Gender-related Development

|표 2-2| 한국의 젠더격차지수(GGI)의 순위 변화

구분	2006	2007	2008	2009
대상 국가	115	128	130	134
한국 순위	92	97	108	115
한국 점수	0.6157	0.6409	0.6154	0.6146

출처 : WEF(각 연도), The Global Gender Gap Report, 여성부(2010)에서 재인용.

11) 성평등지수란 성평등의 목적, 방향, 기준 등을 나타내는 표지로서, 특정 국가의 부문별 성평등 수준과 개선 정동에 대한 모니터링, 관련 정책 및 제도의 평가 등을 가능하게 한다(여성부, 2010).

12) 남녀 격차를 통해 성평등을 측정하며, 0과 1 사이에 있는 숫자로 1에 가까울수록 평등하다.

| 표 2-3 | 3년간 젠더격차지수(GGI)의 변화

구분	1위 국가(a)	한국(b)	30위 내 국가평균(c)	대상국가 평균(d)	(a)-(b)	(c)-(b)	(d)-(b)
2006년	0.8133	0.6157	0.7278	0.6617	0.1976	0.1121	0.0460
2009년	0.8277	0.6146	0.7487	0.6678	0.2131	0.1341	0.0532
2006~2009년 증감	0.0144	-0.0011	0.0209	0.0061	-	-	-

출처 : WEF(각 연도), The Global Gender Gap Report, 여성부(2010)에서 재인용.

Index)를 사용하는 경우는 다른 지수들에 비해서 한국의 순위가 비교적 높게 나타나는 편이다(표 2-4 참조). UNDP는 1990년 인간개발을 '정치, 경제, 사회, 문화, 보건 등 다양한 영역에서 선택의 여지를 확대하는 과정' 으로 정의하고 기대수명, 문맹률, 취학 연수, 수입 등의 지표를 통해 건강한 삶, 충분한 교육, 여유 있는 경제상태에 대한 인간개발의 상태를 산출하여 인간개발지수(HDI : Human Development Index)를 발표하였다. GDI는 남녀권한척도(GEM : Gender Empowerment Measure)와 함께 HDI를 기반으로 개발 수단에 대한 접근의 평등, 경제적 · 사회적 · 정치적 의사결정 측면 및 참여하는 기회의 평등, 보상의 평등이란 측면에서 우선순위가 되는 지표를 선정한다. GDI는 건강, 교육, 경제 분야의 성별 성취에 대한 불평등 정도를 나타내는 지수로 개발되었고, HDI와 GDI의 지수 차이를 통해 인간개발에서의 젠더 간 불평등 차이를 볼 수 있게 고안되었다(여성부,

| 표 2-4 | 한국의 GDI 추이

연도	국가수	GDI 순위	기대수명(세)		문해율(%)		초 · 고등학교 취학률(%)		소득(PPP US $)		HDI 순위
			여성	남성	여성	남성	여성	남성	여성	남성	
2000	143	30	76.2	69.0	95.9	99.0	84.0	94.0	8,342	18,529	31
2001	146	29	78.4	70.9	96.2	99.1	85.0	95.0	9,667	21,676	27
2002	146	29	78.6	71.2	96.4	99.1	85.0	95.0	10,791	23,884	27
2003	144	30	79.0	71.4	96.6	99.2	84.0	97.0	9,529	20,578	30
2004	140	29	79.2	71.7	96.6	99.2	85.0	98.0	10,747	23,226	28
2005	144	27	80.6	73.3	99.0	99.0	87.0	100	11,698	24,167	28
2006	136	25	80.9	73.7	99.0	99.0	88.0	101	12,912	28,036	26
2007 2008	157	26	81.5	74.3	99.0	99.0	89.0	102	12,531	31,476	26
2009	155	25	82.4	75.8	99.0	99.0	90.6	105.8	16,931	32,668	26

출처 : 여성부(2010), 〈표 V-9〉 재구성.

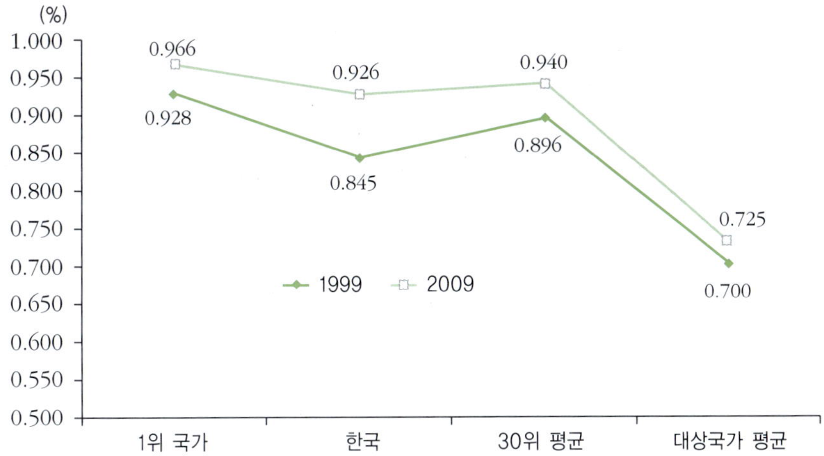

|그림 2-22| 지난 10년간 GDI 변화

출처 : 여성가족부(2010).

|표 2-5| 한국의 GEM 추이

연도	국가 수	순위	의회 여성 점유율(%)	행정관리직 여성비율(%)	전문 · 기술직 여성비율(%)	소득분배 (백분율)	
1995	116	90	1.0	4.1	42.5		22
1996	104	78	2.0	4.2	45.0		27
1997	94	73	3.0	4.2	45.0		28
1998	102	83	3.0	4.4	31.9		29
1999	102	78	3.7	4.2	45.0	실질 여성 GDP	8,388
2000	143	63	4.0	4.7	31.9		8,342
2001	64	61	5.9	5.0	31.0		9,667
2002	66	61	5.9	5.0	34.0		10,791
2003	70	63	5.9	5.0	34.0	소득 격차	0.46
2004	78	68	5.9	5.0	34.0		0.46
2005	80	59	13.0	6.0	39.0		0.48
2006	75	53	13.4	7.0	38.0		0.46
2007/2008	93	64	13.4	8.0	39.0		0.40
2009	109	61	14.0	9.0	40.4		0.52

출처 : UNDP(각 연도), Human Development Report, 여성가족부(2010)에서 재인용.

2010). 젠더 간 격차가 클수록 HDI에 비해 GDI가 낮아진다.

그러나 한국은 GEM이 매우 낮은 국가로 분류되고 있다. GEM은 여성개발보다는 정치 및 경제 분야의 의사결정에서 여성참여 기회의 평등을 지수화한 것이다. 사회의 중요한 부문에서 여성이 남성과 동등하게 참여하고 있는가를 측정하는 지수로 한 국가의 경제발전이나 인간개발 정도와 반드시 일치하지는 않는다(여성부, 2010).[13] 한국의 GEM이 낮다는 것이 시사하는 바는, 한국은 인간개발 측면에서는 젠더 평등이 일정 수준까지 도달한 상태이지만 권한부여와 기회 측면에서의 젠더 평등 수준이 매우 낮은 국가라는 것이다.

연도에 따라 대상국가 수는 변화했지만 한국은 GEM 조사에서 만년 하위권을 벗어나지 못하고 있다. 여전히 한국사회는 여성에게 참여 기회를 주지 않는 불평등한 사회라는 것이다.

4 맺음말

한국은 전 세계에서 유례없이 놀라운 경제적 성공을 거둔 나라로 평가되고 있다. 1961년 82달러였던 1인당 국민소득이 1990년에는 5,569달러, 2011년에는 22,770달러를 넘었다. 이처럼 놀라운 변화의 원인 중 하나로 OECD(2012a)는 1960년대 교육에 대한 투자와 산아제한정책을 들고 있다. 산아제한정책에 따른 가구당 어린이 수의 감소는 어린이당 투자액을 증가시켰으며 증가된 투자는 여아와 남아 모두에게 고르게 배분되었다. 1991년 4년제 대학 진학률이 남성은 22.3%, 여성은 19.6%였음에 반해 2010년에는 여성 53.8%, 남성 53.4%로 여성이 남성보다 더 높은 대학 진학률을 보였다. 따라서 한국의 경우 교육의 젠더격차는 존재하지 않는 것으로 보인다.

이로 인해 사법고시, 행정고시 등 고위 관리직으로의 신분상승 기회가 보장된 국가고시에서 여성의 합격률이 놀랄 만큼 증가하고 일반 대기업 입사비율도 크게 증가하고 있다.

그럼에도 불구하고 여성의 경제활동참가율은 2011년 기준 OECD 평균 63.9%에 못 미치는 59.0%에 그친다. 한국 여성의 경제활동참가율은 34개 OECD 국가 중 27위로 하위권에 속한다.[14] 반면 남성의 경제활동참가율은 82.7%로서 OECD 평균 82.9%와 큰 차이가 없다. 똑같은 고등교육을 받고도 이처럼 경제활동참가율에 큰 격차가 있다는 것은 무엇

13) 경제성장이나 인간개발이 자동적으로 여성의 권한을 신장시키는 것은 아니기 때문이다.

14) 한국보다 여성의 경제활동참가율이 낮은 나라는 칠레, 그리스, 헝가리, 이탈리아, 멕시코, 터키이다.

을 뜻하는가? 여성에 대한 사회적 교육투자가 제대로 활용되지 못한 채 사장되고 있다는 것을 의미한다. 특히 고등교육을 받고 좋은 직장에 취업한 여성이 결혼과 출산, 양육에 대한 사회적 기대 때문에 더 이상 직장생활을 계속하지 못한 채 중도퇴사하는 비율이 높다는 것은 아직도 가정 내 무임금 노동에 대해 사회가 여성에게만 불평등한 역할 기대를 하고 있는 현실을 명확하게 드러낸다. 임금 격차 수준 역시 크게 개선되지 않고 있다. 한국 여성의 사회 · 경제적 지위는 점차적으로 개선되고 있으나 OECD 등 선진국을 따라잡기에는 아직 부족한 상태인 것이다.

세계경제사에서 유례없는 장기 고도성장을 거듭해 온 한국경제이지만 역시 세계에서 가장 빠른 속도로 진행되고 있는 저출산, 고령화 추세 때문에 향후 '인구지진(Agequake)'[15] 이라는 위기를 맞게 될 전망이다. 노동인구는 점점 줄어들고 부양해야 할 인구는 늘어날 것이다.

한국경제가 직면한 이와 같은 위기를 극복할 수 있는 현실적이고 유일한 대안은 활용되지 못한 채 사장되어 가고 있는 고급 여성 인력을 활용하는 길일 것이다. 유능한 여성 인력을 경제현장으로 다시 불러내 올 수 있는 방법은 가사와 출산, 양육에 대한 사회적 역할 기대를 남성과 함께 분담하는 인식 전환이 이루어지고, 여성이 육아와 가사부담 없이 일할 수 있는 제도와 시스템을 뒷받침해 주는 정책을 일관되게 추진하는 것일 것이다.

15) 영국의 언론인 Wallace(1999)가 펴낸 책에 등장한, 저출산 · 고령화를 경고하는 단어이다.

참/고/문/헌

부산대 여성연구소(2011), 『왜 아직도 젠더인가?』, 부산대학교.

여성가족부(2010), "2010년 한국의 성평등보고서".

전기택 · 문유경 · 주재선(2009), 『국가경쟁력 강화를 위한 성평등 지수 관리 방안』, 한국여성정책연구원.

통계청(2011), "2011 통계로 보는 여성의 삶".

Childs, S. & M. L. Krook (2008), "Critical Mass Theory and Women's Political Representation," *Political Studies*, Vol. 56, pp. 725-736.

Cuberes, D. & M. T. Baqué (2011), "Gender Inequality and Economic Growth," Background paper for the WDR 2012.

Dahlerup, D. (1988), "From a Small to a Large Minority: Women in Scandinavian Politics," *Scandinavian Political Studies*, Vol. 12, pp. 275-297.

FAO, IFAD, & ILO (2010), "Gender Dimensions of Agricultural and Rural Employment: Differentiated Pathways Out of Poverty, Status, Trends and Gaps," FAO, IFAD, and ILO, Rome.

Flabbi, L. (2011), Gender Differences in Education, Career Choices and Labor Market Outcomes on a Sample of OECD Countires, World Development Report 2012.

Hurst, E. C. Hsieh, C. Jones, & P. Klenow (2011), "The Allocation of Talent and Economic Growth," Chicago Booth, Chicago, IL. Processed.

Nallari, R. & B. Griffith (2011), *Gender and Macroeconomic Policy*, The World Bank.

OECD (2011), *Doing Better for Families*, OECD Publishing, Paris.

OECD (2012a), Gender Equality in Education, Employment and Entrepreneurship: Draft Final Report to the MCM2012, DELSA/ELSA(2001).

OECD (2012b), Entrepreneurship at a Glance 2012, OECD.

UN Women (2011), Progress of the World Women 2011-12, In pursuit of Justice, available at http://progress.unwomen.org/pdfs/EN-Report-Progress.pdf.

United Nations (2010), Millennium Developments Goals: Gender Equality and Women's Empowerment, Progress Chart 2010, New York.

Wallace, P. (1999), *Agequake: Riding the Demographic Rollercoaster Shaking Business, Finance and Our World*, Nicholas Brealey Publishing.

World Bank (2011), Gender Equality and Development, World Development Report 2012.

World Economic Forum (2010), The Corporate Gender Gap Repoort 2010, Geneva.

PART 2

가계생산과 노동공급

CHAPTER 03

가족, 가계생산, 결혼과 출산의 경제학

황 수 경

1 경제단위로서의 가구[1)]

전통적인 경제학에서 의사결정의 주체는 개인이다. 개인은 주어진 조건하에서 여러 선택지 가운데 자신의 효용을 극대화하는 선택을 하게 된다. 그러나 가족(family)으로 구성된 하나의 가구(household) 내에서 가족구성원 개개인의 의사결정은 서로 독립적이라고 보기 어렵다. 오히려 공동의 목표를 갖고 구성원 간 역할을 나누어 가지게 되는 경우가 보다 일반적이다. 자녀가 어려서 돌봄이 필요한 경우 부부 중 한 사람이 직장을 그만두거나, 조부모가 자녀를 대신 돌봐 주는 의사결정은 가족들 사이에서는 당연한 것으로 간주된다. 가구 내에서 가족의 부양, 소비와 저축의 문제와 관련해 가족구성원 간 역할분담은 일상적으로 이루어지고 있으며, 이러한 의사결정에 특별한 대가가 고려되는 것은 아니다.

이러한 특성을 감안하여 가구단위의 의사결정을 처음으로 경제학적 분석단위로 끌어들인 이가 Mincer와 Becker이다. Mincer(1962)는 기혼여성의 경제활동참가 결정에서는 가족단위의 소비, 가사노동과 같은 비보상노동의 존재를 고려할 필요가 있음을 주장하였고, Becker(1965)는 가족 전체의 행복을 극대화하기 위해 '생산적'인 소비, 즉 가계생산이 이루어지고 이 과정에서 가족구성원의 부(wealth)와 시간의 배분이 함께 결정된다는 관점을 제시하였다. 이른바 가족경제학(Family Economics)이 태동한 것이다. 이를 계기로 가족 혹은 가구를 하나의 경제단위로 고려하는 시각이 보편적으로 받아들여지게 되었으며, 그 이후로 경제학적 분석에서 그동안 블랙박스로 간주되던 가족 혹은 가구의 경제행위를 설명하기 위한 보다 정교한 이론들이 고안되었다.

가족 혹은 가구를 경제단위로 고려하는 분석 시각은 특히 젠더경제학에서 핵심적인 요소이다. 결혼과 출산, 자녀양육, 가사노동 등 가족의 형성 및 유지와 관련된 역할과 책임은 남성과 여성 간에 불균등하게 배분되는 것이 보통이기 때문에 가족을 이용한 분석틀은 남성과 여성의 다른 의사결정 메커니즘을 이해하는 데 매우 유용하다.

---

1) 가구와 유사한 개념으로 가족, 가계 등의 용어가 사용되기도 한다. 가족(family)은 부부를 중심으로 주로 혈연관계에 의해 맺어지며 생활을 함께하는 공동체를 의미한다. 반면 가구는 공간적 의미에서 한집에서 기거하는 사람들로 구성된 사회 · 경제적 집단을 지칭하는데, 이 중 가구의 수입과 지출 등 경제활동과 관련된 경우 가계생산, 가계수지 등과 같이 가계로 표현되는 경우가 많다.

2 가계생산 이론

1) 가계생산과 효용극대화

전통적인 소비자이론에서 가구는 시장노동을 통해 소득을 얻고 그 소득으로 필요한 재화와 서비스를 구매하여 효용을 극대화하는 것으로 상정된다. 그러나 가구의 소비를 좀 더 자세히 들여다보면, 외부에서 구입한 재화 그 자체(의복, 가구 등)를 소비하기도 하지만 중간재를 구매해 소비할 수 있도록 일정한 변환(조리 등)을 거치거나 일부 서비스는 가정에서 스스로 생산하기도 한다(세탁 · 청소, 자녀돌봄 등). 이러한 과정에 생산이론의 개념을 도입한 것이 Gronau(1973, 1977)의 가계생산(household production)이론이다.

즉 가구는 단순히 최종재를 구매해 소비하는 단위가 아니라, 가구소득으로 구입한 재화와 가구원의 시간을 이용하여 가족의 효용증대를 위해 필요한 가정재(household commodities)를 생산하는 단위로 파악된다. 대표적인 예가 가사활동과 자녀돌봄 서비스이다. 세탁기와 세제를 사용하여 세탁을 하는 일, 식재료와 조리기구 등을 이용하여 음식을 만드는 일, 자녀양육에 필요한 적절한 재료(분유, 유모차, 책 등)를 구입해 자녀를 돌보는 일 등이 모두 여기에 해당된다. 이런 의미에서 가구는 일정한 생산기술(생산함수)을 가지고 시장에서 구입한 재화(중간재)와 가구원, 주로 여성의 시간(노동)을 투입하여 가정재(산출물)를 생산하는 일종의 작은 공장으로 간주될 수 있다.

통상의 생산이론에서 노동은 임금을 주고 시장에서 구입하는 것이지만 가계생산에 투입되는 노동은 주부의 시간 그 자체이다. 별도의 금전적 비용이 지출되는 것은 아니지만 여가 혹은 시장노동을 통해 얻을 수 있었을 수입을 포기하고 투입되는 것이기 때문에 시간의 기회비용, 즉 시간의 가치(value of time)가 바로 가계생산에 투입된 노동의 구매비용인 셈이다. 가계생산을 고려할 경우 여성의 시간은 여가, 시장노동, 가계생산으로 배분되며, Becker(1965)는 이를 시간 배분이론(theory of time allocation)으로 정식화하였다.[2)]

이처럼 가정재 생산에 재화와 시간이 투입되고 시간의 금전적 가치는 시장임금으로 평가될 수 있기 때문에 재화와 시장임금의 상대가격은 가정재를 생산하는 데 투입되는 요소비율을 변화시킨다(참고자료 3-1 참조). 즉 시장임금이 상대적으로 증가하면 가계생산에 시간보다는 재화를 투입할 유인이 커지게 됨을 의미한다. 이는 오늘날 가정재 생산에 투입

2) Becker의 시간 배분이론은 여성의 노동공급을 이해하는 데 매우 유용하다. 이에 대해서는 제5장에서 상세히 다루기로 한다.

참고자료 3-1 **가계생산 모형에서의 시간제약과 효용극대화(Becker, 1965)**

가구에서 가정재 $Z_i(i = 1, \cdots, m)$의 생산이 이루어진다고 가정하자. 각각의 가정재 생산에는 재화 X_i와 시간 H_i이 투입되는 것으로 가정한다.

이러한 생산은 다음과 같은 가계생산함수로 나타낼 수 있다.

$$Z_i = f_i(X_i, H_i), \quad i = 1, \cdots, m$$

가구는 가정재의 소비를 통해 효용을 극대화하며, 따라서 효용함수는 다음과 같이 표현된다.

$$U = U(Z_i, \cdots, Z_m)$$

이때 두 개의 제약조건이 부과되는데, 하나는 예산제약이고 다른 하나는 시간제약이다. 재화 및 노동의 가격(p_i, w)이 시장에서 정해져 있을 때, 가용한 총시간을 T, 시장노동에 투입하는 시간을 L로 표시하면 제약조건은 다음과 같이 쓸 수 있다.

$$\text{예산제약} : \sum p_i X_i = Y = wL$$
$$\text{시간제약} : \sum H_i = T - L$$

예산제약은 시장노동을 통해 벌어들이는 가구소득($Y = wL$)의 한도 내에서 가정재 생산에 필요한 재화를 구입할 수 있으며, 시간제약은 가족의 시간자원 중 시장노동에 투입되지 않은 시간이 가계생산에 투입될 수 있다는 것을 의미한다.

두 개의 제약식을 결합하면 다음과 같이 나타낼 수 있다.

$$\sum p_i X_i + w \sum H_i = wT$$

시장임금 w는 시간의 가격을 의미하기 때문에 wT는 가용한 모든 시간의 가치가 된다. 따라서 위

되는 재화는 상대적으로 풍부해지고 시간은 점점 더 희소해지면서 시간집약적 가정재보다는 재화집약적 가정재의 소비가 증가하게 되는 현상을 잘 설명해 준다.

구체적으로 출산(Z_1)과 여행(Z_2)이라는 가정재를 예로 살펴보자(그림 3-1 참조). 출산은 대표적인 시간집약적 가정재이고, 여행은 교통, 숙박, 외식 서비스 등 많은 시장재를 소비해야 한다는 점에서 재화집약적 가정재라 할 수 있다.

균형에서 생산가능곡선의 기울기(= 두 재화의 상대가격비)는 무차별곡선의 기울기(= 두 재화에 대한 한계효용비)와 일치하게 되므로, S와 S'라는 두 생산가능곡선에 대해 각각 p와 p'라는 소비점이 대응된다.

시간의 가치, 즉 시장임금이 상승하고 재화의 상대가격은 하락하면서 생산가능곡선이 AA'에서 BB'로 변하게 된 상황을 가정해 보자. 이에 따라 효용극대화를 위한 두 가정재의

식은 가구의 시간자원 중 일부는 재화를 구입할 소득을 얻기 위한 시장노동에, 다른 일부는 가정재 생산에 사용된다는 것을 금전적 가치로 환산하여 보여 주고 있다. 즉, $w\Sigma H_i$는 시간을 소비하면서 포기된 잠재소득인 셈이다.

위 식은 가계생산함수를 가정재 단위당 재화와 시간의 한계투입(b_i, t_i)으로 표현하여 다음과 같이 재구성할 수 있다.

$$\sum p_i b_i Z_i + w\sum t_i Z_i = \sum(p_i b_i + wt_i) Z_i = wT$$
$$\text{where} \begin{cases} X_i \equiv b_i Z_i \\ H_i \equiv t_i Z_i \end{cases}$$

이러한 가계생산함수하에서 최적화 문제를 풀면 효용극대화 조건은 다음과 같이 요약된다.

$$U_i = \frac{\partial U}{\partial Z_i} = \lambda(p_i b_i + wt_i) \equiv \lambda\pi_i, \quad i = 1, \cdots, m$$

여기서 π_i, 즉 $p_ib_i + wt_i$는 가정재 Z_i의 잠재가격(shadow price)이고, λ는 금전적 소득의 한계효용을 의미한다.

한편, 가정재 생산에서 투입요소의 최적조합은 한계대체율이 요소가격비율과 같아지는 지점이다. 이는 다음과 같이 나타낼 수 있다.

$$\frac{\partial Z_i / \partial H_i}{\partial Z_i / \partial X_i} = \frac{b_i}{t_i} = \frac{w}{p_i}$$

따라서 가정재를 생산하는 데 투입되는 요소비율은 재화와 시간의 상대가격에 의해 결정된다.

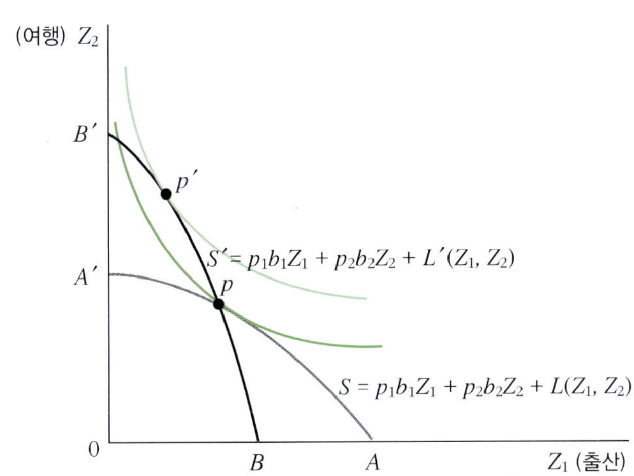

|그림 3-1| 가계의 생산가능곡선과 효용극대화

선택집합은 p에서 p'로 이동하게 될 것이고, 이는 시간집약적 가정재인 출산이 줄고 재화집약적 가정재인 여행의 소비가 증가하는 결과로 나타나게 될 것이다.

2) 가계생산의 이점과 부부간 노동 분업

가계생산은 통상의 생산이론에서처럼 규모의 경제(economies of scale)[3]가 작동하며, 노동 분업(division of labor)에 따른 이득도 취할 수 있다. 가계생산에 규모의 경제가 작동한다는 것은 쉽게 짐작이 가능하다. 단신가구보다는 가구원이 여럿인 가구에서 주거비용 및 유지비용을 크게 줄일 수 있다. 혼자 소비하기 위해 음식을 장만하는 것보다는 여럿이 함께하는 식사를 준비하는 것이 보다 경제적이다. 유사한 예는 무수히 많이 찾아볼 수 있다. 생산이론의 관점에서 설명하자면, 가구원이 많을수록 가구원 1인당 고정비용이 감소하고, 가계생산에 투입되는 중간재를 보다 저렴하게 구입하여 비용절감을 꾀할 수 있으며, 가계생산 과정에서도 소량생산보다는 대량생산을 할 수 있게 됨으로써 효율성을 높일 수 있다. 이러한 이유로 인해 가계생산에서도 규모의 경제가 작동한다고 말할 수 있다.

규모의 경제가 작동하는 것과 동전의 양면처럼 가계생산에서는 노동 분업의 이득이 발생할 수 있다. 앞서 논의된 가정재 유형 간의 시간 배분 문제를 가구원들 간의 시간 배분 문제로 전환해 보자. 만약 시장노동에 더 효율적인 가구원이 있다면 그는 시장노동을 통한 소득으로 가족에 기여하는 것이 더 바람직할 수 있을 것이다. 마찬가지로 가사노동에 더 효율적인 가구원은 가사노동에 집중하는 것이 가족의 효용을 증대시키는 데 보다 유리할 것이다. 바로 이 점이 Becker의 부부간 노동 분업 이론의 배경이 되었다.

Becker(1985)는 인적자본이 전문화될수록 수익성이 증가하는 특성(increasing returns)을 갖기 때문에 부부간에 시간의 배분과 인적자본 투자에서 노동의 분업이 발생할 수 있다고 보았다. 즉, 부부가 시장노동에서 동일한 능력과 자질을 갖추고 있다고 하더라도 한 사람은 가사노동으로, 다른 한 사람은 시장노동으로 역할을 분담하는 것이 가족 전체의 효용을 증대시킬 수 있다는 것이다. 또한 일반적으로 여성이 자녀양육 및 가사노동에 우수한 자질을 갖고 있기 때문에 가족이라는 공동체의 효용을 증대시키기 위해 여성은 가사노동, 남성은 시장노동에 집중하는 노동 분업이 이루어진다고 설명하였다. 그러나 생산이론에서 노동 분업의 이득이 소품종 대량생산의 포디즘 생산방식하에서 제한적인 유용성

3) 생산이론에서 규모의 경제란 생산규모가 확대될수록 생산에 들어가는 평균비용이 줄어들어 이익이 더욱 증대하는 상황을 말한다. 반대의 경우, 즉 규모가 지나치게 비대해져서 효율성이 떨어지는 경우를 규모의 비경제(diseconomies of scale)로 칭하기도 한다.

을 가지는 것처럼 부부간 노동 분업 역시 사회문화적 환경에 따라 제한된 의미를 가질 수 있음을 고려할 필요가 있다.

3) 남성과 여성의 시간 배분

일반적으로 여성은 남성에 비해 더 많은 시간을 가사노동에 할애하고 더 적은 시간만을 시장노동에 투입한다. 이는, 정도의 차이는 있지만 동서고금을 막론하고 보편적으로 관찰되는 현상이다.

표 3-1은 미국과 유럽에서 25~54세 성인남녀가 1주일의 시간을 어떻게 사용하는지를 보여 준다. 성 역할(gender role) 관념이 상대적으로 작은 것으로 알려져 있는 미국에서도, 남성이 가사노동에 사용한 시간은 16.1시간으로 시장노동시간의 3분의 1에 불과한 반면, 여성은 가사노동에 30.1시간을 사용해 가사노동과 시장노동에 거의 1 : 1로 시간을 배분하고 있다. 유럽의 경우에는 남성은 미국과 크게 다르지 않으나 여성은 가사노동과 시장노동의 시간투입비율이 2 : 1 수준으로, 미국 여성들에 비해 상대적으로 더 많은 시간을 가사노동에 투입하는 것으로 나타난다.

그렇다면 우리나라 성인남녀의 시간 배분 실태는 어떠할까? 앞의 표와 동일한 방식으로 작성된 표 3-2에 그 단면이 나타나 있다. 우리나라 남성은 1주일에 단 6시간만을 가사노동에 투입하는 반면 여성은 약 32시간을 가사노동에 사용하는 것으로 나타나고 있다. 반대로 시장노동에서는 여성이 남성의 절반 정도의 시간만을 할애하고 있다. 지난 10년 동안 남성의 가사노동 배분시간이 다소 증가하고(+1.6시간) 여성의 가사노동시간은 감소하였

| 표 3-1 | 미국과 유럽 성인남녀(25~54세)의 1주일 시간 배분(단위 : 시간, %)

구분		총노동시간	시장노동	가사노동	여가	개인유지
미국 (1992)	남성	60.2 (36.0) [100]	44.1 [73]	16.1 [27]	36.4	70.7
	여성	58.8 (35.6) [100]	28.7 [49]	30.1 [51]	35.0	71.2
유럽 (1990년대)	남성	56.9 (33.9) [100]	43.4 [76]	13.6 [24]	37.4	73.6
	여성	61.2 (36.5) [100]	20.7 [34]	40.5 [66]	32.1	74.6

* 주 : ( ) 안은 전체 시간 대비 비율, [ ] 안은 총노동시간 대비 비율.
출처 : Freeman & Schettkat(2005), Table 3.

| 표 3-2 | 우리나라 20세 이상 성인남녀의 1주일 시간 배분(단위 : 시간, %)

구분		총노동시간	시장노동	가사노동	여가	개인유지
한국 (1999)	남성	58.9 (35.1) [100]	54.5 [93]	4.4 [7]	36.9	72.2
	여성	62.8 (37.4) [100]	28.4 [45]	34.4 [55]	34.4	70.8
한국 (2009)	남성	55.3 (32.9) [100]	49.3 [89]	6.0 [11]	36.2	76.5
	여성	58.3 (34.7) [100]	26.5 [45]	31.8 [55]	34.5	75.2

* 주 : ( ) 안은 전체 시간 대비 비율, [ ] 안은 총노동시간 대비 비율.
출처 : 통계청, 「생활시간조사」, 1999년 · 2009년.

지만(-2.6시간) 전체적인 시간 배분 양상은 크게 달라지지 않았다. 우리나라 여성의 시간 배분은 1990년대 초반 미국 여성과 비슷한 양상을 보여 주고 있지만, 남성의 경우는 미국 및 유럽 남성에 비해 가사노동에 투입되는 시간이 절반 수준에도 미치지 못하는 것으로 파악된다.

또한 여성과 남성의 시간 배분은 자녀의 출산, 양육, 분가 등의 과정을 거치는 가구의 생

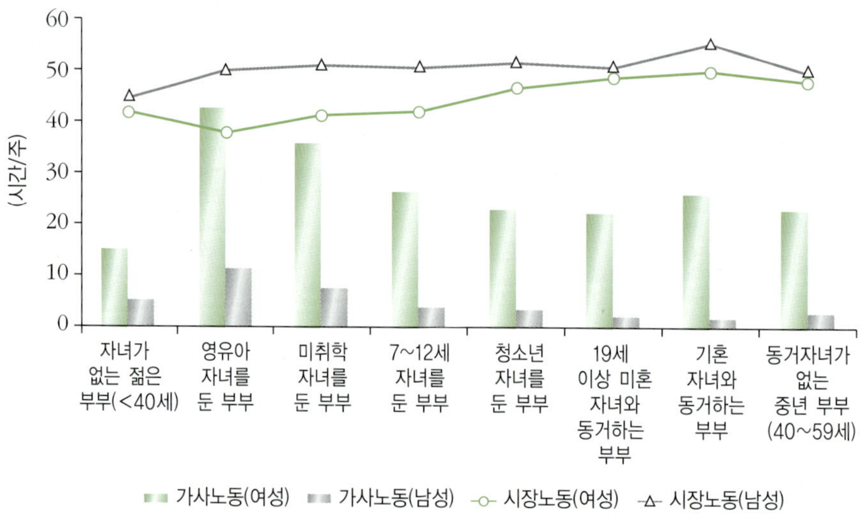

| 그림 3-2 | 생애단계별 부부의 시간사용

출처 : 2010년 여성가족패널조사 원자료.

애단계별로도 매우 큰 차이를 보인다. 그림 3-2는 각 생애단계를 대표하는 부부의 시장노동/가사노동 투입시간을 나타낸다. 그림에서 보듯이 우리나라에서는 영유아 자녀가 생겨 가사노동이 급증하는 시기에 여성들이 그 대부분을 부담하면서 시장노동시간이 감소하고 가사노동시간이 급증하게 됨을 확인할 수 있다. 배우자인 남성의 경우 가사노동시간이 다소 증가하기는 하지만 시장노동시간에는 전혀 영향을 주지 않는다.

가사노동, 즉 가계생산에 시간을 거의 투입하지 않는 남성의 경우 전통적인 경제이론에서와 같이 개인의 시간을 노동과 여가로 배분한다는 가정이 여전히 유효할 수 있지만, 가계생산에 많은 시간을 할애해야 하는 여성의 경우는 개인에게 주어진 시간을 시장노동, 가사노동, 여가로 배분하는 선택의 문제로 파악하고 분석해야 할 필요성이 제기된다.

3 결혼 및 출산의 결정

가족을 형성하는 최초의 사건은 결혼이다. 결혼이란 개인이던 두 사람이 만나 함께 살면서 공동의 이익을 추구하기로 하는 일종의 계약이다. 결혼을 통해 부부가 한 가정을 이루고 자녀를 출산하여 양육하면서 가족이 진화되어 간다. 그렇다면 결혼이나 출산과 같은 지극히 주관적이고 개인적인 의사결정일 것 같은 사회현상에 대해서도 경제학적 분석이 가능한가?

이 절에서는 결혼 및 출산의 결정을 둘러싼 경제학적 논의를 살펴보고 이에 대한 분석적인 접근법을 제시하고자 한다.

1) 결혼 · 출산과 선택이론

예전에는 성인이 되면 당연히 결혼을 하는 것으로 생각했지만 최근에는 결혼을 선택의 문제로 바라보는 경향이 증가하고 있다. 이러한 변화를 개략적인 통계수치로 확인해 보면(표 3-3 참조), 1998년에는 남성의 37%, 여성의 31%가 결혼을 필수적인 것으로 생각했지만 2010년에는 그 비율이 남성 25%, 여성 19%로 크게 줄어들었다. 반면에 결혼을 해도 좋고 안 해도 좋은 것으로 인식하는 인구는 남성의 경우 18%에서 26%, 여성은 29%에서 36%로 비중이 크게 증가하였다. 여성보다는 남성에서 결혼을 긍정적으로 생각하는 사람이 많지만, 결혼을 필수적인 것으로 인식하던 견해에서 선택의 문제로 보는 인구가 증가하

|표 3-3| 우리나라 15세 이상 인구의 결혼에 대한 태도 변화(단위 : %)

구 분	1998년			2010년		
	계	남성	여성	계	남성	여성
반드시 해야 한다	33.6	36.9	30.5	21.7	24.6	18.8
하는 것이 좋다	39.9	42.6	37.4	43.0	45.9	40.3
해도 좋고 안 해도 좋다	23.8	18.4	28.9	30.7	25.7	35.6
하지 않는 것이 좋다	1.1	0.7	1.4	2.8	2.2	3.4
하지 말아야 한다	0.2	0.1	0.2	0.5	0.4	0.6
잘 모르겠다	1.4	1.4	1.5	1.3	1.2	1.3
계	100.0	100.0	100.0	100.0	100.0	100.0

출처 : 통계청, 「2011 통계로 보는 여성의 삶」.

고 있다는 점에서는 남성과 여성이 큰 차이가 없다.

경제학에서는 Becker(1973, 1974)가 처음으로 결혼을 합리적 선택이론의 틀에서 분석하고자 하였다. 즉, 개인이 미혼으로 있을 때보다 결혼했을 때 더 높은 수준의 효용을 기대할 수 있다면 결혼을 선택한다는 것이다. 자녀의 출산에 대해서도 이와 유사한 논리적 설명이 가능할 것이다. 자녀를 낳았을 때 발생할 수 있는 추가적인 편익과 비용을 고려해 볼 때, 편익이 비용보다 크다면 개인은 자녀를 출산하기로 결정할 것이다.

이러한 분석적 관점에 비추어 결혼과 출산의 의사결정은 다음과 같은 조건식으로 표현될 수 있다.

$$\text{즉, } B(X) > C(X)\text{이면 } X\text{를 선택한다.} \quad (X = \text{결혼, 출산})$$

여기서 비용에는 상태 X를 선택하였을 때 발생하는 직접비용뿐만 아니라 현재 상태를 그대로 유지한다면 얻을 수 있는 편익이 기회비용으로 포함되어야 한다. 즉 결혼이라면 결혼에 드는 직접비용뿐만 아니라 미혼상태를 유지하였을 때의 편익이 기회비용이 될 것이고, 출산의 경우라면 자녀를 낳지 않았을 때 얻을 수 있을 편익이 기회비용으로 포함될 것이다. 당연히 비용과 편익에는 금전적 요소뿐만 아니라 사랑, 만족감, 자유, 즐거움 등 비금전적 요소가 중요하게 작용한다.

또한 결혼이나 출산은 특별한 경우가 아니면 남은 생애 전체를 염두에 두는 결정이므로 특정 시점에서 남은 전 생애의 효용을 고려하지 않으면 안 된다. 따라서 결혼의 의사결정은 누구와 할 것인가의 문제와 함께, 언제 할 것인가의 문제가 매우 중요한 요소가 된다. 한편 출산의 경우는 몇 명의 자녀를 낳을 것인가, 출산시기를 언제로 할 것인가 등이 선택이론을 통해 분석될 수 있다.

2) 결혼의 편익과 비용

일반적으로 결혼을 통해 개인이 얻을 수 있는 잠재적 편익으로는 다음과 같은 사항들을 꼽을 수 있다.

첫째, 고정비용의 감소와 규모의 경제에 따른 경제적 이득이 존재한다. 개인이 자신에게 주어진 자원만을 이용하여 각각의 생활을 꾸려 갈 때에 비해 부부가 함께 자원을 운영하면서 공동의 생활을 꾸릴 때 훨씬 효율적이다. TV나 자동차는 개인이 따로 구입하는 것보다 가족이 함께 사용하기 위해 구입할 때, 더 좋은 제품을 더 적은 부담으로 향유할 수 있으며, 식사를 준비하거나 세탁을 할 때도 개인이 각자 하는 것보다는 함께하는 것이 보다 효율적이다.

둘째, 부부간 노동의 분업 및 보완을 통해 더 높은 성과를 낼 수 있다. 부부가 가진 장점이 다르기 때문에 각자의 장점을 살려 역할을 분담하면 혼자서 처리할 때보다 훨씬 효과적이다. 먹을거리를 장만하는 일은 부인이 담당하고, 자동차를 관리하는 일은 남편이 담당하는 등 소소한 역할 분담이 이루어질 수 있고, 극단적으로는 시장노동과 가사노동을 부부가 나누어 하면서 보다 높은 성과를 얻을 수도 있다.

셋째, 외부성(externality)의 내부화를 통해 시장실패를 보완할 수 있다.[4] 즉 결혼을 통해 배우자는 제3자가 아닌 의사결정의 당사자가 되기 때문에 배우자가 초래하는 외부효과를 의사결정에서 감안하게 함으로써 생산이나 소비 수준을 적절하게 조정할 수 있게 한다.

넷째, 결혼을 통해 위험을 분산시키는 효과도 기대할 수 있다. 개인이 갑자기 실직하여 경제적 어려움에 처하더라도 배우자의 소득이 있다면 개인파산의 위험을 피할 수 있다. 보험과 같이 부부가 아닌 개인들 간에도 리스크 결합(risk pooling)이나 위험 분산(risk spreading)이 가능하지만 그 경우 거래비용이 소요된다. 부부간에는 이러한 거래비용 없이 위험의 분산과 결합이 가능하다는 의미에서 거래비용을 줄이는 이점이 있다고도 말할 수 있다.

다섯째, 대부분의 국가에서는 결혼에 대해 법률적인 보호장치가 마련되어 있다. 결혼을 하게 되면 연인과 단순한 파트너로 있을 때보다 다양한 권리와 혜택을 보장받을 수 있고, 연인관계에 있을 때 발생할 수 있는 불확실성도 크게 줄여 준다.

여섯째, 결혼을 통해 사랑, 행복감, 안정감 등 비금전적 측면에서의 효용을 누릴 수 있다

4) 외부성에 의한 시장실패란 제3자의 행위가 생산이나 소비에 영향을 미치지만 그에 대해 적절한 보상이 이루어지지 않으면서 적정수준보다 많거나 적게 생산 또는 소비되는 것을 말한다. 적정수준보다 적게 생산 · 소비되는 경우는 양(+)의 외부효과, 적정수준보다 많이 생산 · 소비되는 경우는 음(−)의 외부효과가 존재한다고 말한다.

는 점도 매우 중요한 이점으로 고려될 수 있다. 물질적 풍요를 누리게 된 현대사회에서 이런 비금전적 요소는 더욱더 중요한 요소로 부각될 수 있을 것이다.

한편, 결혼을 한다면 개인이 부담하게 될 비용으로는 다음과 같은 점들이 고려될 수 있다.

첫째, 결혼에 수반되는 직접비용이 있다. 결혼을 하기 위해서는 결혼식, 혼수비용, 신혼여행, 주거 마련 등 적지 않은 돈이 필요하다. 여성가족부의 조사에 따르면, 우리나라 남녀의 평균결혼비용은 2010년에 남자가 약 8천만 원, 여자가 약 3천만 원이 드는 것으로 파악되었다. 총결혼비용 중 가장 비중이 큰 항목은 신혼집 마련(약 63%)인데 그 비용은 대부분 남편 쪽에서 부담하는 것으로 조사되었다(제2차 가족실태조사). 부모의 도움이 없다면 취업 후 5~6년 이상 거의 아무것도 안 쓰고 저축해야 마련할 수 있는 금액이다. 이러한 고비용 결혼풍조는 특히 남자의 경우 경제적 여력이 생길 때까지 결혼을 미루게 되는 주요 원인으로 지적되고 있다.

둘째, 자녀의 출산 및 양육부담으로 인한 기회비용이 고려될 수 있다. 결혼을 하면 자녀를 낳아 기르는 것이 당연한 과정으로 생각되기 때문에 그에 대한 금전적 부담, 시간 소요 등이 결혼 결정과 함께 고민되기 마련이다. 특히 여성의 경우 자녀를 낳고 양육하는 부담을 대부분 짊어져야 하기 때문에 그로 인해 자신이 포기해야 할 기회비용, 즉 취업의 포기, 경력단절로 인한 소득상실 등이 발생하게 된다. 결혼의 직접비용은 일종의 고정비용으로 한 번 발생하지만 자녀출산 및 양육에 따른 비용은 전 생애에 걸쳐 영향을 미칠 수 있다.

셋째, 배우자와 그 가족으로 인한 불확실성의 증가도 결혼의 비용으로 간주될 수 있다.

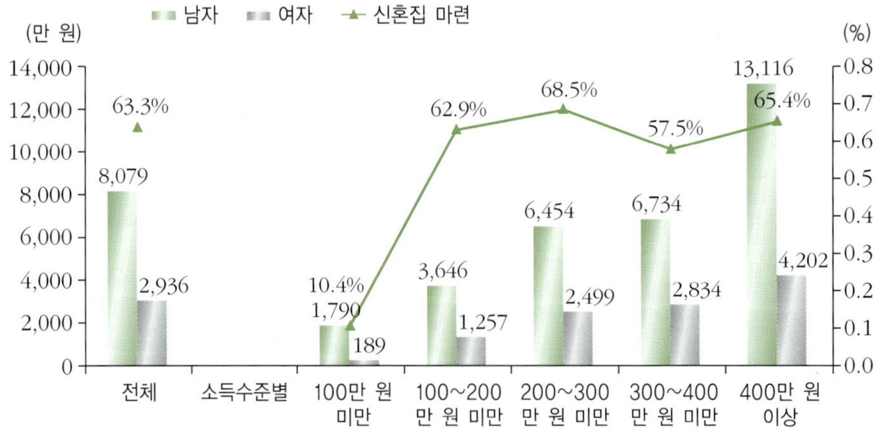

|그림 3-3| 평균결혼비용의 지출

출처 : 여성가족부, 「2차 가족실태조사」, 2010년.

|표 3-3| 결혼의 편익과 비용

편 익	비 용
• 고정비의 감소와 규모의 경제 • 노동의 분업 · 보완을 통한 경제적 효율성 • 외부성의 내부화 • 위험의 분산 • 법률적 보호가 주는 이득 • 사랑, 행복감, 안정감 등 비금전적 효용	• 결혼의 직접비용(결혼식, 혼수, 신혼여행, 주거 마련 등) • 자녀 출산 및 양육의 부담 • 배우자(및 가족)에 기인한 불확실성 • 자유, 독립성 훼손 등 비금전적 비효용

결혼은 서로 다른 환경과 문화적 배경을 가진 두 개인이 가족을 구성하여 공동의 의사결정을 하게 되는 것인데, 결혼 전에 서로에 대해 충분한 정보를 얻는다는 것은 불가능하다. 특히 배우자와의 협업을 전제로 가족이 생계를 꾸려 가다가 배우자와 이혼 또는 사별을 하는 경우 갑작스러운 위험이 발생하기도 한다. 또한 결혼은 배우자는 물론 그 가족들까지 하나의 혈연적 관계를 이루게 됨으로써 의사결정에 상호 영향을 미치기 때문에 배우자 및 그 가족에 대한 불완전 정보는 의사결정에서의 불확실성을 크게 증폭시킬 수 있다.

넷째, 결혼을 하게 되면 미혼일 때 누릴 수 있었던 자유의 상당 부분을 포기해야 한다. 영화를 보거나 외식을 할 때도 배우자와 의논해야 하고 여행을 하고 싶어도 가족의 상황에 따라 크게 제약을 받게 된다. 사회 전반에 개인주의 성향이 확대되고 여성의 사회진출이 활발해져 경제적 독립이 가능해진 요즘에는 결혼에 따른 개인의 자유나 독립성 훼손이 주는 비효용이 매우 증가했을 것으로 짐작해 볼 수 있다.

이상과 같이 결혼의 편익과 비용을 살펴보면, 우리 사회가 결혼의 편익은 줄어드는 방향으로, 결혼의 비용은 늘어나는 방향으로 변화해 왔음을 어렵지 않게 짐작할 수 있다. 이러한 변화는 전반적으로 결혼의 인센티브를 줄여 결혼시기를 늦추고 미혼인구를 증가시키도록 작용할 것이다. 실제 우리나라의 경우 1990년에 여성과 남성의 초혼연령이 각각 24.8세, 27.8세였으나 2010년에는 여성 28.9세, 남성 31.8세로 20년 사이에 약 4세가 증가하였다.

결혼의 경우 어떤 배우자와 만나느냐에 따라 기대효용이 크게 달라진다. 배우자의 선택에 관해서는 가계생산을 포함하는 가구효용 모형(Becker, 1973; Lam, 1988)과 개인의 유보가치(reservation value)를 고려한 결혼시장탐색 모형(Oppenheimer, 1988; Luoghran, 2002)에 의해 분석이 이루어지고 있는데, 최근 들어 유사한 사람끼리 결혼할 가능성이 높다는 동류 결합(assortative mating) 가설이 보다 설득력 있는 것으로 평가되고 있다.

3) 출산(자녀 수) 및 자녀양육의 결정

가장 간단한 신고전파 모형에서는 부모의 효용을 자녀 수와 소비의 증가함수로 가정하여 분석한다. 이때 부모는 가구소득 범위 내에서 예산제약에 직면하여 자녀의 부양비용과 소비재 가격, 소득 수준에 따라 적정 자녀 수를 결정하게 된다고 설명한다.[5] 이 모형에 의하면 부양비용의 증가 혹은 감소와 같은 가격효과는 대체효과(−)와 소득효과(+)가 결합되어 선험적으로 부호가 결정되지 않지만, 소득효과는 자녀가 열등재(inferior goods)가 아닌 한 양의 값을 갖기 때문에 다른 조건이 동일하다면 부모의 소득이 증가할수록 자녀 수가 증가할 것으로 예측한다.

그러나 이러한 논의는 현실에서 소득 수준 향상에 따라 출산율이 하락하는 현상을 적절히 설명해 주지 못한다. 이에 대해 Becker(1960), Willis(1973), Becker와 Lewis(1974) 등은 자녀 수와 자녀양육의 질[6]에 대한 선택모형(quantity-quality model)을 도입하여 소득상승에 따른 출산율 저하 현상을 이론적으로 해명하였다(참고자료 3-2 참조).

Becker의 모형에서는, 부모는 자녀가 보다 좋은 환경에서 자라는 것으로부터도 기쁨을 느끼기 때문에 소득이 허용하는 범위에서 자녀에게 좋은 양육환경을 제공하는 데 드는 비용을 기꺼이 지불하게 된다고 보았다. 즉 자녀에게 별도의 방을 제공하거나 사립학교에 보내거나 음악 레슨을 받게 하는 등의 지출은 부모에게 추가적인 효용을 제공한다는 것이다.

자녀가 정상재(normal goods)라는 것을 소득이 증가함에 따라 자녀에 대한 지출이 증가하는 것으로 간주하면, 자녀양육의 질에 대한 소득탄력성이 충분히 클 때 자녀 수에 대한 수요의 소득탄력성은 음의 값을 가질 수 있게 된다. 따라서 자녀가 열등재가 아니라 하더라도 소득이 증가하면서 자녀 수가 오히려 감소하는 현상이 나타날 수 있다는 것이다. 소득이 증가할수록 개별 자녀에 대한 지출 수준이 크게 증가한다는 사실을 감안할 때 자녀양육의 질에 대한 소득탄력성이 매우 크다는 가정은 충분히 현실적이라고 할 것이다.

그림 3-4는 이러한 논의를 나타낸 것이다.

최초의 균형점이 a이고 이때의 자녀에 대한 지출 수준은 C_0였다고 하자. 소득이 증가할 때 자녀 수보다는 자녀양육의 질에 대한 선호가 더 많이 증가한다고 가정하면 자녀에 대한

---

5) 부모의 효용함수는 $U = U(n, x)$, 즉 자녀 수 n과 소비 x의 증가함수로 가정되며, 이때 예산제약은 $Y = xn + px$가 된다. 여기서 Y는 가구소득이고 π와 p는 각각 자녀당 부양비용과 소비재의 가격이다. 이러한 가정하에 자녀에 대한 수요함수를 구하면 $n = N(\pi / p, Y)$이 되어, 자녀 수는 부모의 소득 수준과 자녀 부양비용의 상대가격에 의해 결정되게 된다.

6) 대부분의 연구자들은 'quality of child'를 '자녀의 질'이라는 용어로 사용하고 있는데, 여기서 'quality of child'는 자녀가 우수하다는 의미가 아니라 더 좋은 환경에서 자녀가 양육된다는 것을 의미하기 때문에 '자녀양육의 질'이 더 적합한 표현이 될 것이다.

참고자료 3-2 **자녀 수와 자녀양육의 질에 대한 선택모형**

Becker는 부모의 효용함수를 $U = U(n, q, x)$로 가정하고 부모의 효용이 자녀 수 n과 함께 자녀양육의 질 q에 의해서도 증가하는 것으로 간주하였다. 여기서 자녀양육의 질이란 자녀가 더 좋은 환경에서 양육되는 것을 의미한다. 예컨대 자녀에게 별도의 방을 제공하거나 사립학교에 보내거나 음악 레슨을 받게 하는 등의 지출은 부모에게 그 자체로서 효용을 제공한다고 본 것이다.

이 경우 부모의 예산제약은 $Y = \pi nq + px$가 되어, 자녀에 대한 지출은 자녀의 수와 자녀양육의 질이 곱해진 비선형 함수형태를 띠게 된다. 이때 n, q, x에 대한 수요의 소득탄력성은 다음의 관계식을 충족해야 한다.

$$\alpha(\varepsilon_n + \varepsilon_q) + (1 - \alpha)\varepsilon_c = 1$$

여기서 α는 소득 대비 자녀에 대한 지출비중을 의미하며, ε은 각각의 소득탄력성을 나타낸다.

자녀가 정상재라는 것이 소득이 증가함에 따라 자녀에 대한 지출이 증가하는 것으로 간주될 수 있으므로(즉, $\varepsilon_n + \varepsilon_p > 0$), 자녀양육의 질에 대한 소득탄력성이 충분히 크다면 자녀 수에 대한 수요의 소득탄력성은 음의 값을 가질 수 있다($\varepsilon_n < 0$). 이로써 소득이 상승함에 따라 출산율이 낮아지는 현상을 이론적으로 설명할 수 있게 된다.

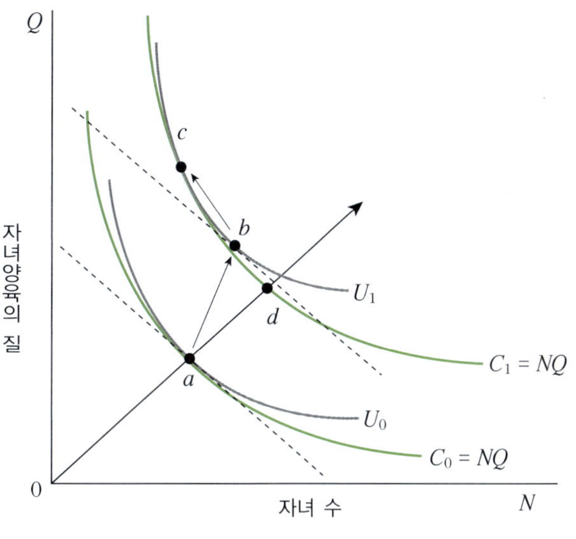

|그림 3-4| **자녀 수 및 자녀양육의 질의 최적선택**

지출 수준이 C_1으로 증가함과 동시에 최초의 균형점 a는 d가 아닌 새로운 균형점 c로 이동하게 될 것이다. 이러한 변화를 소득효과와 대체효과로 구분해 보면, 자녀 수와 자녀양육의 질의 지출비가 그대로 유지되었을 때의 균형 b까지의 변화가 소득효과, 상대지출비의 변화에 의한 $b \rightarrow c$로의 변화는 대체효과에 해당하는 것으로 볼 수 있다. 즉, 자녀가 열등재가 아니더라도 소득이 증가할 때 자녀에 대한 수요는 오히려 감소할 수 있음을 보여준다.

이처럼 Becker의 자녀 수 및 자녀양육의 질 선택모형은 부모의 효용함수에 자녀 수뿐만 아니라 자녀양육의 질을 명시적으로 포함시킴으로써 소득이 증가함에 따라 출산율이 감소할 수 있음을 이론적으로 보여 주었다.

이를 앞의 2절에서 논의된 바 있는 가계생산 이론에서의 용어를 빌려 설명하면 직관적으로 보다 명료해진다. 자녀에 대한 소비는 구체적으로 자녀의 수와 자녀당 양육비용으로 나누어 볼 수 있는데, 자녀 수는 임신기간 및 양육기간 등을 포함해 모(母)의 시간을 대단히 필요로 하는 시간집약적인(time-intensive) 가정재인 반면, 자녀양육의 질은 시간투입보다는 관련 상품 대부분을 시장에서 구입해야 하는 매우 재화집약적인(goods-intensive) 가정재라 할 수 있다(그림 3-1 참조). 따라서 실질임금이 상승하고 소득이 증가하면 총자녀양육비용이 증가하겠지만 여성의 시간 가치도 함께 증가하기 때문에 가계의 수요균형은 시간집약적인 가정재에서 재화집약적인 가정재의 소비 쪽으로 이동하게 될 것이다. 따라서 소득이 증가할 때 출산율이 낮아지는 현상이 더 이상 패러독스가 아니게 된다.

한편, 출산의 결정이 생애에 걸쳐 이루어지는 결정이라는 점을 고려하여 생애모형(life-cycle model)으로 분석되기도 한다. 생애모형이 앞서 논의된 정태모형과 다른 점은, ① 생애에 걸친 최적소비의 선택, ② 생애에 걸친 노동공급 결정, ③ 인적자본 투자와 축적, ④ 인류의 재생산 등을 명시적 혹은 암묵적으로 고려하고 있다는 점이다. 정태모형이 주로 자녀 수의 결정에 초점을 맞추고 있다면 생애모형과 같은 동태모형은 생애효용 극대화에 입각해 자녀를 낳는 시기나 자녀의 터울 결정과 같이 모의 연령이나 시간에 따른 출산의 결정을 주된 분석대상으로 삼는다.

또한 출산과 여성의 노동공급은 외적으로는 명백한 음의 상관관계가 있지만, 두 결정은 동시에 이루어지는 것이므로 일방적으로 둘 중 하나가 다른 것의 원인이라고 가정하여 분석할 때 인과관계의 크기를 확대해석할 수 있다. 출산과 노동공급이 동시적이고 동태적인 결정이라는 점을 고려하면 여성은 평생의 임금곡선에 영향을 가장 작게 미치는 시점에서 출산을 선택하게 될 것이기 때문에, 출산으로 인한 소득의 불확실성을 줄여 주고 자녀의 기회비용과 시간비용을 낮추는 정책적 지원을 통해 여성의 노동시장 참여와 출산율 제고라는 정책 목표를 동시에 달성할 수 있는 가능성을 제시한다.

4) 우리나라 미혼, 만혼, 저출산의 분석

한국사회는 지난 반세기 동안 드라마틱한 출산율 변화를 경험하였다. 1960년에는 합계출산율이 약 6명에 달했으나 1970년대에 강력한 산아제한정책에 따라 급속히 하락하여 1980대 초부터 대체출산율인 2.1명 이하로 떨어졌고, 그 후에도 출산율이 계속 하락하여 2005년에는 합계출산율이 1.08명으로 최저수준을 기록하였다. 최근에는 하락추세가 다소 둔화되어 2010년 합계출산율은 1.23명으로 나타났다.

우리나라는 선진국들에 비해 출산율이 하락하기 시작한 시기는 늦었지만 그 하락속도가 유례없이 빠르게 진행되어 현재 우리나라 출산율 수준은 OECD 국가 중 최저에 해당한다. 2009년 기준으로 미국 2.01명, 프랑스 1.99명, 영국 1.94명에 비해 현저하게 낮은 수준이며 저출산국으로 꼽히는 독일 1.36명, 일본 1.37명보다도 낮은 수준을 기록하고 있다(그림 3-5 참조).

출산율이 적정수준 이하로 지속된다면 국가적으로는 큰 곤란에 직면할 수 있다. 저출산은 인구고령화와 맞물려 국가적으로 노동력 인구의 감소, 사회부양인구의 증가, 국민연금의 재정 악화, 경제성장률 둔화, 세대 간 갈등 등 심각한 사회 · 경제적 문제를 야기한다. 많은 선진국들에서는 이미 저출산 · 고령화 문제에 직면하여 출산장려를 위한 정책적 지원체계를 마련하였으며, 이에 힘입어 출산율이 부분적으로 회복되거나 안정세를 보이게 된 국가들도 상당수 있다. 우리나라에서도 2000년대 들어 초저출산 현상을 경험하면서 다양한 출산장려정책을 시행하고 있다.

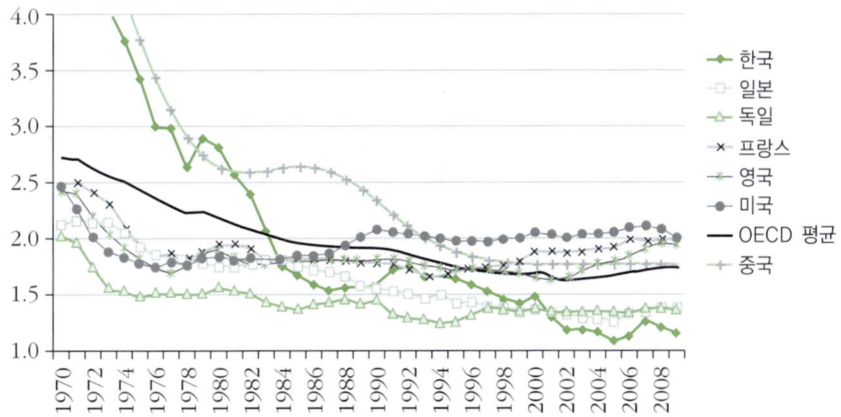

|그림 3-5| 주요국 합계출산율의 변화 추이

출처 : OECD, Country statistical profiles(http://stats.oecd.org/).

참고자료 3-3 여러 가지 출산율 지표

• 조출생률(crude birth rate) : 인구 1천 명당 출생아 수를 의미하여 특정 인구집단의 출산수준을 나타내는 가장 기본적인 지표이다.

$$\text{조출생률}(CBR) = \frac{\text{특정 1년간의 총출생아 수}}{\text{당해 연도의 연앙인구}} \times 1{,}000$$

• 합계출산율(total fertility rate) : 여성 1명이 평생의 가임기간 동안 출산할 것으로 기대되는 평균자녀 수를 의미한다. 15~49세 여성의 연령별 출산율을 합하여 산출되며, 한 사회의 출산력을 다른 사회와 비교할 때 주로 사용된다.

$$\text{합계출산율}(TFR) = \sum_{15}^{49} \text{연령별 출산율}$$
$$= \sum_{15}^{49} \frac{\text{여자의 연령별 출생아 수}}{\text{당해 연령별 연앙 여자인구}} \times 1{,}000$$

• 완결출산율(completed fertility rate) : 출생 코호트(cohort)별로 여성 1명이 몇 명의 자녀를 실제 출생했는지를 측정하는 지표로서, 합계출산율(서로 다른 집단이 같은 연령에 같은 출산행태를 보일 것이라는 가정에서 측정)과 달리 가임기간이 완료된 코호트에 대해서만 측정이 가능하고 그 이후는 추정치로 볼 수 있다. 일반적으로 완결출산율은 합계출산율과 달리 변동 폭이 크지 않아 장래인구 전망 시 기초자료로 사용된다.

• 대체출산율(replacement fertility rate) : 인구를 현상 유지하는 데 필요한 출산율 수준으로서, 선진국의 경우 대체로 2.1명 수준으로 파악된다. 이 수치는 앞으로 인구가 늘어나거나 줄어들지 않도록 하기 위해서 가임 여성 1인당 2.1명의 자녀는 낳아야 한다는 유엔 유럽경제위원회(UNECE)의 보고서에 기초한 것이다. 개발도상국의 대체출산율은 대체로 3명 전후이며, 사망률과 거의 비례한다.

한편, 저출산의 원인으로는 주로 여성의 출산기피 문제가 지적된다. 여성의 교육 수준이 향상되고 경제활동이 활발해지면서 자녀 출산 및 양육의 기회비용이 높아져 출산을 기피한다는 인식에 기반을 두고 있다. 대부분의 국가들에서처럼 출산장려정책으로 출산 및 양육비에 대한 부담 완화, 일과 가정의 양립을 위한 여건 조성, 양질의 보육 서비스 확충 등이 중점적으로 추진되어 왔다.

그러나 다른 한편에서는 기혼가정의 출산을 제고하기 위한 정책만으로는 효과적으로 출산율을 높일 수 없다는 문제의식도 적지 않다. 기혼가정이 형성되지 않는 문제, 즉 결혼의 지연 및 감소에 따른 출산율 저하 효과에도 주목할 필요가 있다는 것이다.

우리나라 출산율이 하락하게 된 배경을 보면 초혼연령이 상승하고 미혼인구가 증가한

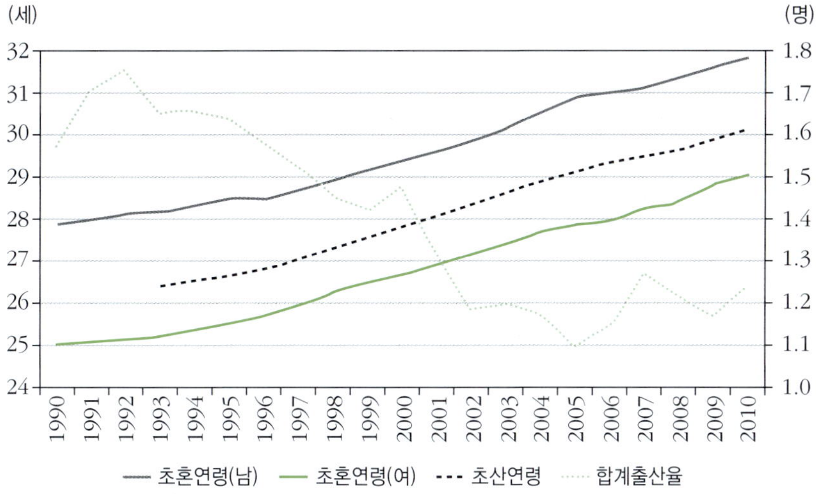

|그림 3-6| 초혼연령, 초산연령, 출산율의 변화 추이

출처 : 통계청, 「인구동향조사」.

것과도 직접적인 관련이 있다. 그림 3-6에서 보는 바와 같이 우리나라의 출산율이 급격하게 하락하는 가운데 초혼연령 및 초산연령은 계속 상승한 것으로 나타나고 있다. 평균초혼연령은 1990년에 여성 24.8세, 남성 27.8세였고 대략 20대 중반에 첫 자녀를 낳았으나, 2010년에는 평균초혼연령이 여성 28.9세, 남성 31.8세로 상승하고 평균초산연령도 30세를 넘어서고 있다.

출산율이 여성이 가임기간(15~49세) 동안 낳을 것으로 기대되는 자녀 수라는 점을 감안하면 혼외출산이 허용되지 않는 우리 문화에서 결혼을 하지 않거나 늦어지는 현상이 일반화되면 실질적인 가임가능 여성이 줄어들어 사회 전반적인 출산율 저하로 귀결될 수 있다.

분석적 관점에서 보면, 출산율 변화는 기혼자 비중이 변화한 효과와 기혼자 1인당 출산율이 변화한 효과로 분해하여 살펴볼 수 있다. 이와 관련해 전광희(2002)의 연구에 따르면, 1990년대 이후의 우리나라의 합계출산율 하락은 거의 대부분 기혼자 비중이 줄어든데 기인한 것으로 분석되었다. 구체적으로, 1970년대부터 1980년대 전반까지는 가족계획, 피임의 보급 등으로 인하여 유배우자(기혼자) 출산율이 크게 하락함으로써 합계출산율이 하락하였으나, 1990년대 이후에는 유배우자 출산율은 오히려 합계출산율을 높이는 방향으로 작용했지만 결혼연령의 상승이 합계출산율 하락의 주된 요인이었던 것으로 분석되었다.

김영철(2011)은 우리나라의 초저출산 현상이 현재의 출산장려정책만으로 완화될 수 있

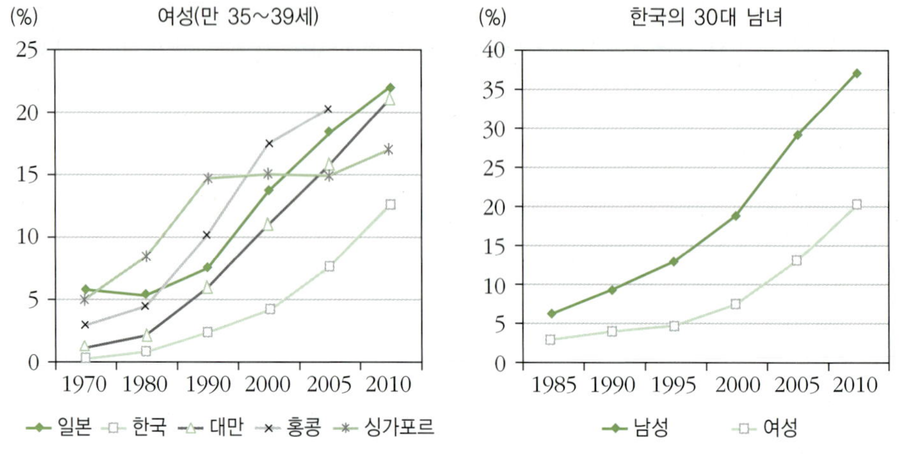

|그림 3-7| **아시아 주요국 30대 인구의 미혼율 변화**

* 주 : 홍콩의 2005년 수치는 2006년 Census 기준이며, 2010년 자료는 없음.
출처 : Jones(2010); 2010 Population Census of Japan; 2010 대한민국 인구주택총조사; Women and Men in Hong Kong; Census of Population 2010, Singapore. 김영철(2011)에서 재인용.

을지에 대해 매우 회의적으로 평가하고 있다. 그는 우리가 정책적으로 주로 벤치마킹하고 있는 대부분의 OECD 국가들은 우리가 경험한 것과 같은 초저출산을 경험하지 않았으며, 우리와 흡사하게 초저출산을 경험하였거나 현재 경험하고 있는 국가들은 오직 홍콩, 대만, 싱가포르, 일본 등 아시아 선진국에 국한된다는 점에 주목하였다.

그림 3-7은 우리나라와 아시아 주요국의 30대 인구 중 미혼인구의 증가추이를 보여 준다. 아시아 국가 중 홍콩, 싱가포르는 1980년대, 일본과 대만은 1990년대부터 30대 후반 연령대 여성 중 미혼인구가 급증한 것으로 나타나 있다. 우리나라의 경우에는 2000년 이후 30대 미혼율이 가파르게 증가하는 것으로 확인된다. 즉 서구 국가와 달리 아시아 국가들에서는 공통적으로 가임기 여성의 비혼·만혼화 추세가 심화되면서 초저출산 현상을 초래한 것으로 볼 수 있다.

이러한 연구들은 우리 사회에서 결혼을 미루거나 단념함으로써 미혼여성의 비율이 높아지는 것이 출산율 저하의 주요 구성요소라는 점을 강조하고 있다. 결혼과 출산의 결정이 거의 동시에 이루어지는, 본질적으로 매우 유사한 의사결정임을 감안할 때 비혼·만혼이 출산율 저하의 '원인'이라고 보기는 어렵지만, 적어도 직접적인 출산 기피요인은 아니더라도 결혼의 인센티브를 낮추는 요인들에 대해서 별도의 정책적 고려가 필요함을 시사한다. 고용 및 소득불안정성 확대, 주택비용 상승 등이 그 예가 될 것이다.

4 결혼 및 출산장려를 위한 정책방향

저출산 · 고령화 문제가 우리 사회의 최대 화두가 되면서 가족, 결혼, 출산 등의 주제가 경제학의 핵심 주제로 부각되고 있다. 이러한 개인적 의사결정들이 어떤 정책변수들에 의해 영향을 받는지, 그 크기는 얼마나 되는지, 그리고 인구계층에 따라 어떤 차이가 나타나는지 등이 주된 분석대상이다.

예컨대 임금 및 소득이 증가할 때 출산의 선택이 어떻게 달라질 수 있는지, 부모의 학력수준에 따라 자녀교육에 대한 투자욕구가 어느 정도 민감하게 바뀌는지, 청년층의 고용불안이 결혼연령과 출산에는 어떻게 영향을 미치는지 등 수많은 주제가 분석대상이 될 수 있다. 이러한 분석 결과는 정부가 개입할 수 있는 영역을 추려 내고 여러 정책수단 간 우선순위를 정하는 데 유용하게 활용될 수 있다.

우리의 경우 세계적으로 유례없는 초저출산과 급속한 고령화에 직면하여 이러한 변화가 초래할 경제적 위험을 줄이기 위한 정책대응이 시급한 상황이다. 무엇보다도 더 이상의 출산율 하락을 막는 동시에 고령사회에 대비하여 여성 잠재인력의 활용도를 제고해야 할 필요성이 제기되고 있다.

출산장려를 위해서 통상 보조금이나 탁아시설 확충을 통해 양육비용을 경감시켜 줌으로써 자녀의 기회비용을 낮추는 방안이 가장 먼저 고려된다. 그러나 출산에 따른 여성의 경력단절과 그로 인한 생애에 걸친 임금손실이 매우 크다면 양육비 절감만으로는 충분한 정책효과를 거두기 어려울 것이다. 또한 기혼자의 출산율은 더 이상 하락하지 않지만 미혼자의 비중이 늘어 출산율이 낮아지고 있는 것이라면 청년층의 고용 기회를 확대하여 실질소득에 영향을 주거나 소득분배를 개선시키는 등의 정책을 통해 결혼을 유인하는 노력이 더 효과적일 수 있다. 따라서 문제의 원인을 보다 종합적으로 파악하고 정책의 우선순위나 정책결합을 고려할 필요가 있다.

더욱 중요한 논점은 출산율 제고와 여성 고용률 제고라는 두 마리 토끼를 잡기 위한 올바른 정책수단을 찾는 것이다. 선진국의 사례에서 보면 여성의 자녀비용 감소를 위한 출산지원정책 및 보육지원정책은 여성의 노동시장 참여유인과 밀접하게 연계될 때 비로소 효과를 거둘 수 있는 것으로 분석되고 있다. 결국 일과 가정이 양립될 수 있도록 하는 노동시장정책과의 결합이 관건이 된다 하겠다.

참/고/문/헌

김영철(2011), 「미혼율의 상승과 초저출산에 대한 대응방향」, KDI FOCUS 통권 제11호, 한국개발연구원.

여성가족부, 「2차 가족실태조사」, 2010년.

전광희(2002), 「한국의 저출산 : 추이와 전망」, 사회과학연구, Vol. 13, No. 0, 충남대학교 사회과학연구소.

통계청, 「2011 통계로 보는 여성의 삶」.

통계청, 「생활시간조사」, 1999년, 2009년.

한국여성정책연구원, 2010년 여성가족패널조사 원자료.

Becker, G. S. (1960), "An Economic Analysis of Fertility," In *Demographic and Economic Change in Developed Countries*, University-National Bureau Conference Series, No. 11. Princeton University Press.

Becker, G. S. (1985), "Human Capital, Effort, and the Sexual Division of Labor," *Journal of Labor Economics* 3(1, part 2): S33-S58.

Becker, G. S. (1965), "A Theory of the Allocation of Time," *Economic Journal*, Vol. 75, pp. 493-517.

Becker, G. S. (1973), "A Theory of Marriage: Part Ⅰ," *Journal of Political Economy*, Vol. 81, pp. 813-846.

Becker, G. S. (1974), "A Theory of Marriage: Part II," *Journal of Political Economy 82*(2, part 2): S11-S26.

Becker, G. S. (1974), "On the relevance of the new economics of the family," *American Economic Review 64*: 317-319.

Becker, G. S. & Lewis, H. G. (1974), "Interaction between Quantity and Quality of children," In T. W. Schultz, *Economics of the Family: Marriage, Children, and Human Capital*, NBER Books.

Freeman, R. B., & R. Schettkat (2005), "Marketization of Household Production and the EU-US Gap in Work," *Economic Policy 20* (Jan.): pp. 6-50.

Gronau, R. (1973), "The Intrafamily Allocation of Time: The Value of the Housewives' Time," *The American Economic Review*, Vol. 63, No. 4.

Gronau, R. (1977), "Leisure, Home Production, and Work-the Theory of the Allocation of Time Revisited," *Journal of Political Economy*, Vol. 85, No. 6. Univ. of Chicago Press.

Gronau, R. (1986), "Home Production-A Survey," In *Handbook of Labor Economics*, Vol. I, ed., O. Ashenfelter & R. Layard, Amsterdam: North Holland.

Lam, D. (1988), "Marriage Markets and Assortative Mating with Household Public Goods: Theoretical Results and Empirical Implications," *The Journal of Human Resources*, Vol. 23, No. 4.

Loughran, D. S. (2002), "The Effect of Male Inequality on Female Age at First Marriage," *The Review of Economics and Statistics 84*(2), pp. 237-250.

Mincer, J. (1962), "Labor Force Participation of Married Women," In *Aspects of Labor Economics*, edited by H. G. Lewis. Universities-National Bureau Conference Series, No. 14. Princeton, N.J.: Princeton Univ. Press.

Oppenheimer, V. K. (1988), "A Theory of Marriage Timing," *American Journal of Sociology*, Vol. 94, No. 3 (Nov., 1988), pp. 563-591.

Pollak, R. A. & M. L. Wachter (1975), "The Relevance of the Household Production Function and Its Implications for the Allocation of Time," *Journal of Political Economy 83*: 255-277.

Willis, R. (1973), "A New Approach to the Economic Theory of Fertility Behavior," *Journal of Political Economy*, Vol. 81, No. 2.

Willis, R. (1987), "What Have We Learned from the Economics of the Family?" *American Economic Review 77*: 68-81.

CHAPTER 04

여성 노동공급의 특징

황 수 경

일반적으로 여성은 남성에 비해 경제활동에 참여하는 비율이 낮다. 이는 동일한 시간제약하에서 여성이 자녀양육을 비롯한 가사노동에의 시간 투입이 더 많이 요구되기 때문에 상대적으로 시장노동에 투입할 시간이 적어져 나타나는 현상이다. 앞 장에서는 이러한 특성이 가구 단위로 이루어지는 의사결정에 어떻게 반영되고 분석될 수 있는지를 논의하였다면, 여기서는 여성의 노동공급 측면에서 여성의 특성이 어떻게 반영되고 있는지를 살펴보고자 한다.

1 여성 경제활동참가율의 변화 추이

대부분의 국가에서 여성의 경제활동참가율은 남성보다 낮게 나타난다. 우리나라는 물론이고 일본이나 미국, 유럽의 국가들에서도 여성 참가율은 남성 참가율보다 낮은 수준을 기록하고 있다(표 4-1 참조). 그러나 시계열 추이로 보면 남성의 참가율은 대체로 1970~

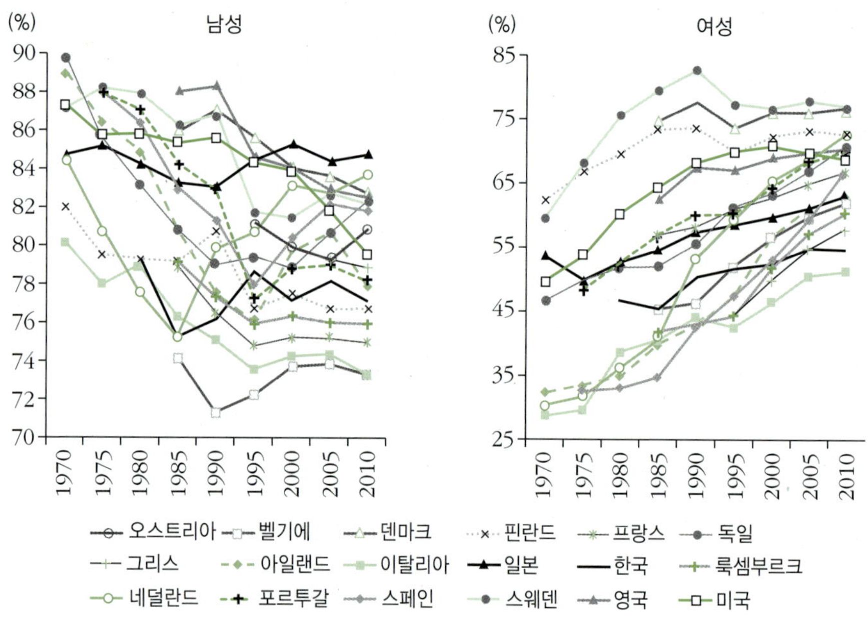

|그림 4-1| 성별 경제활동참가율의 변화 추이(1970~2010년)

* 주 : 한국, 일본, 미국, EU 15개국을 포함하며, 경제활동참가율은 15~64세 기준으로 작성됨.
출처 : OECD, Labour Force Statistics, from OECD.stat.

|표 4-1| 주요 국가의 성별 경제활동참가율 변화(단위 : %)

국가	성별	1970	1980	1990	2000	2005	2010
한국	남	–	79.4	76.2	77.1	78.2	77.1
	여	–	46.3	49.9	52.0	54.5	54.5
일본	남	84.7	84.3	83.0	85.2	84.4	84.8
	여	53.4	52.5	57.1	59.6	60.8	63.2
영국	남	–	–	88.3	84.1	83.0	82.5
	여	–	–	67.3	68.9	69.6	70.2
프랑스	남	–	–	76.5	75.3	75.3	75.0
	여	–	–	58.0	62.5	64.8	66.3
독일	남	89.7	83.2	79.0	78.9	80.6	82.4
	여	46.5	51.9	55.5	63.3	66.9	70.8
이탈리아	남	80.2	79.0	75.1	74.3	74.4	73.3
	여	28.6	38.4	44.0	46.3	50.4	51.1
네덜란드	남	84.5	77.6	80.0	83.2	82.8	83.8
	여	29.9	36.1	53.1	65.2	68.0	72.6
스웨덴	남	87.0	87.9	86.8	81.5	82.7	82.2
	여	59.3	75.3	82.5	76.4	77.7	76.7
미국	남	87.3	85.8	85.6	83.9	81.8	79.6
	여	49.3	59.9	67.8	70.7	69.2	68.4

* 주 : OECD에서는 국제비교를 위해 15~64세 연령에 한정하여 고용지표를 산출하고 있음.
출처 : OECD, Labour Force Statistics, from OECD.stat.

1980년대에 크게 감소하다 1990년대에 들어 감소세가 둔화되거나 정체상태에 머물러 있는 반면 여성의 참가율은 대부분의 국가에서 지속적으로 증가하는 양상을 나타낸다.

그림 4-1은 이러한 추이를 잘 보여 준다. 남성의 경제활동참가율은 1980년대까지 뚜렷한 감소세를 보였으나 1990년대부터는 네덜란드, 스페인, 포르투갈 등 일부 국가에서 증가세를 보이기도 했지만 대다수 국가들에서는 정체상태에 머물러 있다. 반면에 여성의 참가율은 국가별로 수준에는 차이가 있지만 대부분의 국가에서 가파른 상승세를 보여 왔으며, 2000년대 이후에도 스웨덴, 덴마크, 미국 등 여성의 참가율이 상대적으로 높은 수준에 있는 몇몇 국가들을 제외하면 대부분의 국가에서 현재까지도 빠른 증가세를 지속하고 있다.

여성의 참가율이 이처럼 늘고 있는 것은 기본적으로 가계생산기술의 발전 및 자녀 수의 감소로 여성들이 상대적으로 적은 시간을 가사노동에 투입하고 더 많은 시간을 시장노동에 할애할 수 있게 된 데 기인한다고 볼 수 있다. 아울러 경제가 서비스화 · 소프트화되면서 노동시장에서 여성 노동에 대한 수요가 증가하고 있는 것도 여성의 참가율을 높이는 배

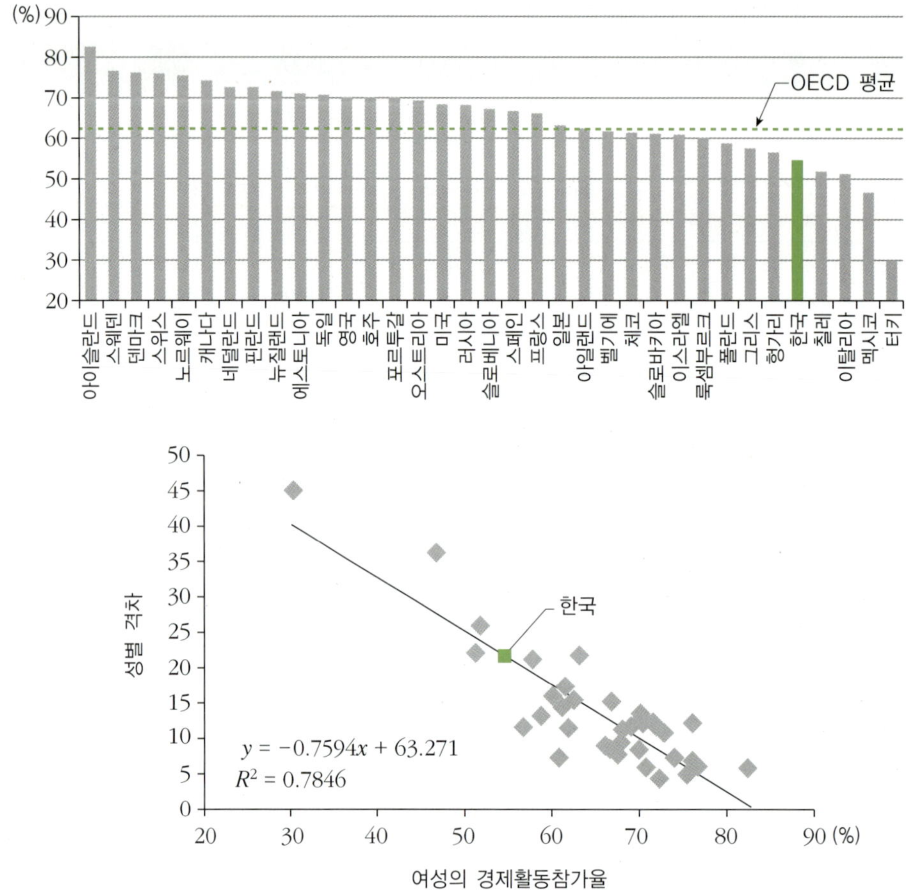

|그림 4-2| OECD 국가의 여성 경제활동참가율과 성별 격차

출처 : OECD, Labour Force Statistics, from OECD.stat.

경이 되고 있다.

한편 여성의 경제활동참가율 수준과 성별 참가율 격차는 국가마다 차이를 보이는데, 대체로 여성 참가율과 성별 참가율 격차 간에는 강한 음의 상관관계가 나타난다(그림 4-2 참조). 즉 남성 참가율 수준은 국가 간에 편차가 크지 않은 반면 여성 참가율은 가족 및 젠더 관계를 둘러싼 사회 · 문화적 환경, 노동시장 관행, 제도적 여건 등에 따라 큰 차이를 보이게 되며, 그 결과 여성의 경제활동에 우호적인 사회 · 경제적 환경을 제공하는 국가에서 여성의 참가율이 높기 때문에 성별 격차가 줄어들게 된다.

우리나라의 경우 15~64세 여성의 경제활동참가율은 2010년 현재 54.5%에 불과해, OECD 국가 중 터키, 멕시코, 이탈리아, 칠레와 함께 최하위권을 형성하고 있다. 남성과의 참가율 격차는 지속적으로 감소하는 추세를 보이고 있으나 아직도 23%포인트에 달하는 큰 폭의 격차를 유지하고 있다.

2 우리나라 여성 노동공급의 특징

1) 낮은 경제활동참가율

우리나라 여성의 경제활동참가율이 선진국들에 비해 매우 낮은 수준에 머물러 있음은 주지의 사실이다. 우리나라 여성의 경제활동참가율[1]은 2010년 현재 49.7%로 남성 73.1%의 3분의 2 수준이다. 여성의 참가율은 1980년대 후반부터 빠르게 증가하여 외환위기 직전 50%에 근접하였으나 경제위기를 겪으면서 급락하여 47%대로 주저앉았다. 2000년대 들어 증가세가 회복되는 듯하였으나 2007년 50.3%를 정점으로 다시 감소 내지 정체를 반복하며 현재에 이르고 있다(그림 4-3 참조). 그동안 남성의 참가율은 지속적으로 감소세를

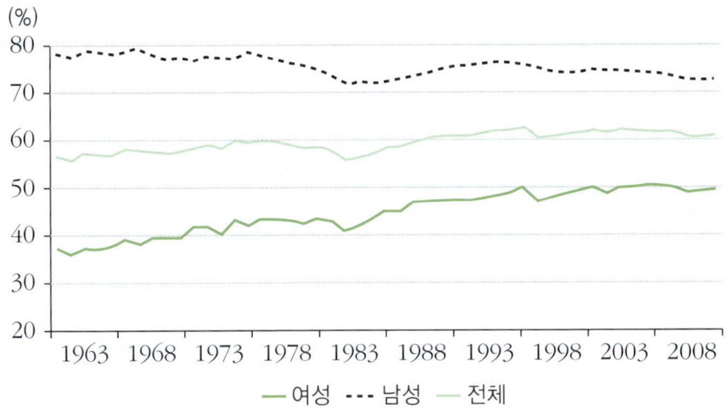

|그림 4-3| 성별 경제활동참가율의 변화 추이

출처 : 통계청, 「경제활동인구조사」 각 연도.

1) 우리나라 통계청에서 제시하는 경제활동참가율은 15세 이상 전 인구를 대상으로 산출되어 15~64세에 한정해 참가율을 산출하는 OECD의 참가율 수치와 차이를 보일 수 있다. 또한 1999년 이전까지는 미취업자의 경제활동참여 의사를 확인하는 구직활동기간을 지난 1주에 한정하였기 때문에 지난 4주를 기준으로 파악하는 현재 기준과는 약간의 차이를 보인다는 점에 주의가 필요하다. 이러한 연유로 시계열 분석을 위해서는 여전히 1주 기준 자료를 사용하기도 한다. 통계청의 KOSIS에서는 4주 기준 통계수치와 1주 기준 통계수치가 별도로 제공되고 있다.

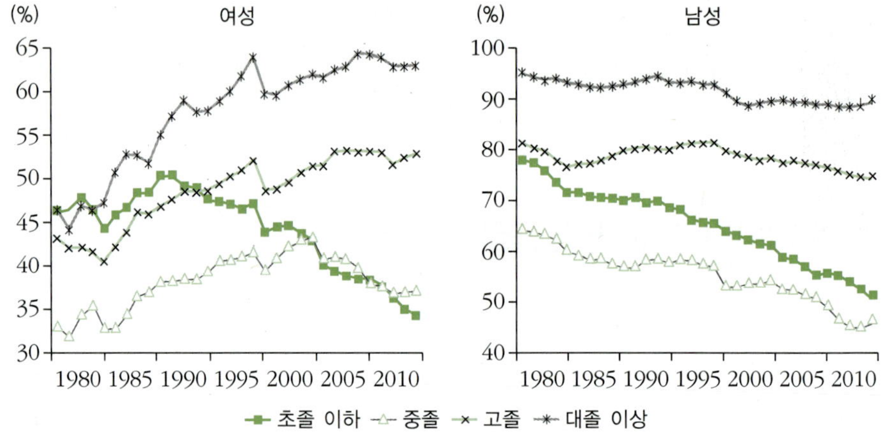

|그림 4-4| 학력수준별 경제활동참가율

출처 : 통계청, 「경제활동인구조사」 각 연도.

보였지만 여성의 참가율이 증가하여 그 효과를 상쇄했는데 최근에는 여성 참가율도 주춤함에 따라 전체 경제활동참가율(61.1%)도 하락세를 보이고 있다.

그림 4-4는 여성과 남성의 학력수준별 경제활동참가율 수준과 변화 추이를 보여 준다. 남성의 경우 전 학력수준에서 참가율이 감소하는 것과는 달리 여성의 경우는 저학력 여성의 참가율이 감소하고 고학력 여성의 참가율이 증가하는 양상을 나타낸다. 초졸 이하 저학력자의 참가율은 1980년대까지 높은 수준이었으나 1990년대 이후 급격하게 하락하였고, 중졸 학력자의 참가율은 2000년대 초반까지 증가하다 이후 감소하는 양상을 보인다. 그러나 고졸 및 대졸 이상 여성의 참가율은 지속적인 상승세를 보이며, 특히 대졸 이상 여성의 참가율은 빠르게 개선되어 왔음을 알 수 있다.

2) 여성 경제활동참가의 M자형 패턴

우리나라 여성의 경제활동참가 패턴의 특징은 M자형 곡선으로 대표된다. 그림 4-5는 우리나라 여성과 남성의 연령대별 경제활동참가율을 보여 준다. 남성과는 달리 여성의 경제활동참가율은 연령대별로 기복이 매우 심하다는 특징을 보인다. 기본적으로 여성의 연령대별 참가율은 20대 후반 또는 30대 초반에서 함몰되는 M자형 곡선의 형태를 취하고 있으며,[2] 이는 20대 후반에 대부분 노동시장에 진입해 50대 초반까지 참가율 수준이 그대

2) 우리나라에서 여성 경제활동참가의 M자형 패턴은 여성 참가율이 30%대에 머물던 1960년대 말까지는 분명하게 드러나지 않았다. 오히려 이 시기에는 전 연령대에 걸쳐 참가율이 낮은 수준에 머물러 있었다(어수

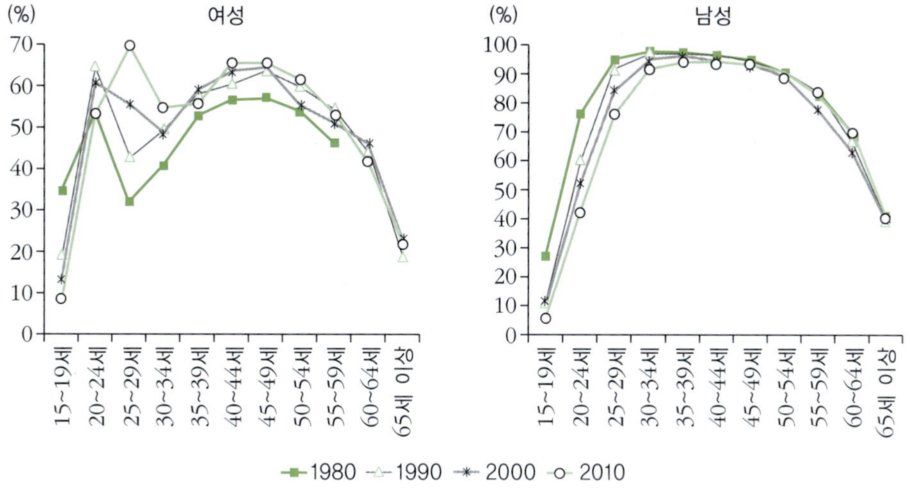

|그림 4-5| 연령대별 경제활동참가율

출처 : 통계청, 「경제활동인구조사」 각 연도.

로 유지되는 역(逆)U자형의 남성 참가율 곡선과 뚜렷하게 구분된다.

여성의 경제활동은 남성과 달리 가족 혹은 가구의 필요에 의해 직접적으로 영향을 받게 되는데, 출산, 자녀양육, 가사노동 등이 그러한 필요에 해당한다. 따라서 이러한 필요가 집중되는 시기에는 경제활동과 병행하기 곤란한 경우도 발생할 수 있으며, 이 때문에 결혼 초기 자녀를 출산하고 부모의 직접적인 돌봄이 요구되는 연령대에서 여성 참가율이 급격하게 낮아지는 현상이 나타나고 있다. 그리고 일정 기간이 지나 가사부담의 제약으로부터 자유로워지면 여성이 다시 노동시장에 나오기 시작하면서 40대 이후 다시 여성 참가율이 높아지게 되는 것이다.

따라서 우리나라 여성의 경제활동참가의 M자형 패턴이 의미하는 바는 분명하다. 우리나라 여성의 상당수가 출산과 자녀양육으로 가사활동이 집중되는 시기에 경제활동(market work)을 포기하고 가사노동(non-market work)에 전념하게 된다는 것이고, 이는 여성들이 출산 및 자녀양육 부담을 전적으로 떠안는 경우가 많은 우리의 현실을 반영하는 것이다. 즉 M자형 패턴은 우리나라의 가사노동과 관련된 성별 역할분담 구조가 만들어 낸 여성 노동공급구조의 단면을 고스란히 보여 준다.

우리나라에서 발견되는 여성 경제활동참가의 M자형 패턴 혹은 쌍봉구조(bimodal

봉, 1991). 1970년대 이후부터 20대와 40대 여성을 중심으로 경제활동참가율이 큰 폭으로 증가하면서 봉우리를 형성하여, 우리나라에서도 1960~1970년대 여타 선진국들에서 나타났던 쌍봉구조가 가시화되었다.

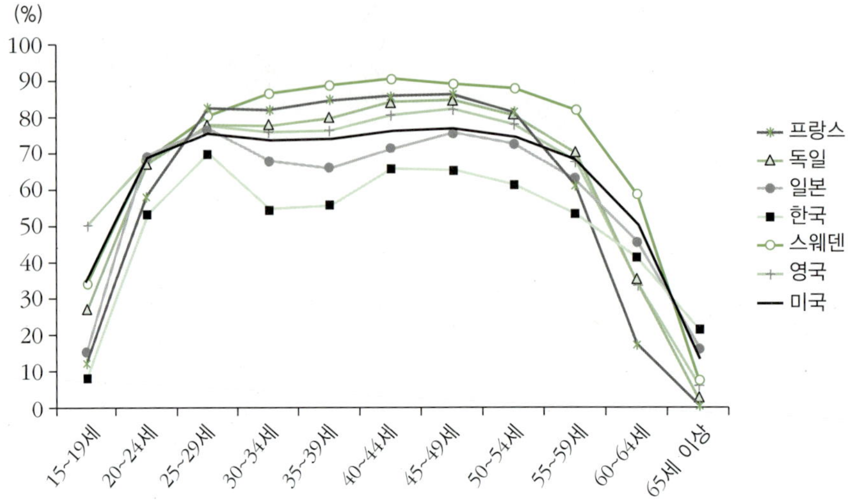

|그림 4-6| 각국 여성의 연령대별 경제활동참가율

출처 : OECD, Labour Force Statistics 2010, from OECD.stat.

structure)는 선진국에서는 1960~1970년대까지 관찰되었지만 1980년대 이후부터는 대부분의 국가에서 점차 사라졌다. 스웨덴의 경우 1970년대 이후 여성의 경제활동참가율에서 쌍봉구조가 사라지기 시작하였고, 미국에서도 1980년대 이후부터는 여성의 경제활동참가 구조가 남성과 유사한 역U자형을 띠기 시작하였다(최강식 · 정진화, 1997; OECD, 2002). OECD 국가 중 우리나라와 일본만이 여성의 연령별 경제활동참가율 구조에 여전히 쌍봉구조가 남아 있는 것으로 파악되고 있다.

그림 4-6은 우리나라를 비롯하여 일본, 독일, 프랑스, 영국, 미국, 스웨덴 등 주요 선진국에서 여성의 연령별 경제활동참가율 구조를 비교한 것이다. 한국과 일본의 여성에서만 M자형 구조가 나타나고 있음이 확인되는데, 일본의 경우 M자의 골이 그다지 깊지 않은 반면 우리나라는 상대적으로 깊은 골을 드러낸다.

그림 4-5로 돌아가 지난 30년간 여성의 연령대별 참가율의 변화 추이를 살펴보면, 고학력화에 따라 15~24세 연령층에서 참가율이 크게 감소한 반면, 대졸 후 연령에 해당하는 20대 후반에서 참가율이 빠르게 증가해 왔음을 알 수 있다. 25~29세 여성의 참가율은 1980년 32.0%에서 2010년 69.4%로 급증하였다. 현재 20대 후반 여성의 참가율은 동일 연령대 남성 참가율과 6% 내외의 차이만을 보이고 있다.

30대 초반 연령대에서도 여성 참가율이 증가하였으나, 동시에 30대 후반 연령대에서 참가율이 감소하면서 M자형의 저점이 다소 완만해지되 지연되는 양상이 나타나고 있다. 이는 결혼 및 출산연령이 지연되고 있는 것과 무관하지 않다. 한편 40대 이상 연령층에서의 참가율은 1980년대에 큰 폭으로 증가하였지만 그 후로는 답보상태를 보이고 있다. 특히 60세 이상 고연령층 여성의 참가율은 오히려 감소하는 경향이다.

3) 출생 코호트별 참가율 변화

앞의 그림 4-5에서 관찰된 여성 참가율의 M자형 패턴은 횡단면 자료를 시계열로 연결하여 단순비교하고 있기 때문에 시점에 따라 연령대별로 다른 코호트의 특성이 혼합되어 있다. 즉 코호트 효과(cohort effect)가 적절하게 통제되고 있지 않아 순수한 연령효과에 따른 경제활동참가 패턴으로 볼 수 없다는 것이다. 코호트를 통제하고 순수한 연령별 참가율 패턴의 변화를 살펴보기 위해서는 각 코호트를 따라가면서 연령대별로 참가율을 관찰하는 코호트 분석방법이 필요하다.

표 4-2는 여성의 출생 코호트별로 특정 연령대에서의 경제활동참가율을 보여 준다. 표에서 세로축은 출생연도를 기준으로 한 코호트를 의미하며, 가로축은 특정 연령대를 나타낸다. 그림 4-7은 이를 그래프로 재구성한 것이다. 따라서 그림이 나타내는 것이 출생 코

|표 4-2| 여성 출생 코호트별 연령대에 따른 경제활동참가율 변화(단위 : %)

코호트	15~19세	20~24세	25~29세	30~34세	35~39세	40~44세	45~49세	50~54세	55~59세	60~64세	65세 이상
1926~1930년생								53.9	47.2	43.6	20.2
1931~1935년생							57.3	52.4	54.4	46.0	22.8
1936~1940년생						56.7	59.2	60.0	54.1	45.9	22.4
1941~1945년생					53.1	58.2	63.9	58.8	51.1	43.3	21.6
1946~1950년생				40.8	52.9	60.7	60.6	55.2	49.0	41.4	
1951~1955년생			32.0	43.6	57.9	65.7	64.7	58.3	53.2		
1956~1960년생		53.5	35.9	49.5	59.2	63.7	63.0	61.2			
1961~1965년생	34.4	55.1	42.6	47.6	59.1	65.4	65.4				
1966~1970년생	21.1	64.6	47.9	48.6	58.8	65.6					
1971~1975년생	18.7	66.1	55.7	50.1	55.7						
1976~1980년생	14.5	60.9	65.9	54.4							
1981~1985년생	12.4	62.2	69.4								
1986~1990년생	10.2	53.0									
1991~1995년생	8.4										

출처 : 통계청, 「경제활동인구조사」 각 연도.

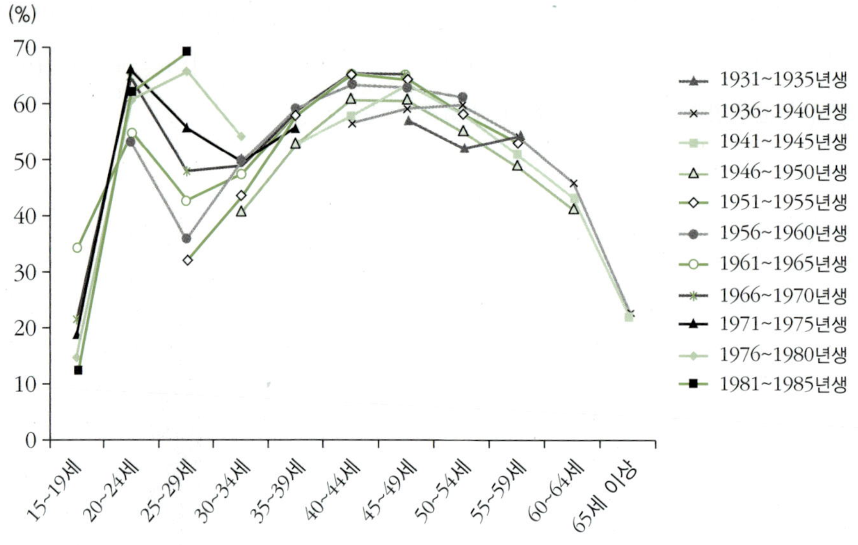

| 그림 4-7 | 여성 출생 코호트별 경제활동참가의 패턴

호트별로 실제 보여 준 경제활동참가율의 패턴이다.

여성의 경우 각 코호트별로 분리해 보아도 전반적으로는 참가율 수준이 증가하였지만 최근 코호트에서조차 전형적인 M자형 구조가 나타나고 있음을 확인할 수 있다. 과거에는 20대 후반에 저점이 형성되었다면 최근에는 30대 초반에 저점이 형성된다는 점에서만 차이를 보인다. 결혼이 지연되고 출산시기가 늦어지면서 여성이 노동시장에서 이탈하는 시점도 함께 지연되고 있는 것으로 파악된다.

특이한 점은 과거에는 노동시장 이탈이 있은 후 그리 오래지 않아 참가율이 빠르게 회복되었던 반면 최근 들어서 노동시장으로의 복귀속도가 점점 더 더뎌지고 있다는 것이다. 예컨대 1956~1960년생 코호트의 경우 20대 후반에 참가율이 53.5%에서 35.9%로 감소하여 경제활동인구의 약 3분의 1이 노동시장에서 이탈했지만, 5년 후에는 참가율이 49.5%로 회복되어 이탈한 인구의 약 80%에 해당하는 인구가 노동시장에 다시 유입되었다. 그러나 1966~1970년생 코호트의 경우 20대 후반에 참가율이 64.6%에서 47.9%로 떨어진 뒤 5년 후에도 48.6% 수준에 머물렀고 10년 후인 30대 후반에도 58.8%로 회복되는 데 그쳐 이탈규모의 약 65%만이 노동시장에 유입되었다. 1971~1975년생 코호트에서는 20대 후반과 30대 초반의 10년에 걸쳐서 노동시장 이탈현상이 나타났는데(66.1% → 55.7% → 50.1%), 30대 후반이 되어서도 극히 일부만이 노동시장에 유입되어 이전 코호트에 비해 30대 후반의 참가율은 더 낮아졌다.

이상의 코호트 분석을 통해 살펴보면, 1960년대 이후에 출생한 코호트에서도 30~40대 연령에서 참가율이 증가하고 있다는 뚜렷한 증거는 찾아볼 수 없다. 오히려 노동시장 복귀가 이전의 출생 코호트에 비해 더 저조한 것으로 나타나고 있는데, 이는 최근에 올수록 노동시장 이탈 후 기혼여성의 노동시장 재진입이 더 어려워졌을 가능성을 시사하는 것이기도 하다. 이러한 특징은 코호트 분석이 아니면 제대로 포착될 수 없는 것이다.

3 여성의 경제활동과 근로시간

1) 근로시간과 여성 고용률의 관계

여성의 노동공급에서 나타나는 주된 특징 중의 하나는 근로시간과의 관련성이 매우 높다는 점이다. 그림 4-8은 OECD 국가들의 취업자 평균 연간근로시간과 25~54세 여성 고용률의 관계를 도시한 것이다. 고용률은 전체 생산가능인구 중 취업자가 차지하는 비율을 의미하며 취업인구비율로 표현하기도 한다. 그림을 보면 연간근로시간과 여성 고용률 간

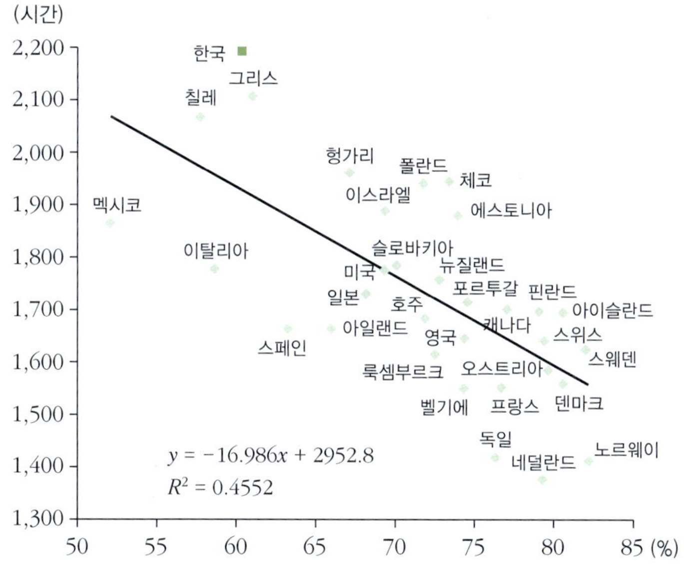

| 그림 4-8 | 연간근로시간과 여성(25~54세) 고용률(2010년)

* 주 : 터키는 제외됨.
출처 : OECD, Labour Force Statistics, from OECD.stat.

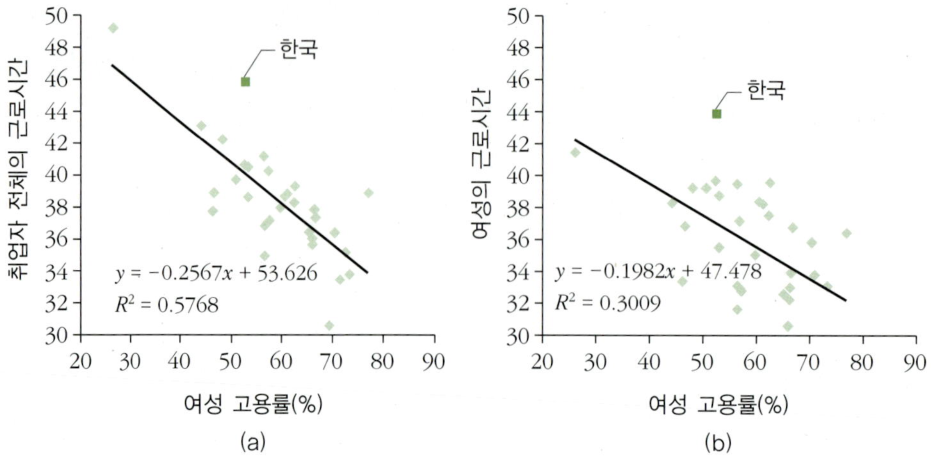

|그림 4-9| 취업자의 주당 근로시간과 여성 고용률(2010년)

출처 : OECD, Labour Force Statistics, from OECD.stat.

에 유의한 부의 상관관계가 성립함을 알 수 있다. 즉, 근로시간이 상대적으로 짧은 국가에서 여성 고용률이 높고 근로시간이 상대적으로 긴 국가에서 여성 고용률이 낮게 나타난다.

그림 4-9는 다른 방식으로 근로시간과 여성 고용률 간의 관계를 보여 주고 있다. 그림 4-9(a)는 여성 고용률과 전체 취업자의 주당 근로시간의 관계, (b)는 여성 고용률과 여성 취업자의 주당 근로시간의 관계를 묘사하고 있는데, 둘 다 부의 상관관계를 보여 준다.

그림에서 우리나라는 최장의 근로시간을 기록하고 있고 그와 맞물려 여성의 고용률이 매우 낮은 수준임을 확인할 수 있다. 또한 우리나라의 경우 여성 취업자의 주당 근로시간은 전체 취업자의 주당 근로시간과 크게 다르지 않다. 이는 우리나라 노동시장에서의 장시간 근로환경이 여성의 고용을 제약하는 요소로 작용할 가능성을 시사한다. 양육 및 가사부담으로 인해 시간제약을 크게 느끼는 기혼여성의 경우 풀타임 근로를 감당할 여력이 없을 것이기 때문이다. 그러나 뒤집어 보면, 우리나라에서의 주로 남성의 장시간근로는 노동시장에 나오지 않고 가사노동을 전담하는 여성들이 있기 때문에 유지되고 있다고도 볼 수 있다.

2) 여성과 단시간근로

단시간근로(part-time work)[3]는 통상의 근로시간보다 적게 일하는 근로 형태를 지칭한

3) 단시간근로를 시간제근로 혹은 시간제고용으로 혼동하여 사용하는 경우가 종종 있다. 그러나 파트타임과 시간제는 명백히 다른 개념이다. 파트타임 혹은 단시간근로가 근로시간이 짧은 근로 형태를 의미하는 반면

다. 단시간근로는 최근 들어 전 세계적으로 가장 광범위하게 생성되고 있는 근로 형태 중 하나이다. 서비스업 중심의 산업구조 변화와 노동시장 유연화의 필요성, 여성 노동공급의 증가, 일과 여가에 대한 개인의 선호 변화, 고령화 추세와 고령노동의 증가 등 변화된 경제 환경은 단시간근로의 영역을 점차 확대시키고 있다.

최근에는 유럽과 일본 등에서 파트타임 고용(part-time job)의 확산이 노동시장에서 소수자들의 고용 확대와 경제 전반의 일자리 창출을 주도하였던 것으로 평가되어 주목을 받았다(OECD, 1999; Salverda, 1998; Lomwel & Ours, 2003). 특히 1970년대까지 여성 경제활동참가율이 낮은 수준에 머무르고 경제적 성과가 유럽 최저를 기록하던 네덜란드는 1982년 임금인상을 자제하는 대신 근로시간을 5% 줄이는 방식으로 여성 등 경제적 소수자의 일자리를 최대한 확대한다는 바세나르 협정(Wassenaar Agreement)에 노사가 대타협을 이루면서 놀라운 반전의 계기를 맞게 된다. 그리고 1990년대 이후 해마다 3~4%의 경제성장을 달성하고 12%까지 치솟았던 실업률은 1992년에 8%, 2001년에 2%까지 떨어지는 이른바 '네덜란드의 기적(Dutch miracle)'을 이루어 냈다. 이러한 시나리오의 핵심에는 파트타임 고용 확대가 자리하고 있다. Lomwel과 Ours(2003)는 1970년부터 2000년까지 30년간의 자료를 토대로 실증분석한 결과, 파트타임 일자리 하나가 늘었을 때 단기적으로 풀타임 일자리 0.25개, 장기적으로 풀타임 일자리 1개가 추가적으로 늘어났다고 분석하였다. 적어도 네덜란드에서는 파트타임 고용이 일자리 창출과 실업률 감소의 주효한 해법이었음을 보여 준다.

이처럼 서구사회에서 파트타임 고용이 여성 및 고령자의 노동시장 참여를 확대하기 위한 대안으로 부각되어 급속히 증가하였으나 우리나라에서는 그다지 활성화되지 못하고 있다. 우리나라 여성(25~54세) 취업자 중 파트타임 근로자가 차지하는 비중은 2009년에 11.0%로 OECD 평균인 22.9%의 절반 수준에도 미치지 못한다. 동구권 국가들을 제외하면 우리나라는 핀란드, 포르투갈과 함께 파트타임 고용이 가장 덜 활용되고 있는 국가에 해당한다(그림 4-10 참조).

OECD 국가들에서 여성 파트타임 고용과 여성 경제활동참가율 간에 단일한 방향의 상관관계가 존재한다고 보기는 어렵다(그림 4-11 참조). 파트타임 고용이 가장 활성화된 네덜란드에서는 여성 취업자의 55%가 파트타임이며 이를 배경으로 여성 고용률이 79.6%에 달하고 있다. 스위스, 독일, 영국 등도 여성 파트타임 고용비중과 고용률이 상대적으로 높

시간제는 시간 단위로 일을 하거나 시간 단위로 급여가 지급된다는 의미가 강하게 내포되어 있다. 따라서 '시간제'라는 용어를 사용하는 경우 매우 단순한 직무 특성을 가진 일자리를 지칭하는 것으로 오인되기 쉽다는 점에 유의할 필요가 있다.

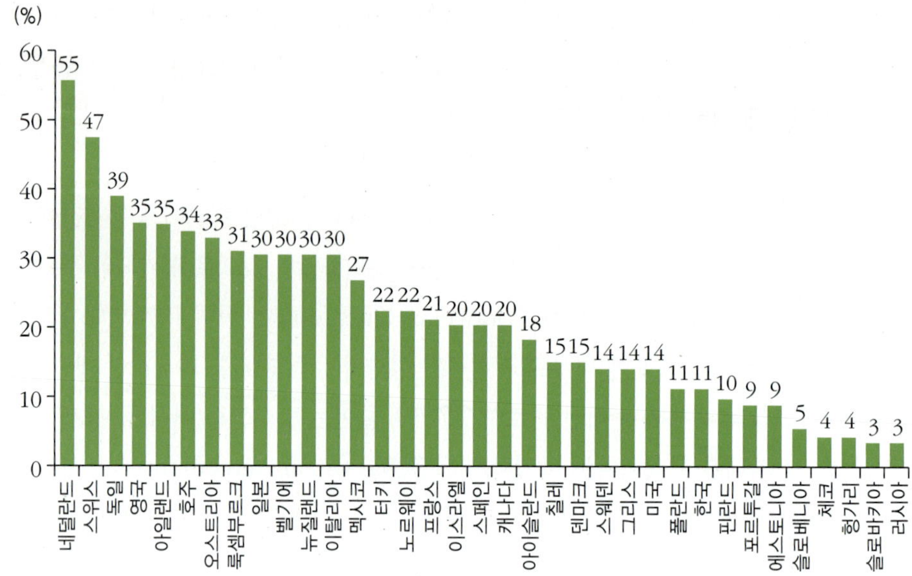

|그림 4-10| OECD 국가의 여성(25~54세) 파트타임 고용비중(2009년)

* 주 : 멕시코는 2004년, 이스라엘은 2007년, 러시아는 2008년 수치임.
출처 : OECD, Labour Force Statistics, from OECD.stat.

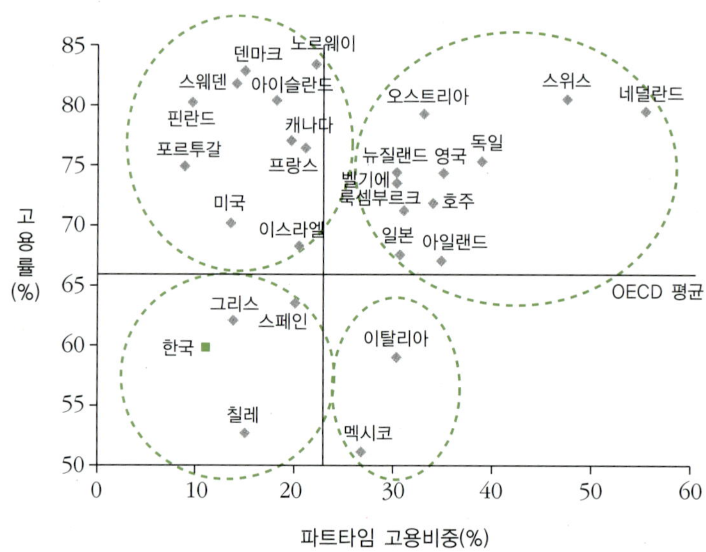

|그림 4-11| OECD 국가 여성(25~54세)의 파트타임 비중과 고용률(2009)

* 주 : 점선은 OECD 평균치.
출처 : OECD, Labour Force Statistics, from OECD.stat.

은 국가에 해당한다.

한편 노르웨이, 스웨덴, 아이슬란드 등 북유럽 국가는 여성 고용률이 매우 높은 수준이지만 파트타임 고용비중은 그다지 높지 않다. 미국, 캐나다 등도 여성 경제활동참가율에 비해 파트타임 활용도는 상대적으로 낮은 수준에 머물고 있는 국가에 해당된다.

그러나 분명한 것은 다른 조건이 모두 동일하다면 근로시간이 경직적이고 파트타임 고용이 덜 활성화되어 있을 때 여성의 경제활동참가는 그만큼 제한적일 수밖에 없다는 것이다. 우리와 사회 · 문화적 배경 및 노동시장 구조가 가장 흡사하다고 할 수 있는 일본의 경우, 여성 파트타임 고용비중은 30.5%, 고용률은 67.6%로, 우리나라에 비해 파트타임 고용비중이 약 20%포인트, 고용률이 약 10%포인트 높은 수준을 보인다.

단시간근로의 확대와 여성화 현상에 대해서는 일반적으로 두 가지 시각이 공존한다. 한편에서는 파트타임 고용이 임금 · 근로조건 및 훈련 기회의 측면에서 상대적으로 불이익을 받고 있기 때문에 파트타임 고용의 여성화는 노동시장에서의 여성의 지위를 약화시킬 것이라는 우려가 제기되는 반면에, 다른 한편에서는 소득과 훈련 기회에서의 불이익을 감안하더라도 파트타임 고용은 가정과 직장을 병행해야 하는 기혼여성에게 고용 기회가 확대되는 것을 의미하기 때문에 여성을 노동시장에 끌어들이기 위해서는 파트타임 고용이 보다 활성화되어야 한다는 주장도 있다. 그러나 이러한 두 관점이 논리적으로 서로 대립된다기보다는 각기 다른 여건에 있는 여성을 대상으로 하고 있다는 점을 인식할 필요가 있다.

여성의 경제활동참가율이 높은 국가들은 노동시장에 진입한 여성의 보호를 위해 파트타임 고용의 질을 우선적으로 고려한다. 반면에 여성의 경제활동참가가 저조한 국가에서는 여성 인력을 노동시장으로 유인하기 위한 정책에 보다 초점을 두게 된다. 우리나라의 경우 전형적으로 후자의 국가에 속하며, 여성의 경제활동참가 촉진과 일자리 나누기의 관점에서 파트타임 고용 기회를 넓히기 위한 방안의 모색이 보다 긴요하다고 할 수 있다.

3) 우리나라 근로시간 실태와 문제점

우리 사회에서 근로시간을 일자리 특성으로 이해하기 시작한 것은 비교적 최근의 일이다. 그동안 근로시간은 개인의 근면성을 판단하는 바로미터처럼 생각되었기 때문에 오래 일하는 사람이 근면하고 성실한 사람으로 간주되었다. 이런 사회 · 문화적 배경으로 인해 풀타임 근무에 추가적인 잔업, 특근이 일반적인 것으로 받아들여졌으며, 결과적으로 우리나라를 세계 최장의 근로시간(2010년 연간 2,193시간)을 자랑하는 국가로 만들었다.

근로시간은 소득과의 관련성 때문에 완강한 하방경직성을 가진다. 근로시간이 줄면 소득이 줄어들기 때문에 소득보전을 위해 장시간 초과근로가 불가피하다고 생각하고, 초과근로를 따로 산정하기 어려운 사무직에서는 아예 일정 시간 초과근무한 것으로 간주하는 고정 O/T 제도가 관행화되어 있다. 2002~2003년 주5일 근무제 도입 당시 경영계뿐만 아니라 노동계도 강경하게 반대 입장을 취했는데, 주된 논지는 소득이 온전히 보장되는 근로시간 단축이 되어야 한다는 것이었다. 이러한 사례들은 우리나라 사람들이 소득을 늘리기 위해서라면 기꺼이 자신의 추가시간을 할애하는 데 거리낌이 없다는 것을 나타내고, 이를 경제학 용어로 표현하면 우리나라 근로자들에서 시간의 기회비용이 상대적으로 낮다는 것을 의미한다.

그러나 노동시장에서 한 사람이 이처럼 장시간근로를 하는 동안 누군가는 가족을 보살피고 가사노동을 챙기는 이가 있어야 한다. 그렇지 않다면 가정이 유지되지 않을 것이기 때문이다. 결국 장시간노동이 일반화된 사회라면 남성부양자 모델이 보편적인 사회라고 해도 틀린 말이 아니다. 남성은 시장노동, 여성은 가사노동으로 역할분담이 이루어진 사회, 다시 말해 가장인 남성을 주 노동력으로 활용하는 사회에서만 장시간 근로시간 시스템이 존속될 수 있기 때문이다.

그렇다면 남성 1인이 가장으로서 주 소득원이 되고 여성은 전업주부로서 가사 및 육아를 전담하는 시스템이 우리 사회에서 앞으로도 유지될 수 있을까? 물론 아닐 것이다.

미시적으로 보면 새로운 세대의 여성과 남성들은 맞벌이를 당연시하고 오히려 선호하는 경향을 보인다. 결혼 후에도 일정 수준까지 개인의 독립성을 유지할 수 있기를 희망하고, 가구 전체로서 금전적인 안정을 꾀하려면 맞벌이는 필수적이라고 생각하고 있다. 다른 한편에서는 여전히 남성부양자 모델이 지배적인 노동시장에서 경제활동을 지속하기 위해 여성들이 결혼을 미루고 그 결과 출산율이 낮아지는 현상이 나타나고 있다.

거시적으로도 남성부양자 모델은 더 이상 지속가능하지 않아 보인다. 세계에서 가장 낮은 출산율을 기록하고 있는 우리나라는 2017년이면 생산가능인구가 줄어드는 상황에 직면하게 될 것이고, 유례없이 빠른 고령화로 2020년이면 65세 이상의 고령인구가 전체 인구의 15% 이상을 차지하게 될 것이다. 현재 성인 7명이 고령자 1명을 부양했다면 2020년에는 4.5명이 1명을 부양해야 하는 상황을 맞게 된다는 것이다. 여성들이 경제활동에 참여하지 않는다면 부족한 노동력을 메울 방법이 없다.

이러한 변화는 사회 전반에 걸쳐 새로운 시스템을 요구하고 있으며, 근로시간 측면에서도 커다란 변화를 예고하고 있다. 그동안 가구 단위로 경제활동(시장노동)과 가사노동이 분업화되어 가정과 사회가 균형을 이루어 왔다면, 앞으로는 가구가 아닌 개인 단위로 경제활동과 가사노동을 포함해 삶과 관련된 모든 사적 활동 간의 적절한 균형이 요구되는 상황으로 점차 변화해 갈 것이다.

4 여성 노동공급의 생애주기별 특징

여성의 시간 배분 문제는 특정 시점뿐만 아니라 생애과정의 관점(life course perspective)에서 여성의 노동공급 행태를 이해하는 데에도 결정적인 단서를 제공한다. 개인은 생애과정에 따라 소득과 시간의 배분에 대한 선호를 가지게 되며 이에 따라 노동공급의 양, 즉 근로시간을 달리 조절하는 것이 효용을 극대화하는 데 유리하게 된다. 즉 개인은 자신 혹은 가족과 관련된 활동에 보다 많은 시간이 투입되어야 할 시점에서 일에 대한 투입시간을 줄이는 한편, 상대적으로 소득이 더 많이 요구되는 시점에서 근로시간을 늘림으로써 총체적으로 개인과 가구의 생애과정에서의 위험을 줄이고 삶의 질을 제고하고자 한다.

특히 여성의 경우 노동공급은 가사노동에 소요되는 시간에 직접적인 제약을 받기 때문에 가사노동수요가 변화하는 생애과정에 따라 노동공급 패턴이 매우 상이한 양상을 보이게 될 것이다. 이러한 여성의 노동공급 특성은 연령대별 경제활동참가율로 파악되는 M자형 노동공급구조로 집약될 수 있지만, 결혼, 출산, 자녀관계 등 보다 구체적인 생애과정의 요소들과 결합된 시간 배분의 문제로 분석된다면 문제의 원인을 진단하고 구체적인 정책 대안을 제시하는 데 보다 유용할 수 있을 것이다.

1) 생애주기와 여성의 경제활동

여성의 경제활동 행위는 결혼 · 출산과 같은 가족의 형성과 성장과정의 여러 단계들과 긴밀히 연관되어 있다(Hogan & Astone, 1986). 가족은 결혼을 통한 가족의 형성과 출산에 의한 규모의 확대, 출가에 따른 규모의 축소, 그리고 배우자의 사망으로 인한 가족의 해체 등 다양한 단계를 거치며 역동적으로 변화한다는 의미에서 종종 가족주기(family life cycle)로 표현된다(공세권, 1995).[4)]

그림 4-12는 초혼 → 자녀 출산 → 자녀 결혼 → 남편 사망 → 본인 사망으로 특징지어지는 우리나라 여성의 생애주기를 묘사한 것으로, 혼인시점에 따른 세대(cohort)별로 우

4) 여성의 경제활동을 생애주기와 연관시켜 분석한 연구는 Shaw(1992), Yu 외(1993), 이현송(1996), 황수경(2002) 등이 있다.

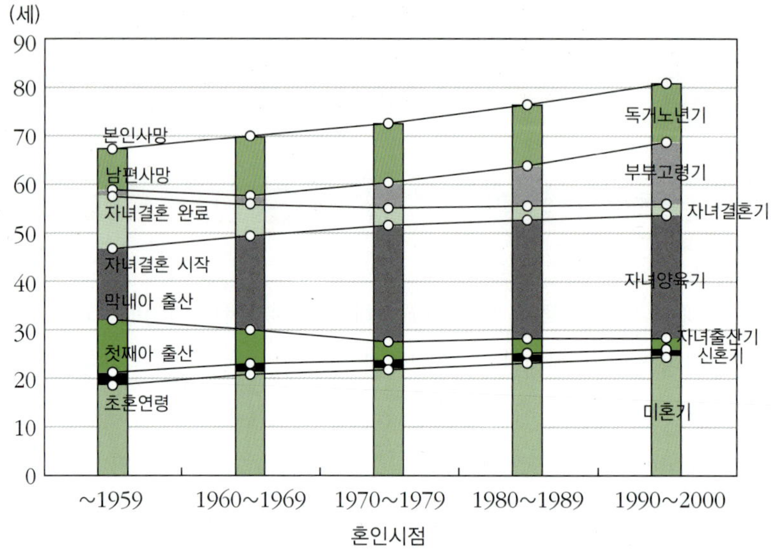

|그림 4-12| **여성의 생애주기**

출처 : 한국보건사회연구원, 『전국 출산력 및 가족보건실태조사』, 2001. 황수경(2004)에서 재인용.

리나라 여성의 평균적인 삶을 재구성하였다. 1990년대에 결혼한 세대의 생애주기를 살펴보면, 평균적으로 여성은 24.8세에 결혼을 하고 26.0세부터 자녀를 출산하기 시작하여 28.3세에 막내자녀까지 출산을 완료한다. 53.7세에 이르면 성장한 자녀를 출가시키기 시작하고, 68.7세가 되면 배우자를 잃고 혼자가 되어 80.9세에 사망하는 것으로 나타나고 있다. 1960년 이전에 결혼한 세대와 비교하면 초혼연령은 6년이 늦어졌고 초산연령은 4.9년이 늦어졌으며, 자녀 수의 감소로 인해 첫째 자녀와 막내자녀 출산 간의 간격은 3.7년이 단축되었다. 그러나 이는 1990년대의 평균치이고 2002년에는 격차가 더욱 벌어졌다. 통계청 자료에 따르면 2002년 시점에 여성의 평균 초혼연령은 27.0세이고, 출산율은 더 낮아져 성인여성 1인당 평균 1.17명의 자녀를 낳는 것으로 나타났다. 1970년에 한 가정에서 평균 4.5명, 1984년에는 1.8명의 자녀를 낳았던 것과 비교하면 가파른 하락세를 보이는 것이다(통계청, 『인구동태통계연보』, 2002). 결혼 및 초산연령의 지연과 출산율 하락은 여성의 경제활동참여 확대와 맞물리면서 최근 급속도로 진행되고 있다.[5)]

기혼여성의 생애주기별 노동공급 특성을 분석하기 위해 다음과 같은 5개 주기(결혼 → 출산 및 육아 → 집중 양육 → 양육 완료 → 자녀 결혼 및 경제력 상실)를 통계적으로 재구성할 수 있다.

5) 여성의 경제활동참여 증대가 출산력에 어떤 영향을 미쳤는지에 관해서는 박경숙(2002)을 참조하기 바란다.

- 제1주기 : 여성의 결혼으로 시작되어 첫 자녀가 출생하기 이전까지의 가족의 형성 단계
- 제2주기 : 첫아이의 출산으로 시작되어 막내자녀가 2세가 될 때까지의 시기로 육아부담이 집중되는 단계
- 제3주기 : 막내자녀가 3세가 되는 때부터 초등학교를 졸업할 때까지의 자녀보육 단계
- 제4주기 : 막내자녀가 중학교에 입학하게 되면서 기혼여성의 보육부담이 완료되는 단계
- 제5주기 : 자녀의 결혼으로 새로운 가족 단위가 형성되고 이들을 중심으로 가구가 재편되는 단계

표 4-3은 「노동패널」 제5차년도(2002) 자료를 이용하여 위에서 정의된 구분방식에 따라 생애주기별로 가구의 특성 및 기혼여성 및 배우자의 경제활동상태를 살펴본 것이다. 기혼

|표 4-3| 여성의 생애주기별 가구의 특성 및 본인 · 배우자의 경제활동

구 분		1주기	2주기	3주기	4주기	5주기	전체
표본 가구의 특성	총기혼여성 수	160	413	1,020	2,430	388	4,411
	(구성비)	(3.6)	(9.4)	(23.1)	(55.1)	(8.8)	(100.0)
	총가구 수	134	387	964	2,430	–	3,915
	유(有)배우자 비율(%)	96.9	99.8	97.2	77.8	15.2	79.5
	여성가구주 비율(%)	15.0	5.8	2.5	22.3	0.0	13.9
	기혼여성의 평균연령	27.8	29.7	36.2	54.6	71.4	48.5
	배우자의 평균연령	31.0	32.8	39.2	56.3	65.3	47.8
	기혼여성의 평균교육연수	13.6	13.3	12.2	7.7	3.1	9.1
	배우자의 평균교육연수	14.2	13.8	13.0	10.3	7.5	11.6
	평균가구원 수	2.3	3.8	4.2	3.3	4.5	3.6
	부모와의 동거 비율(%)	1.5	5.9	9.8	8.4	0.0	8.3
	자녀 수	–	1.63	1.96	1.27	0.08	1.31
	0~2세 자녀 수	–	1.08	–	–	–	0.10
	3~6세 자녀 수	–	0.39	0.57	–	–	0.17
	7~12세 자녀 수	–	0.13	1.05	–	–	0.25
	가구의 월평균 소득(만 원)	225.4	231.1	271.8	201.9	256.5	226.5
기혼 여성의 경제활동 상태	취업자 비율(%)	54.4	25.9	50.6	46.2	11.9	42.6
	월평균 근로소득(만 원)	125.0	121.0	110.5	93.1	79.4	101.3
	평균 근로시간(주당)	48.4	49.7	49.2	53.6	55.6	52.0
	실업자 비율(%)	1.3	0.2	1.7	1.2	0.0	1.1
배우자의 경제활동 상태	취업자 비율(%)	89.3	93.9	93.1	71.0	34.0	80.2
	월평균 근로소득(만 원)	166.3	188.6	214.8	176.5	124.0	190.2
	평균 근로시간(주당)	53.0	55.3	56.7	54.2	53.1	55.1
	실업자 비율(%)	4.3	2.4	1.5	0.8	2.0	1.3

출처 : 한국노동연구원, 「노동패널」, 제5차년도(2002) 자료. 황수경(2004)에서 재인용.

여성의 경제활동상태는 생애주기별로 큰 차이를 보이는데, 1주기에서는 기혼여성 중 취업자가 54.4%를 차지하나 육아의 부담이 집중적으로 발생하는 2주기에 들어서면 25.9%로 급격하게 줄어든다. 영유아 자녀가 없어지는 3주기에 들어서면서 취업자 비율이 50.6%로 크게 증가하며 4주기에도 46% 수준을 유지한다. 그러나 자녀와 동거하는 5주기의 기혼여성은 11.9%만이 취업하는 것으로 나타난다. 배우자의 경우 3주기에 이르기까지 90%의 취업이 유지되고 있고 영유아 자녀가 있는 2주기에 들어 취업자 비율이 근소하게 증가하는 것과는 대조적이다. 2주기에 해당하는 기혼여성은 구직을 희망하는 비율도 매우 낮다(0.2%). 이는 육아 부담이 전적으로 여성에게 전가되어 여성의 경제활동참가를 원천적으로 어렵게 만든다는 것을 단적으로 보여 준다.

3주기에 해당되는 기혼여성에서는 실업자 비율이 특히 높다(1.7%)는 점이 특징적이다. 이 시기에 여성은 가사나 자녀양육의 부담으로부터 어느 정도 자유로워져 일자리를 다시 찾게 되지만, 현실적으로 자신의 조건에 맞는 일자리를 구하기가 쉽지 않아 실업상태에 머물 가능성이 높아진다. 그러나 일정 기간이 경과하도록 직장을 구하지 못하면 구직을 포기하고 다시 전업주부로 남게 될 것이며 이에 따라 실업률도 감소한다. 4주기의 기혼여성 중 실업자 비율이 1.2% 수준으로 다시 떨어지는 것은 이 같은 맥락에서 이해될 수 있다.

한편 기혼여성 취업자의 월평균 임금 및 근로소득은 1주기에 125만 원으로 가장 높고 주기가 올라갈수록 감소하는 패턴을 보인다. 주당 근로시간은 1주기에서 가장 짧은 48.4시간이고 2~3주기에 49시간대에 머무르다 3주기부터는 50시간을 웃돌고 있다. 배우자의 월평균 근로소득 및 근로시간이 3주기를 정점으로 증가하다가 4주기부터 완만하게 감소하는 것과 뚜렷하게 다른 양상이다. 이는 여성의 취업자 구성에서 1~2주기와 3~4주기 사이에 단절이 있을 가능성을 보여 주는 것이다. 즉, 1~2주기 사이에 비전문직을 중심으로 노동시장 이탈자가 상당수 발생하지만, 고숙련 경력직에 종사하는 여성은 2주기에도 노동시장에서 퇴장하지 않고 취업을 지속할 가능성이 높다. 이에 반해 3주기 이후에 다시 노동시장에 진입하는 여성은 판매 서비스직과 단순직을 중심으로 형성된 저숙련 비정규 고용으로 집중될 가능성이 높다.

2) 생애주기별 여성 노동공급 패턴의 국제비교

어느 국가를 막론하고 자녀양육 부담이 집중되는 시기에 여성들은 시장노동시간을 줄이고 가사노동에 더 많은 시간을 할애하게 된다. 정도 차는 있지만 대부분의 국가에서 이러한 현상을 관찰할 수 있다. 국가 간에 뚜렷한 차이를 보이는 것은, 자녀양육기에 경제활동

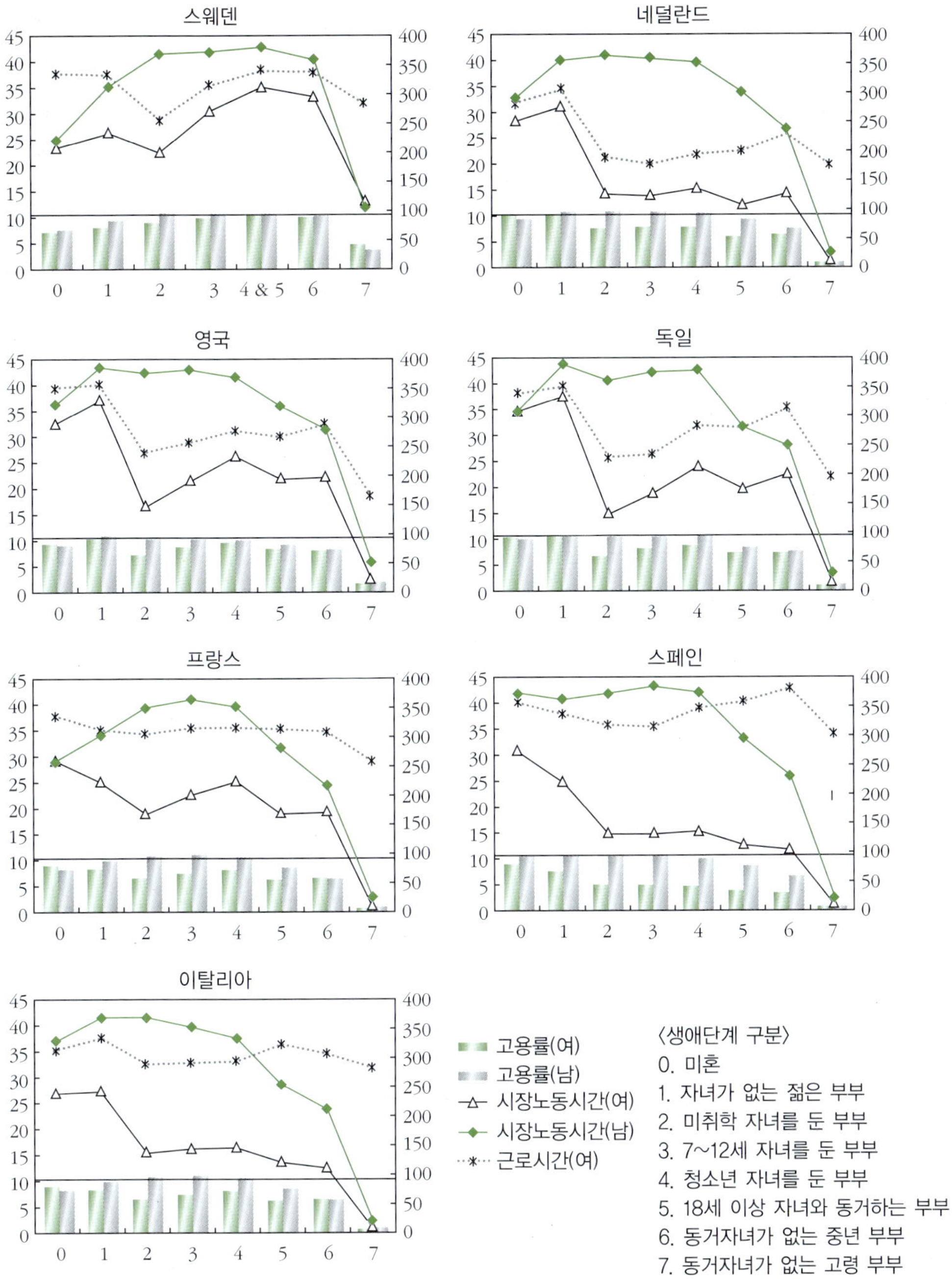

|그림 4-13| 유럽 국가의 생애단계별 시장노동시간, 취업자 근로시간 및 고용률

출처 : EU(2006), Working time options over the life course.

을 지속하는지 아니면 퇴출이 불가피한지, 그리고 양육부담이 줄어든 시기에 노동시장에 다시 복귀하는지, 복귀한다면 어떤 근로시간 형태를 취하는지 등이다. 각국은 사회 · 문화적 배경, 노동시장의 구조적 특성과 같은 사회구조 혹은 제도적 환경에 의해 여성의 시장노동과 가사노동의 배분방식, 취업시간 등에서 차이를 보이게 된다. 따라서 생애단계별 가사노동에 대한 수요 변화를 전제로 여성의 노동공급 특성 및 노동시장에서의 근로시간 레짐(regime)의 효과를 분석하는 단서를 발견할 수 있을 것이다.

그림 4-13은 유럽 7개국을 대상으로 가구를 생애주기로 유형화하여 각 단계별로 부부의 시장노동시간, 고용률, 취업자의 근로시간 등을 살펴본 것이다. 생애에 걸친 여성의 고용률과 시장노동시간 배분에서의 특징을 기초로 몇 가지 국가유형으로 구분해 볼 수 있다(EU, 2006; Anxo et al., 2007).

(1) 보편화된 2인소득자형(스웨덴)

여성의 시장노동시간이 배우자에 비해 상대적으로 짧다는 점은 다른 국가들과 유사하지만 여성 고용률은 전 생애에 걸쳐 배우자와 유사한 수준으로 높게 유지되고 있다. 다만 미취학 자녀가 있는 시기에 여성의 시장노동시간이 크게 줄어드는데, 이 시기의 여성들은 고용을 유지하면서 근로시간을 줄여 파트타임으로 근무하는 방식으로 시간제약을 극복한다.[6] 이후 자녀가 자라서 취학연령대에 들어서면 다시 파트타임에서 풀타임으로 전환하는 것이 보편적인 양상이다. 즉 스웨덴에서는 노동시장에 별도의 파트타임 고용이 존재하는 것이 아니라 풀타임으로 채용된 여성이 필요한 시기에 풀타임과 파트타임 간 전환을 통해 고용률이 유지되는 시스템이고, 따라서 노동시장 전체에서 파트타임 고용비중이 상대적으로 높지 않다. 노르웨이, 아이슬란드 등 대부분의 북유럽 국가들도 스웨덴과 유사한 특징을 보인다.

(2) 여성 파트타임형(네덜란드, 영국, 독일)

이들 국가에서 여성 고용률은 스웨덴보다는 낮지만 전 생애에 걸쳐 상대적으로 높은 수준을 유지한다. 미취학 자녀가 있는 시기에 여성의 시장노동시간은 큰 폭으로 감소하고 고용률도 낮아지지만 고용률 감소폭은 크지 않으며, 이 시기가 지나면서 고용률은 예전과 근접한 수준으로 회복된다. 그러나 기혼여성들은 노동시장에서 풀타임보다는 주로 파트타임 형태로 취업함으로써 이들 국가에서의 여성 파트타임 고용비중이 매우 높게 나타난다. 이

6) 스웨덴에서는 자녀가 8세가 될 때까지 부모 중 한쪽이 근무시간을 하루 6시간까지 줄일 수 있는 법적 권리가 보장되어 있다.

들 국가에서 여성은 시장노동보다는 가사노동에 상대적으로 많은 시간을 할애하도록 역할이 주어져 있으며 파트타임 활용에 의해 여성 고용률이 지지되고 있다. 특히 네덜란드의 경우는 이른바 파트타임 근로 모델(부부당 1.5인 취업)을 채택하여 1980~1990년대를 거치면서 여성 고용률을 크게 증가시키고 실업률을 3% 수준까지 낮추는 등 성공적인 노동시장 성과를 보였다.

(3) 약한 남성부양자형(프랑스)

프랑스는 유럽 국가들 가운데 상대적으로 낮은 고용률과 높은 파트타임 비중을 보이는 국가에 해당한다. 결혼과 함께 여성의 노동시장 이탈현상이 나타나기 시작하고 미취학자녀가 있는 시기에는 상당수 여성이 노동시장에서 이탈하여 고용률이 큰 폭으로 감소한다. 자녀가 성장함에 따라 일부 여성들이 노동시장에 복귀하지만 예전 수준에는 미치지 못한다. 영국, 독일 등과 달리 노동시장이 풀타임 고용 위주로 되어 있어 취업하는 여성들 대부분이 풀타임 고용 형태를 취하고 있다. 결국 가사노동 부담이 집중되는 시기에 근로시간을 줄여 근무하면서 고용을 유지하는 것이 용이하지 않기 때문에 노동시장을 완전히 이탈하는 현상이 나타나고, 이후에도 파트타임 고용 기회가 많지 않기 때문에 여성의 노동시장 복귀가 상대적으로 제약을 받는다.

(4) 풀타임-이탈 양자택일형(스페인, 이탈리아)

여성 고용률이 가장 낮고 미취학 자녀를 둔 시기에 여성의 노동시장 이탈이 현저하게 나타난다. 노동시장에서 한 번 이탈하게 되면 노동시장에 복귀할 가능성이 거의 없고 오히려 추가적인 이탈이 발생한다. 노동시장은 풀타임 고용을 근간으로 작동되고 있어 기혼여성은 가사부담이 증가하는 시점에서 풀타임 고용을 지속하든가 노동시장에서 이탈하든가 양자택일을 해야 하는 상황에 직면하게 된다. 즉 이들 국가는 남성은 시장노동, 여성은 가사노동으로 성역할이 가장 확연하게 구분되며, 그 결과 남성의 장시간노동과 여성의 낮은 경제활동참가로 특징지어진다.

(5) 시장주의적 2인소득자형(미국, 캐나다)

유럽 국가들과는 달리 미국이나 캐나다와 같은 국가에서는 여성 고용률이 생애에 걸쳐 매우 높고 안정적이지만 여성이 파트타임 고용보다는 줄곧 풀타임 고용으로 경제활동에 참여한다는 특징을 보여 준다(그림 4-14). 이들 국가에서는 노동시장에 대한 직접적인 정책 개입을 최소화하고 여성과 관련해서도 기회의 평등 정책의 입장을 취하고 있다. 자녀양

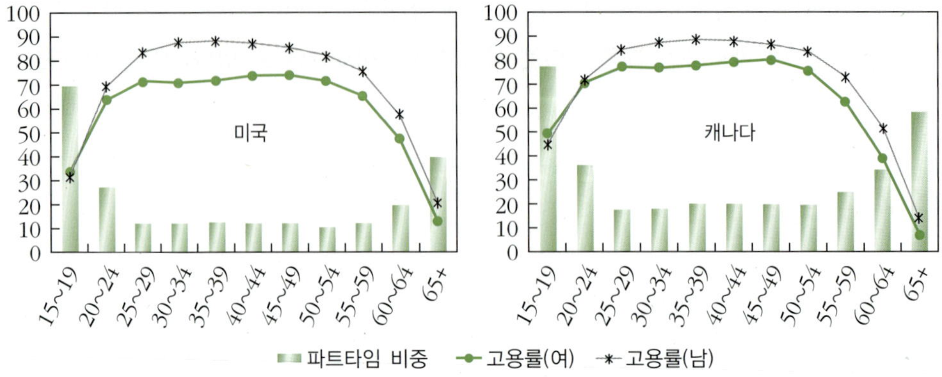

| 그림 4-14 | 미국, 캐나다의 연령대별 여성 파트타임비중과 고용률

출처 : OECD database on Labour Force Statistics(2009. 10).

육 부담을 부부가 공동으로 지고 있다는 점에서 스웨덴과는 다른 '시장주의적 2인소득자형' 으로 유형화할 수 있을 것이다.

이들 국가에서도 파트타임 및 유연근무제에 대한 수요가 증가하고 있으나, 성과를 중시하는 노동시장 특성상 근로자가 파트타임 고용을 이용하는 데는 현실적인 제약이 있는 것으로 보인다. 미국 근로자의 약 80%가 유연근무제를 희망하고 풀타임 근로자 중 20%가 파트타임 근무를 원하고 있는 것으로 파악되었다(Bond, Gallinsky, & Hill, 2004). 그러나 자신의 일에 부정적인 결과가 초래될 것을 우려하여 실제로는 파트타임 근무제를 이용하지 못하고 있는 것으로 조사되고 있다.

(6) 한국

그림 4-15는 생애단계별 분석틀을 이용하여 우리나라 여성과 남성의 시간 배분이 어떻게 이루어지고 있는지를 살펴본 것이다. 우리나라는 노동시장이 장시간 풀타임 고용 위주로 되어 있고 이로 인해 가사부담이 집중되는 시기에 여성이 노동시장에서 이탈을 강요받는다는 점에서는 스페인, 이탈리아와 매우 유사하다고 할 수 있다. 실제 여성 취업자의 근로시간은 이들 국가보다도 5~10시간 이상 길다. 그러나 자녀양육기가 지나면서 여성 고용률이 부분적으로 회복되고 있다는 점에서는 프랑스와 더 유사하다. 우리나라 여성의 경제활동참가 욕구는 상대적으로 높지만 노동시장 여건이 이를 충분히 뒷받침해 주지 못하고 있음을 시사한다.

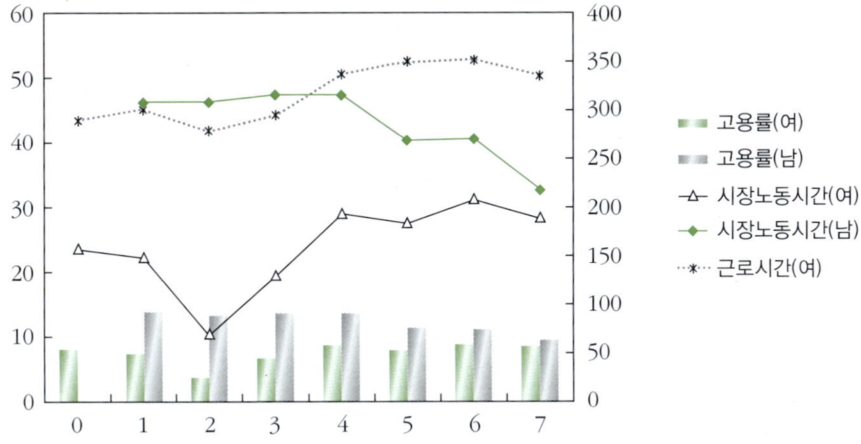

|그림 4-15| **우리나라의 생애단계별 시장노동시간, 취업자 근로시간 및 고용률**

출처 : 2008년 여성가족패널조사.

5 여성 고용률 제고를 위한 정책방향

우리 사회는 노동수요 측면에서는 고용창출 잠재력의 훼손, 노동공급 측면에서는 고령화 및 노동력 부족이라는 문제에 직면해 있다. 현재는 일자리 부족과 노동력 수급의 미스매치로 취업난이 문제가 되고 있으나, 급속한 저출산 및 고령화 추세로 2020년대부터 노동력 인구가 감소할 전망이다. 중장기적으로 여성 노동력의 활용도를 제고하는 것만이 근본적인 대안이 될 수 있다.

여성 고용률을 제고하기 위해서는 단시간근로 및 유연근무제와 같이 근로시간의 유연성 또는 재량성을 증대시킴으로써 일과 가정생활을 양립할 수 있는 일자리 유형이 더 많아질 필요가 있다. 예컨대 자녀양육 및 가사부담이 집중되는 시기에 처한 여성이 노동시장에서 근로시간을 조정하는 것이 가능하지 않다면 노동시장에서 이탈하는 선택을 하게 될 것이고, 이렇게 노동시장에서 이탈하게 되면 이후 재취업을 희망하더라도 취업이 쉽지 않고 주변적 일자리의 고용 기회만 주어질 가능성이 높다. 만약 노동시장 이탈 전의 일자리에서 파트타임 근로 및 유연근무제 활용이 가능하다면 여성이 양질의 일자리를 유지할 가능성이 증가하고 경력단절 가능성이 그만큼 줄어들 것이다.

현재 많은 국가들이 여성 고용률 증대와 저출산 극복을 동시에 모색해야 하는 당면과제

| 표 4-4 | 서구 국가에서의 여성 경제활동참가율, 파트타임 비중, 육아지원, 출산율(단위 : %)

국가	참가율	파트타임 비중	육아지원	출산율
스웨덴	77.7	19.0	4.0	1.6
덴마크	76.7	25.6	4.4	1.8
핀란드	73.2	14.9	1.5	1.7
영국	70.3	38.8	-0.9	1.7
네덜란드	69.4	59.7	0.3	1.7
미국	69.3	17.8	0.1	2.0
호주	69.0	40.7	-2.6	1.8
독일	68.5	39.2	-0.6	1.3
프랑스	63.9	22.9	1.7	1.9
스페인	61.1	21.4	-0.4	1.2
벨기에	58.9	34.7	1.2	1.7
이탈리아	50.8	29.4	0.4	1.3

* 주 : 1) 여성 경제활동참가율은 2006년 15~64세 기준, OECD Employment Outlook 2007.
2) 파트타임 비중은 2006년 취업자 중 파트타임 고용비중, OECD Employment Outlook 2007.
3) 육아지원은 육아지원의 적용범위와 모성급여보장을 지수화한 것으로 -5~5의 값을 가짐, Table 4.9, OECD Employment Outlook 2001.
4) 출산율은 2000~2005년 합계출산율, World Population Prospects, UN 2005.

출처 : Bosch et al.(2008)에서 재인용.

를 안고 있다. 이에 대한 정책대응의 관점에서, 출산휴가 및 공공보육시설 확충을 통한 양육부담 경감과 파트타임 고용 확대를 통한 일-가정 양립 지원이라는 두 가지 정책은 어느 정도 대체재적인 역할을 수행하는 것으로 알려져 있다.

표 4-4에 따르면, 스웨덴과 같은 북유럽 국가에서는 여성이 풀타임으로 근무하고 자녀양육 부담을 국가가 짐으로써 여성의 높은 경제활동참가율과 높은 출산율의 성과를 거두고 있는 반면, 네덜란드의 경우는 파트타임을 활성화하기 위한 법 · 제도 개편을 단행하고 적극적인 근로시간 유연화를 통해 여성의 일 · 가정 양립을 꾀하며 나름의 성과를 얻고 있다. 그러나 스페인, 이탈리아 등 풀타임 장시간노동이 지배적인 노동시장에서는 여성의 고용이 크게 제약을 받을 뿐만 아니라, 동시에 여성의 고용 확대에 따라 출산율이 저하되는 결과를 초래하고 있다.

우리나라에서 스웨덴, 미국 등과 같이 풀타임 고용을 위주로 하는 여성 고용 확대를 추구할지, 네덜란드 등 중부 유럽과 같이 단시간근로를 통한 여성 고용 확대를 추구할지는 중요한 정책적 선택의 문제이다. 그러나 우리나라의 경우 전형적인 남성부양자형 국가이며 여성이 육아 및 가사부담의 책임을 지고 있다는 현실을 감안할 때 단시간근로 및 재량근로의 확대가 효과적인 수단이 될 수 있을 것으로 판단된다.

우리나라에서 단시간근로 및 유연근무제를 확대하는 데는 이들 고용 형태에 대한 부정적인 인식이 광범위하게 존재한다는 점이 최대의 걸림돌이다. 노동계 및 여성계에서는 단시간근로 확대나 근로시간의 유연성 확대가 비정규직을 양산할 수 있다는 점에서 부정적인 견해를 표명하고 있으며, 기업들은 풀타임 남성중심의 고용관행에 익숙해 있어 근로시간의 재량성을 증대시키거나 파트타임 고용을 활용하는 인사관리 및 고용관리에 미숙하고, 더 나아가 고정비용 증가에 따른 인건비 상승, 업무의 연속성 결여와 같은 부정적 파급효과를 우려한다.

그럼에도 불구하고 정부는 근로시간을 줄이고 재량성을 높이는 방향으로 적극적인 정책적 노력을 강구할 필요가 있다. 급속한 기술 변화에 따른 전문인력 수요에의 신속한 대처, 여성 인력의 효율적 배치 및 활용, 중고령자의 단계적 퇴직방안 등 새로운 관점에서 접근한다면, 단시간근로 및 유연근무제에 대한 정책적 지원의 필요성은 충분히 사회적 공감을 얻을 수 있을 것으로 보인다.

그러나 정부가 적극적인 정책의지를 갖고 있다고 하더라도 궁극적으로 단시간근로 및 다양한 근무 형태의 일자리를 만드는 주체는 정부가 아닌 시장이므로, 단시간근로 및 다양한 근무 형태의 일자리가 확산되도록 하기 위해서는 시장 주체들의 우려를 불식시키기 위한 노력을 병행하면서 변화방향으로의 인센티브를 갖도록 정책을 설계하는 것이 중요할 것이다.

참/고/문/헌

공세권(1995), 「가족의 본질과 이론적 접근」, 『간호학탐구』, 연세대학교 간호정책연구소, 제4권 제2호: pp. 18-37.

김혜원 외(2007), 『가족친화적 고용정책의 기업 수용성 연구』, 보건사회연구원.

박경숙(2002), 「한국여성의 생애: M자형 취업곡선과 저출산력에의 함의」, 한국여성개발원 · 한국인구학회, 여성의 생애와 취업 세미나 발표논문집, pp. 159-186.

어수봉(1991), 『한국의 여성노동시장』, 한국노동연구원.

이현송(1996), 「가족의 생애주기와 기혼여성의 경제활동」, 한국사회학회.

최강식 · 정진화(1997), 『여성 잠재인력의 활용방안』, 한국노동연구원.

통계청, 「경제활동인구조사」 각 연도.

통계청, 『인구동태통계연보』, 2002.

한국노동연구원, 『한국노동패널』, 제5차년도 자료, 2002.

한국보건사회연구원, 『전국 출산력 및 가족보건실태조사』, 2001.

한국여성정책연구원, 2008년 여성가족패널조사.

황수경(2002), 『여성의 직업선택과 고용구조』, 한국노동연구원.

황수경(2004), 『단시간 근로와 여성인력 활용방안』, 한국노동연구원.

황수경(2009), 「생애단계별 여성의 시간 배분과 노동공급」, 여성가족패널 학술대회 발표자료.

Anxo et al. (2007), "Patterns of labour market integration in Europe—a life course perspective on time policies," *Socio-Economic Review*, Vol. 5, No. 2, pp. 233-233.

Bond, J. T., Galinsky, E. & Hill, E. J. (2004), "Summary of family and work institute research findings," *When Work Works*, Families and Work Institute.

Bosch, N., A. Deelen, & R. Euwals (2008), Is part-time employment here to stay? CPB Discussion Paper, No. 100, CPB Netherlands Bureau for Economic Policy Analysis.

EU (2006), Working time and WLB in European companies.

EU (2006), Working time options over the life course.

EU (2006), Working time options over the life course: New work patterns and company strategies.

Humphries, J. (1998), "Towards a family-friendly economics," *New Political Economy*, 3(2), pp. 223-251.

OECD (1999), "Recent Labour Market Developments and Prospects-Special focus on the quality of part-time jobs," *Employment Outlook 1999*, in *OECD Empolyment Outlook*.

OECD (2002), Employment Outlook, 2002.

OECD (2007), Babies and Bosses-Reconciling Work and Family Life.

Salverda, W. (1998), "Is there more to the Dutch miracle than a lot of part-time jobs?," AIAS, Univ. of Amsterdam, NL.

van Lomwel, G. & J. C. van Ours (2003), On the Employment Effects of Part-Time Labor,

Center Applied Research, No. 2003-04.
Yu, L. C., Wang, M. Q., Kaltreider, L. & Y. Chien (1993), "The Impact of Family Migration and Family Life Cycle on the Employment Status of Married, College-educated Women," *Work and Occupations* 20(2): pp. 233-246.

CHAPTER 05

여성 노동공급의 분석 : 이론적 논의

황 수 경

앞의 제4장에서 살펴본 여성 노동공급의 특징을 야기하는 원인들과 다양한 정책들의 효과를 살펴보기 위해서는 적절한 이론적 분석틀이 필요하다. 여기서는 여성의 노동공급과 관련된 이론적 논의를 중심으로 경제학적 분석방법을 소개하고자 한다.

이 장을 충분히 이해하기 위해서는 미시경제학의 한계효용이론, 모형의 기본가정, 수학적 도식화, 최적화 과정 및 최적해와 같은 어느 정도의 미시경제학적 기초지식이 요구된다. 여성 노동공급에 관한 이론적 논의에 관심이 있는 독자라면 심화과정으로 생각하면 좋을 것이나, 여성 노동공급에 관한 이해를 주목적으로 하는 일반 독자라면 이 장을 건너뛰어도 좋다.

1 여성 노동공급의 특수성

일반적으로 여성의 경제활동참가율은 남성의 경제활동참가율에 비해 낮다. 이는 여성이 노동시장에 상대적으로 덜 나온다는 것을 의미한다. 신고전학파의 노동공급이론에서 개인의 노동공급은 기본적으로 여가와 (노동으로부터 얻는) 소득의 상대적 가치에 의해 결정되는 것으로 파악해 왔다. 그렇다면 여성은 남성에 비해 여가를 더 선호하는 선호체계를 가지고 있는가? 이러한 가설을 받아들인다면 미혼남녀에서도 유사한 차이가 나타나야 할 텐데 실제 미혼남녀의 노동공급 행태는 매우 유사하며 기혼여성에서만 뚜렷한 차이를 보인다. 따라서 좀 더 일관되고 설득력 있는 설명이 필요하다.

여성 노동공급의 특수성은 가족 내에서 여성이 담당하는 역할로부터 기인한다. 여성은 가족 내에서 자녀양육 및 가사노동의 일차적인 책임을 지는 것이 보통이며 바로 이 점이 여성과 남성의 노동공급 행태에서 결정적인 차이를 만들어 낸다. 즉 개인에게 주어진 시간을 가사노동과 시장노동 사이에 배분하는 결정에서 여성은 가사노동을 고려하여 남성에 비해 더 적은 시간만을 시장노동에 할애하게 되는 것이다. 이러한 시각은 Becker가 '가족경제학(Family Economics)'을 주창한 이래 보편적으로 받아들여지고 있다.

이러한 시각이 정립되는 데 현저한 역할을 한 이론이 Becker의 시간 배분 이론(theory of time allocation)과 Gronau의 가계생산 이론(theory of household production)이다. 두 이론에 의해서 여성의 가사활동을 가정재를 생산하는 비시장노동(non-market work)으로, 그리고 가정재 생산에 소요되는 시간을 여가와 분리하여 명시적으로 고려하는 노동공급 모형을 구성하게 되었다.

그 후 이러한 모형에 토대를 두고 여성 노동공급 패턴과 특성을 분석하는 연구들이 진행되었다. Mincer와 Polachek(1974)은 자녀양육이나 가사부담으로 인해 여성의 경제활동참여 패턴이 남성과 달리 가족주기별로 달라질 수 있다는 생애주기 모형을 제시하였다. 더 나아가 Polachek(1981)은 자녀양육 및 가사부담이 특정 시기에 집중되는 경향 때문에 여성은 노동시장에서 경력단절을 경험할 가능성이 크고, 따라서 여성들은 경력단절로 인한 페널티가 적은 직업을 선택하게 된다고 설명하여 성별 직종분리(occupation sex segregation) 현상에 대한 이론적 논거를 제공하였다. 한편 Heckman(1974)은 자녀양육 및 가사부담이 여성의 의중임금(시간의 잠재가치)을 높여 경제활동참가 확률을 낮춘다는 점을 고려하여 여성의 노동공급함수를 추정하는 실증분석 모형을 발전시켰다.

신고전학파의 분석방법론에 동의하지 않는 사람이라 하더라도 출산, 자녀양육 및 가사노동 부담이 여성의 노동공급에 지대한 영향을 미치고 있음을 부인할 수 없다. 여성의 노동공급 분석에는 이러한 여성의 특수성이 충분히 고려될 필요가 있다.

2 여성 노동공급의 분석모형

1) 기본모형 : 소비 – 여가의 선택모형

가장 기본적인 신고전파 노동공급 모형으로부터 논의를 시작해 보자.

개인의 효용은 소비(c)와 여가(l)라는 두 재화의 취득에 의해 결정된다고 가정된다. 즉 소비가 증가하거나 여가가 증가함에 따라 효용수준이 증가하는데 개인은 자신의 자원을 소비와 여가에 적절하게 배분함으로써 효용을 극대화시킨다.

여기서 소비 c는 모든 필요한 물품을 한데 묶은 일종의 복합재로 이해하면 된다. 소비를 위해서는 소득이나 자산과 같은 금전적 자원이 필요한데, 개인이 보유하고 있는 자산을 y라 하고 h의 시간이 소요되는 시장노동을 통해 얻는 임금소득을 wh라고 하면 소비는 $c \leq y+wh$의 조건에 의해 제약을 받는다. 별도의 자산이 없다면 당연히 시장노동이 소비를 가능하게 하는 원천이다.

여가 l은 노동에 사용되지 않는 모든 개인적인 시간을 의미한다.[1] 개인이 사용할 수 있

---

1) 이 모형에서 '여가(leisure)'는 시장노동에 쓰이지 않은 모든 시간을 의미하므로 휴식과 같은 순수 여가 이외에 가사노동도 포함하는 개념이다. '여가'에서 비지불 노동(unpaid work), 즉 가사노동(household work)을 따로 떼어 명시적으로 고려하는 모형은 뒤에서 검토될 것이다.

는 시간의 총량, 즉 하루 24시간을 1로 표준화하면 $l=1-h$의 항등관계가 성립한다. 따라서 노동시간이 증가하면 동일한 만큼 여가시간이 줄어들게 된다.

개인의 효용함수를 소비 c와 여가 l의 함수로 표시하고 소비는 (소득의 원천으로서의) 노동시간에 의해 결정되므로 효용함수는 다음과 같이 쓸 수 있다.

$$U[c(h),\ h] = S \tag{5-1}$$

여기서 S는 $c(h)$와 h를 취득함으로써 얻을 수 있는 효용수준을 의미한다. 이때 최적노동시간의 결정은 다음의 관계식으로 집약될 수 있다.

$$\begin{aligned} &\max_{h,\,c} U(c,\ h) \\ &\quad s.t.\ \ \text{i)}\ c \le y + wh \\ &\qquad\quad \text{ii)}\ c \ge 0,\ h \in [0,\ 1] \end{aligned} \tag{5-2}$$

식 5-2에서 첫 번째 제약식은 예산제약(budget constraint)을 의미하고, 두 번째 제약식은 소비의 비음(non-negative) 조건과 시간제약(time constraint)을 의미한다. 위의 식을 풀면 효용극대화의 해는 다음과 같은 관계식으로 표현될 수 있다.

$$-\frac{U_h(c\ ,\ h^s)}{U_c(c\ ,\ h^s)} = w \tag{5-3}$$

여기서 $(c\ ,\ h^s)$가 최적해, 즉 최적소비량과 최적노동시간의 소비묶음을 의미한다. 그림 5-1은 식 5-3이 도출되는 과정을 묘사한 것이다.

이때 최적노동시간 h^s는 자산 y와 임금 w에 의해 고유하게 결정되며, 다음과 같은 노동공급함수로 표현될 수 있다.

$$h^s = h^s(w,\ y) \tag{5-4}$$

자산소득 y가 증가하면 여가가 정상재이기 때문에 소득효과(income effect)에 의해 여가를 증가시키려 하고 따라서 노동공급이 줄어든다. 그러나 시장임금 w가 변동하는 경우에는 소득효과와 대체효과(substitution effect)가 동시에 발생하기 때문에 노동공급이 줄어들지 늘어날지 선험적으로는 알 수가 없다.

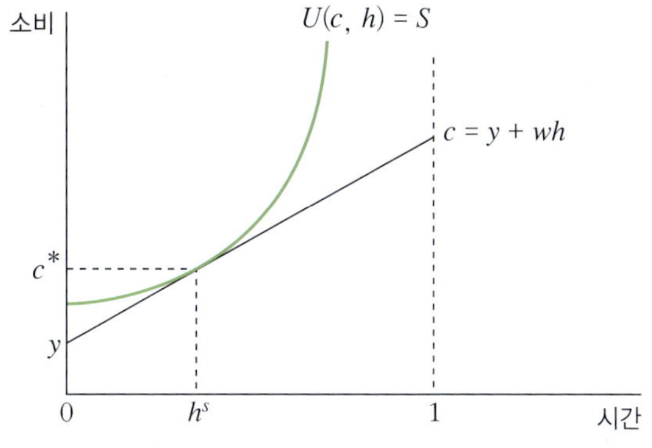

|그림 5-1| 노동공급의 결정

그림 5-2는 시장임금이 상승했을 때 노동공급에서의 소득효과와 대체효과가 발생하는 메커니즘을 보여 준다. 임금이 w_1에서 w_2로 상승하면 대체효과에 의해 노동시간이 h_1에서 h_2로 증가하지만 소득효과에 의해 다시 노동시간은 h_2에서 h_3으로 감소한다. 그러나 h_3은 선호체계에 따라 초기균형 h_1보다 클 수도 있고 작을 수도 있다.

일반적으로 임금이 낮은 구간에서는 대체효과가 우세하여 임금이 상승함에 따라 노동공급이 증가하고 반대로 임금이 높은 구간에서는 소득효과가 지배적이어서 임금이 상승함에 따라 노동공급이 감소하는 것으로 알려져 있다. 이는 후방굴절형 노동공급곡선(backward bending labor supply curve)이라고 한다(Killingsworth, 1983).

다음으로 시장임금 수준이 충분히 낮아 모서리해(corner solution)가 발생하는 경우를 고려해 보자. 즉 예산선의 기울기가 완만해져 노동시간이 0인 점에서 무차별곡선과 만나

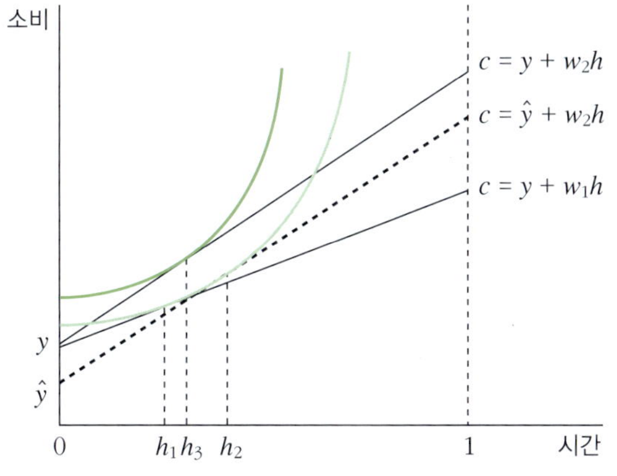

|그림 5-2| 노동공급의 소득효과와 대체효과

게 되는 경우를 의미한다. 이 경우 개인은 일을 전혀 하지 않고 자산만으로 소비를 하게 된다. 이때 예산선의 기울기인 임금수준 w^*은 개인이 노동공급을 할지 말지를 선택하는 기준이 되는데, 개인의 여가시간에 대한 주관적인 기회비용이라는 의미에서 여가시간에 대한 잠재가격(shadow price) 혹은 의중임금(reservation wage)이라 불린다(Heckman, 1974). 여성의 경우 가사부담, 출산 및 육아 등으로 여가시간의 기회비용이 높기 때문에 모서리해가 나타날 확률이 증가할 것이다. 이는 남성과 여성의 경제활동참가율 격차에 대한 설명을 제공해 준다.

또한 위 모형을 이용하여 기혼여성의 노동공급 결정에서 남편의 소득이 미치는 효과를 분석할 수 있다. 남편의 소득은 여성의 입장에서 보면 일종의 추가적인 자산소득으로 간주될 수 있는데, 이 경우 여성의 예산제약에 포함되는 자산수준은 원래의 자산 y에 남편 소득($y^h = wh^h$)만큼 더해진 $y' = y + y^h$가 되며, 이는 그림 5-2에서 예산선을 y^h만큼 상향이동한 것과 동일하다. 배우자의 소득은 여성에게는 노동소득 이외의 소득이기 때문에 두 재화의 상대가격 변화 없이 소득효과만을 발생시키며, 따라서 배우자의 소득이 증가하면 여성의 노동공급은 줄어들게 될 것이다.[2)]

이처럼 기본적인 개인의 소비-여가 선택모형으로부터도 여성 노동공급의 특징을 도출할 수 있다.[3)]

2) 가계생산을 고려한 여성의 노동공급

지금까지는 시간 배분에서 '(시장)노동'과 '여가'의 두 가지 요소만을 고려하는 가장 기본적인 노동공급 모형을 살펴보았다. 여성의 노동공급에 대해서 일정한 함의를 제공하기도 하지만 기본적으로는 남성의 노동공급 분석에 적합한 모형이다.

여성의 노동공급을 분석할 때는 가사노동에 대한 시간 투입이라는 여성 특유의 제약을 모형에 반영하지 않으면 안 된다. 그렇다면 여기서는 '여가'를 '가사노동'과 순수한 '여가'로 구분하여 기혼여성의 가사노동이 노동공급에 미치는 효과를 명시적으로 고려하는 모형을 살펴보자.

가사노동은 가족의 효용증대에 필요한 재화, 즉 가정재를 생산하는 행위이며 일반적인

---

2) 일반적으로 남성의 노동공급 결정에는 부인의 노동소득이 고려되지 않는다.

3) 여기서 논의된 '개인효용-개인예산제약' 모형과 달리 가족구성원의 노동공급이 가족 전체의 효용을 극대화하는 지점에서 결정된다고 가정하는 '가족효용-가족예산제약' 모형(Samuelson, 1956; Kosters, 1966)에서도 기본모형과 거의 유사한 함의를 도출할 수 있다.

생산이론 개념을 채용하여 가계생산(household production)에 투입되는 노동으로 파악할 수 있다. 가계생산 모형은 Gronau(1973, 1977)에 의해서 정식화되었다.

Gronau가 제안한 가계생산 모형에서 고려하는 기본 가정들을 요약하면 다음과 같다.

① 소비할 재화는 가족 내에서 직접 만들어지거나 아니면 일정한 시간을 노동시장에 제공하여 벌어들인 소득으로 재화시장에서 구매할 수 있다.

② 개인은 일정한 기술을 이용하여 가사노동을 재화(가정재)로 변환시킨다. 가계생산함수는 $c_d = F(h_d)$로 나타낼 수 있는데, 여기서 h_d는 가사노동시간이다. 가계생산함수 $F(\cdot)$도 통상의 생산함수가 갖는 기본 가정을 충족시킨다($F(0) = 0$, $F' > 0$, $F'' < 0$).

③ 시장임금 w가 주어진 상태에서 시장노동은 $c_m = wh_m$의 소비를 가능하게 한다(즉 별도의 보유자산은 없다).

④ 따라서 총소비는 $c^* = c_d + c_m$, 총노동시간은 $h^* = h_d + h_m$이고, 여가는 $l = 1 - (h_d + h_m) = (1 - h^*)$이 된다.

⑤ 앞서 논의된 기본 모형에서와 같이 재화와 여가는 각각 동질적(homogeneous)이라고 가정된다.

이상의 가정을 전제로 개인의 노동공급 결정은 다음과 같은 효용극대화 문제로 표현할 수 있다.

$$\max_{h_d,\, h_m} U(c^*, h_d + h_m) \qquad \text{(5-5)}$$
$$s.t.\ c^* \le F(h_d) + wh_m$$

여기서 제약식은 개인의 소비는 반드시 가계생산을 통해 만들어지거나 시장노동을 통해 얻는 소득 범위에서 구입되어야 함을 의미한다.

위의 최적화 문제에서 효용극대화 1계조건(first-order condition)은 다음과 같이 구할 수 있다.

$$\text{i) } F'(h_d) = w \qquad \text{(5-6)}$$

$$\text{ii) } MRS = \left(\frac{dc}{dh}\right)_{U=S} = -\frac{U_h}{U_c} = w \qquad \text{(5-7)}$$

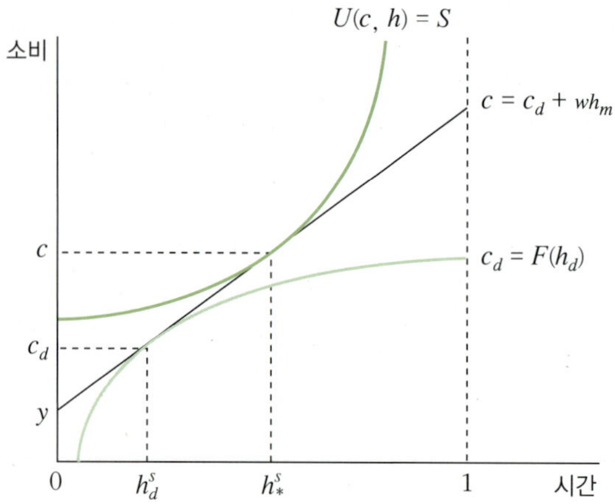

|그림 5-3| 가계생산과 최적노동시간의 결정

식 5-6은 h_d^s를 정의하고 식 5-7은 총노동시간 h^s를 정의한다. 이로부터 시장노동공급이 결정된다(즉 $h_m^s = h^s - h_d^s$). 이 모형에서 최적해의 도출과정은 그림 5-3과 같이 묘사될 수 있다.

여성이 가계생산을 담당하는 경우 여성은 h_d^s만큼의 가사노동을 수행하여 c_d의 소비에 기여하고 난 후 $h_m^s(=h^s - h_d^s)$만큼의 시간을 시장노동에 투입하는 결정을 하게 된다. 따라서 가계생산을 고려할 필요가 없는 남성에 비해 시장노동 투입시간이 그만큼 적어진다.

Gronau의 가계생산함수 모형으로부터 여성의 노동공급과 관련해 다음과 같은 시사점을 얻을 수 있다.

첫째, 가사노동의 부담을 지지 않는 남성은 시장임금이 상승할 때 여가와 시장노동 간의 대체관계만 존재하지만, 여성의 경우 여기에 가계생산에서의 가사노동과 시장노동 간의 대체관계가 추가적으로 고려되어야 하기 때문에 노동공급 탄력성이 남성에 비해 크다.

둘째, 기술진보로 가계생산기술이 발전하면 가사노동에 적은 시간만을 할애해도 되므로 시장노동으로의 유인이 증가한다. 이는 최근에 올수록 여성의 경제활동이 증가하는 현상을 잘 설명해 준다.

셋째, 경제가 서비스화되면서 시장 서비스 부문이 확대되고 다양화되면 기존에 가계생산에 의존하던 가정재, 예컨대 가사노동 및 돌봄 서비스 등도 시장 서비스로 대체될 가능성이 증가하고 이 과정에서 여성의 노동공급이 증가할 것이다.

3) 부부간 노동공급의 결정

지금까지 우리는 가족 단위에서 최적의 가정재 소비라고 하는 공동체적 효용함수를 암묵적으로 가정하였다. 그러나 이러한 공동선호 모형에서는 가족 단위의 최적화가 이루어지는 것일 뿐 개인 단위의 최적화가 이루어지는 것은 아니다. 가족구성원이 서로 다른 이해를 가질 수 있고 각기 자신의 효용을 극대화하기 위해 가족 내에서의 분배를 두고 경합할 수 있다는 점이 고려될 필요가 있다. 이러한 관점에서 부부간 노동공급 결정을 교섭이론(bargaining theory)이나 게임이론(game theory)의 틀에서 분석하기도 한다.

가장 단순하게 생각하여 가족의 자산과 소비는 가족구성원 전체가 공유하지만 개인의 시간 배분(즉 노동공급)은 각자의 효용을 극대화하는 방식으로 이루어진다고 가정해 보자.[4] 이 경우 남편과 부인의 노동공급함수는 쌍방독점 모형에서의 반응곡선처럼 묘사될 수 있다(그림 5-4 참조).

이때의 부부간 의사결정 조정을 협조적 게임으로 간주하고 내쉬균형(Nash equilibrium)으로 도출할 수 있다. 부부간에 상대적으로 협상력이 우위에 있는 사람이 자신에게 더 유리한 선택을 가져올 것이다(Manser & Brown, 1980; McElroy & Horney, 1981).

이러한 관점은 부부의 시간 배분 혹은 노동공급 결정이 어떤 형태로든 서로 영향을 미치며 함께 결정된다고 보아야 함을 강조하는 것이다. 배우자 간 교섭력의 차이를 반영한 의사결정을 분석하고자 할 때 유용한 분석틀을 제공한다.

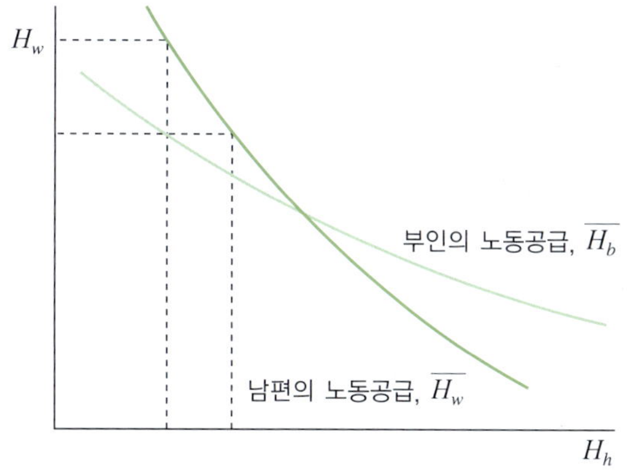

|그림 5-4| 부부의 노동공급 결정에 관한 교섭모형

4) 이는 가족예산제약하에서 개인효용을 극대화하는 모형으로, Leuthold(1968), Ashworth와 Ulph(1981)에 의해서 사용되었다.

3 여성 노동공급 분석의 확장

앞서 논의된 여성의 노동공급 모형은 이론적 · 실증적 측면에서 다양한 방식으로 외연을 확대해 왔다. Heckman(1974), Mroz(1987) 등은 여성의 노동공급함수 추정 시 경제활동 참가 결정과 근로시간 결정의 내생성에 초점을 맞추어 선택편의(selection bias)를 통제하는 분석방법을 제시하였다. Cogan(1980, 1981), Moffitt(1982), Zabel(1993) 등은 노동시장에 다양한 근로시간제약이 존재하여 여성의 노동공급이 제약을 받을 수 있음을 논의하였으며, Rosenzweig와 Wolpin(1980), Blau와 Robins(1988), Connelly(1992) 등은 가계생산 모형을 이용해 자녀보육이 여성의 노동공급에 미치는 효과를 이론적 · 실증적으로 분석하였다.

1) 여성 노동공급함수의 추정

여성의 경우 남성과는 달리 가족의 필요에 민감하게 영향을 받고 이로 인해 아예 경제활동을 하지 않는 기혼여성들이 많다. 그 결과 노동시장에 나와 있는 여성들이 보이는 특성은 전체 여성을 대표한다고 볼 수 없고, 따라서 여성의 노동공급함수 추정 시에는 이러한 표본선택(sample selection)의 특성을 반영할 필요가 있다.

Heckman(1974)은 신고전파 노동공급 모형인 여가-소비 선택모형에 의중임금의 개념을 처음으로 도입하였다. 이에 따르면, 개인의 노동공급 결정은 노동시장에서 받을 수 있는 임금(시장임금)과 자신이 생각하는 시간의 잠재가치(의중임금)를 비교하여 시장임금이 의중임금보다 클 때에 한해서 노동시장 참여를 결정하게 된다.

여가-소비 선택모형에 필요한 일반적인 가정들을 전제하고 효용극대화 문제를 풀면 여성의 의중임금 W^*은 다음과 같은 함수로 나타낼 수 있다.

$$W^* = g(h, A, W_m, P, Z) \qquad (5\text{-}8)$$

여기서 h는 시장노동시간이고 A는 가구의 자산, W_m은 배우자의 임금, P는 재화의 가격, 그리고 Z는 자녀 수, 가족구성원의 수, 가계생산기술의 상태 등 여성의 노동공급 결정에 영향을 미치는 요인들이다.

개인이 근로시간을 자유롭게 조정할 수 있다면 자신의 시장임금이 W일 때 균형조건은

$W = W^* |_{h=h^*}$가 될 것이다.

취업을 선택한 여성은 내부해를 갖는 경우이므로 균형조건이 그대로 성립한다.

$$\text{취업} : W = W^* |_{h=h^*} > W^* |_{h=0} \quad (5\text{-}9)$$

그러나 취업을 선택하지 않은 여성은 다음과 같은 관계가 성립할 것이다.

$$\text{미취업} : W < W^* |_{h=0} \quad (5\text{-}10)$$

그림 5-5는 취업한 여성(내부해)과 취업하지 않은 여성(모서리해)의 근로시간 결정에 작용하는 효용극대화 과정을 보여 준다.

다음으로, 모형을 추정하기 위해 의중임금과 시장임금에 다음과 같은 함수 형태를 가정하자.

$$\text{의중임금} : w^* = \beta h + \theta Y + \epsilon \quad (5\text{-}11)$$

$$\text{시장임금} : w = \delta S + \mu \quad (5\text{-}12)$$

여기서 w^*와 w는 각각 의중임금과 시장임금의 로그값을 나타내며, h는 시장노동시간, Y

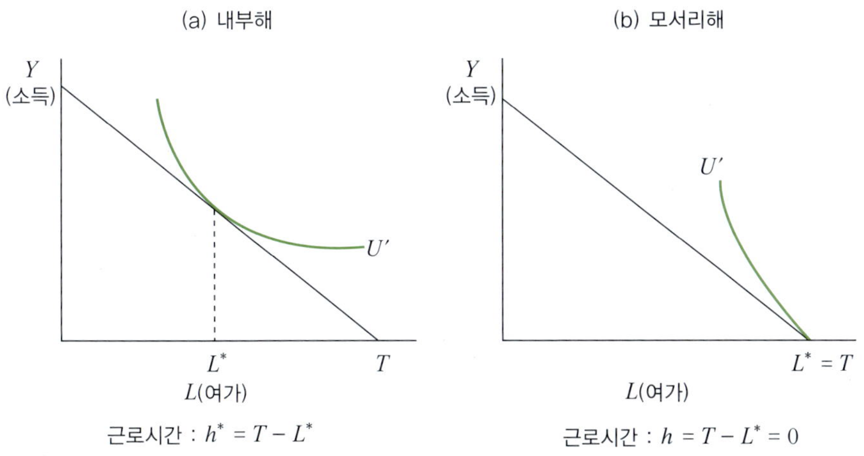

|그림 5-5| 여가-소비 선택모형에서의 근로시간 결정

는 앞서 언급한 여성의 노동공급 결정에 영향을 미치는 요인들, S는 교육 수준, 노동시장 경력 등과 같이 생산성에 직접 영향을 주는 요인들을 의미한다. ϵ와 μ는 오차항으로 결합정규분포(jointly normally distribution)를 가정한다.

취업한 여성들에 대해서는 식 5-9의 관계가 성립하므로 식 5-11과 5-12를 결합하여 다음과 같은 근로시간방정식과 임금방정식을 도출할 수 있다.

$$\text{근로시간} : h = \frac{1}{\beta}(\delta S - \theta Y) + \frac{\mu - \epsilon}{\beta} \quad (5\text{-}13)$$

$$\text{임금} : w = \delta S + \mu \quad (5\text{-}14)$$

한편, 오차항 ϵ와 μ가 상호독립적이지 않기 때문에 통상의 회귀분석으로 추정 시 계수 추정치에 선택편의가 발생하게 된다. Heckman은 위 식을 추정하기 위해 2단계 추정법(two-stage estimation)을 제안하였다. 첫 번째 단계에서 개인의 취업확률을 구하고 두 번째 단계에서 이 취업확률을 고려한 근로시간 및 임금방정식을 추정하는 것이다.[5)]

Heckman은 여성의 경우 자녀양육과 가사노동 부담으로 시간의 기회비용, 즉 의중임금이 높기 때문에 내부해가 아닌 모서리해가 나타날 확률이 크고 그로 인해 남성과는 달리 노동공급량의 결정에 경제활동 참여 결정이 반드시 함께 고려되어야 함을 강조한 것이다.

2) 근로시간제약과 여성의 노동공급

지금까지 논의된 노동공급 분석에서는 개인이 근로시간을 '자유롭게' 선택할 수 있다고 암묵적으로 가정하고 노동공급균형을 도출하고 있다. 즉 연속적인 예산선이 상정되고 개인의 효용극대화에 따라 접점균형(내부해)이 성립하면 개인은 노동시장에서 정확히 균형점에서의 근로시간만큼 일할 수 있다고 간주된다. 의중임금이 높아 모서리해가 성립하는 경우라면 개인은 0의 노동시간, 즉 경제활동에 전혀 참가하지 않게 될 것이다(그림 5-5 참조).

그러나 실제 대부분의 일자리는 근로시간이 정해져 있어서 개인의 선택폭은 매우 제한적이다. 개인이 근로시간을 자유롭게 선택하여 노동공급을 결정할 수 있다는 가정은 지나치게 비현실적이며, 특히 여성의 노동공급을 이해하는 데 심각한 오류를 야기할 수 있다.

노동시장에 근로시간제약이 발생하는 원인은 다양하다. 기업 입장에서 보면 근로자를

5) Heckman의 2단계 추정법의 구체적인 내용에 대해서는 다른 계량경제학 교과서를 참조하기 바란다.

채용하는 데 고정비용이 소요되기 때문에 일정 근로시간 이하로 일하는 근로자를 채용하길 꺼리며, 그 결과 노동시장에는 파트타임 일자리보다는 풀타임 일자리가 더 많이 제공된다. 근로자들이 다 함께 작업해야 하는 경우도 모든 근로자가 동일한 시간을 정해 놓고 작업을 하게 되므로 역시 근로시간제약이 발생할 수 있다. 근로자 입장에서도 유사한 제약이 발생할 수 있는데, 예컨대 통근시간과 같이 노동시장 진입에 고정(시간)비용이 소요되어 일정 시간 이상으로 일하는 것이 효율적이라고 판단할 수 있다.

이처럼 다양한 이유들로 인해 현실에서 근로시간 옵션은 제한적이고 주로는 일정 시간 이상 일하는 일자리가 편중되어 나타난다. 개인은 얼마만큼의 시간을 일할 것인가를 결정한다기보다 근로시간이 정해진 일자리에서 일을 할 것인지의 여부를 결정하게 된다. 이러한 상황은 최소근로시간제약(minimum-hour constraint) 또는 고정근로시간제약(fixed-hour constraint)의 문제로 다루어진다. 최소근로시간제약이나 고정근로시간제약은 예산선이 일정 구간에 한정된다는 것과 유사한 의미이다.

최소근로시간제약의 존재는 기혼여성의 경제활동참가에 결정적인 영향을 미칠 것이다. 기혼여성의 경우에는 가사노동에의 시간 배분으로 인해 희망하는 근로시간이 남성보다 적고 이로 인해 정해진 효용극대화에 따른 공급균형이 최소근로시간제약을 벗어날 개연성이 높기 때문이다.

이러한 과정을 최소근로시간제약이 있을 때의 노동공급 결정의 분석틀을 이용해 살펴보자. 최소근로시간제약이 있을 경우 개인에게 제공된 근로시간과 개인이 희망하는 근로시간이 일치하지 않을 수 있기 때문에, 단시간근로를 원하는 개인은 노동시장에서 요구되는 최소근로시간만큼 일하는 것이 전혀 일하지 않는 것보다 상대적으로 높은 효용을 보장해주는 한에서만 노동공급을 선택하게 된다. 즉 단시간근로를 원하는 사람의 경우에는 근로시간의 결정에서 효용극대화의 노동공급 결정으로부터 괴리가 발생하게 된다.

취업하게 될 일자리의 근로시간을 H_o, 개인이 희망하는 근로시간을 H_d라고 할 때 Moffitt(1982)은 H_d와 H_o의 거리를 이용하여 취업의 의사결정을 분석하였다. 개인의 선호에 따라 취업을 선택하는 컷-오프 조건(D)이 존재하고 그에 따라 개인들은 다음과 같은 네 가지 방식으로 노동공급을 결정하게 된다.

유형 1 : $H_d - H_o > 0$ → 본인이 희망하는 근로시간만큼 일한다.
유형 2 : $H_d = 0$ → 노동시장에서 일하지 않는다.
유형 3 : $D > H_d - H_o > 0$ → 최소근로시간만큼 일한다.
유형 4 : $H_d - H_o > D$ → 노동시장에서 일하지 않는다.

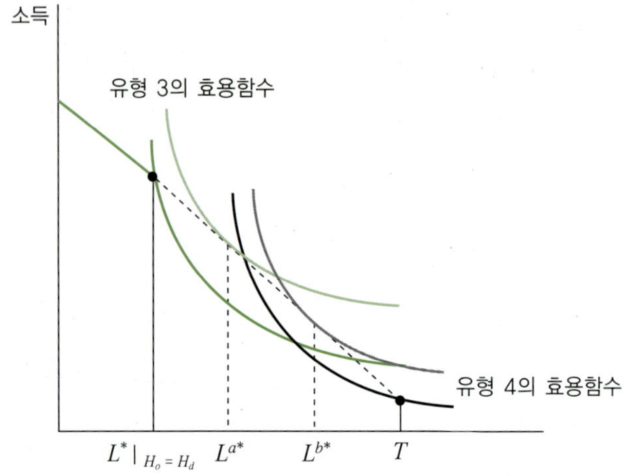

|그림 5-6| 근로시간제약하의 노동공급 결정

네 가지 그룹 중 유형 1과 유형 2는 자발적인 선택에 의해 원하는 시간만큼 일하거나 일을 전혀 하지 않는 경우이지만 최소근로시간보다 적게 일하기를 희망한($H_d \leq H_o$) 개인들은 비자발적으로 원하는 근로시간보다 더 많이 일하거나(유형 3) 혹은 일을 하지 않는 것으로 결정하게 된다(유형 4). 그림 5-6은 이러한 노동공급 결정의 상황을 묘사한 것이다. 유형 3은 과다고용(over-employment), 유형 4는 과소고용(under-employment) 상태로 파악할 수 있다.

우리나라와 같이 사회적으로 장시간근로의 관행이 성립되어 있다면(표 5-1 참조) H_d와 H_o의 간격이 더욱 크게 벌어질 것이기 때문에 상대적으로 더 많은 사람들이 비자발적으로 근로시간 선택을 해야 하는 상황이 발생할 것이다. 이 경우 취업해 있는 자들 가운데 과다고용 상태에 있는 사람들도 증가하고(유형 3), 일하기를 희망하지만 노동시장에 참여하지 못하는 과소고용 상태의 사람들도 증가할 것이다(유형 4).

|표 5-1| 우리나라 임금근로자의 1주 근로시간의 분포(단위 : %)

구분	1~17시간	18~35시간	36~44시간	45~53시간	54시간 이상	계
1990	1.1	5.7	17.0	23.9	52.2	100.0
1995	1.4	4.8	16.7	29.6	47.5	100.0
2000	2.8	7.0	19.0	28.3	42.9	100.0
2005	3.6	8.8	25.3	26.4	35.9	100.0
2010	4.5	10.9	30.8	26.1	27.7	100.0

출처 : 통계청, 『경제활동인구조사』, 각 연도.

이러한 분석틀은 한편에서는 우리나라 남성 및 취업 여성들의 과다고용, 다른 한편에서는 기혼여성이나 고령자의 과소고용 가능성을 시사하는 중요한 단서를 제공한다.

3) 보육 서비스가 여성 노동공급에 미치는 영향

여성의 노동공급은 여성 자신뿐만 아니라 가구원의 구성과 여건에 따라 크게 영향을 받는다. 특히 자녀의 수나 보육비용은 여성의 노동공급 결정에서 핵심적인 역할을 한다. 이를 모형화한 Connelly(1992)의 논의를 살펴보자.

기혼여성은 일반재화에 대한 소비 C, 여가시간 t_l, 자녀보육의 질 Q로부터 효용을 얻는다고 가정하자. 자녀보육의 질은 여성 자신에 의한 돌봄시간 t_q, 외부 보육시설에 맡겨지는 시간 t_{cc}와 보육시설의 질 q에 의해 결정된다. 자녀양육의 질에 영향을 미치는 여타 요소를 Z라 하고 시장노동시간을 t_m이라 하면, 이때 자녀를 둔 여성의 시간 배분에 관한 효용극대화 모형은 다음과 같이 묘사될 수 있다.

$$\max U = U(C,\ t_l,\ Q) \tag{5-15}$$

$$s.t.$$

$$Q = Q(t_q,\ t_{cc}q;\ Z);\ Q_1,\ Q_2 > 0,\ Q_{11},\ Q_{22} < 0 \tag{5-16}$$

$$C + P_{cc}t_{cc} \leq wt_m + \mathrm{V}$$

$$t_m + t_q + t_l = 1$$

$$t_q + t_{cc} < 1$$

모형에는 4개의 제약식이 포함되어 있다(식 5-16). 첫 번째 제약식은 자녀보육의 질을 결정하는 생산함수를 의미하는데, 부모에 의한 돌봄의 질은 모두 동일하다고 가정되며 자녀의 수나 나이와 같은 자녀의 특성에 의해 영향을 받는다. 이러한 자녀보육 생산함수는 통상의 생산함수가 갖는 특성을 만족한다. 두 번째 제약식은 예산제약이며, 소비와 자녀보육비용은 여성의 근로소득 wt_m과 배우자 소득을 포함한 전체 가구의 소득 V에 의해 제한됨을 의미한다. 세 번째와 네 번째 제약식은 여성과 자녀의 시간제약을 나타낸다.

이러한 모형에서 효용극대화 1계조건은 다음과 같아진다.

$$\frac{U_l}{U_c} = w = \frac{U_q}{U_c}(Q_1 - Q_2 q\ ) + P_{cc} \tag{5-17}$$

여기서 q^*와 P_{cc}는 부모가 선택한 보육시설과 그 가격을 의미한다.[6)]

식 5-17이 의미하는 바는, 우선 여가와 소비로부터 얻는 한계효용 상대비가 시장임금과 같아지는 수준에서 여가시간과 근로시간이 결정되며, 다음으로 직접 자녀를 돌볼 때의 순편익과 자녀보육의 시간당 비용에 따라 자녀돌봄 시간이 정해진다는 것이다. 예를 들어 자녀가 어릴수록 자녀를 기혼여성 자신이 직접 돌봄으로써 얻는 편익이 보육시설에 위탁하는 경우보다 크다고 가정할 수 있는데, 이 경우 자녀의 보육비용이 낮아야 위 균형조건이 성립하게 된다.

이러한 모형을 전제할 때 여성의 노동공급함수는 다음과 같은 축약식으로 표현되며 실증분석을 위해 구체적인 형태를 가정할 수 있다.

$$\begin{aligned} t_m &= f(w,\ P_{cc},\ Z,\ A,\ \cdots) \\ &= \delta_0 + \delta_1 \ln w + \delta_2 P_{cc} + \delta_3 Z + \delta_4 A + \eta \end{aligned} \quad \text{(5-18)}$$

오차항 η에 대한 일정한 가정을 통해 우리는 위의 노동공급함수의 계수를 추정할 수 있을 것이다. 이로부터 시장임금, 보육료의 시장가격, 자녀의 특성, 가구 소득 등이 여성의 노동공급에 어떤 영향을 미치는지 분석할 수 있다.

4 맺음말

이 장에서는 여성의 노동공급에 관한 다양한 이론적 논의를 살펴보았다. 여성은 가족 내에서 담당하는 가사노동이나 돌봄의 역할 때문에 여성 자신만이 아니라 가족의 여건이 노동공급 의사결정에 직접적으로 투영된다. 여성 노동공급 분석에서는 이러한 특수성을 어떤 방식으로 포착하는지가 관건이 된다.

여성 노동공급의 패턴과 특성을 분석하는 연구들은 Becker의 시간 배분 이론과 Gronau의 가계생산 이론을 근간으로 다양한 측면에서 확장되어 왔다. 여기에서 상세하게 논의되지는 않았지만, 부부의 노동공급이 개인 단위에서가 아니라 가구 단위로 이루어진다고 보고 여성의 노동공급과 배우자의 노동공급을 함께 분석하는 연구들이 활발하게 진

6) 시간당 보육료는 선택한 보육의 질에 따라 달라지는데, 위의 모형에 따르면 부모는 보육료 증가가 가져다 주는 한계편익과 한계비용이 같아지는 수준(즉 $Q_2 = \partial P/\partial q$)에서 q를 선택하게 될 것이다.

행되고 있다(household supply approach). 최근 들어 가사노동이 부부간에 분담되는 경향이 증가하면서 부부간 시간 배분의 상호작용에 보다 많은 관심이 모아지고 있다.

한편, Heckman과 MaCurdy(1980)를 필두로 여성의 노동공급 결정이 결혼 · 출산과 같은 가족의 형성 및 성장의 전 과정과 긴밀히 연관되어 있다고 보고 전 생애에 걸친 동학적 관점에서 분석하는 시도가 다양하게 이루어지고 있다(life-cycle approach). 이러한 분석은 저출산 · 고령화, 경제성장 등과 같은 거시경제 분석과 결합되어 더욱 폭넓은 분석 시각을 제공한다.

경제학에서 여성 노동공급에 관한 분석은 여전히 많은 공백과 숙제를 남겨 놓고 있다.

참/고/문/헌

Anxo et al. (2007), Patterns of labour market integration in Europe–a life course perspective on time policies, *Socio-Economic Review*, Vol. 5, No. 2, p. 233.

Ashenfelter, O. & Heckman, J. (1974), The Estimation of Income and Substitution Effects in a Model of Family Labor Supply, *Econometrica*, Vol. 42, No. 1, pp. 73-85.

Ashworth, J. S. & Ulph, D. T. (1981), Household Models, in Brown ed. (1981), *Taxation and Laobur Supply*, pp.117-133.

Becker, G. S. (1965), "A Theory of the Allocation of Time," *Economic Journal 75*: pp. 493-517.

Becker, G. S. (1985), "Human Capital, Effort, and the Sexual Division of Labor," *Journal of Labor Economics 3*(1, part 2): S33-S58.

Blau, D. M. & Robins, P. K. (1988), Child-Care Costs and Family Labor Supply, *Review of Economics and Statistics*, Vol. 70, No. 3, pp. 374-381.

Cogan, J. F. (1980), Labor Supply with Costs of Labor Market Entry, in *Female Labor Supply*, ed. by J. P. Smith, Princeton University Press.

Cogan, J. F. (1981), Fixed Costs and Labor Supply, *Econometrica*, Vol. 49, No. 4, pp. 945-963.

Connelly, R. (1992), "The Effect of Child Care Costs on Married Women's Labor Force Participation," *The Review of Economics and Statistics*, 74(1), pp. 83-90.

Feather, P. M. & Shaw, W. D. (2000), The Demand for Leisure Time in the Presence of Constrained Work hours, *Economic Inquiry*, Vol. 38, No. 4, pp. 651-661.

Gronau, R. (1973), "The Intrafamily Allocation of Time: The Value of the Housewives' Time," *American Economic Review*, Vol. 63, No. 4, pp. 634-651.

Gronau, R. (1977), "Leisure, Home Production and Work–The Theory of the Allocation of Time Revisited," *Journal of Political Economy*, Vol. 85, No. 6, pp. 1099-1123.

Gronau, R. (1986), Home Production–A Survey, In O. Ashelfelter & R. Layard (ed.), *Handbook of Labor Economics*, Amsterdam: North Holland.

Heckman, J. J. & Macurdy, T. E. (1980), A Life Cycle Model of Female Labour Supply, *Review of Economic Studies*, Vol. 47, No. 1, Econometrics Issue, pp. 47-74.

Heckman, J. J. (1974), Shadow Prices, Market Wages, and Labor Supply, *Econometrica*, Vol. 42, No. 4, pp. 679-694.

Heckman, J. J. (1979), "Sample Bias As A Specification Error," *Econometrica 47*(1), pp. 153-162.

Killingsworth, M. R. (1983), *Labor Supply*, Cambridge University Press.

Kosters, M. (1966), Income and substitution effects in a family labor supply model, report No. P-3339, The Rand Corporation.

Leuthold, J. H. (1968), "An Empirical Study of Formula Income Transfers and the Work

Decision of the Poor," *The Journal of Human Resources*, Vol. 3, No. 3.

Lundberg, S. (1988), Labor Supply of Husbands and Wives: A Simultaneous Equations Approach, *The Review of Economics and Statistics*, Vol. 70, No. 2, pp. 225-235.

Manser, M. & M. Brown (1980), Marriage and Household Decision-Making: A Bargaining Analysis, *International Economic Review*, Vol. 21, No. 1, pp. 31-44.

McElroy, M. B. & Horney, M. J. (1981), Nash-Bargained Household Decisions: Toward a Generalization of the Theory of Demand, *International Economic Review*, Vol. 22, No. 2, pp. 333-349.

Mincer, J. & Polachek, S. (1974), "Family Investments in Human Capital: Earnings of Women," *Journal of Political Economy*, Vol. 82, No. 2, The University of Chicago Press.

Moffitt, R. (1982), The Tobit Model, Hours of Work and Institutional Constraints, *The Review of Economics and Statistics*, Vol. 64, No. 3, pp. 510-515.

Mroz, T. A. (1987), The sensitivity of an empirical model of married women's hours of work to economic and statistical assumptions, *Econometrica*, Vol. 55, No. 4, pp. 765-799.

Polachek, S. W. & W. S. Siebert (1993), *The Economics of Earnings*, Cambridge Univ. Press.

Polachek, S. W. (1981), Occupational Self-Selection: A Human Capital Approach to Sex Differences in Occupational Structure, *Review of Economics and Statistics 63*(1), pp. 60-69.

Rosenzweig, M. & K. Wolpin (1980), "Life-Cycle Labor Supply and Fertility: Causal Inferences from Household Models," *The Journal of Political Economy 88*(2), pp. 328-348.

Samuelson, P. A. (1956), Social Indifference Curves, *Quarterly Journal of Economics*, 70: 1-22

Shaw, K. L. (1992), The life-cycle labor supply of married women and its implications for household income inequality, *Economic Inquiry*, v(4), pp. 659-772.

van Soest, A. (1995), Structural Models of Family Labor Supply: A Discrete Choice Approach, *Journal of Human Resources*, Vol. 30, No. 1, pp. 63-88.

Zabel, J. E. (1993), Then Relationship between Hours of Work and Labor Force Participation in Four Models of Labor Supply Behavior, *JLE*, Vol. 11, No. 2, pp. 387-416.

CHAPTER 06

무급노동/경제

윤 자 영

1 경제학과 무급노동/경제

주류경제학은 전통적으로 화폐영역의 경제에 배타적인 특권을 부여했고 화폐경제 밖에 있는 무급노동의 영역을 경제학의 분석 대상으로 삼지 않았다. 젠더경제학이라고 하는 분과의 발전은 주류경제학이 연구 대상으로 하는 '경제'가 무급노동을 간과함으로써 제한적이고 불충분하다는 인식에서 발전했다고 해도 과언이 아니다.

무급노동/경제에 대한 관심은 주류와 비주류 경제학에서 거의 비슷한 시기에 시작되었다고 할 수 있다. 먼저 비주류 비판 경제학 내에서 무급노동/경제에 대한 관심은 영국과 프랑스에서 사회주의 여성주의자들을 중심으로 뜨겁게 전개된 1960~1970년대의 가사노동 논쟁으로 거슬러 올라간다. 이 논쟁은 어떻게 여성의 가사노동을 개념화할 것인가와 가사노동과 자본주의적 '생산' 양식의 관계는 무엇인가에 모아졌다.

당시 사회주의 여성주의자들은 남성에 대한 여성 종속의 물질적 기원을 더 잘 이해하고자 하는 것에 주로 관심을 집중했고, 남성에 대한 여성 종속의 매개로서 여성이 주로 담당하고 있는 가정 내의 무급 가사노동을 주목했다. 이들은 Marx가 자본주의 비판에서 가사노동을 잉여가치를 생산하는 상품생산에 복무하는 노동이 아니라는 이유로 '생산'적인 영역 밖으로 위치시키면서 가사노동이 자본축적, 즉 경제성장에서 담당하는 역할을 제대로 분석하지 못했다고 비판했다. 가사노동이 잉여가치 생산에 직접적으로 편입해 있느냐 여부에 따라 약간의 입장 차이를 보였지만, 가사노동이 자본주의 생산을 도와 이윤을 증가시킨다고 보았다. 가정은 노동력을 유지하고 재생산하는 기능을 하는 곳이며, 가사노동은 무급으로 노동자가 필요로 하는 것을 생산함으로써 자본가가 노동자에게 지불해야 할 노동력 재생산 비용을 낮추며, 비용을 낮추는 만큼 이윤 창출에 도움을 준다는 것이다. 그들은 가사노동을 '생산'이 아닌 것으로 치부하는 시각이 현대 자본주의 사회에서 여성의 생산적인 역할을 부정하는 것이라고 지적했다. 여성의 임금노동의 경험을 이해하기 위해서라도 그들이 수행하는 가사노동의 역할이 가부장적 자본주의와 맺는 관계를 제대로 인식할 필요가 있다고 밝혔다(Gardiner, 1997). 남성에 대한 여성의 종속의 물질적 기원을 파악하고자 논쟁을 시작했으나, 전체 경제를 '생산' 경제와 무급경제가 유기적으로 결합된 것으로 이해해야 한다는 주요한 이론적 성과를 낳았다.

가사노동 논쟁이 남긴 또 하나의 긍정적인 성과는 가사노동에서 돌봄경제로 관심을 이동시킨 이론적 기초를 다진 것이다. 가사노동 중에서도 자녀를 돌보기 위해 하는 노동이 여성이 시장노동에 참여하는 데 장벽이 되고 있다는 점에 주목하면서 가사노동이 자본축적에 주되게 기여하는 부분은 바로 현재의 노동력이 매일매일 일하기 위해 에너지를 재충전하기 위해 필요한 노동이 아니라 미래의 노동력인 자녀를 낳아서 키우는 돌봄노동이라는 점을 주장하게 된 것이다. 자본주의가 발달하면서 자본가가 자신들이 고용하고 있는 노동자의 생계를 위한 일상적인 필요를 충족시키는 것은 그다지 어려운 일이 아니게 되었다. 어느 정도 시장에서 구매할 수 있는 재화와 서비스로 쉽게 대체할 수 있게 되었기 때문이다. 가사기술이 발달하면서 빨래는 세탁기가 하고 밥은 식당에서 손쉽게 사 먹을 수 있게 되었다.

반면 자녀를 돌보는 노동은 그 이상의 엄청난 노력이 필요하며 책임이 요구되는 일이다(Molyneux, 1979). 선진국에서도 자녀나 노인을 돌보는 노동은 가사노동에서 가장 중요한 부분을 차지하며 남녀 성별 분업이 가장 뚜렷하게 나타나고 변화가 더딘 영역이다(Anttonen, 2005). 한 연구에 의하면 1인당 GDP 수준이 높은 국가일수록 부모의 전체 무급노동시간이 감소하는 경향이 있었지만, 무급노동시간 가운데 돌봄노동시간의 비중은 증가하는 경향이 있었다. 그만큼 무급노동 가운데 남을 돌보는 직접적인 대인 서비스에 기초한 돌봄노동은 시장에서 생산되는 재화와 서비스로 대체가 어려움을 의미한다(Folbre & Yoon, 2008). 이리하여 점차 가족을 일반적으로 무급의 가사노동이 벌어지는 공간이라기보다는 돌봄의 영역으로 바라보기 시작했다.

가사노동 논쟁이 주목한 가사노동(domestic work)은 시장이나 공적 영역에서 행해지던 '생산'에 대비하여 가정이라는 사회적 관계(social relations)에서 수행되는 무급의 노동을 지칭한 것이었다. 화폐 거래가 매개되지 않는 사적인 영역에서 행해지는 행위도 마찬가지로 '생산'적임을 밝히는 데 주력했다. 이에 대해 돌봄노동(care work)은 가사노동과 마찬가지로 전통적으로 여성들이 주로 무급의 형태로 시장 밖에서 전담하던 노동이지만, 특정 행위를 둘러싼 돌봄 제공자와 돌봄 수혜자의 대인관계를 기반으로 한다는 특징이 있다.

돌봄은 기존의 경제학적 개념과 이론틀로 온전하게 설명될 수 없는 특성을 가진 모호한 개념이다(Folbre, 2008). 돌봄은 가사노동 일반과 분리하기 위해 '타인의 역량(capabilities)을 나아지게 하기 위한 대면 서비스를 제공하는 노동'으로, 여기서 역량이란 건강, 기술, 감정 등을 일컬으며 육체적 · 정신적 · 정서적 능력 등을 포함하는 것으로 정의하기도 한다. 돌봄은 물질적 차원과 정서적 차원이 결부된 노동이다.

가사노동과 돌봄노동을 개념적으로 완벽하게 분리하기는 힘든데, 아픈 사람을 돌보기 위한 노동은 그 사람을 위해 장을 보거나 요리를 해야 하는 일반적인 형태의 가사노동이 요구되기 때문이다. 따라서 우리가 흔히 하는 무급의 가사노동은 모두 누구를 돌보기 위한 목적으로 행하는 경우 돌봄노동으로 간주될 수 있다. 또한 돌봄노동은 대상자와의 직접적인 상호작용을 통하는 직접 돌봄노동뿐만 아니라 보호, 감독, 대기 등 대상자와의 직접적인 상호작용을 동반하지는 않으나 의존자의 최소한의 안전을 위해 필요한 간접적인 돌봄노동을 포함한다. 특정 형태의 가사노동을 수반하지 않아도 돌봄노동이라 할 수 있다는 것이다.

Becker를 필두로 한 1960년대 신가정경제학의 중요한 기여 역시 가정을 '생산'의 영역으로 부각시킨 것이었다. 전통적으로 노동경제학은 시장노동에 할애되는 시간에만 배타적인 관심을 보였다. 시장노동만이 '생산'에 기여하는 노동 형태이며 그 노동을 하는 개인에게는 직접적 효용을 발생시키지 않기 때문에 그 대가로 소득을 얻게 되는 것이라고 보았다. 따라서 가정 안에서 개인은 자신이 벌어들인 소득으로 구매한 재화와 서비스를 소비하는 소비자인 것이지 생산자는 아닌 것이다. 한편 1960년대 신가정경제학은 시장노동에 할애되지 않은 시간의 상당 부분이 '순수한' 여가가 아니라 가사노동에 투입된다는 점을 인정했다. 가계생산 이론(household production theory)은 한 가구가 시장재와 비시장시간(non-market time)이라는 투입요소를 결합하여 생산한 상품(commodities)의 소비를 통해 효용을 극대화한다고 보았다(Becker, 1965; Gronau, 1977). 그러나 신가정경제학은 남녀의 시장노동과 가사노동에 대한 시간 배분을 비교우위에 기초한 합리적 선택의 결과로 보았다는 점에서 가사노동 논쟁이 성(gender)에 기반한 남녀의 차이를 시간 배분의 근본적 요인으로 본 것과 차이가 있다.

또한 신가정경제학은 인간이 하나의 생산요소로서 경제발전에 기여한다는 개념을 정식화시켜 부모의 자녀에 대한 인적자본 '투자'에 영향을 미치는 요인에 관심을 불러일으켰다. 전통적인 소비자이론에서 자녀는 부모가 시간과 노력을 들여 생산해 낸 생산물이 아니라 부모의 효용을 증대시키는 소비재로서만 취급되었다. 즉 부모가 자신의 효용증대를 위해 고급 소파를 들여놓는 행위나 외로움을 달래기 위해 애완동물을 구입하는 행위가 자녀 출산, 돌봄 행위와 별반 다르지 않다고 치부한 것이다. 가구와 개인을 최종적으로 생산된 재화와 서비스를 소비하는 단위로서 상정하는 이론적 틀은, 가족이 자녀를 위한 재화와 서비스를 생산하는 돌봄노동을 수행하는 생산자로서의 역할을 비가시화했다. 그러나 이후 노동경제학자들은 가내노동 중에서도 자녀의 인적자본 형성에 기여하는 '부모의 시간(parental time)', 즉 돌봄노동에 관심을 기울이기 시작했다(Kimmel & Connelly, 2007; Guryan et al., 2008).

부모가 자녀를 위해 행하는 돌봄노동은 국민경제의 여러 주체에 중대한 경제적 함의를 지닌다. 부모가 자녀를 양육하지 않는다면 학교에서 아이들의 인지적 능력을 배양시키거나 기술을 습득하게 할 수 없을 것이고, 고용주는 자본과 결합하여 생산에 투입할 노동력을 확보할 수 없다. 부모의 돌봄노동은 부모 자신의 현재와 미래의 효용증대만을 위한 '투자'에 그치지 않고 전체 국민경제로 그 혜택이 공유된다. Folbre(1994)는 이러한 점을 들어 아이는 '공공재(public goods)'라 주장하였다.

왜 아이는 '공공재'인가? 아이가 공공재가 아니었던 시절로 잠시 돌아가 보자. 농경사회에서 자신의 농경지를 일구고 살던 한 가족에서 태어난 아이는 곧 자라서 농사일을 돕고 생계를 같이 꾸려 갈 일꾼이었다. 아이를 먹이고 재우고 입히고 키우는 데 들이는 비용은 부모가 모두 지출하지만, 그 아이는 자라서 부모가 늙고 병들었을 때 물려받은 농경지를 일구어 봉양해 줄 것이라 기대되었고, 실제로 그렇게 했다. 부모는 자식을 키우는 데 돈이 들었지만 그만큼 돌려받았다. 이를 어렵게 표현하자면 비용을 사적으로 부담했지만 혜택 또한 사적인 범위 안에서 머물렀다고 한다.

산업사회가 되면서 이러한 자녀의 경제적 가치는 변화했다. 농경제사회에서 자녀는 부모들에게 직접적으로 노동력을 제공함으로써 부모들은 자녀에게 의식주 등 '투자'한 만큼 거두어들일 수 있었던 반면, 아이가 임노동자화되는 산업사회에서는 개별 부모가 여전히 자녀를 키우기 위해 의식주와 교육에 돈을 지출하지만 자식이 부모를 부양할 것이라는 기대가 확실히 실현될 것인지 불투명해졌다. 취업준비 기간이 길어지면서 자식에게 투자해야 하는 기간은 점점 더 길어지고 있으며 저성장 고실업사회가 되면서 자식에게 부양받을 가능성은 거의 사라지고 있다.

사회보장제도를 확립한 현대 복지국가에서는 부모가 개인적으로 돈을 들이고 노력을 기울여 키운 자녀, 즉 미래의 노동력으로부터 부모뿐만 아니라 부모 노릇을 한 적이 없는 사람도 연금 및 사회보장 혜택을 받을 수 있게 되었다. 부모의 자녀양육비용의 부담은 개인 가족이 사적으로 담당하지만, 자녀양육으로 인한 혜택은 부모 노릇을 했든 안 했든 상관없이 공유하는 것이다. 연금 기여분을 납부한 대가로 연금 및 사회보장 혜택을 받는 것이니 문제될 것이 없다고 볼 수도 있으나, 연금 재정을 꾸준히 지탱하는 것은 미래의 노동력이다. 미래에 노동하는 인구가 없다면 연금 재정은 지속되지 못할 것이므로, 부모 노릇을 하지 않은 사람들은 부모들의 돌봄노동에 무임승차(free riding)하는 것으로 볼 수 있다.

비용은 개별 가족이 사유화하고(privatized) 혜택은 사회화되는(socialized) 이런 구조를 두고 Folbre(1994)는 재정적 외부성(externality)이 발생하고 있다고 설명한다. 어떤 재화나 서비스가 공공재적인 성격이 있을 때 이 공공재는 일반경쟁시장의 원리로는 필요한 양의 공급이 제대로 이루어지지 않는 결과를 가져온다. 출산율 저하는 부분적으로 돌봄노동의 이러한 공공재적 성격에서 비롯된다. 즉 부모의 돌봄노동 책임과 노력에서 오는 혜택을 제대로 측정하여 보상하지 않는 상황에서, 비용을 제대로 지불하지 않는 무임승차자들도 그러한 편익을 함께 향유하기 때문에 실제로 우리 사회가 필요로 하는 돌봄노동에 대한 공급이 이루어지지 않는다는 것이다. 따라서 돌봄노동의 경제적 가치, 즉 비용을 정확히 파악하여 이러한 비용을 '사회화' 시켜야 한다는 것이다. Folbre(1994)는 남성이 여성의 가사노동으로부터 이득을 보고자 한다는 것은 오직 부분적인 설명일 뿐이며, 여성의 가사노동에서 이득을 보는 것은 자녀와 사회 전체라고 지적했다.

이렇게 해서 무급노동은 가사노동 논쟁으로부터 출발하여 돌봄노동에 대한 분석에 이르기까지, 비주류경제학뿐만 아니라 주류경제학 내에서도 중요하게 다루어지는 주제가 되었다. 최근 출산율 저하와 고령화사회의 진전으로 돌봄노동의 경제적 역할과 기여에 대한 사회적 관심도 증가하고 있어 경제학적 질문과 분석의 영역으로 더욱 주목받고 있다.

2 무급노동의 경제적 불이익

무급노동은 그 노동을 수행하는 사람의 사회경제적 지위를 낮추고 경제적 불이익을 야기한다. 이러한 무급노동을 주로 여성이 담당하고 있다는 사실은 역사적으로 그리고 오늘날까지 다양한 형태로 나타나는 여성의 낮은 사회 · 경제적 지위를 설명한다. 무급노동에 대한 책임과 기대는 여성이 노동시장에 남성과 동등한 자격과 조건으로 참여하지 못하도록 하고 있다.

무급노동의 책임을 떠맡는 사람은 다른 일에서 경쟁했을 때 성공할 확률이 낮다. 남성도 무급노동의 책임을 떠맡았을 때 여성과 똑같이 소득의 상실이라는 불이익을 겪게 되는 것은 예외가 아니다. 무급노동으로 인한 현재와 미래 소득의 상실은 여성 노인 빈곤의 주된 원인이다. 무급노동이 시장화되더라도 여성이 전통적으로 가정에서 담당하던 일이라던 문화적 관념은 이런 일자리의 근로조건을 열악하게 만들고 있다. 이 절에서는 무급노동의 성별화와 무급노동의 경제적 불이익의 다양한 측면에 대해 살펴본다.

1) 무급노동의 성별화

전통적으로 무급노동은 여성이 주로 담당한다. 무급노동의 상당 부분을 여성이 담당하는 것을 무급노동이 성별화(gendered)되었다고 말한다. 이를 우리나라의 사례를 통해서

| 표 6-1 | 우리나라 10세 이상 남녀의 일일평균 시간 배분(1999~2009년)

구분	1999		2004		2009	
	남자	여자	남자	여자	남자	여자
시장노동	4:39	2:47	4:20	2:34	4:06	2:25
가사노동	0:20	2:40	0:22	2:29	0:27	2:26
돌봄노동	0:08	0:41	0:10	0:42	0:10	0:40

* 주 : 시장노동, 가사노동, 돌봄노동에 해당되는 구체적인 행위는 이 장의 표 6-3을 참조.
출처 : 통계청 KOSIS.

살펴보면, 표 6-1에 제시된 바와 같이 2009년 현재 남자는 무급노동에 37분을 쓰는 반면 여자는 3시간 6분을 쓰고 있다. 남자의 시장노동시간의 절반 이상에 해당하는 시간을 여자도 시장노동에 쓰고 있다는 사실에 비해 남성의 무급노동시간은 턱없이 적다.

남성의 무급노동시간은 1999~2009년에 아주 미약하게나마 증가한 반면 여성의 무급노동시간은 14분 정도 감소했다. 여기에는 여러 가지 이유가 있을 수 있지만 가사기술의 보편화, 외식산업의 발전, 주 5일제 근무 확산, 성 역할 규범의 변화 등을 들 수 있다. 여자의 무급노동시간이 감소한 가운데 돌봄노동에 투입한 시간은 큰 변화가 없다. 앞서도 지적했지만 돌봄노동을 통해서 생산되는 재화와 서비스는 상대적으로 시장 대체재를 찾기가 어렵기 때문에 가사노동시간이 감소한 만큼 돌봄노동시간이 감소하지 않았다고 볼 수 있다.

Becker의 이론에 따르면 아내가 취업했을 경우 비취업 아내를 둔 남편은 보다 많은 시간을 집안일을 하는 데 써야 한다. 그러나 표 6-2를 보면 알 수 있듯이 실제로 아내는 취업했을 경우에도 여전히 상당량의 집안일을 하고 있다. 2004년에 맞벌이 가구의 취업 아내는 가사노동과 돌봄노동을 합쳐서 4시간 28분을 무급노동에 할애했고 비맞벌이 가구의 비취업 아내는 6시간 25분을 무급노동에 할애했다. 맞벌이 가구의 취업 아내는 5시간 14분을 시장노동에 쓰고 있지만 시장노동에 투입하는 시간만큼 무급노동시간이 감소한 것은 아니었기 때문에, 시장노동에 참여한 기혼여성의 총노동시간 부담이 엄청나게 증가했다는 것을 알 수 있다.

그렇다면 아내가 취업을 했을 때 남편은 무급노동을 더 많이 할까? 씁쓸하게도 현실은 그렇지 않다. 맞벌이 가구나 비맞벌이 가구나 남편은 대략 30분 정도만 무급노동에 쓸 뿐이다. 아내가 가구의 화폐소득을 올리는 데 기여했다고 해서 일상생활을 영위하기 위해 필요한 무급노동을 더 많이 하고 있지 않다는 것이다. 이러한 경향은 2009년에도 별반 다르지 않다.

|표 6-2| 아내 취업 여부에 따른 일일평균 시간 배분

구분		2004		2009	
		남편	아내	남편	아내
맞벌이	시장노동	6 : 34	5 : 14	6 : 20	5 : 06
	가사노동	0 : 20	2 : 47	0 : 24	2 : 38
	돌봄노동	0 : 12	0 : 41	0 : 13	0 : 42
비맞벌이	시장노동	6 : 26	0 : 05	6 : 08	0 : 02
	가사노동	0 : 15	4 : 19	0 : 19	4 : 11
	돌봄노동	0 : 16	2 : 06	0 : 20	2 : 07

* 주 : 시장노동, 가사노동, 돌봄노동에 해당되는 구체적인 행위는 이 장의 표 6-3을 참조.
출처 : 통계청 KOSIS.

남편이 무급노동을 더 많이 하지 않는데도 취업한 여성의 무급노동시간이 다소 감소한 것은, 가정에서 생산하던 재화와 서비스를 이제는 시장에서 구입하게 되었음을 의미한다. 가계 지출에 대한 서구의 실증 연구들은 보육비 지출 이외에도 여성의 시장노동 참여는 외식비와 피복비의 상승을 동반한다는 사실을 보여 주었다. 시장노동에 할애하는 시간이 길어질수록 시장노동을 하지 않았더라면 자신이 했을 가계생산을 외식, 세탁, 청소 등의 서비스 구매를 통해 외주(outsourcing)할 수밖에 없다(Hanson & Ooms, 1991; Cohen, 1998).

여성들이 시장노동을 많이 하고 있는데 왜 남성들은 그만큼 무급노동을 하지 않을까? 서구의 경험 연구들은 아내가 총가구소득에서 과반 이상의 소득을 벌더라도 남편이 과반 이상의 가사노동을 하는 것은 아니라고 밝히고 있다. 합리적 교환가설에 따르면 소득에 비례해서, 즉 여성이 벌어들이는 소득이 전체 가구소득에서 차지하는 비중이 높을수록 남성이 무급노동을 더 많이 해야 할 것 같지만 그렇지 않다는 것이다. 이들은 여성들이 과반 이상의 소득을 버는 것은 일종의 남성의 부양자로서의 자존심을 건드리는 것이며, 남성들이 남성으로서의 자존심과 명예를 유지하고자 무급노동을 하지 않는 '성 역할 실행하기(doing gender)' 가 작동한 결과라고 해석한다(Bittman et al., 2003). 또한 Folbre(2004)는 무급노동을 하지 않는 것을 남성다움과 연결시키는 사회규범이 현실에 발맞춰 변화하지 못하고 있는데, 이를 '느리게 변하는 가격(sticky price)'에 빗대 '느리게 변하는 규범(sticky norm)' 으로 명명하기도 했다.

성 역할 규범이 어떻게 남녀의 시간 배분에 영향을 미쳤는가를 연구한 한 연구는 우리나라에서 2004~2009년에 남성의 무급노동시간이 다소 증가한 것은 성 역할 규범의 변화와

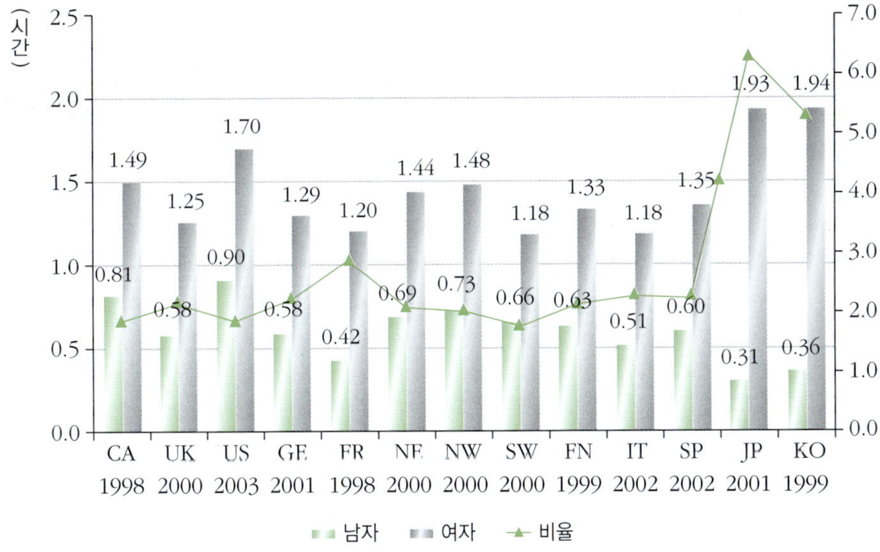

|그림 6-1| 선별 OECD 국가 부모의 일일평균 돌봄노동시간 비교

* 주 : 돌봄노동은 아이 먹이기, 씻기기, 간호, 책 읽어 주기, 놀아 주기 등을 포함함.
출처 : Multinational Time Use Survey, 생활시간 조사, 일본 시간사용 조사 원자료, 18세 미만 자녀를 둔 24~54세 부모 표본, 윤자영(2010)에서 재인용.

관련이 있음을 밝혔다. '남자는 일, 여자는 가정' 이라는 말에 동의하지 않은 남성은 동의한 남성보다 무급노동에 약간 더 많은 시간을 할애했다(An, 2008). 여성에 비하면 여전히 턱없이 낮은 수준이지만 남성도 조금씩 변하기는 한다. 그러나 더디게.

우리나라는 다른 국가보다 부모의 돌봄노동시간이 길고 엄마가 담당하는 비중도 더 높다. 18세 미만 자녀를 둔 24~54세 부모의 일일평균 자녀 돌봄노동시간을 제시한 그림 6-1은 이러한 점을 확인시켜 준다. 비교대상 국가들을 살펴보면, 캐나다, 영국, 미국은 영어권의 시장지향 자유주의 복지국가로 여성의 노동시장 참여를 지지하지만 국가가 자녀돌봄에 대한 정책적 지원에 적극적이지 않다. 독일, 프랑스, 네덜란드는 보수주의 대륙 유럽 국가로 여성의 노동시장 참여도 지지하지만 여성의 일차적 역할은 자녀를 양육하는 것이라고 본다. 노르웨이, 스웨덴, 핀란드는 평등주의적인 북구 사민주의 국가로 남녀가 공평하게 노동시장에 참여하고 자녀양육의 책임을 나누어야 한다고 보며, 이에 대해 국가가 자녀돌봄에 대한 공적 서비스를 제공하고 있다. 이탈리아와 스페인은 남유럽 국가로서 한국과 마찬가지로 출산율이 낮고 여성 고용률도 낮은 국가로 알려져 있다. 일본과 한국은 여성 취업률이 낮으면서 시장지향적인 자유주의 국가라 할 수 있다.

이러한 분류는 Esping-Anderson(1999)에 의해 발전되었고, 국가들은 부모를 지지하는 정책 그리고 시장노동과 돌봄노동의 성평등적인 분업을 지지하는 정책에 있어서 다양성을 보이고 있다. 대표적인 저출산 국가인 우리나라와 일본은 모(母)가 담당하는 돌봄노동시간이 일일평균 약 2시간으로 선별 국가 중에서 가장 길 뿐만 아니라 남성과의 격차 또한 가장 크다. 스웨덴의 엄마는 아빠의 1.78배 돌봄노동을 하는 데 비해 한국의 엄마는 아빠의 5.38배에 해당하는 돌봄노동을 하고 있다. 따라서 다른 어떤 국가들보다 우리나라 여성들은 무급노동으로 인한 경제적 불이익을 감수하고 있을 가능성이 높다.

2) 무급노동의 경제적 불이익

무급노동을 수행하는 데 따르는 다양한 형태의 경제적 불이익에 대해 살펴보자.

첫째, 무급노동 수행은 노동시장을 이탈함으로써 발생하는 현재와 미래 소득의 상실을 야기한다. 모성에 투입한 기간은 평생 소득의 상실에 영향을 미치는데, 노동시장에 참여하지 않음으로써 발생한 당장의 직접적 금전의 손실뿐만 아니라 경력의 단절과 숙련의 마모로 인한 잠재적 소득의 상실, 그리고 소득에 연동되는 사회보장소득의 상실 모두를 포함하게 된다.

'빈곤의 여성화'는 주로 여성이 가족을 돌보는 책임을 맡음으로써 경험하는 시장소득의 상실로 인해 노후에 집중적으로 발생하는 현상이다(Dankmeyer, 1996; Davies et al., 2000). Dankmeyer(1996)는 네덜란드 대졸 엄마들이 아이가 없는 대졸 여성들에 비해 잠재적 평생 소득의 13%의 손실을 경험했다고 분석했다. 우리나라에서도 돌봄 책임으로 인해 노동시장을 떠나 경력단절을 경험한 여성들이 다시 노동시장에 진입했을 때 임금 손실을 경험한다고 보고되었다. 김종숙과 이택면(2011)은 5년 이상 비취업 상태에 있다가 다시 재취업한 여성이 19%의 임금 손실을 경험했다고 밝혔다. 실직기간이 길수록 임금 손실 폭도 커졌다. 특히 대졸 이상 고학력 여성은 저학력 여성에 비해 임금 손실을 더 크게 경험하는 것으로 나타났다.

둘째, 무급노동 수행은 여성 임금근로자들의 임금률에도 부정적인 영향을 미친다. 일반적으로 여성은 남성보다 다른 모든 관찰가능한 특성을 통제하고도 임금 수준이 낮다고 알려져 있다. 최근의 연구들은 이에 더해 여성들도 엄마가 됨으로써 무급노동 책임을 가진 경험이 있는 여성이 그렇지 않은 여성에 비해 다른 모든 관찰가능한 특성을 통제하고도 임금 수준이 낮음을 밝히고 있다. 이를 가족 임금 격차(family wage gap)라고 부르면서 가족 책임이 노동시장에서 경제적 불이익을 받고 있음을 지적하여 여성 내부의 임금격차를 심화시키고 있다고 밝혔다(Waldfogel, 1997; Waldfogel, 1998; Phipps et al., 2001). 노동시장에서 좋은 대우를 받을 수 있는 능력 있는 여성은 가족 책임을 경험하지 않는다면 남성과 다를 바 없는 대우를 받지만, 남을 돌보는 책임을 수행하는 조건은 노동시장에서 여전히 불리한 처우를 받고 있다는 것이다.

가사노동이 임금률에 미치는 부정적인 영향을 밝힌 연구들은 특히 요리, 육아 등 일상생활을 영위하기 위해 특정 시간대에 반드시 수행되어야 하는 가사노동은 임금에 부정적인 영향을 미친다고 보고했다. 기혼여성들의 취업이 증가하면서 남편들도 가사노동 분담에 조금씩 적극적인 모습을 보이고 있지만, 여전히 식사준비와 자녀 돌보기의 주된 몫을 여성이 담당하고 있을 때 가사노동의 임금률에 대한 부정적인 영향이 주로 여성에게 나타날 가능성이 많다. 남성은 가사노동 중에서도 설거지, 청소, 빨래 개기, 쇼핑 등 나중으로 미루거나 자신이 원하는 시간대를 골라서 할 수 있는 일을 하는 경향이 있다. 남성들의 경우 자신의 시장노동 스케줄을 우선시하기 때문에 가사노동을 하더라도 임금률에 별다른 영향을 받지 않을 가능성이 높은 것이다(Hersch & Stratton, 1997; Phipps et al., 2001; Stratton, 2001; Bonke et al., 2005; Keith & Malone, 2005; Bryan & Sanz, 2007).

가정 안에서 수행되던 가사 및 돌봄노동은 대부분의 산업화된 사회에서 새로운 직종으로 등장하게 되었다. 가정 안에서 수행되던 노동과 '비슷한' 노동이라고 치부되는 이러한 노동은 다른 직종에 비해 상대적으로 저임금이며 임금 불이익을 겪게 된다. 돌봄노동 직종의 저임금에는 여러 가지 요인이 복합적으로 작용하고 있다고 지적한다.

첫째, 돌봄 서비스 직종은 노동집약적이어서 부가가치가 낮아 이윤을 많이 남길 수 없기 때문에 경제적으로 지속가능하지 못하여 생산성이 낮고 따라서 임금 수준이 낮다. Baumol(1967)은 노동이 기술로 좀 더 쉽게 대체될 수 있는 제조업보다 서비스업에서 생산성이 더욱 느리게 증가하고 노동비용이 더욱 증가할 것이라고 지적했다. 정보기술의 발전으로 일부 서비스업에서는 생산성 증가가 일어나기도 했지만, 개인적이고 정서적인 접촉을 필요로 하는 돌봄 서비스 영역에서 생산성 증가는 가장 느린 성장을 보였다(Folbre, 2001).

둘째, 돌봄이 전통적으로 '여성의 일'이라는 관념은 돌봄노동 직종을 문화적으로 평가절하하여 제대로 보상하지 않는 기제로 작동하고 있다. 여성지배 직종인 돌봄 서비스는 여성이 애정과 자비로 제공해야 한다는 개념이 대다수 문화에서 정도의 차이는 있지만 온존하고 있다. 돌봄노동은 대인관계를 바탕으로 하기 때문에 도덕적 의무를 요구하는 것이 보통이며, 남성적 영역이 아니라 여성적 영역으로 동일시되기 쉽다. 합리적 계산을 바탕으로 한 경제적 동기에 기반하기보다는 연대와 책임을 바탕으로 하는 도덕적 의무 관계에 기반하는 경향이 있다고 간주한다. 돌봄노동은 그 자체로 심리적 보상을 주고 있으며 상품화되어서는 안 된다는 가정은 돌봄노동자들이 받는 저임금을 규범적으로 정당화한다(Folbre & Nelson, 2000; Zelizer, 2002).

셋째, 돌봄노동의 저임금 현상은 노동력 공급과잉 현상 때문이다. 성차별 관행 및 성 역할 사회화로 인해 여성들이 돌봄 서비스에 몰려드는 '여성직종 몰림' 현상에서 기인한다. 돌봄노동 직종의 저임금에 대한 이러한 원인 분석은 노동력 공급이 적어져 여성직종 몰림 현상이 없어지거나 제대로 된 직무평가를 실시하여 동일가치 동일임금의 실증적 근거를 마련하기만 하면 돌봄노동의 저임금 문제가 해소될 것이라는 낙관성을 내포한다.

마지막으로 이런 요인들을 모두 통제하고도 돌봄노동 직종에 종사한다는 것 자체만으로 임금 불이익을 겪는 다른 요인이 있는데, 돌봄노동의 생산성이나 서비스의 품질을 평가하기 어렵다는 본질적 특성을 들 수 있다. 이 점은 돌봄 서비스 직종의 저임금과 서비스의 낮은 질을 설명하는 데 있어 상대적으로 덜 주목받아 왔다(England & Folbre, 2003).

돌봄 서비스의 질은 측정이 어렵다. 따라서 돌봄노동은 모니터링을 통해 질의 담보가 어렵고 특정 수준의 품질을 계약하기도 어려울 뿐만 아니라 계약의 이행을 보장하기도 어렵다. 질을 측정하는 평가 항목을 계량화하기가 힘든데, 돌봄노동에 소요되는 기술과 지식은 개인 특정적 · 상황 특정적 성격을 갖기 때문이다. 기준을 마련한다 하더라도 직접적인 돌봄 수혜자가 그 질을 판단하기 어려운 어린이나 노인일 경우가 많다. 돌봄의 질을 측정하기 어렵다는 점은 돌봄노동자들에게 '효율성 임금(efficiency wage)'이 지불되지 않는 이유를 잘 설명해 준다고 한다(England & Folbre, 2003).

임금 수준이 근로자의 생산성에 상응하여 결정된다는 전통적인 임금결정 이론과 달리, 효율성 임금 이론은 임금 수준이 근로자의 생산성을 결정한다는 이론이다. 높은 임금을 지급하면 일자리를 잃지 않기 위해 더 열심히 일해 근로자의 생산성이 높아져서 일부러 시장균형임금보다 더 높은 수준의 임금을 지급한다는 것이다. 그러나 효율성 임금의 지불은 개별 노동자가 투입한 노력은 측정할 수 없지만 노동자당 평균 산출은 측정할 수 있기 때문에 가능하다. 돌봄노동은 그 평균 산출조차 측정하기가 힘들기 때문에 효율성 임금을 지불할 동기가 없는 것이다.

돌봄노동 직종은 관측 가능한 근로자 및 일자리 특성을 통제하고도 다른 직종에 비해 임금 불이익을 경험한다는 것이 실증 연구를 통해 밝혀졌다. England 등(2002)은 고정효과 모델을 사용하여 개인 및 일자리 특성 내 변화를 통제한 후, 미국 노동자들이 일반적으로 돌봄 직종에 진입할 때 임금 하락을 경험하며 돌봄노동 일자리를 그만둘 때 임금 증가를 경험한다고 밝혔다.

그러나 돌봄 서비스 직종의 임금 불이익/이익의 국가 간 차이를 보면, 돌봄 서비스 직종이라고 해서 반드시 임금 불이익만 존재하지는 않는다. 여성의 경우를 먼저 살펴보면, 북유럽 국가들에서는 돌봄 서비스 직종에 임금 이익이 존재했다. 대륙유럽 국가들 가운데는 프랑스와 네덜란드가 통계적으로 유의한 수준에서 임금 불이익이 있었고 독일, 오스트리아, 룩셈부르크 등의 나라에서는 임금 이익이 있었다. 미국과 캐나다 등의 북미 자유주의 국가들에서는 임금 불이익이 존재했다. 스웨덴은 여성의 경우 1% 정도의 임금 이익이 있었지만 남성의 경우 돌봄 서비스 직종에 11%의 불이익이 존재했다. 북유럽 사민주의 국가들에서는 돌봄 서비스 일자리를 갖고 있다는 것이 여성에게 불리하게 작용하지 않는 반면 남성에게는 오히려 임금 불이익이 있었다는 것을 의미한다. 반면 북미 자유주의 국가들에서는 여성과는 달리 남성에게 돌봄 서비스 직종의 임금 불이익이 존재하지 않았다. 이들은 각국의 노동시장정책과 사회정책이 돌봄노동 직종의 임금 불이익에 영향을 미치고 있음을 강조하며, 돌봄노동이 가정 밖에서 행해질 때 겪는 임금 불이익을 최소화할 수 있도록 돌봄노동이 사회적으로 조직되는 방식에 관심을 기울여야 한다고 지적한다(Budig & Misra, 2011; 윤자영, 2012).

무급노동의 경제적 불이익은 다양한 차원에서 존재한다. 여성이 무급노동을 전담할 수밖에 없는 사회구조에서는 무급노동의 경제적 불이익이 온전히 여성에게 전가된다. 따라서 무급노동을 남녀가 공평하게 분담하도록 노력하는 것이 중요하다. 또한 무급노동의 경제적 불이익을 최소화할 수 있도록 다양한 사회정책을 마련하는 것이 중요하다. 무급노동을 수행하는 사람들에 대한 사회·경제적 인정과 보상은 무급노동의 경제적 불이익을 감소시킬 수 있는 효과적 방법이다. 아동수당, 양육수당, 돌봄수당 등 돌봄 서비스를 필요로 하는 사람 또는 돌봄노동을 하는 사람에게 제공되는 경제적 지원이나 돌봄 제공자에게 돌봄을 제공한 기간 동안 연금 크레딧을 제공하는 방법은 몇 가지 예이다.

3 무급노동의 경제적 가치

무급노동을 수행하는 개인은 경제적 불이익을 겪는다. 그러나 그것은 다른 누군가에게, 그리고 사회에 가치를 생산하고 있다는 말에 다름 아니다. 여성주의 경제학자들은 무급노동의 중요성 및 경제적 가치를 가시화하기 위해 무급노동을 화폐가치로 환산하는 작업을 해 왔다. 이 절에서는 무급노동의 경제적 가치를 평가하는 것이 어떠한 의의를 갖는지 그리고 구체적으로 경제적 가치를 평가하는 방법과 사례를 살펴보기로 한다.

1) 무급노동의 경제적 가치 평가 의의

여성주의 경제학은 남녀가 수행하고 있는 무급노동, 즉 자기 소비를 위한 농업 생산이나 사회 재생산에 보다 직접적인 함의를 갖는 무급 돌봄노동을 보이게 하기 위해 국가경제회계에 보이지 않는 경제의 화폐가치를 보완하려는 노력을 기울였다. 화폐경제를 무급경제보다 우위에 놓았기 때문에 취한 전략이라기보다는 화폐적 가치를 하나의 비교도구로 선택한 실용적인 접근이었다고 볼 수 있다(Abraham & Mackie, 2004; Folbre, 2008; Goldschmidt-Clermont, 1993; Ironmonger, 1996). 젠더경제학자들은 무급돌봄 서비스의 가치가 국가의 경제와 회계 흐름을 이해하는 데 중요한 거시경제 변수가 되어야 한다고 주장한다(Hirway, 2005).

우리나라에서도 UNDP의 권고로 생활시간조사가 1999년부터 실시되면서 여성이 주로 수행하던 무급 가사노동과 삶의 질을 조명하는 동시에, 무급 가사노동의 '생산성' 을 국가회계계정(National Accounting System)에 보완 · 반영하기 위한 노력이 있었다(김준영, 2003). 비시장노동이 주로 여성에 의해 수행되었음에 주목하면서 직업으로서의 '전업주부' 에 천착하여 전업주부의 생산성, 즉 전업주부 직군의 총소득을 산출한 김준영(2003)은 무급가내노동—가사노동, 돌봄노동, 자원봉사—의 가치를 평가하면 평가방법에 따라 GDP 대비 12.5%에서 16.3%에 이른다고 분석했다.

무급노동의 경제적 가치 평가에 대해 여성주의 경제학자들 내에서도 입장이 갈리고 있다. 무급노동의 경제적 가치 평가를 반대하는 사람들은 경제적 가치를 평가하는 것 자체가 무급 가사노동 수행자로서의 여성의 역할을 인정함으로써 남성은 시장노동에 참여하고 여성은 무급노동을 담당하는 성별 노동 분업 구조를 재생산하고 강화할 가능성이 존재한다고 본다. 또한 가사노동의 가치 평가는 가사노동에 특화하는 전업주부를 경제적으로 독립시킬 수도 없을 뿐만 아니라 가사노동자들의 임금 수준을 올릴 수 있는 것도 아니기 때문에 여성의 사회 · 경제적 지위를 근본적으로 변화시키지 못한다고 지적한다(Bergmann, 1981).

무급 가사노동 가치 평가를 옹호하는 사람들은 GDP에서 무급노동을 배제하는 것은 그것을 '비생산적' 이라고 보는 관념을 재생산하는 것이라고 주장한다. 무급노동에 화폐가치를 부여하는 것은 가정 안에서의 여성의 활동을 인정하고 그들의 경제적 기여를 공식화하는 효과를 낳는다(Himmelweit, 1995; Folbre, 1994). 나아가 무급 돌봄노동의 노동력 재생산에의 경제적 기여에 천착하여 노동력 재생산 비용 분담의 형평성을 도모하기 위해 경제적 가치 평가가 필요하다고 주장한다(Folbre, 1994). 이러한 주장은 전통적인 소비자 경제 이론에서 자녀를 소비재로 취급하여 자녀양육에 투입되는 시간을 공공화하기 위한 공적 지원을 가로막는 접근과의 단절을 의미한다.

많은 연구와 여론이 자녀양육비 부담을 저출산의 원인으로 지목했지만, 부모가 직면하는 실제적인 자녀양육비용 가운데 돌봄노동에 투입하는 시간에는 별로 주목하지 않았다. 다음 세대 인적자본을 생산하는 데 드는 총비용의 규모와 그러한 비용이 가정, 국가, 시장, 공동체 등이 어떻게 분담하고 있는지에 대해 정확한 정보가 없다(Abraham et al., 2004; Folbre, 2008). 가족의 자녀양육에 대한 적정 수준의 지원은 저출산 문제를 이미 심각하게 겪었던 국가들의 고민이었다. 이를 위해서는 정확한 자녀양육비용 파악이 전제가 되어야 하며 돌봄노동의 경제적 가치 평가는 이런 의미에서 중요한 작업이다. 부모의 자녀 돌봄노동은 여성만이 수행하는 것은 아니므로 가치 평가 자체가 남녀의 성별 분업을 강화하지는 않는다. 전업주부가 아닌 맞벌이 가구에서도 자녀양육이 이루어지고 있기 때문이다.

최근에 성평등정책으로 각광받고 있는 성인지 예산 정책은 무급 돌봄노동의 경제적 가치를 적극적으로 고려하도록 요구받고 있다. 성인지 예산은 성평등 항목으로 권리, 권력, 가치, 소득, 지출, 성폭력과 착취, 돌봄을 주고받을 책임, 권리, 기회 등과 더불어 무급과 유급노동에 투여하는 시간을 고려할 것을 천명하고 있다(Norwegian Ministry of Children and Equality).

성인지 예산 정책을 실시하기 위해서는 현재 남녀 불평등의 구조와 원인에 대해서 잘 알아야 하는데, 남녀 불평등을 유지하고 강화하는 요인 중에 가장 대표적인 것이 돌봄의 규범과 행위에서의 남녀 차이이다. 여성은 남성보다 훨씬 더 많은 시간을 돌봄에 할애하며 다른 어떤 행위보다 돌봄의 책임과 역할을 우선시하도록 도덕적으로나 사회적으로 강요되어 왔다. 돌봄노동 수행이 여성을 노동시장에서 주변화시키고 빈곤의 여성화를 초래하는 주된 요인이라고 볼 때, 정부 예산 및 정책이 성평등에 대해 긍정적 혹은 부정적 영향을 미치는지 여부를 판단하는 데 있어 무급 돌봄노동을 중요하게 고려해야 한다는 것이다. 예를 들어 무급 돌봄노동의 경제적 가치 평가를 통해 무급경제를 유급경제로 전환하는 데 소요되는 '실질' 비용을 파악하면 성인지 예산 정책을 세우는 데 도움이 될 것이다(Himmelweit, 2007). 많은 나라들에서 무급노동에 대한 경제적 가치 평가가 이루어지고 있는 만큼 이를 어떻게 정책적으로 효과적으로 이용할 것인가를 고민할 필요가 있다.

2) 무급노동의 경제적 가치 평가방법

우리가 일상적으로 접하는 공식 통계는 시장경제와 노동중심이다. 경제성장률, 즉 시장에서 생산된 재화와 서비스가 전년도에 비해 얼마나 증가했다거나, 고용률과 실업률, 노동시장에 참여하고 있는 사람들이 어느 정도 된다거나 돈을 벌기 위해 일거리를 찾는 사람들이 어느 정도 된다든가 하는 등이다. 이러한 공식 통계에서는 시장영역 밖에서 밥을 해 먹고 아이를 돌보는 데 드는 시간이 전년도에 비해 증가했는지 감소했는지에 관한 정보를 찾아볼 수 없다. 일반적으로 '경제'로 인정되는 경계 안에 무급노동이 들어가 있지 않기 때문이기도 하지만, 그러한 통계를 생산할 적절한 자료가 없기 때문이기도 하다.

그러나 우리나라를 비롯한 많은 국가들이 시간사용조사를 실시하고 있다. 시간사용조사는 개인이 특정 일에 어떠한 행동에 얼마만큼의 시간을 사용하였는지에 관한 정보를 수집한다. 전통적인 통계가 포괄하지 못했던 광범위한 경제활동에 관한 지표를 구축할 수 있는 유의미한 자료로 널리 인정받고 있으며, 시장노동과 비시장노동시간을 가장 정확하게 측정할 수 있는 자료로 각광받고 있다(Juster & Stafford, 1991).

그렇다면 인간의 어떤 활동을 무급노동으로 볼 것인가? 무급노동에 투입된 실제 시간을 어떻게 정의하고 측정하느냐 하는 문제는 무급노동을 개념화하는 데 있어 오랫동안 쟁점이 되어 왔다. 지금까지의 연구들은 무급노동을 정의하는 데 '제3자 원칙'을 사용하고 있다. '제3자 원칙'이란 한 개인이 수행하고 있는 특정 행위가, 본인이 아닌 제3자를 고용해 동일한 재화와 서비스를 생산하게 해서 내가 아닌 타인이 소비할 수 있도록 할 수 있다면 노동이라고 정의하는 것이다(Reid, 1934). 이러한 원칙에서라면 그 행위가 정신적 만족과 기쁨을 동반하는지의 여부에 상관없이 그 개인은 무급노동을 하고 있다고 보는 것이다(Folbre, 2008). 이 제3자 기준에 의하면 시장노동은 당연히 노동이며, 아이에게 미술관 견학을 시키는 일도 제3자를 고용해서 대신 가도록 할 수 있고 아이가 서비스의 수혜자이므로 노동이다.

그러나 실제로 무급노동시간을 측정하는 데는 사용하는 시간사용조사 자료의 내용과 특성에 의존할 수밖에 없다. 여러 나라에서 시간사용조사를 실시하고 있지만 제각기 조사내용이 달라 무급노동 측정에 일관된 기준이 없는 것이 현실이다(Folbre & Yoon, 2007). 부모의 돌봄노동을 예로 들어 보자. 시간사용조사는 기본적으로 응답자가 어떠한 종류의 '행동'을 했느냐를 묻기 때문에, 기록하는 과정에서 구체적이고 가시적인 행동이 수반되지 않은 행위들은 자녀양육시간으로 포착되지 않는다. 부모가 자녀를 위해 쓰는 시간 가운데 상당 부분은 먹이기, 씻기기, 재우기 등의 명시적인 형태의 돌봄노동 이외에 신체적 노력과 수고를 동반하지 않더라도 자녀를 보호 · 감독하는 시간들이 있다.

이렇게 '행동'에 초점을 두기 때문에 무급노동은 과소추정될 가능성이 존재하며, 이러한 이유로 '행동'에 기반하고 있는 시간사용조사의 한계를 극복하기 위한 시도들을 하고 있다. 예를 들어 미국의 시간사용조사는 "당신이 돌보고 있는 아이가 있었는가?(Was there a child in your care?)"라는 질문을 던져 '행동' 중심으로 묻는 자녀 돌봄시간의 한계를 극복하고 광의의 돌봄시간을 측정하려고 했다(Allard et al., 2007). 간접적으로 부모가 자녀의 주위에 대기 상태(available)로 있는 것도 자녀를 완전히 방임하지 않았다는 점에서 그 혜택을 자녀가 누리는 것이니 무급노동이라고 할 수 있다. 2003년 미국 시간사용조사 분석에 따르면, 5세 미만의 아동을 1명 이상 둔 모(母)는 '행동'을 기준으로 하면 2.8시간, 광의의 돌봄 개념을 기준으로 하면 10.8시간을 자녀 돌보기에 투입했다(Yoon, 2005).

응답자의 무급노동과 여가 구분에 대한 인식은 무급노동시간의 포괄적 측정에 영향을 미쳐 무급노동이 과소추정될 가능성이 있다. 돈을 벌 목적으로 하는 행위만 '일'이라는 관념을 내면화한 응답자의 인식 때문에 시간사용조사를 실시하는 과정에서 응답오류가 발생하는 것이다. 예를 들어 아이와 함께 박물관이나 전시회에 가는 행동은 응답자가 자녀의 복지를 위해 행했다고 의식적으로 판단하고 있지 않은 한, 자녀 돌보기보다는 전시회, 박물관이나 기타 행사 참여로 응답할 것이고 이는 여가로 분류된다.

다음 표 6-3은 한국의 생활시간조사에서 조사한 행동(activities)을 시장노동, 돌봄노동, 가사노동, 여가로 분류해 본 것이다. 무급노동시간은 돌봄노동과 가사노동에 포함되어 있는 행동들에 얼마만큼의 시간을 투입하는가로 측정한다.

무급노동에 투입된 시간을 측정하고 나면 단위시간당 가치를 적용하여 경제적 가치 평가를 하게 된다. 무급노동에 투입된 시간의 양과 적용할 가치를 추정하는 방법의 어려움으로 인해 합의된 접근법이 존재하지는 않는다. 그러나 크게 투입법(input approach)과 산출법(output approach)으로 나누어 볼 수 있다. 투입법은 시간의 양을 측정하고 투입된 시간에 임금률을 적용하여 가치를 산정하는 방법이다. 그리고 산출법은 무급노동시간의 가치를 산출물의 가격에서 중간투입물을 뺀 것, 즉 부가가치를 산정하는 것으로 도출한다. 무급노동시간의 생산성을 감안하여 가치를 평가할 수 있다는 점에서 산출법이 우월한 방법으로 평가받고 있으나, 노동시간의 양보다 산출물의 양을 측정하는 것이 훨씬 어렵다는 점 때문에 보통 투입법을 사용하고 있다(Goldschmidt-Clermont, 1993). 예를 들어 시간사용조사는 저녁밥을 짓는 데 얼마만큼의 시간을 투입했는지는 묻지만 몇 인분의 식사를 마련했는지는 묻지 않는다.

| 표 6-3 | 시간 배분 범주

구분	행 동
시장노동	주업, 부업, 일 중 휴식, 일 관련 연수, 집에 가져와서 일함, 구직활동, 일 관련 물품 구입, 기타 일 관련 행동, 출퇴근, 그 외 일 관련 이동
돌봄노동	신체적 돌보기, 아이에게 책 읽어 주기, 놀아 주기, 기타 미취학 아이 보살피기, 씻기기, 등하교 도와주기, 숙제 및 공부 봐 주기, 선생님과 상담 및 학교 방문, 기타 학생 보살피기, 자녀교육 관련 자원봉사, 가족 보살피기 관련 이동
가사노동	식사준비, 설거지, 식후정리, 간식 및 저장식품 만들기, 세탁 및 세탁물 널기, 옷 정리, 다림질 · 바느질 · 의류손질, 의류수선 · 세탁 서비스 받기, 재봉 · 뜨개질, 방 · 물품 정리, 집안 청소, 그 외 청소 및 정리, 집손질 및 관련 서비스 받기, 세차 · 차량 관리 및 관련 서비스 받기, 그 외 집 관리, 시장 보기, 쇼핑하기, 내구재 구매 관련 행동, 가계부 정리, 가정계획(저축 · 가족회의), 은행 및 관공서 일 보기, 기타 가사일, 가정관리 관련 이동
여가	교제 관련 전화통화, 가족 · 친척과의 교제, 그 외 사람들과의 교제, 성묘 · 벌초 등, 기타 교제 관련 행동, 외국어 관련 학습, 컴퓨터 관련 학습, 자격증 · 취업 관련 학습, 취미 관련 강습, 기타 일반인의 학습, 신문, 잡지, TV, 비디오, 라디오, CD · 테이프 등 음악 듣기, 컴퓨터 정보 이용, 개인적 종교활동, 종교 · 집회 모임 참가, 그 외 종교 관련 행동, 영화 · 연극 · 콘서트, 전시회 · 박물관, 스포츠 경기 관람, 기타 관람 및 행사 참여 관람, 걷기 · 산책, 등산 · 하이킹, 체력 단련을 위한 개인 운동, 그 외 스포츠, 드라이브 · 소풍 · 관광 및 구경, 그 외 집 밖의 레저활동, 독서, 컴퓨터 게임, 놀이, 그 외 취미활동, 유흥, 담배 피우기, 아무것도 안 하고 쉬기, 교제 및 여가활동 관련 물품 구입, 기타 여가 관련 활동, 교제활동 관련 이동, 그 외 여가활동 관련 이동

출처 : 생활시간조사 1999.

투입법에도 각각의 방법론에 깔고 있는 가정에 따라 기회비용법과 대체비용법이 있다. Folbre(2008)는 자녀 돌봄시간의 경제적 가치를 평가하면서 각각의 방법론에 깔려 있는 가정의 함의를 환기시키고 있다. 첫 번째 방법인 기회비용법은 자녀를 돌보는 데 투입한 시간을 대신 시장노동에 투입했다면 얼마나 벌었을 것인가라는 시나리오에 기초한다. 즉 자녀를 양육하는 시기 동안에 상실하는 소득을 기회비용이라 간주하는 것이다. 이 방법은 한 개인이 시장노동과 돌봄노동 간에 시간 배분을 통해 자신의 효용을 극대화한다고 가정한다. 즉 노동시장에 참여하고 있는 사람은 시장임금과 무급노동시간의 가치를 일치시키는 방식으로 시간 배분을 하고 있는 것이다. 따라서 이 방법에 기초한 자녀 돌봄시간의 가치는 부모 자신이 평가하는 가치라고 볼 수 있으며 부모의 시장임금을 가치평가의 잣대로 삼는다.

문제는 시장노동에 종사하지 않는 전업주부 같은 경우 시장노동에 참가했더라면 얼마를

벌 것인가라는 또 다른 가정에 의존해야 한다는 것이다. 또한 시장노동에서의 생산성, 즉 시장임금이 높은 사람의 무급노동의 가치 또한 높게 산정되는 문제가 있다. 예를 들어 대졸 학력자가 한 시간 설거지를 한 노동은 중졸 학력자가 한 시간 설거지를 했을 때보다 높게 가치 평가된다. 실제로 대졸 학력자보다는 중졸 학력자가 설거지를 더 깨끗이 짧은 시간 안에 끝낼 수 있음에도 불구하고 무급노동의 생산성과는 상관없이 가치 평가가 이루어진다는 점이 문제로 지적되었다. 일반적으로 임금률이 높은 남성이 여성보다 똑같이 한 시간의 무급노동을 했을 때 그 경제적 가치가 높게 평가되는 것도 같은 논리이다.

두 번째 방법인 대체비용법은 부모가 자녀 돌봄에 시간을 투입하지 않을 경우 그 시간을 대체하기 위해서는 얼마가 필요할까 하는 시나리오에 기초한다. 이 방법은 만일 부모가 아닌 제3자를 동원했다면 자녀를 양육하기 위해서 얼마만큼의 경제적 자원이 필요한가를 산출한다. 따라서 이 방법에 기초한 자녀 돌봄시간의 가치는 돌봄노동을 수행하는 사람이 노동에 부여하는 내재적 가치(intrinsic value)가 아니라 사회가 평가하는 가치라고 볼 수 있다. 따라서 부모 자신의 임금률 대신 시장에서 찾을 수 있는 대체재의 가격을 가치 평가의 잣대로 삼는다. 대체비용법은 가사노동의 생산성에 따른 인력의 숙련수준을 어떻게 가정할 것인가에 따라 전문가 대체비용법과 일반인 대체비용법으로 나눌 수 있다. 전자는 가사노동의 종류별로, 즉 요리하기와 청소하기를 전문적으로 수행하는 요리사와 청소부의 임금률을 사용한다. 후자는 요리하기와 청소하기를 한데 묶어 수행하는 가사도우미의 임금률을 사용하는 것이 보통이다.

기회비용법과 대체비용법 모두 가격이 없는 돌봄노동의 가치를 산정하기 위하여 시장에서 결정된 임금률을 적용한다. 따라서 시장에서 결정되는 임금률을 적용하는 데 따르는 여러 가지 문제가 발생한다. 첫째, 가사 서비스업 종사자의 임금 수준은 이미 여성의 일은 자연적이고 숙련이 필요하지 않다는 차별적인 임금 결정과정을 거친 것이다(England et al., 2002). 따라서 이들의 임금률을 적용하는 과정에서 돌봄노동의 가치가 이중으로 저평가된다는 비판을 하기도 한다. 둘째, 동일한 임금률의 적용은 돌봄노동의 생산성이나 질의 차이를 전혀 반영하지 못한다. 마지막으로 돌봄노동의 인격적·정서적 특성을 가치 평가 과정에서 온전히 반영하기 어렵다. 실제로 우리나라는 전업주부가 교통사고 등의 상해를 입었을 경우 손해를 산정하는 방식으로 건설일용직의 노임단가에 월별 근로일수인 22일을 적용하고 있다(권태희, 2009). 전업주부의 사망으로 그가 수행하던 가사 및 돌봄 서비스의 제공이 중단될 경우, 그에 대한 대체 서비스는 건설일용직이 수행하던 일에 준하는 수준과 동일하다고 보는 것이다. 전업주부의 노동의 가치를 일용노동자의 생산성과 동일하게 취급한 것은 돌봄노동의 인격적·정서적 특성을 간과하는 것과 다름없다.

윤자영(2010)은 대체비용법을 사용하여 자녀 1인을 0~18세까지 양육하는 비용을 계산했다. 기회비용법이 아닌 대체비용법을 적용한 이유는 저출산 고령화사회에서 부모가 자녀양육을 위해 지출하고 있는 비용을 만일 사회가 담당해야 한다면 얼마만큼의 돈이 필요할까라는 데 관심이 있었기 때문이다. 2004년 한국생활시간조사 자료를 사용하여 부모가 자녀를 위해 지출한 밥 짓기, 빨래하기 등 가사노동과 씻기기, 놀아 주기 등 돌봄노동의 시간을 구한 다음, 돌봄노동에는 '사회 서비스업 종사자' (직종코드 27, 6,577원)의 평균임금률을, 가사노동에는 '서비스업 관련 종사자' (직종코드 91, 3,934원)의 평균임금률을 적용하여 부모의 자녀 돌봄시간의 경제적 가치를 산정했다.

분석 결과, 맞벌이 가구에서 자녀 1인에 투자한 시간의 경제적 가치는 약 1억 2,000만 원이었고 홑벌이 가구에서 자녀 1인에 투자한 시간의 경제적 가치는 약 1억 8,000만 원이었다. 이것도 엄청나게 큰 가치라 생각할 수 있지만, 이 수치는 부모가 직접적으로 자녀를 돌보는 데 관련한 '행동' 만 포함한 것이다. 즉 부엌에서 요리하면서 혼자 놀고 있는 아이를 보호하고 있는 간접적인 돌봄노동은 여기에 포함되지 않는다. 부모가 자녀를 키우기 위해 시간비용만을 지출하는 것은 아니기 때문에 부모가 자녀에게 지출한 금전비용을 더해서 계산한 총비용을 살펴보니 맞벌이가 약 3억 8,400만 원이고 홑벌이 가구의 총비용은 약 4억 1,300만 원이다. 이 총비용 가운데 시간비용의 비중을 구해 보니 맞벌이 가구가 31%, 홑벌이 가구가 44%였다. 무시하지 못할 수준의 시간비용이 자녀를 돌보는 데 투입되고 있었지만, 무급노동의 경제적 가치와 기여를 간과하는 시각에서 이러한 비용은 없는 것으로 치부되고 만다.

가사노동이나 돌봄노동에 할애하는 시간이 적지 않다는 것은 누구나 알고 있다. 그러나 돈으로 환산해 보기 전까지는 무급노동이 얼마만큼의 가치를 가진 노동인지 인지하기가 쉽지 않다. 무급노동의 경제적 가치 평가는 바로 이런 이유에서 의미 있는 작업이며, 정책을 입안하는 데 유용하게 쓰일 수 있는 자료이다.

4 무급노동과 경제적 후생

무급노동은 개인과 가족이 생활에 필요한 재화와 서비스를 생산하고 그것을 소비함으로써 궁극적으로 그들의 경제적 복지 혹은 후생을 증가시키는 역할을 한다. 사람은 시장노동을 통한 화폐소득으로 구매한 재화와 서비스만으로 살아갈 수 없다. 은행 통장의 출입으로 기록되지는 않지만 개인과 가족이 밥을 짓고 청소를 하거나 아이의 기저귀를 갈며 노인을 수발하는 행위는 경제적 후생을 높이는 소득과 마찬가지의 역할을 한다. 여성주의 경제학자들은 이러한 시장노동과 무급노동의 경제적 후생에 대한 역할을 종합적으로 고려하지 않는다면 우리의 복지 수준을 왜곡해서 이해하게 된다고 지적한다.

여성주의 경제학자들은 경제성장을 측정하는 GNP(국민총소득)나 GDP(국민총생산)가 여러 가지 측면에서 인류의 복지 수준과 경제적 번영을 측정하는 데 좋은 지표가 아니라고 지적해 왔다. GDP는 시장 안에서 생산의 감소와 증가에 주목하게 할 뿐, 시장 밖의 생산의 감소와 증가에 관심을 두지 않는다. 아이를 어린이집에 맡겨 보육교사가 아이를 돌보게 하는 것은 생산이며 GDP를 증가시키는 행위이지만, 엄마가 아이를 직접 집에서 돌보는 일은 생산이 아닌 것이며 GDP에 아무런 기여를 하지 않는 일이 되어 버린다. 전체 경제의 절반가량이 가구 내에서 비화폐적인 경제행위인 무급노동에 의해 수행되고 있음에도 불구하고 GDP로 표현되는 경제활동 현황은 이를 감춰 버리는 역할을 한다. 경제행위를 화폐의 관점에서가 아니라 노동시간의 관점에서 분석할 때 지구 경제의 절반은 무급노동, 그리고 그것을 주되게 담당하는 여성이 움직이고 있음을 깨달을 수 있다(윤자영, 2012).

여성주의 경제학자들은 GDP 증가에 기반한 성장을 경제발전과 동일시하는 관점을 비판해 왔다. 이러한 의미의 '성장'은 인간 복지와 경제가 과연 진정으로 발전하고 있는가를 제대로 측정하는 데 실패하고 있다. 주류경제학은 생산된 물질생산의 총량을 극대화하기 위해 어떻게 제한된 자원을 가지고 가격의 조정을 통해 최적의 자원 배분을 선택할 수 있는가를 주된 관심 대상으로 삼는다. 이에 대해 여성주의 경제학자들은 인간생활의 공급(provisioning), 즉 인간의 생존에 필요한 재화와 생산과정에 초점을 맞추어 발전을 사고해야 한다고 강조해 왔다. 경제학은 인간이 삶을 지탱하고 번성하게 하기 위해 필요한 자원들을 조직하고 조달, 보존하는 것에 관한 학문이 되어야 한다고 정의한다. 인간의 생존이 경제학적 탐구의 핵심이 될 때 육아, 건강 유지를 위한 무급노동은 중요한 경제행위로 인정받게 된다(Nelson, 1996).

시장 거래와 생산을 바탕으로 한 경제성장과 소득 증가는 인류의 행복 수준과 행복의 집단 간 분배 상황을 정확히 반영하지 못한다(Michael, 1996; Folbre, 2009). 많이 벌게 되면 행복해지는가? 전보다 가구소득이 올라가면 가구의 복지 수준이 올라갔다고 할 수 있는가? 이에 대답하기 위해서는 가구소득이 실제로 가족구성원이 소비하는 것을 제대로 측정해 내고 있는가를 꼼꼼히 따져 봐야 할 것이다. 예를 들어, 두 가지 형태의 가구를 비교해 보자. A가구는 부부가 모두 전일제로 일을 하여 연간 3,000만 원을 벌고, B가구는 남편만 취업하여 연간 2,500만 원의 소득을 갖고 있다고 하자. 소득으로만 평가한다면 전자의 가구가 후자의 가구보다 경제적으로 훨씬 나은 생활 수준을 영위한다고 봐야 할 것이다. 그러나 만일 이 두 가구에 모두 미취학 아동이 있어서 A가구는 엄마가 일하기 위해 아이를 유료 어린이집에 보내야 하고 B가구는 엄마가 직접 아이를 돌보고 있다고 생각해 보자. 어느 집이 더 '잘산다고' 할 수 있는가? 비시장 영역에서 생산된 것까지 함께 고려할 때, 과연 전자가 후자보다 나은 수준의 생활을 영위하고 있다고 볼 수 있을까?

윤자영(2009)은 기혼여성의 취업은 소득의 증가와 가사 및 돌봄 서비스의 감소의 교환(trade-off)을 발생시킨다고 지적한다. 예를 들어, 미취학 아동을 둔 기혼여성의 취업은 보육비 지출이 선택이 아닌 필수 항목이다. 여성 취업은 홑벌이 가구에서는 발생하지 않았을 취업비용이나 가사 서비스 구매비 등 추가적인 지출이 발생한다. 이러한 취업비용과 비시장시간이 제공했던 복지 수준의 감소를 감안하지 않고 남성 홑벌이 가구와 맞벌이 가구의 소득 수준을 비교한다면 맞벌이 가구의 실질소득 수준을 과대평가할 가능성이 있다.

똑같은 수준의 소득이라 할지라도 시장에서 벌어들이는 화폐소득만을 감안하고 가족이 생산하는 서비스를 간과할 때 가족의 실제 복지 수준을 왜곡하게 된다. 1980년대 미국에서 기혼가구의 중위소득은 11% 상승했다고 한다. 그러나 부인이 미취업 상태에 있던 가구에서는 10년 동안 오직 1%의 소득 상승이 있었을 뿐이다. 즉 소득의 상승은 부인의 취업으로 인한 것이었다. 자본주의 경제체제가 제공한 여성의 경제활동 기회의 확장은 경제성장과 불가분의 관계에 있다. 가구소득의 증가가 과거보다 더 잘살게 되었거나 행복하게 되었음을 의미하는가? 가구의 경제적 자원이나 실질 생산품에 대한 접근(command)은 기혼여성의 취업으로 인해 변화했다. 여성이 전업주부로서 가사노동과 돌봄노동에 특화하지 않고 취업을 하면 가계생산 재화와 서비스를 통해 누리는 소비 수준은 감소할 수밖에 없다. 기혼여성의 소득을 전부 가구소득의 상승으로 취급하는 것은 실질소득의 증가, 경제성장률, 그리고 가구의 복지 수준을 과대평가하는 결과를 낳는다. 무급 가사노동과 돌봄노동을 화폐가치로 환산하여 시장과 비시장 영역에서 생산된 총재화와 서비스 양을 감안했을 때, 실제 우리가 역사적으로 경험한 경제성장률은 우리가 알고 있는 수준보다 낮다(Folbre & Wagman, 1993).

한 사회의 소득 분배에 대한 이해도 무급노동의 경제적 가치를 감안하지 않으면 올바른 이해가 불가능하다. 무급노동의 경제적 가치가 개인과 가족의 경제적 후생에 미치는 영향을 분석하는 연구들은 화폐소득과 무급노동의 경제적 가치를 합한 확대소득(extended income)에 기초해 소득 불평등을 분석해야 한다고 주장한다. 무급노동의 경제적 가치는 개인과 가구의 소비가능성(consumption possibilities)을 제고함으로써 확대소득에 기여하고 소득 불평등도를 낮춘다는 것이다.

Gottschalk와 Mayer(1994)는 Panel Study of Income Dynamics(PSID) 자료를 사용하여 확대소득이 소득 불평등에 미치는 영향을 분석했다. 그들은 고소득 가구에 비해 저소득 가구에서 가사노동의 경제적 가치가 확대소득에 기여하는 영향력이 더 커서 소득 불평등을 감소시킴을 보여 주었다. 또한 확대소득에 기반했을 때 한부모 가구와 양부모 가구의 소득 차이가 더욱 증가했다고 한다. 양부모 가구는 한부모 가구에 비해 무급노동에 투입하는 시간이 더 많기 때문이다.

Aslaksen과 Koren(1996)도 1990년 노르웨이 시간사용조사 자료와 소득 자료를 결합하여 시장소득보다 확대소득에 기초했을 때 지니 계수로 측정한 소득 불평등도가 감소했음을 보여 주었다. 또한 가사노동이 소득 불평등을 완화하는 정도는 세금이 소득 불평등을 완화하는 정도보다 더 컸다고 한다(1996). 윤자영(2009)도 한국생활시간조사 자료를 사용하여 무급 가사노동과 돌봄노동의 경제적 가치를 평가하여 확대소득(full income)을 추정했을 때, 화폐소득만을 고려하면 불평등지수가 0.357이었으나 확대소득으로 불평등지수를 계산하면 0.276으로 22.7% 정도 감소했음을 보여 주었다. 이러한 소득 불평등 완화 효과는 기혼여성이 비취업 상태에 있는 가구에서 더 크게 나타났다. 전업주부의 가사노동은 실질적으로 이 가구의 확대소득에 기여하고 있다는 의미이다.

빈곤율 추정에 있어서도 무급노동이 인간의 후생에 미치는 역할을 고려하지 않는다면 실제보다 과소추정하게 된다(Vickery, 1977; Douthitt, 2000; Harvey & Mukhopadhyay, 2007). 빈곤율은 전체 인구 가운데 빈곤선 이하에 있는 사람의 비중이 얼마나 되는지로 측정된다. 현재 설정되어 있는 빈곤선은 전업주부가 무급노동에 특화하는 홑벌이 가구가 사회경제 규범이던 시절에 설정되었다고 한다. 즉 당시에는 어느 가정에나 대부분 전업주부가 있었기 때문에 밀가루, 설탕, 버터를 살 돈을 최저생계비로 정하는 데 큰 문제가 없었다. 재료만 살 수 있으면 가정에서 무급으로 빵을 만들 수 있었기 때문이다. 그러나 오늘날 홑벌이로는 살기 어려운 사회에서 더 이상 집에서 빵을 만들 수 있는 사람이 없기 때문에, 빵을 만들 시간을 계산에 넣지 않은 최저생계비는 여가시간을 희생해야만 최저생계를 꾸릴 수 있게 되었음을 의미한다. 따라서 Citro와 Michael(1995)은 빈곤선을 설정하는 데 있어서 최저생계를 유지하는 데 필요한 가사노동의 경제적 가치를 고려해야 한다고 주장한다.

무급노동이 경제적 후생에 미치는 역할을 제대로 인정하고 분석하는 것이 특정 집단, 즉 여성이나 시장노동에서 경쟁력이 없거나 선택의 여지 없이 무급노동을 수행하고 있는 사람들의 무급노동 수행을 묵인하고 정당화하는 것을 목적으로 하지는 않는다. 무급노동이 개인 또는 가족의 경제적 후생에 긍정적인 영향을 미치는 것은 사실이나, 앞에서 보았듯이 무급노동의 경제적 불이익은 그 노동을 수행하는 사람이 감당할 수밖에 없다. 다만 이 절에서 살펴본 무급노동의 경제적 후생에서의 역할은 성별 분업을 정당화하기보다는 무급노동의 생산성에 대한 올바른 시각이 우리 경제의 발전과 행복의 진정한 수준을 이해하는 데 반드시 필요함을 강조하고자 하는 것이다.

5 시장노동과 무급노동에 대한 통합된 시각

지금까지 보았듯이 시장노동과 무급노동은 서로 밀접하게 연결되어 있다. 무급노동과 시장노동에 쓰는 시간은 동시 결정된다. 무급노동에 쓰이는 시간은 직접적으로 개인이 시장노동이나 시장 소득의 기회를 추구하는 활동에 영향을 미친다. 시장노동에 시간을 많이 쓸수록 무급노동에는 그만큼 적은 시간을 투입하게 된다. 시장노동과 무급노동에 시간 배분을 어떻게 할 것인가는 개인의 경제적 복지에 결정적인 영향을 미친다.

인간 삶에 필요한 재화와 서비스, 예를 들어 음식, 의료, 돌봄 서비스, 교육, 깨끗한 물, 위생, 주거, 교통수단을 공급하는 데 있어서도 두 가지 노동은 유기적으로 결합되고 있다. 특히 무급노동은 노동력을 재생산하고 사회를 재생산하는 활동에 꼭 필요한 생산행위이다. 무급노동으로 길러진 아이들은 자라서 근로자, 기업가, 납세자가 되며 아이들을 길러낸 부모나 연금을 타 가는 노인 세대만 그 혜택을 받는 것이 아니라, 아이를 길렀건 안 길렀건 상관없이 모든 사회구성원과 조직은 그 혜택을 누린다. 다시 말해 매일매일 무급노동을 수행하는 사람들은 노동력과 사회를 재생산하는 중요한 비용을 감당하고 있다.

시장노동과 무급노동의 경계는 돌봄과 교육 등 서비스를 공적으로 조직하는 방식을 결정하는 경제정책과 예산 결정의 영향을 받는다. 시장 자유화와 민영화를 통해 경제성장을 추구하는 정부정책은 노동력과 다른 자원이 무급경제에서 시장경제로 이동하도록 유도할 것이다. 이러한 정부의 정책이 한 사회의 경제적 번영과 개인과 가족의 경제적 후생에 어떠한 영향을 미치는지는 시장노동과 무급노동의 경제적 가치를 종합적으로 고려한 후 판단해야 함을 앞에서 살펴보았다. 공식 통계에서 잡히지는 않지만 중요한 역할을 하고 있는 무급노동은 우리 경제를 구성하고 이끌고 있는 한 축이며, 성별에 따른 노동시장 성과와 개인적 행복의 차이를 결정짓는다. 경제에 대한 온전한 이해와 행복하고 평등한 삶을 구성하기 위한 경제학의 올바른 역할을 위해서 무급노동에 대한 이해와 분석은 반드시 필요하다.

참/고/문/헌

권태희(2009), 한국의 여성 무급가사노동경제, 에듀컨텐츠.

김준영(2003), 한국의 여성노동경제, 서울 해남.

윤자영(2009), "기혼여성 취업이 근로빈곤에 미치는 영향", 이병희 외, 근로빈곤의 실태와 지원정책, 연구보고서, 한국노동연구원.

윤자영(2009), "Household Production and Extended Income Inequality: Evidence from South Korea," 여성경제연구, 6(2), pp. 31-59.

윤자영(2010), 비시장시간과 자녀의 인적자본 형성, 연구보고서, 한국노동연구원.

윤자영(2012), "성장 중심 경제 패러다임에 대한 비판과 지속가능한 발전", 여성학논집, 29(1), pp. 215-244.

이종숙 · 이택면(2011), 경력단절의 임금손실 추정, 연구보고서, 한국여성정책연구원.

Abraham, K. & C. Mackie, (eds). (2004), Beyond the Market, *Designing Nonmarket Accounts for the United States*, Washington, D.C., The National Academies Press.

Allard, M. D., S. Bianchi, J. Stewart, & V. R. Wight (2007), "Comparing Childcare Measures in the Atus and Earlier Time-Diary Studies," *Monthly Labor Review*, 130(5).

An, M. (2008), "Time Use and Gender Inequality in Korea: Differences in Paid, Unpaid and Non-Productive Activities," *Asian Women*, 24(3), pp. 1-23.

Anttonen, A. (2005), "Empowering Social Policy: The Role of the Social Care Services in Modern Welfare States," O. Kangas & J. Palme, *Social Policy and Economic Development in the Nordic Countries*, Basingstoke: UNRISD, Geneva and Palgrace Macmillan.

Aslaksen, I. & C. Koren (1996), "Unpaid Household Work and the Distribution of Extended Income: The Norwegian Experience." *Feminist Economics 2*(3), pp. 65-80.

Baulmol, W. J. (1967), "Macroeconomics of Unbalanced Growth: The Anatomy of Urban Crisis," *American Economic Review*, pp. 415-426.

Bergmann, B. (1981), "The Economic Risks of Being a Housewife," *American Economic Review 7*(2), pp. 8-86.

Becker, G. S. (1965), "A Theory of the Allocation of Time," *The Economic Journal*, 75(299), pp. 493-517.

Bittman, M. England, P. Sayer, L. C., Folbre, N. & Matheson, G. (2003), "When Does Gender Trump Money? Bargaining and Time in Household Work." *American Journal of Sociology*, 109(1), pp. 186-214.

Bonke, J., N. D. Gupta, & N. Smith (2005), "The Timing and Flexibility of Housework and Men and Women's Wages," in D. S. Hammermesh et al. (eds.), *The Economics of Time Use*, North Amsterdam: Elsevier Press.

Bryan, M. L. & A. S. Sanz (2007), Does Housework Lower Wages and Why? Evidence for

Britain, University of Oxford, Department of Economics, Economics Series Working Papers: 331.

Budig, M. J. & Misra, J. (2010), "How Care-Work Employment Shapes Earnings in Cross-National Perspective," *International Labour Review*, 149(4), pp. 441-460.

Citro, C. F. & R. T. Michael (1995), Measuring Poverty: A New Approach, Washington, D. C.: National Academy Press.

Cohen, P. N. (1998), "Replacing Housework in the Service Economy: Gender, Class, and Race-Ethnicity in Service Spending," *Gender and Society*, 12, pp. 219-231.

Dankmeyer, B. (1996), "Long Run Opportunity Cost of Children According to the Education of the Mother in the Netherlands," *Journal of Population Economics*, 9, pp. 349-361.

Davies, H., H. Joshi, & R. Peronaci (2000), "Forgone Income and Motherhood: What Do Recent British Data Tell Us?," *Population Studies*, 54, pp. 293-305.

Douthitt, R. A. (2000), "'Time to Do the Chores?' Factoring Home-Production Needs into Measures of Poverty," *Journal of Family and Economic Issues*, 21(1), pp. 7-22.

England, P., M. Budig, & N. Folbre (2002), The Wages of Virtue: The Relative Pay of Care Work, unpublished manuscript. department of sociology, Northwestern University.

England, P. & Folbre, N. (2003), "Contracting for Care," M. A. Ferber & J. A. Nelson, *Feminist Economics Today: Beyond Economic Man*, Chicago and London: The University of Chicago Press.

Esping-Anderson, G. (1999), *Social Foundations of Postindustrial Economies*, Oxford: Oxford University Press.

Folbre, N. (1994), "Children as Public Goods," *American Economic Review*, 84(2), pp. 86-90.

Folbre, N. (2001), "Accounting for Care in the United States," M. Daly, *Care Work: The Quest for Security*, Geneva: International Labor Office.

Folbre, N. (2004), "A Theory of the Misallocation of Time," N. Folbre & M. Bittman, *Family Time: The Social Organization of Care*, London and New York: Routledge,

Folbre, N. (2008), *Valuing Children: Rethinking the Economics of the Family*, Harvard University Press.

Folbre, N. (2008), "Inequality and Time Use in the Household," W. Salverda, B. Nolan, & T. Smeeding, *The Oxford Handbook of Economic Inequality*, Oxford: Oxford University Press.

Folbre, N. & Nelson, J. A. (2000), "For Love or Money- or Both?" *Journal of Economic Perspectives*, 14(4), pp. 123-140.

Folbre, N. & Wagman, B. (1993), "Counting Housework: New Estimates of Real Product in the U.S., 1800-1860," *The Journal of Economic History*, 53(2), pp. 275-288.

Folbre, N. & J. Yoon (2008), Economic Development and Time Devoted to Direct Unpaid

Care Activities: An Analysis of the Harmonized European Time Use Survey(Hetus), Background Paper for the Flagship Report on Poverty and Policy Regimes; UNRISD.

____________ (2008), "The Value of Unpaid Child Care in the U.S. In 2003," in J. Kimmel (eds.), How Do We Spend Our Time? Recent Evidence from the American Time-Use Survey, Kalamazoo, MI: W. E. Upjohn Institute for Employment Research.

Gardiner, J. (1997), *Gender, Care and Economics*, Macmillan.

Goldschmidt-Clermont, L. (1993), "Monetary Valuation of Non-Market Productive Time. Methodological Considerations," *Review of Income and Wealth*(39), pp. 419-433.

Gottschalk, P. & S. E. Mayer (1994), Changes in home production and trends in economic inequality, *The New Economics of Rising Inequalities*, D. Cohen, T. Piketty, & G. Saint-Paul, Oxford University Press.

Gronau, R. (1977), "Leisure, Home Production, and Work-the Theory of the Allocation of Time Revisited," *Journal of Political Economy*, 85, pp. 1099-1123.

Guryan, J., E. Hurst & M. Kearney (2008), "Parental Education and Parental Time with Children," *Journal of Economic Perspectives*, 22(3), pp. 23-46.

Hanson, S. L. & Ooms, T. (1991), "The Economic Costs and Rewards of Two-Earner, Two-Parent Families." *Journal of Marriage and the family*, 53, pp. 622-664.

Harvey, A. & A. Mukhopadhyay (2007), "When Twenty-Four Hours Is Not Enough: Time Poverty of Working Parents," *Social Indicators Research*, 82(1), pp. 57-77.

Hersch, J. & L. S. Stratton (1997), "Housework, Fixed Effects, and Wages of Married Workers," *The Journal of Human Resources*, 32(2), pp. 285-307.

Himmelweit, S. (2007), Taking Account of Care in Assessing the Gender Impact of Economic Policy, 2007 KWDI International Symposium on Gender Budgeting, Seoul, Korea.

Himmelweit, S. (1995), "The Discovery of 'Unpaid Work': The Social Consequences of the Expansion of 'Work'," *Feminist Economics*, 1(2), pp. 1-9.

Hirway, I. (2005), "Integrating Unpaid Work into Development Policy," Paper presented for the Conference on "Unpaid work and economy: gender, poverty, and Millennium Development goals" to be organized at Levy Economic Institute, New York, on October 1-3 2005, (http://www.levyinstitute.org/undp-levy-conference/papers/paper_Hirway-Session1.pdf)

Ironmonger, D. (1996), "Counting Outputs, Capital Inputs and Caring Labor: Estimating Gross Household Product," *Feminist Economics*, 2(3), pp. 37-64.

Juster, T. & F. Stafford (1991), "The Allocation of Time:Empirical Findings, Behavioral Models, and Problems of Measurement," *Journal of Economic Literature*, 29(2), pp. 471-522.

Kimmel, J. & R. Connelly (2007), "Mothers' Time Choices in the United States" Caregiving, Leisure, Home Production and Paid Work," *The Journal of Human Resources*, 42(3), pp. 643-681.

Keith, K. & P. Malone (2005), "Housework and the Wages of Young, Middle-Aged, and Older Workers," *Contemporary Economic Policy*, 23(2), pp. 224-241.

Matheson, G. (2003), "When Does Gender Trump Money? Bargaining and Time in Household Work," *American Journal of Sociology*, 109(1), pp. 186-214.

Michael, R. T. (1996), "Money Illusion: The Importance of Household Time Use in Social Policy Making," *Journal of Family and Economic Issues*, 17(3/4), pp. 245-260.

Molyneaux, M. (1979), "Domestic Labour and the Household," S. Burman, *Fit Work for Women*, Croom Helm, pp. 173-191.

Nelson, J. A. (1996), *Feminism, Objectivity and Economics*, London: Routledge.

Phipps, S., P. Burton, & L. Lethbridge (2001), "In and out of the Labour Market: Long-Term Income Consequences of Child-Related Interruptions to Women's Paid Work," *Canadian Journal of Economics-Revue Canadienne D Economique*, 34(2), pp. 411-429.

Reid, M. G. (1934), *Economics of Household Production*, New York: John Wiley.

Stratton, L. S. (2001), "Why Does More Hosuework Lower Women's Wages?:Testing Hypotheses Involving Job Effort and Hours Flexibility," *Social Science Quarterly*, 82(1), pp. 67-76.

Waldfogel, J. (1997), "The Effect of Children on Women's Wages," *American Sociological Review*, 62, pp. 209-217.

___________ (1998), "Understanding The "Family Gap" In Pay for Women with Children," *Journal of Economic Perspectives*, 12(1), pp. 137-156.

Vickery, C. (1977), "The Time Poor: A New Look at Poverty," *Journal of Human Resources*, 12(1), pp. 27-48.

Yoon, J. (2005), Measuring Unpaid Caring Work Using the Korean Time Use Survey: With a Focus on Methodological Issues, Manuscript, University of Massachusetts-Amherst.

PART 3

노동시장과 젠더

CHAPTER 07

노동시장에서의 차이와 차별

황 수 경

1 차별과 차이의 구분

'차별(discrimination)'은 정당한 대우를 받지 못한다는 것을 의미하여 다르다는 의미의 '차이(difference)'와는 구별되는 개념이다. 현상적으로 나타나는 격차(differential 혹은 gap)는 차이에 의해서 발생된 부분과 차별에 의해서 발생된 부분이 복합적으로 나타난 결과라 할 수 있다.

경제학적 의미에서 노동시장에서의 차별이란 특정 그룹의 구성원에 대해서 그의 '능력(ability)'에 따른 '보장된' 대우를 제대로 받지 못하는 것을 의미한다(Becker, 1971). 즉 노동시장에 서비스를 제공하는 사람 중에서 육체적으로나 정신적 능력에서 동일한 생산성을 가지고 있으나, 외견상 구별되는 특성(성, 인종, 민족)으로 인해 불공평하게 대우받는 경우를 노동시장 차별로 정의한다.

그러나 이러한 정의에도 불구하고 노동시장에서 실제로 차별과 차이를 구분하는 것은 용이하지 않다. 비주류 집단이 상대적으로 생산성에 열등한 특성을 갖는 것은 현재 시점에

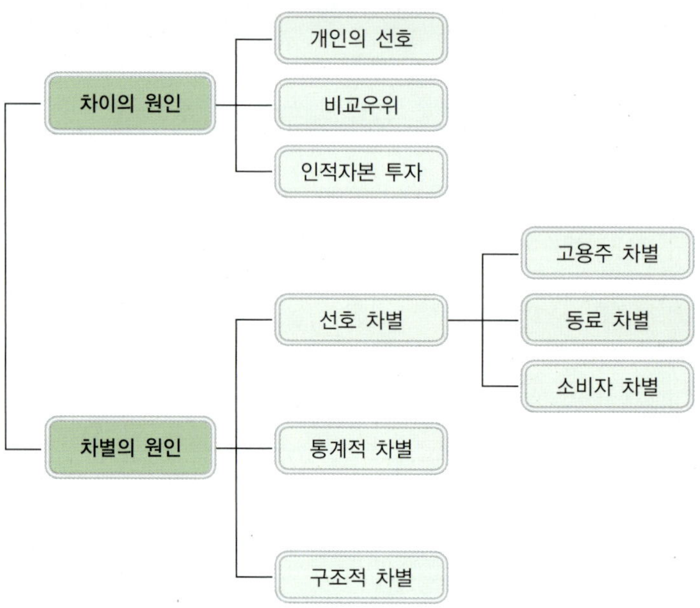

|그림 7-1| 차별과 차이의 구분

* 이 장은 2005년에 발간된 KDI 보고서 「노동시장에서의 차별과 차이」(유경준 · 황수경 공저)의 내용을 공저자의 양해를 구해 발췌, 재정리한 것이다.

서는 '차이'이지만 그러한 차이는 종종 노동시장 이전의 '차별'로부터 발생하기 때문이다. 그럼에도 불구하고 노동시장에서의 차별시정을 논의할 때는 차이와 차별의 구분이 중요하기 때문에 이를 개념적으로 정리하면 그림 7-1과 같다.

차별의 대상이 되는 특정 그룹을 경제적 소수자(economic minority)라고 하며, 우리 사회에서 대표적인 경제적 소수자로서 여성, 장애인, 고령자 등을 들 수 있다. 구체적으로 이들 그룹에 속한다는 이유로 임금을 다르게 받거나, 주어진 임금에서 일의 성격이나 강도가 다르다면 차별로 간주할 수 있다.

이를 간단한 임금방정식을 이용하여 설명하면 다음과 같다.

$$Y = X\beta + \alpha Z + e$$

위의 임금 Y에 대한 방정식에서 X는 생산성에 영향을 주는 요소들이며, 기업이 관찰할 수 있고 외생적이다. β는 생산성 요소와 관련된 추정계수 벡터이며, Z는 차별 여부를 포착하기 위한 변수로 개인이 비주류 집단에 속하면 1, 그렇지 않으면 0의 값을 갖는다. α는 그 추정계수로서 만약 α가 0보다 작게 추정된다면 그 집단은 차별받고 있다고 할 수 있다.

그러나 위의 식을 세부적으로 논의하면, 동일한 생산성을 정의하는 데 문제가 발생한다. 예를 들어, 미모의 뉴스앵커에 대한 소비자의 선호가 생산성의 합법적인 차이로 취급될 수 있는가? 이러한 소비자 선호는 성이나 인종으로 인한 선호와 어떻게 다른가? 또한 관찰된 생산성 요소의 추정계수 β의 결정요인이 외생적이 아니라 내생적이라면 문제가 생긴다. 예컨대 기술진보로 인하여 과거에 강한 육체적인 힘을 요구하던 직업에서 육체적 힘을 덜 요구하게 된 경우 여성의 평균생산성은 남성에 비해 증가하게 될 것이기 때문이다.

이와 같이 차이와 차별을 정의하는 데 여러 가지 고려해야 할 부분들이 있다. 특히 근로자의 미리 결정되고 관찰된 특성들로 이루어진 현재의 노동시장 차별과 이러한 특성들에 영향을 준 과거 차별적 요소들의 관련성을 파악하는 것이 필요하다. 마찬가지로 현재의 노동시장 차별 또한 미래의 생산성 요소에 중요한 영향을 미칠 수 있음도 강조될 필요가 있다. 만약 여성들이 스스로 특별한 직업에 취업되기 어려울 것으로 믿는다면, 그들은 그러한 직업에 필요한 기술에 대해 덜 투자할 것이고 이는 미래의 차이를 야기할 것이다.

요약하면, 생산성에 기초한 특성들에 대한 과거의 차별과 현재의 차별로 인한 효과를 구분하기는 어렵다. 최근 연구들을 살펴보면, 비주류 집단에 대한 과거 노동시장에서의 차별과 노동시장 이전의 차별은 미래세대의 인적자본 투자에 부정적인 영향을 주었으며 직업에 대한 항구적인 집단별 차이를 가져오게 했음을 강조하고 있다(Altonji & Blank, 1999).

2 차이의 원인

차별의 정의에서 살펴본 바와 같이 격차를 차이와 차별로 구분할 수 있다. 그러나 차이와 차별을 명확히 분리해 내기가 쉽지 않다. 여기에서는 차이를 가져오는 원인이 무엇인가에 대한 가설들을 중심으로 살펴보고자 한다. 임금과 직종, 고용 형태의 집단 간에 발생하는 차이는 개인의 선호로 인해 발생하는 차이, 비교우위에 의해 발생하는 차이, 인적자본 투자에 의해 발생하는 차이 등 크게 세 가지로 구분할 수 있다.

1) 개인의 선호

집단 간에 발생하는 선호 차이는 성별 차이를 이야기할 때 특히 중요하다. 사람들은 시장노동과 비시장노동, 블루칼라와 화이트칼라, 공공과 민간부문 같은 특수한 형태의 일에 대한 선호의 차이가 존재한다. 집단 간 개별적 직업특성들에 대한 선호의 분포와 일자리를 제공해 주는 고용주의 가치는 직종별 임금 분포뿐만 아니라 개별 집단들의 직종별 분포도 결정할 것이다. 예를 들어, 임금 차이의 이론에서는 만약 수학 및 과학적 지식을 필요로 하는 IT직종에 종사하는 고숙련 근로자들이 희소하다면 이러한 직종들이 더 높은 임금을 제시할 것으로 예상한다. 만약 이런 선호를 가진 근로자들이 또한 대부분 남자라면 그러한 직종들은 대부분 남자들에 의해서 충원될 것이고, 결과적으로 임금에 성별 격차가 발생하게 될 것이다.

따라서 이러한 선호가 발생하는 성별 차이의 원인이 무엇인가에 대한 연구가 필요하다. 개인의 선호는 직접적인 증거를 찾기가 어려우며, 시간이 지나면서 선호가 어떻게, 왜 변화되어 가는가에 대해서도 명확하지 않다. 양육이나 교육제도 등 노동시장 이전의 성차별은 선호에 대한 차이의 한 가지 원인일 수 있다. 물론 부모가 아들과 딸을 다르게 대하는 것은 시장 차별에 대한 합리적인 반응일 수 있다. 예를 들어, 자신의 딸이 전통적인 남성 위주의 직종 속에서 차별에 직면할 것을 아는 부모들은 자녀의 선호를 적합하게 맞추려고 노력해서 전통적인 역할에 맞도록 이끌 것이다. 그러나 이러한 원인과는 상관없이, 경쟁적 노동시장에서 개인의 선호에 대한 집단 간 차이가 노동시장 참가나 직종의 선택, 임금에 대한 집단 간 차이를 이끌 수 있는 예를 쉽게 찾아볼 수 있다.

2) 비교우위

집단 간에 발생하는 차이에 대한 경쟁이론에서 두 번째 중요한 요소는 비교우위에 대한 차이다. 비교우위에 대한 소득의 차이는 시장노동과 비시장노동 간, 그리고 직종들 간 근무시간의 배분에 영향을 미친다.

Becker와 Mincer, 그리고 가족경제학 분야의 많은 연구자들이 가사노동에 있어 여성의 비교우위에 근거해 성 역할의 재생산을 지적해 왔다. 역사적으로, 체력의 차이는 많은 노동시장 직종에서 남자에게 유리하도록 하였다. 따라서 성별 비교우위는 여성들의 선호와 기능에 대한 부모의 투자에 의해서 확대된 측면이 있으며, 부분적으로는 여성의 비교우위가 노동시장을 위해 준비된 남자와의 결혼에 의해 가치를 보상받을 수 있다고 여겨지기도 한다.

대부분의 인적자본 투자 모형들은 유용한 노동시장 기술에 대한 투자가 노동시장에서 시간을 많이 사용할 것으로 기대되는 사람에게 더 높게 이루어질 것이라고 분석한다. 즉 출산과 양육에 다년간 시간을 보낼 것으로 기대되는 여성들은 법이나 회계, 엔지니어, 그리고 기타 노동시장의 주요한 영역에서 훈련을 더 적게 받을 수 있으며, 대학이나 대학원 진학률도 더 낮을 것이다.

그러나 점차 초혼연령의 지연, 출산율의 하락, 결혼의 안정성이 하락함에 따라 남성과 여성 간의 전문화로 인한 차이가 줄어들 것이며, 생물학적 비교우위에 의해 발생되는 노동시장 성과가 감소해 갈 것이다. 실제로 지난 과거에 비해 점차 육체적 힘의 중요성이 감소하며, 지적인 기능과 대인관계에 대한 기능의 중요성이 증가함에 따라 비교우위에서 성별 차이를 더 많이 감소시키고 있다. 또한 이를 통해 여성의 교육 기회와 경력 패턴이 점점 더 남성과 유사해지고 있다.

3) 인적자본 투자

비교우위와 밀접하게 연관된 것이 인적자본 투자에 대한 집단 간 차이다. 기능획득이 시장생산성을 높일 경우, 그로부터 증가된 수익은 결국 교육과 훈련을 통해서 획득된 것으로 볼 수 있다. 다양한 형태의 인적자본 투자에 대한 수익은 학교 졸업 이후 대부분의 시간을 일할 것으로 기대되는 사람들에게서 더 높을 것이다. 특정 회사의 인적자본 투자와 노동시장 탐색 수익은 주로 전일제로 일하는 사람들에게서 더 높으며, 배우자에 의해서 다른 지역으로 이동하거나 비시장노동에 종사하기 위해 회사를 그만둘 것으로 기대되는 사람들에게서는 낮다. 즉 이런 성격의 소득 격차는 남녀 간 인적자본에 대한 투자가 다르고 그 결과 나타나는 생산성의 차이가 남녀 간 임금 격차에 반영된 것이다.

인적자본에 있어서 투자의 크기뿐만 아니라 투자의 연속성에서도 성별 차이가 있다. 여성의 경우 노동시장에 진입한 뒤에도 결혼 및 출산이나 자녀양육의 기간 동안 직장을 그만두는 경우가 많은데 이것은 인적자본 투자의 중단으로 해석할 수 있다. 이런 이탈기간 동안 인적자본의 축적이 중지될 뿐 아니라 이미 축적해 두었던 인적자본조차 시간의 흐름과 더불어 조금씩 낮아지게 되며, 이로 인해 노동시장 재진입의 어려움이 존재한다. 여성들은 경력단절로 인한 인적자본의 가치 저하를 예상하고, 앞으로 사용을 중단하더라도 가치가 크게 저하되지 않는 기능을 습득하는 경향을 보인다(Polachek, 1981). 이 경우 남녀 간 소득 차이는 어느 정도 여성들의 자발적 선택의 결과로 보아야 한다는 견해도 있다.

일반적으로 노동시장 이전의 차별은 여성의 교육의 질과 학문영역, 더 높은 교육으로의 접근성 등에 의해서 여성의 인적자본 투자를 감소시킨다. 최근 연구들(특히 미국을 제외한)을 살펴보면, 인적자본 투자에 대한 성별 격차의 원인으로 남성을 선호하는 부모의 차별을 강조하고 있다(Thomas, 1990). 여성의 대학입학이나 훈련 프로그램 참가에 대한 제한으로 인해 과거에는 여성들이 특정한 경력 기회를 얻기가 어려웠다.

점차 가구규모와 결혼 패턴의 변화가 발생함에 따라 성별 교육 격차가 줄어들고 여성의 학문영역과 직업의 선택이 남성과 유사해지는 방향으로 변화하고 있다. 이는 노동시장에서 성별 차이가 줄어드는 결과로 나타날 것이다.

집단 선호, 비교우위, 노동시장 이전의 인적자본 축적의 차이를 강조하는 이론들은 이후에 논의될 차별에 관한 이론들을 보완할 수도 있음을 인식할 필요가 있다. 왜냐하면 차별은 개인이 노동시장에 진입하기 이전이나 이후 모두 인적자본 투자에 영향을 줄 수 있으며, 따라서 집단 간 차이에서 발생될 수 있는 외생적인 노동시장 이전의 요소들로부터 노동시장 차별의 효과들을 분리해 내는 것은 쉽지 않은 일이다.

3 차별의 유형과 원인

특정 그룹에 대해 차별을 발생시키는 원인은 다양하지만 크게 구분하면 다음과 같은 세 가지 종류의 차별로 나타낼 수 있다.

첫째, 비주류 집단의 구성원과 교류하는 것을 싫어하는 주류 집단의 일부 구성원들에 의한 선호 차별(taste-based discrimination)이다. 즉 사용자, 동료, 고객 등이 특정 그룹에 대한 비선호나 편견을 갖고 있을 때 그로 인해 특정 그룹과 같이 일함으로써 받게 되는 비효용에 대한 보상이 필요하다. 따라서 노동시장이 경쟁적이고 개인 간에 생산성 차이가 전혀 없다고 하더라도 비효용에 대한 보상 프리미엄만큼의 임금 격차가 존재할 수 있다. 그러나 노동시장이 경쟁적일 때, 선호 차별이 없는 기업에 비해 선호 차별이 있는 기업은 이윤에서의 손실을 보게 되어 점차 시장에서 경쟁력을 상실하게 될 것이다. 즉 시장에서 경쟁의 존재는 중장기적으로 차별적인 기업을 도태시키고 비차별적인 기업을 확장시킴으로써 차별에 의한 임금 격차를 축소시키는 방향으로 작용할 것이다.

둘째, 비주류 집단 구성원의 숙련이나 행동 패턴에 대한 불완전한 정보로 인해 고용주들이 가지는 통계적 차별이다. 사용자는 개인이 채용되어 실제로 직무를 수행하기 전까지는 그 개인에 대한 정확한 정보를 갖지 못한다. 이 때문에 사용자는 개인의 실제 능력을 가늠할 수 있는 선험적 지식이나 정보를 근거로 개인의 생산성을 예측하게 된다. 학력이나 학벌, 자격 및 훈련이수 등이 이용되기도 하고 개인이 속한 그룹의 평균적 특성을 판단근거로 사용하기도 한다. 결국 이러한 통계적 차별에 의해 평균적으로 열등한 그룹에 속한 구성원은 개인적으로는 우수하다 하더라도 채용과정에서 차별을 받을 수 있다.

셋째, 노동시장이 구조적으로 나누어져 있을 때 차별이 발생할 수 있다. 노동시장이 1차 노동시장과 2차 노동시장, 독과점기업과 경쟁기업, 내부자와 외부자 등 다양한 구분에 의해 구조적으로 양분되어 있다면, 1차 노동시장, 독과점기업, 내부자는 시장지배력(market power)을 이용해 자신들이 누리는 우월적 지위를 유지하기 위해 진입장벽을 쌓고 차별관행을 지속시키려는 유인을 가진다. 이 유형의 차별은 일차적으로 채용과정에서 고용 차별의 형태로 나타나지만, 그 결과 노동시장에서는 주류집단과 비주류 집단 간 생산성 격차 이상의 임금 격차가 구조화되도록 만든다. 한국에 있어 중소기업과 대기업(또는 원청기업과 하청기업) 근로자의 임금 격차는 이러한 구조적인 차별에 기인한 측면이 많다.

차별의 원인들을 좀 더 구체적으로 구분하여 살펴보면 다음과 같다.

1) 선호 차별

(1) 고용주 차별

Becker(1971)는 차별을 선호에 따른 선입견에 의한 것으로 보았다. 그중에서 고용주 차별(employer discrimination)은 일부 고용주들이 비주류 집단(이하에서는 차별을 하는 집단을 A, 차별을 받는 집단을 B로 구분함)의 구성원들에 대해 선입견을 가지고 있는 상태로 정의했다. 고용주들은 특정 집단의 사람을 고용할 때 선입견의 금전적 가치와 이윤의 합을 포함하는 효용함수를 극대화시키는 것으로 가정된다.

이러한 선호 차별은 특히 기업의 규모가 작아 노 · 사 간에 잦은 상호접촉이 있는 경우 사용자의 개인적 선호로 인해 발생할 수 있으며, 공동체의 규범이나 사회 · 문화적 영향 때문에 발생할 수 있는데, 경쟁산업보다는 진입장벽이 놓인 내부노동시장을 가진 경제력 집중이 높은 독과점 대기업에서 고용주의 차별이 훨씬 심각할 것으로 예측된다.

전반적으로, 여성에 대한 편견을 가진 고용주의 수가 더 많아질수록 선호의 효력이 더 강해지며, A형과 B형 근로자들의 임금 격차도 더 커진다. Becker의 모형은 근로자 특성에 대해 시장 프리미엄을 지불하는 헤도닉 모형과 외형상 매우 유사하다. 근로자의 특성에 대한 가격은 B형 근로자들을 고용한 최소한의 편견을 가진 고용주의 선호에 의해서 결정된다. 이 모형은 B형 근로자들이 최소한의 편견을 가진 고용주에게 채용되어 A형과 B형 근로자들은 노동시장에서 분리되는 것으로 나타난다.

이 경우 경쟁적 시장에서 근로자를 차별하는 기업은 차별하지 않은 기업에 비해 경쟁력을 상실하게 된다. 즉 경쟁의 존재는 장기적으로 비차별적 기업을 확장시키고 차별적 기업을 도태시키게 되어 결국 차별이 적은 기업이 증가함으로써 B형 근로자에 대한 수요가 증가해 A형 근로자와 B형 근로자 간의 임금 격차는 축소될 것이다. 그러나 고용주들의 단체행동 또는 탐색의 어려움과 같은 다른 요인들이 결합된다면 비차별적 회사들의 확산 속도는 더뎌질 수 있을 것이다.

(2) 동료에 의한 차별

근로자 차별(employee discrimination)이란 주류 집단 A(남성)의 구성원들이 소수자 집단 B(여성)의 구성원들에 대해 편견을 갖고 있어서 비주류 집단의 사람들과 함께 일하기를 꺼리는 데서 발생하는 차별이다. 예를 들어, A형 근로자들이 B형 근로자들에 대해서 편견을 가지고 있는 경우를 가정하자. 만일 A형 근로자가 다른 A형 근로자와 근무하는 경우 받는 임금을 w라고 한다면, B형 근로자와 함께 일하는 경우 사용자에게 이보다 높은 $w+d$의 임금을 요구할 것이다. 이는 보상적 임금 격차(compensating wage differential)의 원리와 같다고 할 수 있다. 만일 사용자가 A형 근로자에게 높은 임금을 지급하지 않는다면 B형 근로자와 함께 일할 A형 근로자를 고용하기 어려울 것이다.

따라서 사용자의 입장에서는 A형 근로자에게 지급되는 임금을 줄이기 위해 B형 근로자의 고용을 회피할 경제적 유인이 존재한다. 또는 승진 등에 있어 A형 근로자를 우대하는 방법으로 A형 근로자에게 보상하는 차별이 발생할 수도 있을 것이다.

(3) 소비자에 의한 차별

마지막으로 Becker는 소비자 차별(consumer discrimination)의 모형을 제시하였다. A집단의 편견을 가진 소비자의 경우, A집단에 의해 서비스가 제공되기를 원하므로 그들이 B형 판매자로부터 물건을 사거나 서비스를 받게 될 경우 더 낮은 효용만을 얻게 된다. 결국 소비자와 접촉하는 직종에 일하는 B형 근로자의 노동시장 임금이 낮아지고, 제품의 가격이 낮은 경우에만 편견을 가진 소비자들이 B형 판매자로부터 물건을 구입할 것이다. 이러한 차별의 효과는 B형 판매자들이 오직 B형 소비자들과 편견 없는 A형 소비자들에게 판매할 때까지 영향을 미치게 될 것이다. 또는 B형 구성원들이 소비자와의 접촉이 없는 직종에서 일할 때까지 차별이 작용하여 직종분리 현상이 나타날 수 있다.

소비자의 편견이 존재하는 경우, B형 판매자가 제공하는 서비스의 가격이 p라고 하면 소비자가 주관적으로 느끼는 B형 판매자가 제공하는 서비스의 가격은 $p+d$로 상대적으로 높아진다. 따라서 B형 판매자가 제공하는 서비스의 높은 가격으로 인해 B형 근로자를 고용하는 기업 또는 B형 판매자가 운영하는 기업에 대한 수요가 감소하고, 이는 곧 기업에서 B형 근로자의 고용 감소로 이어진다.

만약 B형 판매자들이 이러한 일자리에 취업하거나 사업을 영위하려면 낮은 임금을 감수해야 하며, 또는 평균적인 A형 판매자보다 더 높은 질의 서비스를 제공해야만 할 것이다.

2) 통계적 차별

앞서 논의한 Becker류의 선호 차별은 고용주가 차별을 함으로써 일정 정도 효용을 얻을 수는 있을지 모르지만, 이윤에서는 손해를 감수해야 하는 상황을 묘사하고 있다. 이 때문에 선호 차별 이론은 장기적으로 차별하는 기업이 시장에서 도태될 수밖에 없을 것으로 예측하였다. 그러나 현실에서 차별은 소멸되지 않고 지속성을 가지고 있는 것처럼 보인다. 차별의 지속성은 Becker의 선호 차별 이론을 대신할 새로운 차별 이론을 요구하게 되었다. 통계적 차별의 개념은 Phelps(1972)와 Arrow(1973)에 의해 처음 도입되어 현재 노동시장에서의 차별을 설명하는 가장 영향력 있는 이론으로 다루어지고 있다.

통계적 차별 이론은 선호 차별에서의 두 가지 가정에 대해 의문을 제기한다. 첫째는 기업이 특정 집단을 선호하는 것처럼 보이는 것이 단지 효용 때문이 아니라 생산성과 연관되었을 수 있다는 것이고, 둘째는 기업이 의사결정을 해야 하는 상황에서 정보의 제약이 존재할 수밖에 없다는 것이다.

즉 근로자에 대해 충분한 정보를 갖고 있지 못한 상황에서 고용주는 성이나 인종과 같이 생산성이나 이직성향과 일정한 상관관계를 갖는 그룹의 특성을 이용해 근로자 개인의 성과를 예측하게 되는데, 이처럼 그룹 특성이 채용 및 임금 결정의 요소가 된다면, 고용주가 개별 근로자에 대해 특별한 편견이나 선호가 없다 하더라도 상대적으로 열등한 그룹에 속한 개인에 대해서는 통계적 차별의 결과가 나타날 수 있게 된다. 그리고 이러한 통계적 차별은 불완전 정보하에서 기업의 이윤추구 행동이 만들어 낸 결과이므로 현재 존재하는 차별(또는 차이)을 소멸시키기보다는 지속적이게 하는 힘으로도 작용할 수 있다.

구체적인 예를 살펴보자. 기업이 근로자 한 명을 추가로 채용하기 위해 채용공고를 냈고 여기에 A(남성)와 B(여성)가 응시했다고 가정하자. 두 응시자는 성이 다르다는 것 말고 연령, 학력 등 다른 통상적인 조건에서 동일하며, 고용주는 성에 관해 특별한 선호를 갖지 않는다. 고용주는 둘 중 한 명의 근로자만을 선발해야 하는데, 근로자를 채용하여 직접 일을 하기 전까지 그 근로자의 생산성과 예상비용을 정확히 알 수 없다. 이윤극대화를 추구하는 고용주라면 자신이 가지고 있는 모든 정보를 이용하여 어느 근로자를 채용하는 것이 기업이 얻을 수 있는 기대이윤을 증대시킬 것인가를 예측할 것이고 그에 부합하는 의사결정을 할 것이다.

기대이윤은 예상되는 생산성에서 예상되는 비용의 차이로 정의될 수 있다.

$$E(\pi_s) = E(p \mid I_s) - E(w + c \mid I_s),\ s = (\text{남성, 여성})$$

π는 이윤을 의미하고, p는 근로자의 생산성, w는 임금, c는 채용 및 훈련비용과 같은 고정비용을 의미한다. I_s는 고용주가 이용가능한 모든 정보의 집합으로서 그룹별 생산성과 비용의 기대치에 영향을 미치게 된다.

개인에 관한 정보가 제한되어 있는 상황에서 고용주가 그룹의 통계적 특성을 이용할 여지가 발생한다. 고용주는 과거 자신의 경험이나 평판, 또는 전국적 통계 등에 비추어 여성의 평균적인 생산성 또는 훈련비용, 장기간 이 회사에서 일할 확률 같은 변수들에 관한 일정한 판단을 갖고 기대를 형성할 것이다. 통상적인 의미에서 여성이 생산성과는 음의 상관관계가 있고, 이직성향과는 양의 상관관계가 있다는 통계적 사실이 반영되면 $E(\pi_{\text{남성}}) > E(\pi_{\text{여성}})$가 되어 고용주는 당연히 여성보다는 남성을 채용하기로 결정할 것이다. 여성인 응시자는 설사 실제로는 남성 응시자보다 더 높은 생산성을 발휘할 수 있다고 하더라도, 여성이라는 그룹에 속해 있다는 이유로 채용에서 불이익을 받게 된다.

결국 통계적 차별은 기업이 관찰할 수 있는 개인의 특성들이 생산성을 완전히 예측하지 못할 때 나타나게 되는 선별의 문제(screening problem)로 이해할 수 있다. 이 경우 기업은 생산성이나 이직성향과 일정한 상관관계를 갖는 것으로 나타나는 그룹 특성 정보를 이용해 근로자 개인을 평가하게 되는데, 이때 고용주가 그룹에 대해 특별한 편견이나 선호가 없다 하더라도 개별 근로자는 통계적 차별의 결과로 불이익을 받을 수 있다.

임금 차별을 주로 설명하고 있는 선호 차별과는 달리, 통계적 차별은 일반적으로 채용과 배치 문제에서의 차별에 초점을 맞춘다. 임금에 있어서의 차별은 초임에 한정되는 것이 보통이다. 이는 고용주가 근로자에 대한 정확한 정보를 갖지 못하는 상황을 염두에 두기 때문이다. 근로자가 채용되어 일정 기간이 지나면 고용주는 그 근로자에 대한 보다 정확한 정보를 갖게 되기 때문에 통계적 차별의 가능성이 훨씬 줄어든다. 통계적 차별의 핵심이 불완전 정보 상황에 있다는 점이 다시 한 번 강조될 필요가 있다.

불완전한 정보하에서 통계적 차별이 소수자 집단의 고용에 부정적으로 작용할 가능성은 두 가지 측면에서 찾아볼 수 있다.

첫 번째는 Phelps의 모형에서와 같이 노동시장에서 소수자 집단에 대한 정보가 양적으로 적기 때문에 정확성이 떨어진다는 것이다. 설사 생산성의 기대치가 같다고 하더라도 위험기피적인 고용주는 정보의 분산이 큰 소수자 집단보다는 분산이 적은 주류 집단의 근로자를 선호하게 될 것이다. 이러한 상황은 그림 7-2에 묘사되어 있다.

두 번째는 Arrow(1972)에 의해 제기된 문제로, 인적자본에 대한 투자 결정이 내생적이기 때문에 과거 차별의 결과로 소수자 집단의 투자가 덜 이루어져 현재의 생산성 기대치에

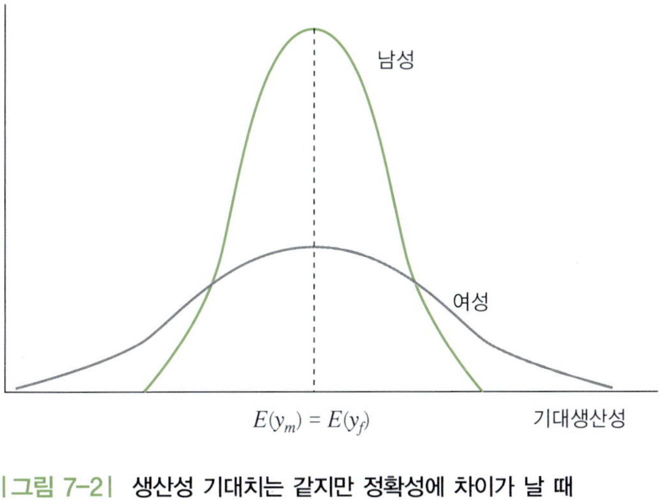

|그림 7-2| 생산성 기대치는 같지만 정확성에 차이가 날 때

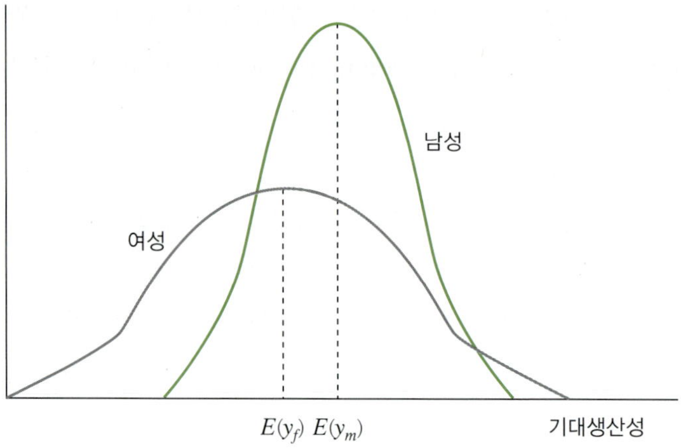

|그림 7-3| **생산성의 기대치가 다를 때**

차이가 날 수 있다는 점이다. 예컨대, 여성의 경우 동일한 학력을 가지고 있다고 하더라도 사회적인 스테레오타입(고정관념)에 의해 직업능력 개발에는 상대적으로 소홀하여 생산성 기대치가 남성보다 작을 수 있다. 이러한 상황은 그림 7-3에 묘사되어 있다.

두 경우 모두 통계적 차별이 발생할 수 있다. 이때 여성, 흑인, 장애인 등과 같은 소수자 집단에 속한 근로자 B는 그의 실제 생산성이 경쟁자인 남성/백인/비장애인 A의 생산성 이상이라 하더라도 고용주가 불완전한 정보 상황에서 의사결정에 그룹 특성을 추가로 고려한다면 채용에서 불이익을 받게 될 가능성이 존재한다.

고용주의 그룹 특성에 대한 평가는 올바른 정보에 기초한 것일 수도 있고 그렇지 않은 것일 수도 있다. 만일 통계적 차별이 올바르지 않은 정보에 의해서 도출된 것이라면 사용자들이 개인에 대한 보다 정확한 정보가 이용가능해짐에 따라 통계적 차별은 장기적으로 해소될 수 있다. 사용자의 학습효과(employer learning effect)가 존재할 것이기 때문이다.

그러나 통계적 사실에 있어서 올바른 정보를 이용한 경우라면 사정은 좀 달라진다. 이때 과거 차별의 결과로 나타난 통계적 차이를 현재의 채용에 이용하게 되기 때문에 생산성에 관해 부정적인 스테레오타입을 가진 그룹에 속한 근로자는 노동시장에서 차별을 받게 될 것임을 우려해 자신의 인적자본 투자를 줄이게 되므로 기존의 스테레오타입을 지속시키고 과거의 차별을 고착화시키는 결과를 초래할 수 있다. 즉 성이나 인종에 대한 스테레오타입이 해당 그룹에 속한 개인들로 하여금 자기 확인(self-conforming) 메커니즘으로 작용하면서 이른바 차별 균형(discrimination equilibria)이 존재할 수 있다는 것이다(Lundberg

& Startz, 1983; Coate & Loury, 1993b).

대부분의 국가에서 성이나 인종을 이용해 근로자 개인의 성과를 예측하고 이를 채용, 임금, 승진 등에 반영하는 것은 불법으로 취급되고 있다(disparate impact). 그러나 현실에서 이를 포착하기는 쉽지 않다. 이를 보완하기 위해 소수자 고용을 위한 우대조치(Affirmative Action)가 도입되고 있지만 그 실질적 효과에 대해서는 구체적인 입증 없이 여전히 논란이 많은 상황이다. 최근 연구들은 우대조치가 상황을 개선할 수 있지만 적정 수준을 벗어나는 경우에는 차등적 채용기준(biased hiring rule)에 의해 보호받는 구성원들의 숙련투자 유인을 감소시켜 오히려 상황을 악화시킬 수 있음을 지적하고 있다(Coate & Loury, 1993a; 1993b).

3) 구조적 차별

(1) 분단노동시장

시장경제에서 노동의 거래는 노동시장을 통해서 이루어지고 자유로운 이동과 임금경쟁이 가능하다고 가정한다. 그러나 실제 노동시장에서 자유로운 노동이동과 임금경쟁이 보장되기 위해서는 매우 엄격한 가정이 요구된다.

첫째, 노동시장에 동일한 수많은 직무 · 직장이 있고 수많은 근로자가 있어서 서로 독립적으로 자유롭게 계약 및 재계약을 할 수 있어야 하며, 둘째, 모든 거래자들이 수요와 공급 및 임금 등에 대해 완전정보를 가지고 있어서 자신에게 이익이 되는 방향으로 자유롭게 계약 · 재계약을 할 수 있어야 한다.

그러나 현실의 노동시장이 이러한 조건을 충족시키고 있다고 말할 수 없다. 직무 · 직장과 근로자의 이질성, 또는 불완전한 정보 상황이 존재한다면 노동시장에서 근로자의 자유로운 이동과 임금경쟁은 제약을 받게 된다. 이처럼 두 시장 간에 유동성의 단절이 일어나 노동시장이 질적으로 상이한 두 개의 시장으로 구분되는 이중노동시장(dual labor market)이 만들어지면, 비주류 집단에 속한 구성원들은 2차 노동시장에 진출할 수밖에 없고 임금에서도 상대적으로 불이익을 받게 되는 구조적 차별(structural discrimination)에 직면하게 된다.

대부분의 제도학파와 케인즈학파는 노동시장이 1차 노동시장과 2차 노동시장, 독과점 기업과 경쟁기업, 내부자와 외부자 등의 다양한 구분기준에 의해 양분되어 있음을 인정한다(Osterman, 1984; Shapiro & Stiglitz, 1984; McDonald & Solow, 1985; Lindbeck & Snower, 1986). 이 경우 1차 부문은 높은 임금, 좋은 근로조건과 직장안정성, 양질의 교육훈련, 승진가능성, 그리고 일에 대한 노력의 강도에 대한 합당한 보상 등의 특성을 가지며, 2차 부문은 저임금, 열악한 근로조건, 해고 및 실직의 위험, 현장훈련 기회의 결여, 승진 기회의 결여, 자의적인 보상체계 등의 특징을 갖고 있다. 주로 1차 부문은 남성 핵심연령층과 같은 주류 집단으로 구성되어 있는데, 이들은 자신들이 누리는 우월적 지위를 유지하기 위해 진입장벽을 쌓고 차별관행을 지속시키려는 유인을 가지게 된다.

예컨대, 1차 노동시장의 핵심인 대기업은 근로자에 대한 동기부여제도를 시행하고 장기계약관계를 맺는 경향이 있어 진입장벽이 만들어진다. 이러한 진입장벽에 의해 여성, 중·고령자 등 비주류 집단의 채용이 쉽지 않기 때문에 비주류 집단은 2차 노동시장으로 몰릴 수밖에 없게 된다. 새로 노동시장에 진출하는 여성 근로자들의 상당수가 1차 부문에 편입되지 못하고 저임금 사무직, 서비스, 의료 및 교육 분야의 하위직 등 노동의 단순화, 탈숙련, 동질화(de-skilling)가 상당 부분 진행된 영역이나, 소위 2차 노동시장에 고용되는 경향을 보이는 것도 구조적 차별에 의한 진입장벽에서 그 원인을 찾아볼 수 있다.

그림 7-4와 그림 7-5는 노동시장에 1차 부문과 2차 부문이 존재할 때 임금과 고용의 결정 메커니즘을 보여 준다. 양 부문이 충분히 경쟁적이고 자유로운 이동이 이루어질 때의 균형상태에서는 양 부문에서의 임금은 동일한 수준에서 결정되고(그림 7-4 참조), 실업은 공급측면의 원인, 즉 의중임금이 높은 상황에서만 존재한다.

만약 1차 부문의 고용이 고정되어 있고(L') 대부분의 노동자들이 1차 부문에서 일하기를 선호한다고 하면 양 부문 간에 임금 격차($w - w'$)가 발생하게 되는데, 이때의 격차 d는 보상격차로 설명될 수 있다(그림 7-5의 L'). 그러나 1차 부문이 교섭력을 가진 내부자 시

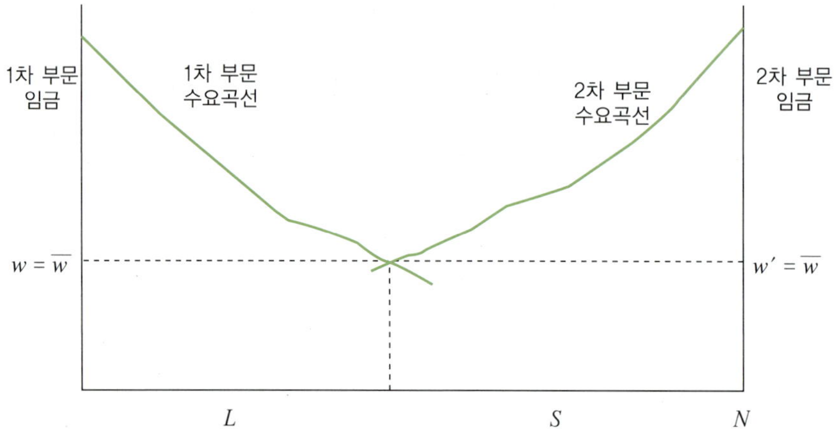

|그림 7-4| 양 부문이 충분히 경쟁적이고 자유로운 이동이 이루어질 때

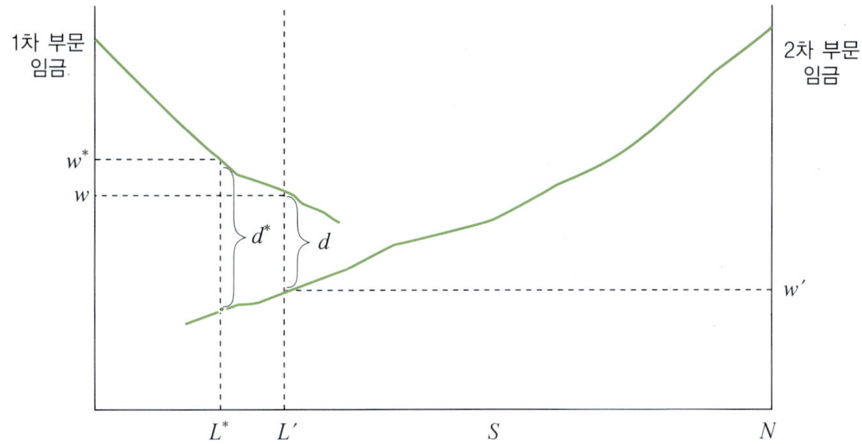

| 그림 7-5 | **1차 부문과 2차 부문이 분절되어 있을 때**

장이고 2차 부문은 그렇지 못하다면 상황은 여기서 그치지 않는다. 1차 부문의 내부자는 임금을 일정 수준 이상(w^*)으로 유지하기 위해 교섭력을 발휘할 것이고, w^*의 임금을 유지하기 위해서 기업은 고용을 더 축소하게 ($L' \rightarrow L^*$) 될 것이다.

기업은 인원수 조정, 정규근로자 신규채용 억제, 명예퇴직 및 조기퇴직 등 다양한 형태로 정규직 인력 축소를 꾀하고, 더 나아가 내부노동시장에 편입되지 못한 노동자를 중심으로 비정규화, 아웃소싱으로 대응하게 된다. 1차 부문으로의 진입은 더욱 어려워지고 2차 부문은 더욱 경쟁적이 된다. 이에 따라 2차 부문의 임금 수준은 더욱 떨어지고 결과적으로 임금 격차가 더욱 확대된다(그림 7-5의 d^*).

그러나 이중노동시장 및 분단노동시장 이론에서 제기하는 차별은 실증적으로 분석하기가 쉽지 않다. 차별의 원인이 되는 노동시장의 분단구조가 실재하는가의 문제부터 입증할 필요가 있고, 그 구분기준도 논란의 여지가 있다. 한편, 시장의 경쟁을 통해서 또는 분단에 반대하는 노조의 역할에 따라 노동시장의 분절은 완화될 수 있다.

(2) 근로자 간 분절성

노동공급구조에서의 분절성이 차별을 야기할 수 있다는 설명도 있다. 근로자 집단 간 이질성 및 분절성이 소수자 집단에 대한 차별의 원인이 될 수 있음에 주목한 대표적인 연구자는 Lang(1986)이다. Lang은 인종차별의 원인을 분석하면서 '언어'로 대표되는 백인과 흑인 간의 상이한 문화가 차별을 야기할 수 있음을 분석하였다. 집단 간 이질적인 문화와 언어는 집단의 구성원이 뒤섞여 있을 때 커뮤니케이션의 거래비용을 높이며, 결국 그 거래비용은 주류에 편입하려는 소수자 집단의 구성원이 부담하게 된다는 것이 주된 논점이다.

두 개의 언어사회(speech community)를 가정하자. 백인은 백인의 언어로, 흑인은 흑인의 언어로 생활한다. 두 사회에서의 서로 다른 자본-노동 비율이 존재하기 때문에 집단 간 거래가 이루어지는데, 예컨대 백인사회는 자본을 많이 보유하고 있어 백인 혹은 흑인 근로자를 고용하게 된다.

백인인 고용주는 세 가지 옵션을 생각해 볼 수 있다. 첫째는 백인만을 고용하는 것이고, 둘째는 백인의 언어를 배운 흑인들을 고용하는 것이고, 셋째는 백인의 언어를 모르는 흑인들만 고용하되 고용주 자신이 흑인의 언어를 배우는 것이다. 근로자 수를 n, 백인의 임금과 흑인의 임금을 각각 w_A와 w_B라 하고, 상대방의 언어를 배우는 데 드는 비용을 d라 하면 세 가지 옵션에서 고용주의 비용은 다음과 같이 된다.

$$\text{i) } C = nw_A$$
$$\text{ii) } C = n(w_A + d)$$
$$\text{iii) } C = nw_B + d$$

고용주가 한 명 이상의 흑인 근로자를 고용한다면 그에 드는 비용은 백인 근로자를 채용했을 때보다 적거나 같아야 한다. 두 번째 옵션(ii)은 항상 세 번째 옵션(iii)보다 크므로 첫 번째 옵션(i)과 세 번째 옵션(iii)의 비용을 비교하면 다음과 같은 식이 도출된다.

$$w_B \leq w_A - \frac{d}{n}$$

따라서 백인과 흑인 간의 임금 격차는 d/n 이상이 된다. 즉 고용주는 흑인 근로자에게 임금 격차의 형태로 훈련비용을 전적으로 부담 지우게 된다.

'언어'로 표현되는 집단 간 문화적 차이는 여성과 남성의 경우에도 유사한 맥락에서 적용될 수 있다. 여성이 소수인 직업 분야에서 남성 관리자나 남성 동료들과의 원만한 의사소통이 이루어지지 않으면 충분한 생산성을 발휘할 수 없는 경우가 많은데 이를 위해 드는 거래비용은 여성이 전적으로 부담해야 하는 상황이 발생하게 된다. 이러한 부담은 더 적은 임금 혹은 더 많은 노력의 형태로 여성에게 부가된다. 여성의 문화, 남성의 문화로 구분 짓는 사회적 스테레오타입이 강조될수록, 그리고 여성의 과소대표성이 심할수록 소수자인 여성이 받는 불이익, 즉 구조적 차별이 그만큼 커질 것으로 예측할 수 있다.

4 맺음말 : 차별의 비효율성에 대하여

대부분의 국가에서 차별에 노출되어 있는 여성이나 장애인을 대상으로 차별을 금지하기 위한 정부의 정책적 개입이 이루어지고 있다. 그러나 차별을 줄이기 위한 정책적 개입이 논의될 때마다 논란이 되는 것이 바로 경제적 효율성의 문제이다. 즉 차별을 금지하는 정책적 개입이 이루어진다면 형평성의 측면에서는 사회에 기여할 것이지만, 효율성의 측면에서는 그에 상응하는 대가를 치러야 할 것이라는 인식이 지배적이다.

그러나 효율성을 말할 때 많은 경우 차별의 사회적 비용을 간과한다. 차별의 사회적 비용이란 사회 전체가 차별로 인해 감수해야 하는 손실을 의미한다. 차별의 사회적 비용을 금전적인 손실에 한정하면 차별이 없었다면 달성할 수 있었던 사회적 부(혹은 사회적 생산)와 비교할 때 차별이 존재함으로써 잃어버린 사회적 부(혹은 사회적 생산)라고 정의할 수 있을 것이다. 따라서 차별받는 집단, 차별받지 않는 집단, 그리고 차별하는 집단에 미치는 모든 직접비용 효과가 포괄되어야 함은 물론, 차별로 인해 인적자본 투자에 누수가 발생하는 경우 그것이 잠재적인 사회적 부에 미치는 손실 역시 사회적 비용에 포함되어야 한다. 또한 차별이 사회적 갈등을 야기해 그에 따른 비용이 발생한다면 그러한 갈등비용 역시 사회적 비용에 포함된다.

Becker의 선호 차별 이론하에서 차별은 차별받는 근로자 개인은 물론 기업에 대해서도 추가적 비용을 발생시켜, 차별의 시스템이 경쟁적 시장하에서 장기적으로 유지될 수 없음을 보이고 있다. 개인적 비용과 사회적 비용 모두 명백히 비효율성을 의미하는 것으로서 그 측정에 그다지 중요성을 부여하지 않았다.

그러나 통계적 차별 이론이 도입되면서 차별의 사회적 비용에 관해 다양한 논의가 전개되고 있다. 앞서 논의된 바와 같이 통계적 차별은 불완전 비대칭적 정보 상황이라는 조건하에서 기업의 합리적 선택에 의해 발생하는 차별이다. 따라서 통계적 차별은 기업이 부족한 정보 상황을 특정 집단의 평균적 특성을 이용하여 보완함으로써 보다 유능한 인재를 선발하는 메커니즘으로 작동한다.

이 때문에 초기 통계적 차별 이론에서는 효율성이나 비용보다는 통계적 차별의 결과로 발생하는 분배의 결과에 대해서만 주로 논의하였다(Arrow, 1972, 1973; Phelps, 1972; Aigner & Cain, 1977). 후생경제학적 관점에서 차별의 효율성을 처음으로 논의한 Cain(1985)도 통계적 차별을 시정하기 위한 정부정책은 형평성의 기준에서는 강력한 근거를 갖지만 효율성의 기준에서 보면 그렇지 못하다는 결론을 내리고 있다.

그러나 최근 연구에서는 통계적 차별의 비효율성을 본격적으로 논의하기 시작하였다. Schwab(1986)은 정보의 비대칭성으로 발생하는 레몬시장 논의를 노동시장에 적용하여 제한된 정보 상황으로 인한 기업과 근로자의 선택이 얼마만큼의 사회적 효율성 손실을 가져올 수 있는지를 분석하였다. Lundberg와 Startz(1983)는 통계적 차별에 의해 저평가되는 집단의 근로자들은 그들의 투자성과가 낮을 것을 예상하여 투자를 기피하는 결과를 초래함으로써 사회적으로 인적자본의 양을 줄이고 교육투자 비용을 사회적 필요 수준 이상으로 높이는 비효율이 발생할 것이라고 분석하였다.

통계적 차별은 근로자의 동기부여에도 악영향을 미칠 수 있다. 근로자의 능력이나 생산성은 고정되어 있다기보다는 직무수행의 과정에서 얼마든지 변할 수 있다. 직무 매칭의 결과가 크게 반영되고, 인센티브에 의해 노력의 양을 달리할 수도 있고, 공정성에 대한 판단이 사기를 저하시키기도 하고 진작시키기도 한다. 이러한 요소들이 근로자의 생산성에 지대한 영향을 미친다는 것이 최근 많은 연구들에 의해 밝혀지고 있다. Coate와 Loury (1993)는 다른 집단에 속한 개인들의 숙련에 대한 기업의 사전적 판단은 동일한 능력을 가진 집단이라 하더라도 다른 숙련 수준을 갖게 되는 균형을 만들어 낼 수 있음을 분석하였다. 결국 차별이 존재할 때 부정적인 스테레오타입을 가진 그룹에 속하는 근로자는 자신이 발휘할 수 있는 노력의 최대치를 발휘할 수 없게 됨으로써 사회적 비효율을 야기할 수 있는 것이다.

그러나 통계적 차별을 단순한 비용이나 비효율로만 보는 데 대한 반론도 적지 않다. Norman(2003)은 통계적 차별이 근로자 개인에 대해서 더 정확한 정보를 제공하는 신호기제로서 단순히 시장실패로 간주하기보다는 그 효율성에 대해 보다 엄밀한 분석이 필요하다고 지적한다. 특히 정보의 역할을 재평가하고 한 사회에서 더 나은, 보다 정확한 정보를 생산함으로써 효율성 이득을 증가시킨다면 통계적 차별은 사회적 후생을 개선시킬 수도 있다는 점을 강조한다.

더 나아가 통계적 차별에 이르면서 차별의 영역이 불분명해지는 측면도 존재한다. 차별화로 인한 선발비용의 감소, 전문화와 자기선택에 의한 분류(sorting) 효과, 효율임금 가설 등 다양한 측면에서 과거 차별 논의를 대체하고 있다. 차별의 사회적 비용은 현실의 조건에서 이러한 복합적인 효과의 결과로서 나타날 것이고, 이런 다양한 현상을 하나의 잣대로 파악하는 것이 바람직하지 않을 것이다. 따라서 차별에 의해 발생하는 비효율이나 사회적 비용을 계량적으로 이해하기보다는 비효율을 발생시키는 구조에 대한 이해가 더 절실할 것으로 판단된다.

참/고/문/헌

Aigner, D. J. & G. C. Cain (1977), "Statistical theories of discrimination in the labor market," *Industrial and Labor Relations Review* 30, pp. 175-187.

Akerlof, G. A. (1970), "The Market for 'Lemons': Quality Uncertainty and the Market Mechanism," *The Quarterly Journal of Economics*, Vol. 84, No. 3, pp. 488-500.

Akerlof, G. A. & J. L. Yellen (1990), "The Fair Wage-Effort Hypothesis and Unemployment," *The Quarterly Journal of Economics*, Vol. 105, No. 2, pp. 255-283.

Altonji, J. G. & R. M. Blank (1999), "Race and gender in the labor market", in *Handbook of Labor Economics*, Vol. 3, Ashenfelter, O. & D. Card (Eds.), Amsterdam: North Holland, pp. 3143-3259.

Arrow, K. J. (1972), "Models of Job Discrimination," and "Some Mathematical Models of Race in the Labor Market," in A. H. Pascal (ed.), *Racial Discrimination in Economic Life*, Lexington, Mass.: Lexington Books, 1972, pp. 83-102 and pp. 187-204.

Arrow, K. J. (1973), "The theory of discrimination," in *Discrimination in Labor Markets*, O. Ashenfelter & A. Rees (eds.), Princeton: Princeton University Press, pp. 3-33.

Ashenfelter, O. & R. Oaxaca (1987), The Economics of Discrimination: Economists Enter the Courtroom, *American Economic Review*, 77(2), pp. 321-325.

Becker, G. S. (1967), *Human Capital and Personal Distribution of Income: An Analytical Approach*.

Becker, G. S. (1971), *The Economics of Discrimination* (2nd ed.), Univ. of Chicago Press.

Cain, G. G. (1985), Welfare Economics of Policies toward Women, *Journal of Labor Economics*, Vol. 3, No. 1, Part 2: Trends in Women's Work, Education, and Family Building., pp. S375-S396.

Coate, S. & G. C. Loury (1993a), "Antidiscrimination Enforcement and the Problem of Patronization," *American Economic Review*, 83, pp. 92-98.

Coate, S. & G. C. Loury (1993b), "Will Affirmative-Action policies eliminate negative stereotypes?", *American Economic Review*, 83, pp. 1220-1240.

Lang, K. (1986), "A Language Theory of Discrimination," *Quarterly Journal of Economics*, Cambridge: May 1986. Vol. 101, Iss. 2, p. 363 (20 pages).

Lazear, E. P. (1995), *Personnel Economics*, The MIT Press.

Lindbeck, A. & D. J. Snower (1986), "Wage Setting, Unemployment, and Insider-Outsider Relations," *American Economic Review*, 76(2), pp. 235-239.

Lundberg, S. J. & R. Startz (1983), "Private discrimination and social intervention in competitive labor markets," *American Economic Review*, 73, pp. 340-347.

McDonald, I. & R. Solow (1985), "Wages and Employment in a Segmented Labour Market," *Quarterly Journal of Economics*, Vol. 100, No. 4, November 1985.

Norman, P. (2003), "Statistical Discrimination and Efficiency," *Review of Economic Studies*

70, pp. 615-627.

Osterman, L. E. (1984), "Benthic Foraminiferal Zonation of a Glacial-interglacial Transition from Frobisher Bay, Baffin Island, N.W.T., Canada," in Oertli, H.J.(ed.), Benthos 83, pp. 471-476.

Phelps, E. S. (1972), "The Statistical Theory of Racism and Sexism," *The American Economic Review*, Vol. 62, No. 4, pp. 659-661.

Polachek, S. W. (1981), "Occupational Self-Selection: A Human Capital Approach to Sex Differences in Occupational Structure," *Review of Economics and Statistics*, 63(1), pp. 60-69.

Schwab, S. (1986), "Is Statistical Discrimination Efficient?," *The American Economic Review*, Vol. 76, No. 1, pp. 228-234.

Shapiro, C. & J. E. Stiglitz (1984), "Equilibrium Unemployment as a Worker Discipline Device," *American Economic Review*, 74(3), pp. 433-444.

Stiglitz, J. E. (1973), Approaches to the Economics of Discrimination, *The American Economic Review*, Vol. 63, No. 2, pp. 287-295.

Thomas, D. (1990), "Intra-household Resource Allocation: An Inferential Approach," *Journal of Human Resources*, 25(4), pp. 635-664.

CHAPTER 08

노동시장에서의 젠더격차

박 진 희

앞 장에서 노동시장에서 차이와 차별이 발생하는 원인과 유형에 대해 이론적 논의들을 중심으로 살펴보았다. 이 장에서는 우리 노동시장에서 여성의 지위에 대해 검토하고, 노동시장 참가과정인 구직활동과 채용, 채용된 직종, 임금 등 노동시장에서 발생하고 있는 젠더격차에 대해 살펴봄으로써 여성의 낮은 노동시장 내 지위가 성차별과 연관되어 있다는 것을 보이고자 한다.

1 노동시장 내 여성의 지위

1) 여성의 낮은 고용률

여성 생산가능인구에서 여성 취업자가 차지하는 비율을 의미하는 여성 고용률은 2011년 48.1%를 기록하였다. 이러한 여성 고용률은 IMF 경제위기 이전인 1997년 48.6%까지 높아졌으나 그 후 경제상황에 따라 등락을 보이다가 큰 변화 없이 다소 정체된 상태에 있다.

여성의 고용률 증가를 가로막는 요인 중 하나는 노동시장에 참여하더라도 노동시장에서 얻을 수 있는 이득이 충분하지 않기 때문이다. 만약 여성이 지속적으로 충분한 이득을 얻을 수 없다면 여성의 노동시장 참여가 지속되기는 어려울 것이다(이병희 편, 2008).

여성은 노동시장 참여에 대한 이득보다 비용이 크다고 판단하면 노동시장을 퇴장한다. 주로 여성의 생애주기상 출산 · 육아기에 있는 여성들이 그러하다. 여성의 연령대별 고용률 구조에서 드러나듯이 20대 취업 여성들의 대부분은 가사와 육아 문제 등을 이유로 노동시장을 퇴장하여 경력단절이 발생하고 있다. 그림 8-1에서 보는 바와 같이 여성의 고용률은 20대에 최고점이다가 30~34세에 고용률이 급락한다. 이는 결혼, 출산, 육아로 노동시장을 퇴장하기 때문이다. 그러나 출산 · 육아기가 지나게 되면 다시 노동시장에 진입하

| 표 8-1 | 성별 고용률 추이(단위 : %)

성별	1996	1997	1998	1999	2000	2005	2006	2007	2008	2009	2010	2011
전체	60.8	60.9	56.4	56.7	58.5	59.7	59.7	59.8	59.5	58.6	58.7	59.1
남자	74.4	73.9	69.2	69.1	70.7	71.6	71.3	71.3	70.9	70.1	70.1	70.5
여자	48.1	48.6	44.4	45.2	47.0	48.4	48.8	48.9	48.7	47.7	47.8	48.1

출처 : 통계청, Kosis.

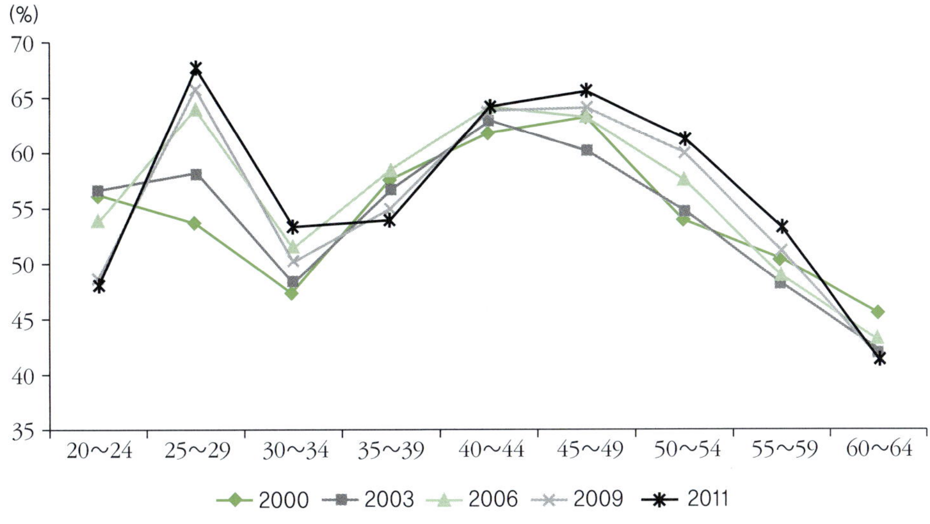

|그림 8-1| **여성의 연령대별 고용률 현황**

출처 : 통계청, KOSIS.

여 고용률이 높아지다가 45~49세를 정점으로 점차 낮아지는 추이를 보이고 있다.

2) 여성의 불안정한 고용

노동시장에 진입해 있는 여성은 상대적으로 고용이 불안정한 일자리에 취업하고 있었다. 여성이 노동시장에서 안정적인 지위에 있는지를 볼 수 있는 하나의 지표는 취업자 중 종사상 지위의 구성이다. 여성 취업자의 대부분은 자영업주보다는 임금근로자로 취업하고 있었고, 임금근로자 중에서 임시 · 일용직 비중이 높게 나타났다. 2011년 여성 취업자 중 임금근로자의 비중은 73.6%, 여성 취업자에 대한 자영업자의 비중은 15.7%로 대부분 임금근로자였으며, 임금근로자 중 임시 · 일용직 비중은 49.6%였다. 여성 인구의 절반 정도가 노동시장에 참가하며 그중 여성 임금근로자의 절반 정도가 고용이 불안정한 일자리에 종사하고 있다. 남성의 경우 임금근로자 비중이 70.4%였고, 남성 취업자에 대한 자영업자의 비중은 28.4%로 상대적으로 비임금근로자의 비중이 높게 나타났으며, 임금근로자 중 임시 · 일용직 비중은 30.6%였다. 여성이 남성에 비해 상대적으로 고용이 불안정하였다.

주지하듯이 여성은 출산 · 육아기에 노동시장을 퇴장했다가 30대 후반 이후부터 다시 노동시장으로 복귀한다. 복귀과정에서 여성 고용의 질은 대폭 하락한다. 이는 여성의 연령 · 종사상 지위별 취업자 규모를 보면 확인할 수 있다. 그림 8-2에서 보는 바와 같이 여

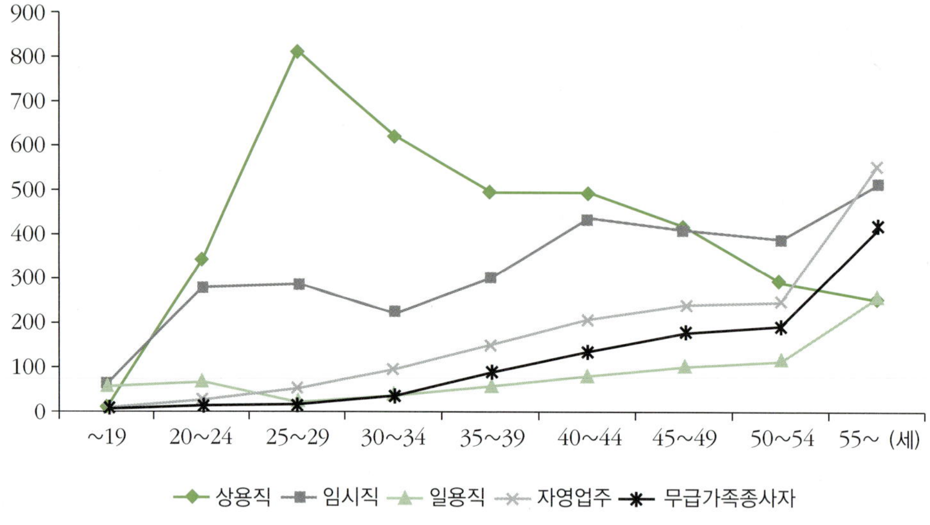

|그림 8-2| 여성의 연령·종사상 지위별 취업자 규모(2011년 비농가)

출처 : 통계청, KOSIS.

성의 30대 이전에는 임금근로자 중 상용직 비중이 높다가 30대 이후부터는 임시·일용, 자영업자의 비중이 더 높아지는 추세를 보인다. 이는 30대 때 결혼, 출산, 육아 등을 이유로 노동시장을 퇴장했다가 노동시장으로 재진입하게 되는 경우 고용이 불안정한 지위로 취업하기 때문이다.

여성의 고용불안정을 보여 줄 수 다른 지표는 비정규직 비중이다. 여성 임금근로자가 비정규직으로 일하고 있는 비중은 2011년 42.8%로, 여성 임금근로자 10명 중 4명 정도가 비정규직인 셈이다. 이는 남성 임금근로자가 비정규직으로 일하고 있는 비중 27.8%와 비교된다. 비정규근로자 전체에서 여성이 차지하는 비중은 53.7%였다.

성·연령별 비정규직 추이를 그림 8-3에서 보면 전반적으로 노동시장 신규진입 시기인 청년층에서 비정규직 비중이 높고 노동시장 핵심연령인 30~54세에서는 낮았다가 55세 이후 은퇴연령대에서 다시 높아지는 U자형 모양을 띠고 있다. 그러나 성별 비정규직 비중의 격차는 30~34세부터 35~39세, 40~44세 연령계층에서 점차 커지다가 55세 이상 중·고령층에서 다시 격차가 줄어드는 모양을 보인다. 이는 여성이 핵심노동연령인 30~54세 동안 출산, 육아를 경험할 가능성이 높아 노동시장으로의 퇴장 및 재진입과정에서 비정규직으로 진입하는 반면, 남성은 핵심노동연령인 30~54세 동안 정규직으로 머물러 있을 가능성이 높기 때문이다. 이러한 사실은 혼인상태별로 비정규직 임금근로자 비중을 보면 더 확실해진다. 미혼인 여성이 비정규직 임금근로자인 경우 2011년 34.7%, 남성은

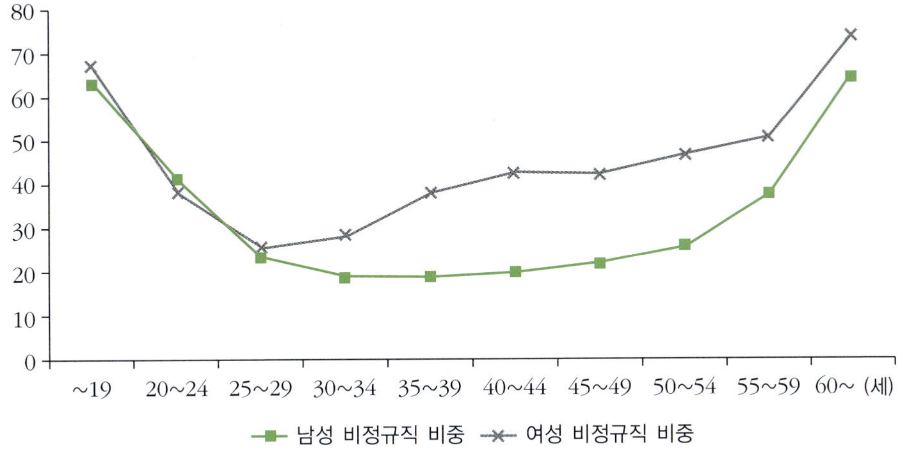

|그림 8-3| 성 · 연령별 임금근로자 중 비정규직 근로자 비중(2012년)

출처 : 통계청, 경제활동인구조사 부가자료(2012. 3).

31.2%로 비슷한 수준이었지만 기혼인 여성이 비정규직 임금근로자인 경우 46.4%, 남성은 26.6%였다. 여성은 미혼일 때보다 기혼일 때 비정규직 임금근로자로 일하고 있는 비중이 더 높아진 반면, 남성은 미혼일 때보다 기혼일 때 비정규직 임금근로자로 일하는 비중이 더 낮다.

성 · 연령별 비정규직 추이를 보면, 비정규직은 대부분 저학력자로 구성되어 있기는 하지만 여성의 경우 남성과 비교하여 전문대졸 이상 고학력자의 비정규직 비율이 상당히 높은 편이다. 전문대졸 및 대졸 이상 학력을 가진 여성의 약 30% 정도가 비정규직으로 일하고 있는 반면, 남성은 전문대졸 학력 소지자의 19.4%, 대졸 이상 학력 소지자의 16.8% 정도가 비정규직으로 취업하고 있었다.

|표 8-2| 혼인상태별 성별 비정규직 근로자 비중(2011년)(단위 : 천 명, %)

구분		임금근로자	정규직	비정규직	비정규직 비율
미혼	전체	4,996	3,358	1,638	32.8
	여성	2,277	1,487	790	34.7
	남성	2,719	1,871	848	31.2
기혼	전체	12,513	8,157	4,356	34.8
	여성	5,199	2,785	2,414	46.4
	남성	7,314	5,372	1,943	26.6

출처 : 주재선 외(2011), 한국의 성인지 통계, 한국여성정책연구원.

| 표 8-3 | 성 · 학력별 비정규직 근로자 비중(2011년)(단위 : 천 명, %)

구분		임금근로자	정규직	비정규직	비정규직 비율
여성	전체	7,476	4,273	3,203	42.8
	초졸 이하	790	255	535	67.7
	중졸	711	353	358	50.4
	고졸	2,969	1,637	1,332	44.9
	전문대졸	1,200	803	397	33.1
	대졸 이상	1,806	1,226	581	32.2
남성	전체	10,034	7,242	2,791	27.8
	초졸 이하	472	171	301	63.8
	중졸	692	334	358	51.7
	고졸	3,855	2,602	1,253	32.5
	전문대졸	1,413	1,140	274	19.4
	대졸 이상	3,601	2,996	606	16.8

출처 : 주재선 외(2011), 한국의 성인지 통계, 한국여성정책연구원.

따라서 임시, 일용, 비정규직 등 고용이 불안정한 지위로 취업하게 된 노동시장 (재)진입 여성들은 자신이 보유하고 있는 인적자본을 활용할 기회가 제한되고 여성의 인적자본 상실 속도를 높여 개인적 차원에서나 사회적 차원에서 인적자원의 손실이 발생하게 된다.

3) 여성의 낮은 임금

여기서는 취업 여성들의 임금 수준이 낮은지를 보기 위해 여성 전체 임금근로자 중 저임금근로자의 비중을 살펴본다. 이때 저임금근로자는 OECD의 정의에 따라 임금근로자의 중위임금의 3분의 2 미만을 임금으로 받는 근로자를 말한다. 2012년의 경우 시간당 평균 임금은 4,800원이고, 중위임금은 4,000원으로 나타난다. 상대적 저임금 수준의 임계선은 중위 임금의 3분의 2 수준인 2,700원이다. 따라서 상대적 저임금근로자의 비중은 시간당 평균임금 2,700원 미만을 받는 근로자의 비중이다.

표 8-4에서 보는 바와 같이 전체 여성 임금근로자에 대한 저임금근로자의 비중은 2012년 41.8%, 전체 남성 임금근로자에 대한 저임금근로자의 비중은 17.0%로, 임금근로자 중 저임금근로자의 비중은 여성이 훨씬 높았다.

고용형태별로 저임금근로자의 비중을 살펴보면, 여성은 정규직이라 하더라도 저임금 비중이 높았다. 여성 정규 상용직에 대한 저임금근로자 비중은 19.5%로, 남성 정규 상용직

|표 8-4| 성별 저임금근로자 비중(2012년)(단위 : 천 명, %)

구분	여성			남성		
	저임금 근로자 수	전체 근로자 수	비중	저임금 근로자 수	전체 근로자 수	비중
전체	3,136	7,499	41.8	1,686	9,923	17.0
정규 상용	564	2,896	19.5	313	5,896	5.3
정규 임시	901	1,373	65.7	442	1,255	35.2
정규 일용	90	111	81.5	48	82	58.5
비정규 상용	333	1,003	33.2	224	1,105	20.3
비정규 임시	789	1,524	51.8	371	846	43.9
비정규 일용	458	593	77.2	287	739	38.9

출처 : 통계청, 경제활동인구조사 부가자료(2012. 3).

에 대한 저임금근로자 비중 5.3%에 비해 상당히 높은 수준이다. 여성 정규직 상용 임금근로자 10명 중 2명은 저임금근로자라는 것을 확인할 수 있다. 정규직이라도 임시, 일용직인 취약근로자이면서 여성인 경우 저임금근로자의 비중은 매우 높다. 여성 정규 임시, 일용 근로자 중 저임금근로자의 비중은 각각 65.7%, 81.5%로 남성 정규 임시, 일용 근로자 중 저임금근로자의 비중에 비해 월등하게 높다. 비정규직인 경우에도 상용, 임시, 일용 모든 종사상 지위에서 상대적으로 저임금근로자의 비중이 높았다.

이는 여성들이 저임금 직종이나 산업에 몰려 있거나 기업 내에서 남성에 비해 낮은 임금을 받고 있음을 나타낸다.

이상에서 살펴본 바와 같이 우리나라 노동시장 내 여성의 지위는 상대적으로 낮은 편이다. 이는 여성들이 구직활동을 하는 과정, 고용 기회, 직업선택 및 임금 등에서 남성과 다른 대우를 받기 때문이다. 이하에서는 노동시장 진입과정부터 취업 전반에 걸쳐 성별 격차가 어느 정도 존재하는지 살펴보고자 한다.

2 노동시장에서 젠더격차 현황

1) 구직방법에서의 젠더격차

일자리를 희망하는 구직자는 고용센터나 직업소개소, 친구나 친인척의 소개, 학교추천

|표 8-5| 성별 구직자의 구직방법 수(단위 : 개)

전체		여성	남성
		2.19	2.34
경제활동참가상태별	미취업	2.48	2.58
	취업	2.16	2.32
연령별	29세 이하	2.30	2.39
	30~39세	2.08	2.30
	40~49세	2.08	2.28
	50세 이상	2.07	2.32
학력별	초졸	2.13	2.40
	중졸	2.14	2.28
	고졸	2.15	2.30
	전문대졸	2.28	2.50
	대졸 이상	2.24	2.33

출처 : 한국노동연구원, 『제4차~10차 한국노동패널』 자료.

등 다양한 경로를 통해서 일자리 기회를 탐색한다. 구직자들은 한 가지 경로로만 일자리를 탐색하는 것이 아니라 이용가능한 방법을 동시적으로 활용하는 경향이 있다. 표 8-5에서 보는 바와 같이, 일자리를 희망하는 구직자들이 활용하는 일자리 탐색 경로 수의 평균은 2.27개였다.

성별로 구직방법의 수는 별다른 차이를 보이지는 않는다. 여성은 2.19개, 남성은 2.34개로 남성이 여성에 비해 다소 다양한 경로를 활용하여 구직활동을 하였다. 동일한 성 내에서도 연령이 어릴수록, 학력수준이 높을수록 구직방법의 수가 더 많아지는 것을 볼 수 있다.

여기서는 구직방법을 공식적 방법, 개인적 네트워크 방법, 사회적 네트워크, 직접지원으로 구분하여 분석한다. 공식적 방법은 공공 및 민간고용 서비스, 구인광고, 신문, TV 등 대중매체를 이용한 구직활동을 말한다. 인적 네트워크의 내용이 성별로 차이가 있다는 것을 반영하기 위해 친구 · 친지 · 가족을 통한 구직활동을 개인적 네트워크로, 학교 · 학원, 전 직장에서 업무상 알게 된 동료, 취업하고 싶은 일자리에서 근무하고 있는 사람 등을 통해 구직활동을 하는 경우 사회적 네트워크로 구분하였다. 학교 · 학원을 사회적 네트워크로 분류하는 이유는 구직자와 학교 · 학원 간의 관계를 전공 또는 이수내용의 선택에 따라 일자리 특성이 결정지어질 수 있는 사회적 관계로 보기 때문이며, 교수 및 교사의 개인 · 업무적 관계에 의해 일자리 정보를 획득하기 때문이다. 마지막으로 직접지원은 일하고 싶은 곳을 직접 찾아다니면서 구직활동을 하는 경우이다.

| 표 8-6 | 성별 구직자의 구직방법(단위 : 명, %)

구분	여성	남성	전체
개인적 네트워크	368(11.7)	511(16.3)	879(28.0)
공식적 방법	785(25.0)	741(23.6)	1,526(48.5)
공공고용 서비스	26(1.7)	36(2.4)	62(4.1)
민간고용 서비스	52(3.4)	29(1.9)	81(5.3)
대중매체	707(46.3)	676(44.3)	1,383(90.6)
직접지원	71(2.3)	86(2.7)	157(5.0)
사회적 네트워크	241(7.7)	341(10.9)	582(18.5)

* 주 : ( )는 전체에 대한 비중임.
출처 : 한국노동연구원, 『제4차~10차 한국노동패널』 자료.

성별로 구직자가 가장 많이 활용하는 구직방법을 나타낸 것이 표 8-6이다. 이에 따르면, 여성의 절반 이상이 공식적 방법을 활용하여 구직활동을 하고 있으며, 개인적 네트워크, 사회적 네트워크, 직접지원의 순을 보인다. 남성의 경우도 여성과 유사한 분포를 보이고는 있으나 그 비중에 차이가 있다. 남성과 비교하여 여성은 공식적 방법을 통한 구직활동 비중은 높고, 개인 · 사회적 네트워크를 통한 구직활동 비중은 낮게 나타났다. 이는 여성과 남성이 직면해 있는 노동시장 상황이 반영되어 있기 때문이다. 여성의 절반은 노동시장 밖에 머무르고 있고, 노동시장에 참가한다 하더라도 여성은 남성과 다른 직업세계, 소위 '여성 직업(pink job)' 에 종사하고 있어서 일자리 공석에 대한 정보를 획득하기 쉬운 전문 · 관리직 네트워크의 외부에 머무르게 된다. 이러한 네트워크의 차이는 여성이 일자리 공석에 대한 정보 획득을 어렵게 하거나 불가능한 구조에 놓이게 만들어 공식적 구직방법을 선호하도록 강제한다.

한편, 여성과 남성은 공식적 방법 내에서도 구직방법 내용의 차이를 보인다. 여성은 민간고용 서비스기관을 활용하여 구직활동을 하는 비중이 높게 나타나는 반면, 남성은 공공고용 서비스기관을 활용하여 구직활동을 하고 있다. 남성이 여성에 비해 공공고용 서비스기관을 활용하는 현상은 남성이 여성에 비해 고용보험에 가입되어 있는 일자리에 취업하는 비중이 높고, 구직활동을 하더라도 실업급여를 신청하면서 공공고용 서비스기관에 구직등록을 하도록 되어 있어 공공고용 서비스기관에 대한 인지도가 상대적으로 높기 때문으로 보인다.

(1) 성별 취업성공 구직방법

취업자를 대상으로 현 일자리 획득 전에 구직활동에 사용한 방법과 어떤 구직방법으로 현 일자리를 획득하였는지에 대한 정보를 이용하여 어떤 구직방법이 성공적인 취업에 이르게 했는지 살펴보자.

표 8-7은 구직방법 간의 직접 비교가 어려워 이에 대한 대체방법으로 Reid(1972)가 제안한 '성공비율(penetration rate)' 이라는 개념을 이용하여 주된 구직방법에 대한 취업성공 구직방법의 비율을 나타낸 것이다. 성공비율은 취업성공 구직방법을 사용한 구직자의

| 표 8-7| 취업성공 일자리 탐색방법(단위 : 명, %)

구분		주된 일자리 탐색방법		취업성공 일자리 탐색방법		성공비율
		빈도	비중	빈도	비중	
여성	개인적 네트워크	338	25.6	348	26.4	103.0
	공식적 방법	699	53.0	657	49.8	94.0
	공공고용 서비스	21	1.6	22	1.7	104.8
	민간고용 서비스	37	2.8	34	2.6	91.9
	대중매체	641	48.6	601	45.5	93.8
	직접지원	67	5.1	92	7.0	137.3
	사회적 네트워크	216	16.4	223	16.9	103.2
남성	개인적 네트워크	475	30.8	501	32.5	105.5
	공식적 방법	685	44.4	628	40.7	91.7
	공공고용 서비스	34	2.2	26	1.7	76.5
	민간고용 서비스	22	1.4	27	1.8	122.7
	대중매체	629	40.8	575	37.3	91.4
	직접지원	78	5.1	86	5.6	110.3
	사회적 네트워크	304	19.7	327	21.2	107.6
전체	개인적 네트워크	813	28.4	849	29.7	104.4
	공식적 방법	1,384	48.4	1,285	44.9	92.8
	공공고용 서비스	55	1.9	48	1.7	87.3
	민간고용 서비스	59	2.1	61	2.1	103.4
	대중매체	1,270	44.4	1,176	41.1	92.6
	직접지원	145	5.1	178	6.2	122.8
	사회적 네트워크	520	18.2	550	19.2	105.8

출처 : 한국노동연구원, 『제4차~10차 한국노동패널』 자료.

빈도 수를 주된 구직방법을 사용한 구직자의 빈도 수로 나눈 것으로 정의된다. 여기서 주된 구직방법은 구직자들이 구직활동을 하는 데 주로 사용한 방법이다. 일반적으로 구직자들은 구직활동을 위해 평균적으로 2.3개의 구직방법을 활용하고 있어, 취업성공 구직방법의 총수는 주된 구직방법을 사용한 구직자 수보다 많을 수 있다. 표 8-7에서 성공비율이 100%를 넘는 것은 주된 구직방법 이외에 여러 구직방법을 혼합하여 사용하기 때문이다. 따라서 성공비율이 100%가 넘는다는 의미는 그 구직방법이 주된 구직방법은 아니며 부차적으로 사용되었지만 취업성공률이 높은 구직방법임을 보여 준다.

여성 구직자의 경우 성공비율이 가장 높은 구직방법은 직접지원이었고, 개인 및 사회적 네트워크, 공식적 방법의 순이었다. 남성 구직자도 유사하게 직접지원, 사회적 네트워크, 개인적 네트워크, 공식적 방법의 순이다. 여성은 주로 공식적인 방법에 의해 구직활동을 하지만 이와 병행하여 개인적 네트워크를 통해 일자리를 탐색하고 있으며 이를 통해 취업하고 있는 것이다. 남성도 이와 유사한 것으로 보인다.

주목할 만한 것은 공식적 방법의 취업성공비율의 내용이 여성은 공공고용 서비스가 가장 높은 반면, 남성은 민간고용 서비스가 가장 높다는 것이다. 이러한 사실을 통해 여성에게 공공고용 서비스에서 제공하는 일자리 정보가 중요한 역할을 할 것이라고 추론할 수 있다.

한편, 여성 구직자의 성공비율이 남성 구직자에 비해 높은 것은 여성 구직자가 남성과 다른 일자리 탐색 전략을 가진다고 해석될 수 있다. 여성의 평균 구직방법 수가 남성에 비해 다소 낮다는 것을 고려하면, 남성에 비해 낮은 질의 일자리를 받아들인다는 것이다. 이는 취업성공 구직방법별 취업자의 월평균임금을 보면 분명해진다.

표 8-8에 의하면, 여성은 전반적으로 낮은 임금 수준의 일자리를 수락한 것으로 보인다.

| 표 8-8 | 취업성공 구직방법별 취업자의 월평균임금(단위 : 만 원)

구분	여성	남성
개인적 네트워크	85.0	124.1
공식적 방법	94.0	141.6
공공고용 서비스	79.8	111.6
민간고용 서비스	71.4	140.0
대중매체	95.8	143.0
직접지원	74.9	118.6
사회적 네트워크	90.7	151.6

출처 : 한국노동연구원, 『제4차~10차 한국노동패널』 자료.

공식적 방법에 의해 취업한 경우 여성의 임금은 남성 임금의 66.4%에 불과한 것을 알 수 있다. 특히 주목할 만한 것은 여성은 공식적 방법에 의해 취업한 일자리에서의 임금이 다른 방법에 의해 취업한 경우보다 높은 반면, 남성은 사회적 네트워크를 통해 취업한 임금이 가장 높았다는 것이다. 이러한 사실은 여성과 남성의 사회적 네트워크가 질적인 측면에서 차이가 있다는 것을 반영한 결과이다.

2) 고용주 및 근로자 선호에 따른 고용 기회의 젠더격차

근로자의 선발 및 채용에서 차별의 존재 여부는 미래 근로자에 대한 고용주의 선호가 결정적으로 영향을 미칠 수 있다. 노동시장 내에서 차별이 가장 먼저 발생할 수 있는 곳이 입직구이다. 그런데 그 입직구에서 고용주의 미래 근로자에 대한 선호에 따라 채용하고 싶은 근로자의 특성이 이미 결정되어 있다면 고용 기회의 차별이 발생할 수 있다. 고용주 입장에서는 구직자의 생산성에 대한 정보가 불확실하기 때문에 근로자의 모집과정에서 구인자의 주관적 평가나 자의성이 크게 개입될 여지가 있어 근로자 특성에 대한 구인자의 선호 분석이 중요하다.

표 8-9는 근로자 인적 특성에 대한 구인자의 선호를 나타낸다. 먼저, 미래 근로자의 성에 대한 구인자의 선호를 보면, 구인직종의 61.3%는 성에 대한 선호가 없는 것으로 나타났고, 14.0%는 여성 근로자를, 24.7%는 남성 근로자를 선호하는 것으로 나타났다. 이는 채용의 첫 번째 단계인 모집에서부터 선호하는 성을 미리 정하고 있다는 것을 확인한 것이다. 또한 구인자가 성에 대한 선호가 있는 경우 남성 근로자를 선호하는 비중이 더 높게 나타나 채용에 있어 여성 구직자들이 차별받을 가능성이 있음을 알 수 있다.

| 표 8-9 | 근로자 특성에 대한 구인자 선호(2008년)(단위 : 명)

구분		여성	남성	무관	계
계		200,450	352,612	874,547	1,427,609
연령	30대 미만	159,637	267,772	627,501	1,054,910
	4,50대	23,269	49,543	102,725	175,537
	60대 이상	1,154	4,637	6,291	12,082
	무관	16,390	30,659	138,028	185,077
학력	고졸 이하	121,659	179,267	419,992	720,918
	전문대졸 이상	25,471	38,866	127,029	191,366
	무관	53,320	134,479	327,526	515,325

출처 : 워크넷 구인자 DB.

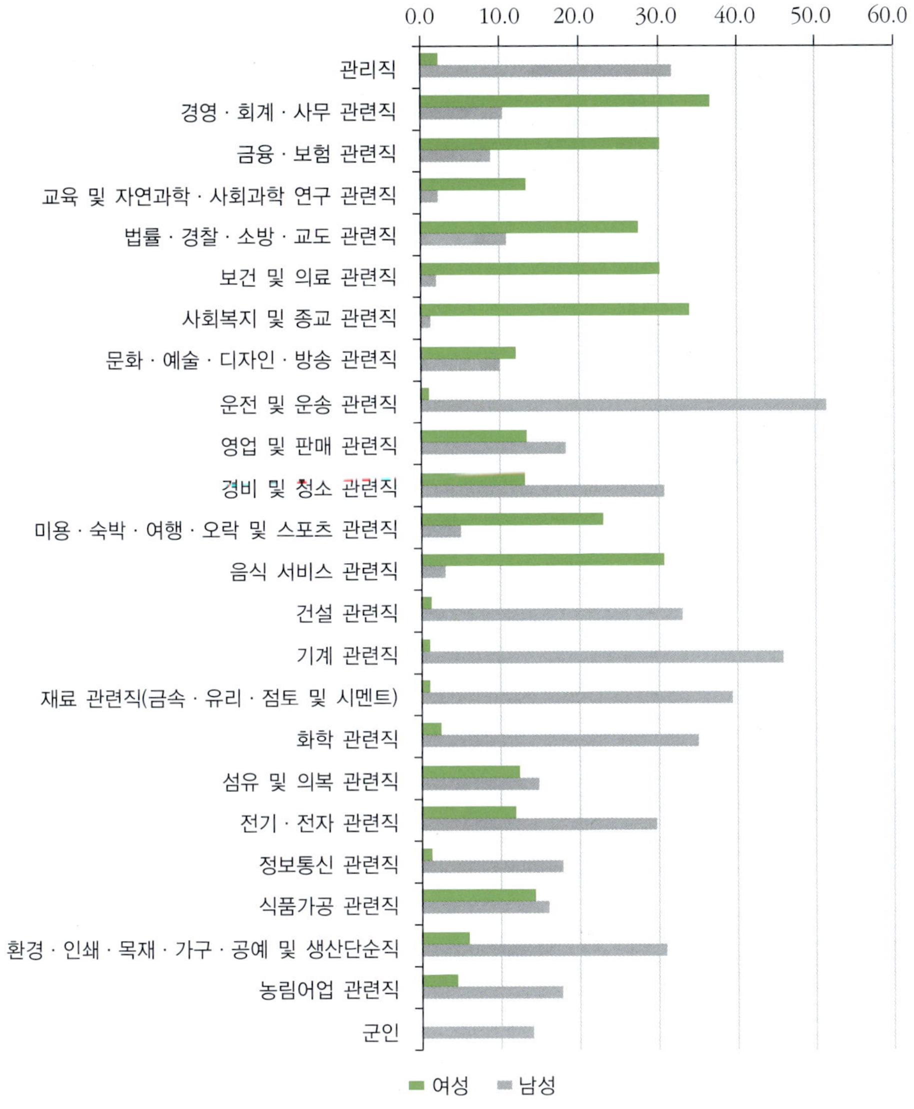

|그림 8-4| 직종별 구인자의 성에 대한 선호(2008년)

출처 : 워크넷 구인자 DB.

한편, 직무별로 구인자의 성에 대한 선호를 보면 그림 8-4와 같다. 직종별로 성별 선호가 구분된다는 것을 알 수 있다. 구체적으로 보면, 교육 및 자연과학 · 사회과학 연구 관련직과 정보통신 관련직은 구인자의 성별 선호가 가장 낮은 직종이고, 문화 · 예술 · 디자인 · 방송 관련직, 농림어업 관련직, 섬유 및 의복 관련직, 미용 · 숙박 · 여행 · 오락 및 스포츠 관련직이 구인자의 성별 선호가 그다음으로 낮은 직종이었다. 구인자의 성별 선호 중

| 표 8-10 | 직종별 구인 · 구직현황(2008년)(단위 : 명, %)

구분	구인				구직			구인 배율
	여성	남성	무관	총	여성	남성	총	
계	200,450	352,612	874,547	1,427,609	1,112,359	1,238,326	2,350,685	60.7
관리직	160	2,318	4,779	7,257	4,875	42,530	47,405	15.3
경영 · 회계 · 사무 관련직	97,169	27,345	139,161	263,675	432,803	220,791	653,594	40.3
금융 · 보험 관련직	1,635	489	3,316	5,440	12,124	8,199	20,323	26.8
교육 및 자연과학 · 사회과학 연구 관련직	2,317	392	14,632	17,341	33,825	11,396	45,221	38.3
법률 · 경찰 · 소방 · 교도 관련직	459	181	1,025	1,665	4,031	3,947	7,978	20.9
보건 및 의료 관련직	6,937	451	15,622	23,010	73,771	6,450	80,221	28.7
사회복지 및 종교 관련직	9,280	339	17,688	27,307	51,106	6,467	57,573	47.4
문화 · 예술 · 디자인 · 방송 관련직	5,481	4,533	35,190	45,204	59,571	41,729	101,300	44.6
운전 및 운송 관련직	317	24,204	22,241	46,762	3,358	112,677	116,035	40.3
영업 및 판매 관련직	13,700	18,975	69,998	102,673	49,406	70,472	119,878	85.6
경비 및 청소 관련직	10,925	25,747	46,736	83,408	72,511	118,278	190,789	43.7
미용 · 숙박 · 여행 · 오락 및 스포츠 관련직	3,774	808	11,855	16,437	34,019	9,596	43,615	37.7
음식 서비스 관련직	16,221	1,549	35,275	53,045	66,091	13,752	79,843	66.4
건설 관련직	1,115	29,262	57,979	88,356	20,938	135,246	156,184	56.6
기계 관련직	1,064	61,079	70,550	132,693	6,654	101,595	108,249	122.6
재료 관련직	807	34,882	52,508	88,197	1,589	46,417	48,006	183.7
화학 관련직	764	10,474	18,663	29,901	1,809	9,286	11,095	269.5
섬유 및 의복 관련직	1,765	2,114	10,578	14,457	13,127	6,500	19,627	73.7
전기 · 전자 관련직	9,762	24,565	48,285	82,612	28,098	78,148	106,246	77.8
정보통신 관련직	384	5,319	23,792	29,495	10,241	57,239	67,480	43.7
식품가공 관련직	2,174	2,453	10,593	15,220	8,231	4,753	12,984	117.2
환경 · 인쇄 · 목재 · 가구 · 공예 및 생산 단순직	13,038	69,868	140,860	223,766	115,926	113,097	229,023	97.7
농림어업 관련직	1,202	4,969	21,421	27,592	8,220	19,664	27,884	99.0

출처 : 워크넷 구인자 DB.

여성이 높은 직종은 경영 · 회계 · 사무 관련직, 금융 · 보험 관련직, 보건 및 의료 관련직, 사회복지 및 종교 관련직, 음식 서비스 관련직이었고, 구인자의 성별 선호 중 남성이 높은 직종은 운전 및 운송 관련직, 기계 관련직, 재료 관련직, 화학 관련직, 관리직, 환경 · 인쇄 · 목재 · 가구 · 공예 및 단순직, 경비 및 청소 관련직이었다.

한편, 근로자의 선호에 의해서도 고용 기회가 제한될 수 있다. 이는 근로자의 직종에 대한 선호에 의해서 발생할 수 있다. 이는 행정통계인 워크넷 DB 중 성별로 구직자의 일자리 직종에 대한 선호도로 파악할 수 있다.

남성 구직자가 선호하는 일자리는 주로 일자리 기회가 많으면서 구인자의 남성에 대한 선호도가 높은 직종이었다. 이는 표 8-10에서 확인가능하다. 표 8-10은 일자리 기회가 있는 직종과 구직자들이 일자리를 선호하는 직종을 비교한 표이다. 여기서 구인배율은 구직자에 대한 구인자의 비율로 이 배율이 100 미만이면 해당 직종에서 노동의 초과공급이, 100 이상이면 해당 직종에서 노동의 초과수요가 존재함을 나타낸다. 또한 구인직종은 공석인 일자리의 직종이며, 구직직종은 구직자의 희망 일자리 직종이다.

남성 구직자가 선호하는 직종은 건설 관련직, 기계 관련직, 전기 · 전자 관련직, 정보통신 관련직, 관리직, 경영 · 회계 · 사무 관련직, 운전 및 운송 관련직, 경비 및 청소 관련직으로 대체로 구인자들이 남성을 선호하는 직종이었고, 이 중 기계 관련직, 재료 관련직, 화학 관련직, 식품가공 관련직, 환경 · 인쇄 · 목재 · 가구 · 공예 및 생산단순직은 노동수요가 많은 직종이었다.

여성 구직자가 선호하는 직종은 경영 · 회계 · 사무 관련직으로 압도적으로 높았고, 환경 · 인쇄 · 목재 · 가구 · 공예 및 생산단순직, 경비 및 청소 관련직, 보건 및 의료 관련직으로 주로 구인배율이 낮은 직종이었다.

3) 임금에서의 젠더격차

(1) 성별 상대임금

임금에서 젠더격차는 지속적으로 존재해 왔다. 남성과 비교하여 여성의 임금 수준은 상당히 낮은 수준이다. 2010년 여성의 평균임금은 201만 9천 원으로 남성의 63.9% 수준에 불과하며, 그 격차는 2000년대 전반에 걸쳐서 여전히 지속되고 있다.

그림 8-5는 임금근로자들의 성별 상대임금 추이를 보여 준다. 성별 상대임금은 남성 근로자의 월평균임금에 대한 여성 근로자의 월평균임금의 비율로 정의된다. 여성의 상대임금은 1990~2000년까지는 꾸준히 상승하였다. 그러나 2000년대 들어서는 다소의 등락을 보이지만 60% 초반대를 유지하고 있다.

학력별로 성별 상대임금을 살펴보자. 학력은 근로자의 생산성과 직접적으로 관련되어 있어 임금과 강한 상관관계를 가지고 있다. 표 8-11에서 보는 바와 같이 학력별 여성의 상대임금은 교육 수준별로 일관되게 100 이하를 보이고 있어 여성보다는 남성이 교육투자에 대한 수익률이 더 높음을 확인할 수 있다. 학력 수준이 높을수록 여성의 상대임금이 높아지고, 학력 수준이 낮을수록 여성의 상대임금이 더 낮아진다.

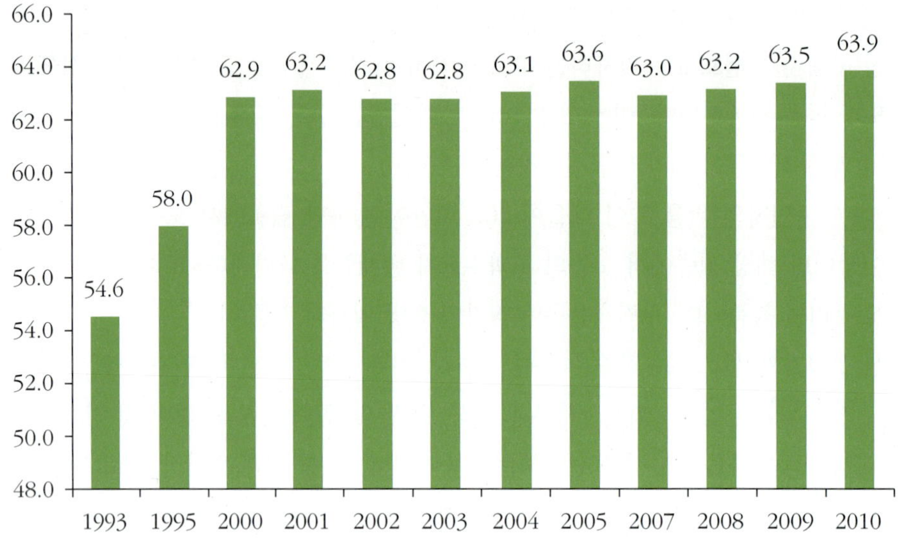

|그림 8-5| 성별 상대임금 추이

출처 : 주재선 외(2011), 한국의 성인지 통계, 한국여성정책연구원.

|표 8-11| 학력별 성별 상대임금(단위 : %)

구분	중졸 이하	고졸	전문대졸	대졸 이상
1993	54.4	59.7	67.2	69.3
1995	56.1	63.2	68.9	71.7
2000	58.9	66.6	69.7	71.3
2001	60.7	66.9	70.3	70.6
2002	60.2	67.0	67.3	68.3
2003	61.0	66.9	67.6	67.9
2004	61.1	67.4	68.1	67.8
2005	61.2	67.2	70.8	67.3
2007	59.2	67.2	67.4	65.4
2008	57.8	65.8	70.1	64.4
2009	60.0	64.8	68.9	65.7
2010	60.8	64.8	69.6	65.7

출처 : 주재선 외(2011), 한국의 성인지 통계, 한국여성정책연구원.

같은 직업 내에서 성별 임금을 비교해 보더라도 여성은 남성에 비해 전 직종에서 낮은 임금을 받고 있음을 확인할 수 있다. 또한 직업별로 여성의 상대임금이 차이를 보이고 있다.

이러한 성별 임금 격차는 모든 사회에서 나타나는 보편적이고 또한 지속적인 현상으로 인정되지만 격차의 크기는 사회마다 매우 다르다. 2009년 현재 한국 여성과 남성의 임금

| 표 8-12 | 직업별 성별 상대임금(단위 : %)

구분	2000	2005	구분	2009	2010
전 직종	62.9	63.6	전 직종	63.5	63.9
고위임직원 및 관리자	79.2	73.8	관리자	77.0	76.9
전문가	64.9	63.3	전문가 및 관련 종사자	62.1	61.7
기술공 및 준전문가	68.1	64.4			
사무직원	65.3	64.4	사무직원	59.8	61.4
서비스종사자	63.2	69.2	서비스종사자	66.4	67.4
판매종사자	77.7	68.1	판매종사자	58.3	57.3
농업 및 어업숙련근로자	52.2	59.6	농업 및 어업숙련근로자	63.4	56.1
기능원 및 관련기능근로자	55.7	58.4	기능원 및 관련기능근로자	56.5	55.6
장치, 기계조작원 및 조립원	61.8	66.6	장치, 기계조작원 및 조립원	66.5	67.4
단순노무근로자	74.4	77.1	단순노무근로자	73.7	73.7

출처 : 주재선 외(2011), 한국의 성인지 통계, 한국여성정책연구원.

격차는 OECD 국가들 중에서 가장 크다. 그림 8-6은 OECD 주요국에서 중위값 기준 여성 임금과 남성 임금의 차이를 보여 준다. 2009년 중위임금을 기준으로 한국 여성은 남성에 비해 임금을 39% 덜 받고 있다.

이러한 성별 임금 격차가 발생하는 원인에 대해 설명하는 이론은 신고전학파 경제학의

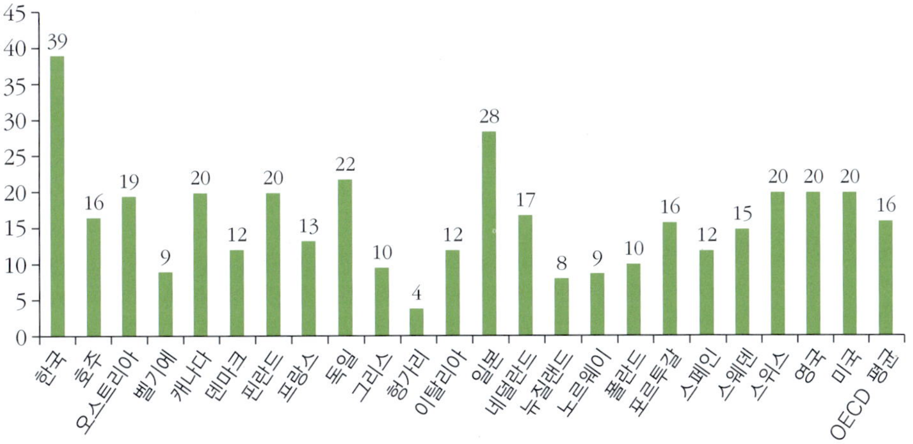

| 그림 8-6 | 남녀 임금 차이의 국제비교(2009년)

출처 : OECD, Employment Outlook(2011).

인적자본론과 제도주의학파 경제학이 있다. 신고전학파 노동경제학에서는 격차의 원인을 주로 노동력 공급차원의 개인적 속성, 즉 남성과 여성의 인적자본의 가치 간 차이에서 찾는다. 노동경제학 내에서 신고전학파 인적자본론은 대표적 접근방법이다. 인적자본론에서 성별 임금 격차는 교육, 노동시장 경력, 직업훈련, 기대, 일과 가정 간의 시간 배분, 그리고 일에 대한 노력의 양에서의 성 차이에 초점을 두고 있다. 이 이론에 따르면 남성과 여성 모두 자유롭게 얼마만큼 어떤 유형의 교육을 받을지 결정한다고 가정하고 노동력에 투입할 기간과 직업훈련기간, 단시간근로 혹은 전일제근로에 대한 선택, 일에 대한 노력투입량 등에 대해 스스로 자유롭게 선택한다는 것이다. 따라서 신고전학파적 견해에서 임금 격차는 남성이 여성에 비해 더 생산적인 요소들을 선호하여 더 많이 임금을 받는다는 것이다.

반면, 제도주의 경제학에서는 개인의 선택에는 제약이 따르고 노동시장 구조, 노사관계, 임금구조 등과 노동시장의 경쟁을 감소시키는 노동수요차원의 제도적 메커니즘에 초점을 두고 성별 임금 격차를 설명한다. 이 중 노동시장이론과 성 직종분리현상에 의해 임금 격차가 나타난다는 것이다. 노동시장으로 진입하는 단계에서 여성들이 저임금직종이나 산업으로 집중되고 있어, 동일한 직종이나 산업 내에서 남성과 여성의 임금 격차가 적더라도 직종이나 산업 간 임금 격차가 큰 경우 저임금직종이나 산업으로 여성들이 집중된다면 전체적으로 남성과 여성의 임금 격차가 크게 나타나는 것이다(신광영, 2011).

(2) 성별 임금 격차 중 차별의 측정

앞에서 살펴본 바와 같이 임금에서의 성별 격차는 오랫동안 지속되고 있다. 어떤 방법으로 측정하더라도 교육 수준별로 혹은 직업 내에서 여성들이 남성보다 낮은 임금을 받고 있다. 그런데 이러한 임금 격차 중 일부는 노동시장에서 학력, 경력의 차이에 따른 생산성 격차에 기인하며, 일부는 학력, 경력이 동등하여 생산성의 격차가 없는데도 불구하고 발생하는 정당화될 수 없는 불평등 대우인 차별에 기인한다(조우현, 2010).

여기서는 Oaxaca와 Ransom(1994)의 임금 격차 분해방법을 이용하여 연도별 성별 임금 격차를 요인분해하여 차별을 측정한다.

분석 결과, 성별 임금 격차 중 성별 인적자본의 차이로 설명되는 부분은 대략 54.2%이며, 27.3%는 성차별적 요인으로 인해 여성이 자신의 실제 생산성보다 낮게 받는 손해이다. 그리고 남성이 자신의 생산성 이상으로 더 얻는 임금 프리미엄은 18.6%로 나타났다(금재호 · 윤자영, 2011).

표 8-14는 고용주 및 소비자에 의한 차별을 분석하기 위해 임금근로자와 자영업자의 성별 임금 격차를 요인분해한 결과이다.

| 표 8-13 | 성별 임금 격차 요인분해 추이(단위 : %)

구분	1998	1999	2000	2001	2002	2003	2004	2005	2006	2007	2008
인적속성 차이에 의한 격차	58.8	55.3	51.2	49.5	52.3	57.3	57.5	54.4	55.1	53.4	54.2
남성 특혜	14.9	18.2	19.4	21.0	20.0	17.6	17.5	19.0	18.7	18.1	18.6
여성 불이익	26.3	26.6	29.3	29.6	27.8	25.1	25.0	26.6	25.2	28.5	27.3

출처 : 금재호 · 윤자영(2011), 외환위기 이후 여성 노동시장의 변화와 정책과제, 한국노동연구원, p. 327.

| 표 8-14 | 성별 근로소득 차이의 요인분해

구분	생산성에 따른 차이(A)	차별에 따른 차이			전체(A+B+C)
		남성 특혜(B)	여성 불이익(C)	소계(B+C)	
임금근로	0.216 (52.8%)	0.069 (16.9%)	0.124 (30.3%)	0.193 (47.2%)	0.409 (100.0%)
자영업	0.172 (52.1%)	0.057 (17.3%)	0.101 (30.6%)	0.158 (47.9%)	0.330 (100.0%)

* 주 : ( ) 안은 전체 차이에서 차지하는 비중.
출처 : 안주엽 외(2007), 노동과 차별(Ⅱ): 인식과 실제, 한국노동연구원, p. 149.

참고자료 8-1 성별 임금 격차 측정방법

먼저, M집단의 근로자 i가 j부문에서 일할 때 얻게 되는 근로소득은 다음과 같다.

$$\ln W_{Mij} = \beta_{Mj} X_{Mij} + \mu_{Mij} \quad \cdots\cdots (1)$$

또 F집단의 근로자 i가 j부문에서 일할 때 얻게 되는 근로소득은 다음과 같다.

$$\ln W_{Fij} = \beta_{Fj} X_{Fij} + \mu_{Fij} \quad \cdots\cdots (2)$$

단, $E(\mu_{Mij} \mid X_{Mij}) = 0$, $E(\mu_{Fij} \mid X_{Fij}) = 0$이다. 그러면 M집단과 F집단의 평균임금의 차이는 다음과 같이 나타낼 수 있다.

$$W_{Mj} - W_{Fj} = (X_{Mj} - X_{Fj})\,\beta_j + (\beta_j - \beta_{Fj})X_{Fj} + (\beta_j - \beta_{Mj})X_{Mj} \quad \cdots\cdots (3)$$

단, W_{Mj}는 j부문에서 M집단 평균임금, W_{Fi}는 j부문에서 F집단 평균임금, X_{Mj}는 j부문에서 M집단의 인적자본 특성 평균, X_{Fj}는 j부문에서 F집단의 인적자본 특성 평균이다.

식 3에서 첫 번째 항은 설명되는 부분, 즉 집단 간 인적자본 특성의 차이에 따른 임금 격차이다. 두 번째 항과 세 번째 항은 설명되지 않은 임금 격차, 즉 성차별에 의한 임금 격차이다. 세 번째 항은 차별적 요인으로 인해 남성이 생산성 이상으로 얻는 임금 프리미엄을 의미하고, 두 번째 항은 차별적 요인으로 여성이 자신의 실제 생산성보다 낮게 얻는 임금손실을 의미한다.

분석 결과, 임금근로자의 경우 임금 격차 중 성별 인적자본의 차이로 설명되는 부분은 대략 52.8%이며, 30.3%는 성차별적 요인으로 인해 여성이 자신의 실제 생산성보다 낮게 받는 손해이다. 그리고 남성이 자신의 생산성 이상으로 더 얻는 임금 프리미엄은 16.9%로 나타났다.

또한 소비자에 의해 차별받을 것으로 보이는 자영업의 경우 성별 소득 격차는 고용주의 인적자본의 차이에 의한 격차는 52.1%, 차별 때문에 여성이 자신의 생산성보다 손해 보는 부분은 30.6%, 남성이 자신의 생산성 이상으로 임금 프리미엄을 누리고 있는 부분은 17.3% 정도로 추정된다.

4) 고용에서의 젠더격차

직업 구조 내 지위의 남녀 분포가 다르다는 것을 성 직종분리라고 한다. 성 직종분리도 우리 노동시장의 주요 특징 중의 하나이다. 남성은 고생산성, 고임금, 고용안정의 직업지위의 상층부를 차지하고 있고, 여성은 저임금, 여성지배 직종에 집중 분포되어 있어 남성과 여성 사이의 임금 격차를 발생시키게 된다.

성 직종분리는 각 직업분야에서 성별 분포의 차이의 정도로 상이지수로 측정할 수 있다. 일반적으로 많이 활용되고 있는 상이지수는 Duncan 지수이다. 이 지수는 여성과 남성이 동일한 직업 분포를 갖기 위해서 현재의 직종을 바꿔야 하는 여성 혹은 남성의 비율을 의미한다. 따라서 상이지수가 0에 가까우면 남성과 여성의 직종이 고르게 분포되어 있는 것을 의미하고, 1에 가까우면 여성과 남성이 각기 다른 직종에 완전하게 분리되어 있다는 것을 의미한다.

우리나라 전체 근로자를 대상으로 한 Duncan 지수는 2008년 0.4375로 남성과 동일한 직업 분포를 보이기 위해서는 취업여성의 절반 이상이 직업을 바꿔야 함을 의미한다. 이런 상이지수는 2004년 0.4457에서 2008년 0.4375로 하락하여 직종분리가 약간 개선되었다.

학력별로 보면 전반적으로 성 직종분리가 나타나고 있으며, 중졸 이하는 다소 악화, 고졸 이상은 다소 개선된 것으로 보인다. 중졸 이하 Duncan 지수는 2004년 0.7897에서 2008년 0.8039로 악화되었다. 고졸은 2004년 1.0490에서 2008년 0.9972, 전문대졸 이상은 2004년 0.8730에서 2008년 0.8722로 하락하여 직종분리가 약간 개선되었다. 이는 고학력 여성이 증가하면서 남성이 지배하였던 전문 · 기술 · 관리직 부문으로 여성 진출이 확대되어 직종분리가 개선되는 것으로 추측된다.

노동시장에서 여성과 남성의 직업 분포가 상이한 이유, 다른 직업에서 일하는 이유는 무

| 표 8-15 | 직종분리의 추이 : 전체 근로자

구분	Duncan 지수	학력별 Duncan 지수		
		중졸 이하	고졸	전문대졸 이상
2004	0.4457	0.7897	1.0490	0.8730
2005	0.4458	0.7840	1.0354	0.8955
2006	0.4468	0.7828	1.0301	0.8957
2007	0.4493	0.7906	1.0309	0.8861
2008	0.4375	0.8039	0.9972	0.8722

출처 : 금재호 · 윤자영(2011), 외환위기 이후 여성 노동시장의 변화와 정책과제, 한국노동연구원, p. 262.

엇일까?

Polachek(1979)은 성 직종분리는 생애임금 극대화를 추구하는 남성 및 여성 개인들의 합리적 선택의 결과를 반영한다고 설명한다. 여성이 노동시장에서 경력단절을 경험하는 경향이 있기 때문에 생애소득을 극대화하기 위해 경력초기에 가능한 한 임금을 많이 받기를 원한다는 것이다. 생애 불연속적인 노동시장 참여의 패턴이 주어진 상태에서는 초기 임금 수준이 높은 임금을 주는 일자리를 선택하는 것이 합리적 선택이기 때문이다. 이러한 설명에 대한 문제는 현실적으로 여성 지배적인 일자리에서 일하는 근로자들의 평균임금이 그렇지 않은 분야에서 일하는 근로자들의 평균임금보다 낮다는 데 있다. 따라서 성 직종분리가 생애소득을 극대화하기 위한 여성들의 합리적 선택이라고 보기는 어렵다.

성 직종분리에 대한 설명 중 인적자본론은 여성은 가사나 양육의 부담을 안고 있기 때문에 시간 배분에서 인적자본에 대한 투자를 덜 하게 되고, 생애에 걸친 노동시장 참가로 볼 때 임금이나 출산, 자녀양육 등으로 인한 경력단절의 가능성이 상대적으로 높다는 점 때문에 직업선택에서 남성과 다른 선호를 갖게 된다고 설명한다(황수경, 2002).

한편 헤도닉임금 이론은 생산성과 직접 관련되지 않는 비금전적 요소에 대한 선호에서 성별 차이가 존재하고, 이것이 여성과 남성 간에 직업선택에서의 차이를 가져올 수 있다는 측면을 강조한다. 즉 여성의 경우 남성보다 가족지향적이라는 특성 때문에 직장에 덜 매여도 되는 직업이나(Becker, 1985) 유연한 작업 스케줄의 직업을 훨씬 선호하는 성향이 있다는 것(King, Murray, & Atkinson, 1982)이다. 이러한 직업특성은 경쟁적 시장에서 부의 금전적 보상이 이루어지기 때문에 여성직종과 남성직종 간에 보상임금 격차(compensating wage differentials)가 나타나게 된다고 설명한다. 이러한 설명에 대한 문제는 여성직종은 경력단절의 패널티가 적고 다양한 비금전적 장점(nonpecuniary job amenity)을 가진 직종에 해당하여 여성이 이들 직종을 선택함으로써 임금에서의 부분적

참고자료 8-2 Duncan의 상이지수 측정방법

직종분리를 측정하는 방법으로는 Duncan(1955)의 지수가 일반적으로 사용된다. Duncan 지수는 다음과 같이 정의된다.

$$D = \frac{1}{2}\sum_{i=1}^{n}\left|\frac{F_i}{F} - \frac{M_i}{M}\right|$$

여기에서 F_i와 M_i는 직종 i에서 일하는 여성과 남성 근로자 수를 나타내고, F와 M은 각각 여성과 남성의 전체 근로자 수이다. $\frac{F_i}{F}$와 $\frac{M_i}{M}$는 각 직종에서 여성과 남성근로자가 전체 근로자에서 차지하는 비중을 나타낸다. Duncan 지수가 0이면 남성과 여성 간 고용 분포에 차이가 없다는 것을 의미하고, 지수가 1이면 각 직종은 여성직종이나 남성직종으로 완전히 분리되어 있다는 것을 의미한다.

손실을 감수한다는 데 있다. 그러나 1990년대 이후 성 직종분리가 완고성(persistency)을 보이는 가운데서도 여성직종과 남성직종 간의 임금 격차가 크게 줄어드는 새로운 현상이 관찰되면서 설득력을 잃고 있다(황수경, 2002).

최근 들어 성 직종분리에 대한 원인을 설명하는 실증연구 중 성 직종분리의 원인이 일자리 탐색과정과 관련 있다는 연구 결과가 나오고 있다. Hanson과 Pratt(1991), Drentea(1998) 등이 대표적인데, Hanson과 Pratt(1991)는 미국 매사추세츠 주 우스터 지역의 여성을 대상으로 분석한 결과 현 일자리를 획득하기 위한 일자리 정보는 개인적 인맥을 통해서 알아보았으며, 비공식적 인맥을 통해 일자리 정보를 얻은 경우 여성 지배적인 일자리에 취업하고 있다는 것을 보였다. 그들은 사회생활이 성별로 차이가 있기 때문이라고 본다. 즉 여성 지배적인 직종에 종사하는 여성은 다른 여성으로부터 일자리에 대한 정보를 얻은 경우가 많았으며, 여성지배 직종과 성 경합 직종에 취업하는 여성은 남성 지배직종에 취업하고 여성보다 통근시간이 짧다는 것을 보임으로써 여성이 남성과 달리 거주지역 내에서 일자리에 대해 높이 평가하고 있다는 것을 밝혔다.

Drentea(1998)도 이와 유사하게 인적 네트워크를 이용한 일자리 탐색방법에 의해 여성의 취업비중이 높은 직종에 취업하고 있음을 밝혔다. 특히 공식적 일자리 탐색방법에 의해 취업한 경우에는 여성 취업비중이 낮은 직종에 취업하는 것을 보여 공공고용 서비스를 이용한 일자리 탐색방법이 여성 지배적인 직종을 탈출하는 수단이 될 수 있다고 주장하였다.

3 소결 및 정책적 시사점

이 장에서는 우리나라 노동시장에서 여성의 지위는 지속적으로 개선추세를 보이지만 여전히 여성의 경제적 지위는 낮은 수준에 있음을 살펴보았다. 여전히 여성의 고용률은 낮은 수준이었고, 노동시장에 진입한 이후에도 불안정한 고용, 낮은 임금 등의 근로조건에서 취업하고 있었다. 또한 여성들은 채용, 직업선택, 임금 등의 측면에서 여전히 차별적 대우를 받고 있는 것을 알 수 있었다.

그동안 우리 정부는 노동시장에서의 젠더격차를 완화하기 위해 여성의 노동과 관련해서 「남녀고용평등법」, 「적극적 고용개선조치」, 「여성발전기본법」, 「각종 모성보호 관련 사업」 등 관련 법 제도 제정을 통한 직접적 차별개선 노력을 해 왔고, 여성의 경력단절 방지정책, 노동시장 재진입 촉진정책 등을 통해 여성이 노동시장에서 남성과 동등한 대우를 받을 수 있게 하는 조치들이 행해지고 있다. 그럼에도 불구하고 앞에서 살펴본 바와 같이 여전히 낮은 여성의 노동시장적 지위와 차별적 대우가 존속되고 있다. 이는 제도화된 차별방지 기제들이 우리 노동시장, 특히 노동수요 측에서 실효성을 갖지 못함을 반증하는 것이다.

따라서 노동시장에서 젠더격차를 완화하기 위해서는 첫째, 보다 적극적 수단을 활용하여 여성 차별개선 관련법의 실효성을 높일 필요가 있다. 성별 영향 평가를 통하여 각종 정책들이 여성 근로자에게 어떠한 영향을 미치게 되는지를 모니터링하고 평가함으로써 노동시장에서 젠더격차를 완화시키는 적극적 수단이 될 수 있다.

둘째, 노동시장에서의 젠더격차는 미시적으로는 기업 단위에서 가장 많이 일어난다. 따라서 정부가 개별 기업들의 평가 · 보상 시스템의 개선을 유도하고, 객관적이고 합리적인 성과평가에 근거를 둔 승진, 임금, 배치 및 교육훈련이 이루어지도록 기업의 조직문화 개선을 위한 캠페인 등을 실시할 필요가 있다.

셋째, 여성 근로자의 낮은 노동시장적 지위는 상당 부분 여성의 경력단절 이후 노동시장 재진입과정에서 구체화되고 있으므로 경력단절을 방지하기 위한 정책을 적극적으로 활용해야 할 것이다. 예를 들어 지역돌봄 시스템 구축 등 보육 서비스 확충, 시간제 근로 등 유연근무제의 적극적인 활용, 그리고 여성친화적 조직문화를 지원하는 것이 필요하다. 물론 유연근무제는 기업 입장에서는 인사관리 문제를 들어, 여성 근로자 입장에서는 인사상 불이익을 두려워하여 제대로 정착되기 어렵다(박진희 외, 2011). 따라서 유연근무제가 적극적으로 활용되기 위해서는 유연근무제 활용 시 경력인정, 승진, 직업훈련 등 기회보장, 임금 및 퇴직금 등에 대한 상세규정 혹은 지침의 제정 · 확산이 필요하다.

마지막으로 노동시장 재진입을 하고자 하는 여성을 위해 경력개발 프로그램 확충을 통해 경력단절 여성의 재취업 지원 및 취업능력을 강화할 필요가 있다.

참/고/문/헌

금재호 · 윤자영(2011), 『외환위기 이후 여성 노동시장의 변화와 정책과제』, 한국노동연구원.

김주영 외(2009), 『한국의 임금 격차』, 한국노동연구원.

박진희 외(2011), 『시간제일자리 창출 실태점검 및 개선방안』, 한국고용정보원.

신광영(2011), 「한국의 성별 임금 격차: 차이와 차별」, 『한국사회학』 제45집 제4호, pp. 97-127.

안주엽 외(2007), 『노동과 차별(Ⅱ): 인식과 실제』, 한국노동연구원.

조우현(2010), 『일의 세계 경제학』, 법문사.

황수경(2002), 『여성의 직업선택과 고용구조』, 한국노동연구원.

Blau, F. D., Ferber, M. A., & Winker, A. E. (2010), "The Economics of Women, Men, and Work," Pearson.

Drentea, P. (1998), "Consequences of Women's Formal and In formal Job search Methods for Employment in Female-Dominated Jobs," *Gender & Society*, Vol. 12, No. 3. (1998.6). pp. 321-338.

Hanson & Pratt (1991), "Job Search and the Occupational Segregation of Women," *Annals of the Association of American Geographers*, Vol. 81, Issue 2, pp. 229-253.

Kaufman, B. E. & Hotchkiss, J. L. (2000), "The Economics of Labor Markets," The Dryden Press.

OECD, Employment Outlook, 2011.

Powell, G. N. (1999), "Handbook of Gender & Work," Sage Publication.

Reid, G. (1972), "Job search and the effectiveness of job-finding Method," *Industrial and Labor Relations Review*, Vol. 25, Issue 4, pp. 479-495.

CHAPTER 09

유리천장은 얼마나 깨졌는가

이 은 형

1 왜 기업의 여성 관리자인가

기업에서 일하는 여성이 늘어나는 것은 세계적인 추세이다. 일하는 여성이 늘어나면서 관리직급으로 승진하는 여성도 늘고 있다. 오랫동안 남성의 전유물처럼 인식되었던 기업 활동에서 남성과 경쟁하여 경제력과 노동시장에서의 경쟁력을 갖게 되었다는 측면에서 여성 관리자의 양적 증가와 질적 향상은 큰 의미가 있다.

먼저 양적 증가라는 측면에서 살펴보면 최근 30년 사이에 상당한 발전이 있었다. 세계노동기구(ILO)에 따르면, 2000년과 2002년 사이에 48개 국가를 대상으로 조사한 결과 기업에서 관리직에 종사하는 여성의 비중은 20~40%에 이른다(2004). 여성 인적자원의 공급도 활발하다. 매년 수천 명의 여성이 경영대학원을 졸업하고 기업으로 진출한다. 하지만 기업의 여성 관리자 비중이 증가하고 있음에도 불구하고 질적 향상이라는 측면에서는 여전히 문제점이 드러나고 있다. 한 가지는 전체 근로자 중에서 여성이 차지하는 비중에 비하면 여전히 여성 관리자 비중이 적다는 것이다. 또 다른 한 가지는 더욱 심각한데, 임원 및 최고경영자 등 가장 높은 직급의 관리직에서 여성의 비중이 매우 낮다는 사실이다(European Foundation, 2009).

기업에서 여성의 활동이 가장 활발하다고 평가받는 미국에서 여성의 기업 진출이 활발해진 것은 1970년대부터라고 할 수 있다. 미국의 예를 보면, 1972년 기업의 관리직급에서 활동하는 여성의 비중은 17% 정도였으나 이후 꾸준한 증가세를 보이면서 2007년에는 40%에 이르렀다. 유럽노동조건조사(EWCS : European Working Conditions Surveys)에 따르면 유럽에서는 2005년 기준, 여성 관리자의 비중이 33%에 이르렀다. 유럽대륙과 스칸디나비아 국가의 여성 관리자 비중은 30~40%로 비교적 높은 편인 반면 남유럽의 경우 16%에 지나지 않는 편차를 보이기도 했다. 즉 여성 관리자의 비중이 일부 국가를 제외하면 여전히 낮음을 알 수 있다.

최고경영진에 이르면 문제는 더욱 뚜렷해진다. 여성 관리자의 비중이 높은 편인 미국 기업에서도 최고위직급 여성 관리자의 비중은 매우 낮다. 특히 최고경영진으로 가기 위한 파이프라인에 있는 여성 중간관리자가 40%를 넘어서는 것을 감안하면 최고위직 여성 관리자의 비중이 5% 미만이라는 사실은 이해하기 어렵다. 고위직 여성 관리자의 증가추세도 매우 더디다. 1979년 0.5%였던 「포춘」 1,000대 기업 CEO 중 여성의 비율이 1989년에도 2.9%에 지나지 않았다. 1995년 센서스에서도 「포춘」 500대 기업에서 여성 CEO는 1.9%의 비중을 차지했다.

우리나라는 최근 여성의 취업이 늘어나면서 여성 관리자 비중도 크게 증가하고 있다. 2009년 고용노동부 조사에 따르면 여성 근로자는 34%에 이르며, 관리직급에서의 여성 비율은 15%에 이른다. 서구 선진국에 비하면 아직 여성 관리자 비율이 낮은 편이지만 증가 속도는 빠른 편에 속한다. 하지만 우리나라에서도 최고경영자 및 임원급 여성 관리자의 비중은 1%에도 못 미치는 상황이다.

상위직급 여성 관리자의 비중이 매우 낮고, 또한 증가추세도 더디게 나타나는 것은 질적 향상에서 많은 문제가 있음을 드러낸다. 양적 증가에도 불구하고 여성 관리자가 차지하는 직급의 수준이나 의사결정에서 갖는 권력, 보상 수준 등에서 남성 관리자에 비해 열악함을 알 수 있다. 이 때문에 21세기에도 여전히 여성 관리자에 대한 차별이 존재한다고 주장하는 연구자도 있다(Collins & Singh, 2006; Eagly, 2007; Lyness & Thompson, 2000). 또한 최고경영진 수준의 여성이 미국에서조차 5% 미만이라는 사실을 감안하면 유리천장은 여전히 존재한다고 봐야 할 것이다.

여성 관리자에 대한 연구는 크게 세 가지로 분류할 수 있다. 남녀 관리자에 대한 차별적 보상, 즉 임금 및 승진에서의 차별을 연구하는 것은 여성 관리자 연구의 가장 큰 흐름이라 할 수 있다. 많은 연구자들이 여성 관리자가 남성 관리자에 비해 적은 임금을 받는다거나, 승진 기회를 덜 얻는다는 등의 연구 결과를 발표했지만(Jacobs, 1992; Schneer & Reitman, 1995; Dreher & Cox, 2000), 일부 동의하지 않는 연구자도 있었다(Filer, 1985).

남녀 관리자 사이의 경력성공 차이, 즉 승진이나 임금에서의 차이가 일어나는 원인에 대한 연구도 활발하게 이루어졌다(Ragins & Sundstrom, 1989; Tharenou & Conroy, 1994; Melamed, 1995; Tharenou, 2001). 이들은 교육, 역량, 그리고 특성 등 개인적인 요인, 기업문화 및 인사관리 시스템 등 조직적인 요인, 그리고 가정상황 등 상황요인 등으로 나누어 여성 관리자의 경력성공 차이에 대해 설명하고자 노력했다.

세 번째 큰 흐름으로서 남녀 관리자의 능력, 리더십 스타일, 그리고 일하는 방식 등에서 차이가 있는지 비교 · 분석하려는 노력도 꾸준하게 이루어졌다(Powell, 1990; Dickens, 1998; Kirchmeyer, 2002). 남성과 여성이라는 성별 차이가 관리자로서의 능력을 발휘하는 데 영향을 미치는지 분석하고자 했다. 즉 남성과 여성이 리더십 스타일, 관리자로서의 역량 발휘, 일하는 방식 등에서 '성 역할 정형화(gender role stereotyping)' 에 따른 차이를 보이느냐 하는 것이다(Grant, 1988; Schwartz, 1989; Powell, 1990).

2 여성 관리자 연구의 세 가지 흐름

1) 남녀 관리자 경력성공 차이

기업에서 성과는 조직 구성원 개인의 성과와 팀 성과, 그리고 조직 성과로 차원을 나누어 보는 것이 일반적이다. 개인의 성과는 객관적으로 임금, 승진 등을 지표로 사용한다. 주관적인 지표로는 직무만족도, 몰입, 그리고 성취감 등을 사용한다. 남녀 관리자의 성과 차이를 보는 것도 크게 두 가지 갈래로 나뉜다. 임금이나 승진 등 객관적인 지표를 통해 성과 차이를 보는 연구와 직무만족도, 몰입, 성취감 등의 주관적인 지표로 성과 차이를 보는 연구로 나뉜다. 하지만 임금이나 승진 등 객관적인 지표를 사용한 연구가 더 많은 비중을 차지한다.

남녀 관리자는 성과에서 뚜렷한 차이를 보였다. 많은 연구에서 여성 관리자는 남성 관리자보다 소득이 낮은 것으로 밝혀졌다(Judge et al., 1995; Stroh et al., 1992; Tharenou et al., 1994). 또는 여성의 승진 수준이 남성보다 낮다거나(Cox & Nkomo, 1991), 직장 또는 직무이동에 따른 경제적 이득이 남성보다 낮다거나(Stroh et al., 1992; Dreher & Cox, 2000), 소득이나 책임감 등에 있어서 남성보다 낮았다(Konrad et al., 2000).

여성 관리자의 임금이나 승진 기회 등이 남성 관리자에 비해 낮은 것이 분명하다고 해도 그 차이가 '성별' 에 의한 것인지에 대해서는 논란이 계속되어 왔다. 대부분의 연구에서 성별에 의한 차별, 즉 유리천장 효과에 의한 차이라고 보는 반면 그렇지 않다고 주장하는 연구자도 있다. Filer(1985)는 남성과 여성 사이의 평균소득에서 발생하는 차이 중 어느 정도가 남녀 간의 일하는 조건의 차이 때문에 생기는 것인지 파악하고자 했다. 1977년 고용의 질을 조사하는 데이터를 분석한 결과, 남성과 여성은 직무환경이 현격하게 다른 직무에 종사하고 있었으며 이 같은 차이가 남성 근로자에게 더 높은 보상을 제시할 수밖에 없게 만든다는 것을 보여 준다. 즉 남성의 일이 여성의 일보다 '받아들이기 어려운 직무환경' 인 경우가 많기 때문에 보상에서의 남녀 차이가 발생한다는 것이다. 남성이 하는 일과 여성이 하는 일은 직무환경에서 차이가 나는 경우가 많다. 직무환경이 '받아들이기 어려운 것' 일수록 더 큰 보상을 해 주어야 하는 것은 당연하다고 Filer는 보았다.

또 승진과 임금의 격차가 1990년대 중반 이전에는 뚜렷하게 성별에 의한 차이라고 볼 수 있지만 그 이후에는 줄어드는 추세를 보이는 것으로 나타났다(Kirchemyer, 2002). 이와 같은 연구 결과는 미국 기업에 해당되는 것이기는 하지만, 1990년대 후반 이후 여성의 능력이 발휘될 기회가 많아지고 여성의 상위직 진출이 활발해지는 등의 변화가 뚜렷해지면서 남녀 격차가 줄어든다는 것이다. 하지만 여성이 가정에서의 책임으로 인해 경력단절이 일어나고, 경력단절로 인해 임금이나 승진 등에서 불리해질 수밖에 없음이 여전하다고 Kirchmeyer(2002)는 주장한다.

여성 관리자에 대한 차별적 대우를 입증하는 연구의 오류를 지적하는 연구자도 있었다. Kirchmeyer(2002)는 여성 관리자가 증가하기 시작한 1980년대의 연구와 2000년대의 연구는 달라야 한다고 주장했다. 즉 1980년대에서 1990년대에 이르는 동안 이루어진 여성 관리자의 경력성공에 대한 관심은 채용, 개발, 승진에 있어서 여성에 대한 차별을 밝히는 데 집중되었다는 것이다. 하지만 2000년대에 들어서는 이 같은 차별이 개선되었는가, 아니면 더 미묘한 형태로 여성의 성공을 방해하는 방향으로 엄연히 존재하는가에 집중되었다고 분석했다.

Kirchmeyer는 남녀 관리자 사이에 분명한 차별적 행태가 있었음을 인정하면서도 그동안의 연구가 여러 가지 오류를 범하고 있음을 지적했다. 첫째, 남녀 관리자를 비교하는 데 있어서 두 집단의 교육 수준이나 경험 등이 다른 데 따른 오류가 있었다는 것이다. 표본상의 오류를 바로잡기 위해서 단순히 대학 전공이나 직무 경험 기간 등만을 고려해서는 안 된다는 것이다. 여성의 경우 여성 고유의 교육이나 경험 등을 거치면서 남성과는 다른 경로를 밟게 된다고 설명했다. 경력 단계별 또는 나이 단계별 발전의 차이를 바로잡지 않으면 남녀 관리자 사이의 차별을 제대로 설명할 수 없다는 것이다. 따라서 남성과 여성의 경력을 제대로 비교분석하려면 연구자들은 남녀 관리자의 핵심 경력과 교육 변수를 잘 통제해야 한다고 주장했다.

둘째, 관리자의 경력발전 척도로서 특정 시점에서 성취된 소득이나 직위를 사용하는 것도 오류를 초래한다. 남성과 여성의 경력성공을 비교하기 위해서는 경력발전을 측정하는 기준이 일정 기간에 걸쳐서 이루어진 변화나 발전을 대상으로 해야 한다. 여성이 채용에 있어서의 차별을 종종 경험하고 그로 인해 기업에서의 출발이 늦어진 데 따른 축적된 영향을 고려한다면 더욱 그렇다. Shenhav(1992)도 특정 시점에서 측정된 경력성공은 최근 많은 경영자에 의해 도입된 '성평등적 인사관리 시스템'을 제대로 반영할 수 없다고 경고한다. 즉 남녀 관리자의 경력성공에 대한 연구는 시계열 연구를 통해 예전의 불합리한 인사 시스템뿐만 아니라 최근의 인사 시스템까지 반영할 수 있어야 한다는 것이다. 동시에 구시대적 관습과 현재의 변화된 관습도 함께 반영할 수 있어야 한다.

셋째, 지금까지의 주류 연구가 1990년대에 나왔다는 점을 감안하면 연구에서 사용된 데이터가 수집된 시기는 주로 1980년대라고 할 수 있다. 이후 여성의 기업진출이 매우 빠르게 증가하고 인사관리 시스템의 합리화 역시 진행되었다고 보면 최근의 추세를 제대로 반영한 연구가 많지 않다고 할 수 있다. 데이터의 여성 관리자들이 1980년대 이전에 경력을 시작했음을 감안한다면 최근 20년 사이에 경력을 시작한 여성 관리자에 대한 분석은 제대로 반영되지 않았으리라 볼 수 있다.

넷째, 승진의 횟수와 기회가 가장 활발한 중견관리자 단계에 대한 연구가 많지 않다는 점을 오류로 들 수 있다. 보다 많은 연구가 중견관리자의 승진 및 발전에 대해 이루어져야 한다. 그리고 남성과 여성 관리자의 성공 및 성취에 있어서 '공식의 차이'가 있기 때문에 마치 남녀 관리자를 그대로 비교하는 것은 사과와 오렌지를 비교하는 것과 같은 오류를 범할 수 있다. 남성 관리자 기준으로 보았을 때 모든 조건을 다 갖춘 여성 관리자가 실패하는 경우를 종종 볼 수 있기 때문이다. 결국 승진 등 경력성공의 기준은 남성 관리자 중심으로 형성된 것이므로 여성 관리자에게 그대로 적용할 수 없다는 것이다. 따라서 남녀 관리자의 성공 및 성취, 즉 결과를 비교하는 것으로 충분하지 않으며 그 결과에 영향을 미치는 요인에 대한 비교분석도 이루어져야 한다.

Kirchmeyer(2002) 등의 연구자는 승진, 임금 등의 객관적인 성공지표뿐만 아니라 '성공에 대한 주관적인 인식' 등을 지표로 사용할 필요가 있다고 주장한다. 이후 직무만족도나 몰입 등의 주관적인 성과지표를 사용하는 연구가 이어졌다.

Burke와 McKeen(1997)의 연구나 Lynn, Cao와 Horn(1996)의 연구에서는 만족도, 몰입, 이직의도 등을 보고자 했다. 이들에 따르면 관리직 및 전문직 대상 여성의 경력성공과 직업교육훈련에 대한 연구에서 여성이 그들의 직업에 더 만족하며 교육훈련활동의 유용성을 높게 평가하는 여성이 자신의 직업에서의 성공 여부를 더 긍정적으로 평가한다고 밝혔다. 또 교육훈련활동에의 참여 경험이 많은 여성의 직무몰입도가 높고, 미래의 직업전망에 있어서도 긍정적이었다고 분석하였다.

2) 남녀 관리자 경력성공 차이의 원인

남녀 관리자의 성과 차이를 결정하는 연구는 개인의 차이에 초점을 맞추는 개인차원 요인과 남성중심적 조직문화 등에 초점을 맞추는 조직차원 요인, 네트워크 및 멘토링 등에 초점을 맞추는 대인관계 요인, 그리고 개인을 둘러싼 가정상황 등에 초점을 맞춘 상황 요인 등 다양하게 나누어 보려는 시도가 이루어졌다. 조직차원 요인과 개인차원 요인으로 나누어 보는 연구는 Tharenou와 Conroy(1994), Tharenou 외(1994) 등에 의해 이루어졌다. 조직차원 요인, 대인관계 요인, 그리고 개인차원 요인으로 나누어 보는 연구는 Ragins

와 Sundstrom(1989)에 의해, 근로자의 인적자본 속성, 경력 선택 및 조직의 구조적 특징 등으로 나누어 보는 연구는 Melamed(1995)에 의해 이루어졌다.

Tharenou와 Conroy(1994)는 남녀 관리자의 승진을 설명하는 두 가지 중요한 요소로서 근무환경과 같은 상황적 요인과 교육수준 및 능력 등과 같은 개인적 요인으로 나누어 사용했다. 이들의 연구에 따르면 여성 관리자의 승진은 교육 수준과 같은 개인적 요인에 의해 촉진되었으며 가사부담과 그로 인한 근무경력 축소 등이 장애요인으로 작용했다. 반면 남성 관리자의 승진은 개인적 요인보다 훈련과 개발 기회의 증진 등 조직요인을 통해 더 촉진되는 것으로 밝혀졌다. 즉 여성 관리자는 가사부담 등 상황요인에 의해 부정적인 영향을 받는다는 것이다.

Melamed(1995)는 경력성공의 결정요인을 근로자의 인적자본 속성, 경력 선택 및 조직의 구조적 특징 등 세 가지 측면에서 보았다. 그 결과 여성 관리자는 성과제도, 가사부담 경감, 그리고 조직 내 기회구조 등에 의해 많은 영향을 받는 것으로 나타났다. 하지만 남성 관리자의 경우에는 성격특성 및 사회적 기회구조 등이 중요한 결정요인으로 드러나 차이를 보였다. 즉 여성 관리자는 가사부담을 덜어 주느냐, 성과제도가 합리적으로 설계되어 있느냐, 그리고 기회가 균등하게 주어지느냐 등에 따라 영향을 받았다.

Ragins와 Sundstrom(1989)은 여성이 권력이 있는 지위로 올라가는 데 영향을 주는 요소로 ① 선발과 훈련 등을 포함하는 조직요인, ② 네트워크, 멘토링 등과 같은 대인관계요인, ③ 자신감, 개인적 배경, 가정생활 등을 포함하는 개인적 요인 등을 들었다. 그들은 폭넓은 사회적 조건이 이 세 가지 요인에 영향을 주며 각각의 요인 역시 서로 영향을 주고받는다고 보았다.

Fagenson(1990)은 여성 관리자의 승진에 대해 영향을 미치는 세 가지 요인으로 ① 내부적 특질로서의 성별, ② 조직 내에서의 기회 등과 같은 조직요인, ③ 관행, 믿음 등과 같은 제도적 시스템 등을 들었다. 그는 사회적 특징, 즉 여성의 자신감이 남성보다 낮다거나, 관리자급에서의 여성비율이 낮은 데 따른 구조적 한계, 여성이 관리자로서 적합하지 않다는 관행적 믿음에 따른 불리함 등이 여성의 관리자 진급을 방해한다고 보았다. 사회적 수준에서의 구조적 특징, 즉 직업에 대한 성별 차이를 두는 것 등이 조직의 성차별적 구조를 만든다고 본 것이다. 가정에서의 역할이 여성의 직무 경험을 제한할 것이며 이것이 승진을 방해한다고도 보았다. 여성이 성장을 하는 데 있어 초기의 사회화가 능력 개발에 영향을 줄 것이며, 이것이 또한 승진에 영향을 준다는 설명이다.

Tharenou는 2001년에 남녀 관리자의 직급에 따른 승진 결정요인이 다르다는 연구 결과를 발표했다. 여성 관리자의 경우 중 · 하위직 승진 시 남성중심적 조직문화가 여성에게 더 불리하게 작용했음을 밝혔다. 진급 대상자인 여성과 인사권자인 남성의 이질성이 여성에 대한 선호를 떨어뜨리고 결국 승진누락으로 이어질 수 있는 것으로 보았다.

Cannings와 Montmarquette(1991)는 기업 수준 데이터베이스를 사용하여 기업 내부의 승진과정에서 성과와 야망, 그리고 보상 간의 관계분석을 통해 남녀 간 승진 모멘텀 차이가 있는지 분석하고자 했다. 그들은 캐나다 기업을 대상으로 분석을 실시한 결과, 여성은 남성보다 공식적인 승진 기회에 더 의존하는 경향이 있었으며 이것이 오히려 여성으로 하여금 기회를 박탈하는 결과를 낳았다고 주장했다. 반면 남성은 승진을 위해 비공식적인 네트워크를 활용하려는 경향이 더 강했으며, 성과주의에 기반하기보다는 자신들의 상사로부터 더 많은 관심과 주의를 끌 수 있는 자신의 강한 열망을 보여 주는 등의 방법으로 승진을 하려는 경향이 있었다. 남성의 비공식적 방법은 성과가 더 나은 여성을 물리치고 오히려 더 승진 기회를 성공적으로 활용하게 해 주었다.

인적자원개발이라는 개념이 등장하면서 남녀 관리자 사이의 차이를 만들어 내는 요인을 찾으려는 연구가 나타났다. 현재까지 이루어진 연구의 주요 내용을 살펴보면 인적자원개발 기회의 성별 차이, 조직 내의 성별에 따른 위계질서, 관리직 및 전문직 여성에 대한 멘토링의 효과, 여성의 인적자원개발 효과, 직무만족 및 조직몰입에 대한 남녀 차이 등이다.

인적자원개발에 있어서의 기회 차별에 대해서는 대부분의 연구에서 "차별적으로 이루어진다"고 밝히고 있다. Tharenou 등(1994)은 직장 내 교육훈련에서의 남녀 차이를 분석한 결과 여성에게 제공되는 기회가 남성에 비해 부족하다는 것을 밝혀냈다. 사회 · 경제적 요인을 통제한 후에도 참여 격차가 발견되었다는 것이다. Wallace(2000)는 호주 정부의 '국가훈련개혁안(NTRA : The National Training Reform Agenda)에서 여성 인력에 대한 교육훈련 기회를 확대하고 일자리에 대한 불평등을 개선하겠다는 다짐에도 불구하고 여성 인력에 대한 교육훈련의 기회가 여전히 부족하며 일자리 기회 역시 남성에 비해 다양하지 않거나 일부 분야에 치우쳐 있다고 밝혔다. 특히 조직 내에 광범위하게 퍼져 있는 각종 관습 등이 여성을 단순직, 낮은 직급에 머물게 하며 이것이 곧 여성이 훈련 기회에 접근할 수 있는 통로를 차단한다고 했다.

전체적으로 보면 인적자원개발에 있어서 기회 차별이 구조적으로 존재하거나, 남성중심적 문화 및 각종 관습 등이 여성을 자연스럽게 낮은 직급의 단순직종으로 몰리게 하는 결과를 낳는다고 한다. 하지만 관리직 및 전문직 등 자신의 능력을 발휘할 수 있는 여성의 경우에는 남성 못지않게 적극적으로 교육훈련을 받으며 개인의 성과에도 긍정적인 영향을 미치는 것으로 나타났다. 결론을 내릴 만큼 연구가 충분하지는 않지만, 문화적 · 관습적 차별이 존재하는 것은 사실이나 여성이 관리직으로 진출하는 경우가 늘어나면서 인적자원개발 기회 및 효과 등에서의 차이가 줄어드는 것으로 볼 수 있다.

3) 남녀 관리자는 다른가

여성 관리자가 남성 관리자에 비해 임금이나 승진에서 차별을 받는지, 그리고 그 원인이 무엇인지 등의 주제와 함께 가장 많은 연구주제로 등장한 것이 바로 남녀 관리자 사이의 차이가 존재하느냐에 대한 것이다. 남성과 여성이 성별에 따른 차이가 존재하므로 관리직에서도 남녀 차이가 있을 것이라는 주장과 차이가 없다는 주장이 혼재되어 있다. 남녀 관리자 사이의 차이에 대해서는 성 역할 정형화 관점이 가장 큰 영향을 미치고 있다.

(1) 성 역할 정형화 관점

1970년대 이후 여성 관리자의 비중이 16%에서 40%로 급증했음에도 불구하고 여전히 최고경영자 직위에 오른 여성은 매우 적다. 만약 남녀 관리자 사이에 근본적인 차이가 없다면 여성의 최고경영자 비중이 높아지는 것은 시간 문제일 뿐일 것이다. 그러나 만약 남녀 관리자 사이에 근본적인 차이가 있다면? 전통적인 성별 정형화에 따르면 남성은 독립적이고, 공격적이고, 더욱 경쟁적이며, 그리고 결단력이 있다고 한다. 여성은 공감을 잘하고, 부드럽고, 수줍어하며, 다른 사람의 요구에 민감하게 반응한다고 한다. Grant는 남녀가 성별에 따른 차이가 있으며 이를 반영하는 것이 오히려 정당한 것이라는 의견을 내놓았다. 이후 많은 연구자들이 그의 성 역할 정형화 관점에 동의했다. 하지만 남녀 사이에 정형화된 차이가 존재한다는 것을 받아들이지 않는 연구자도 적지 않다.

성 역할 정형화 관점은 남성과 여성이 리더십 스타일, 커뮤니케이션, 그리고 조직 정치 및 권력 행사 등에 있어서 성별에 따른, 다른 특성을 가진다는 것이다. 예를 들면 남성은 업무지향적이고, 독단적이고, 지시와 통제 중심적이며, 벌지향적인 성향을 가진다고 한다. 반면 여성은 팀 플레이어의 성향이 강하고, 민주적이고, 변화를 주도하며, 보상지향적인 성향을 가진다고 한다.

Grant(1988)는 여성이 관리자로서 적합한 고유의 특성을 가지고 있다면서 여성 관리자를 남성중심의 성공모델에 끼워 맞출 것이 아니라 여성이 가진 특성을 강조하는 방향으로 전환해야 한다고 주장했다. 즉 남성중심 성공모델에서 강조되었던 독립성, 경쟁력, 추진력, 분석적 사고력 등이 아니라 소속감, 애정, 협력, 애정 어린 양호, 감성 등 여성 고유의 강점을 강조해야 한다고 주장했다.

Schwartz(1989) 역시 「하버드 비즈니스 리뷰」에서 '마미트랙(mommy track)' 의 강점에 대한 국가적 논쟁을 불러일으켰다. Schwartz는 기업으로 하여금 ① 경력성공을 최우선으로 두는 '경력최우선 여성'과 일과 가정의 균형을 추구하는 '경력 · 가정 병행 여성'을 구별해야 하고, ② 전자의 여성에 대해서는 잠재적 최고경영자군으로 성장시키는 데 주력해야 하며, ③ 후자의 여성에 대해서는 유연근무제 및 가정지원제도 등을 제안하는 대신 승진에 있어서는 전자의 여성에 비해 기회를 낮게 주는 것 등을 제안했다. 아이를 양육하면서 일을 병행하는 '마미트랙'에 대한 논의가 많은 반면 '대디트랙'에 대해서는 별 논의가 없다. 그만큼 남성과 여성의 '직장에서 목표'와 '가사부담' 등에서 차이가 있음을 알 수 있다.

Powell(1990)의 연구는 남녀 관리자 사이의 정형화된 차이가 있다는 시각에 대해 완전히 동의하지 않는다. 그는 남녀 관리자 사이의 차이에 대한 시각을 크게 세 가지로 나눈다. ① 차이가 없다. 즉 경력에서의 성공을 추구하는 여성은 정형화된 여성의 역할 및 특성 등을 자신에게 적용하는 것을 거부한다. ② 정형화된 차이가 있다. 즉 여성과 남성은 정형화된 틀에 의해 교육받고 사회됨으로써 남성은 남성성을, 여성은 여성성을 더 갖게 되었다. ③ 비정형화된 차이가 있다. 즉 여성과 남성 관리자는 정형화된 틀과는 반대되는 차이점을 보인다. 여성 관리자는 남성과 다른 자신의 초기 사회화과정을 보상받기 위해 예외가 되어야 하기 때문이다.

Powell은 이런 남녀 차이를 보다 명확하게 분석하기 위해 설문조사를 실시했다. 행동, 동기부여, 몰입, 그리고 부하직원의 반응 등 네 가지 부분에서 남녀 차이가 있는지 알아보고자 했다. 행동 측면에서는 '직무중심형'과 '사람중심형'으로 나누었는데 남녀 관리자 사이에 차이가 없었다. 성과평가(effectiveness ratings)에 대해서도 실제 관리자 사이에서는 남녀 간 차이가 없었다. 실적이 나쁜 직원에 대한 반응에서는 남성이 공정성의 잣대(norm of equity)를, 여성이 대등성의 잣대(norm of equality)를 사용하는 것으로 나타나 정형적인 성별 차이를 나타냈다. 전략을 활용하는 측면에서도 남성이 여성보다 더 적극적으로 다양한 전략을 활용하는 것으로 나타났으나 여성이 자기확신이 높을수록 차이가 줄어들었다. 동기부여에서는 일부 연구에서 차이가 없었으며 일부 연구에서는 비정형화된 차이가 있었다. 몰입에서는 일관된 결과가 나오지 않았으며 부하직원들의 반응에서는 성별 정형화된 행동을 보이는 것에 대해 더 좋게 생각하는 것으로 나타났다.

직무중심형 리더는 직무를 주도하고 조직화하며 데드라인과 기준을 설정하는 데 초점을 맞춘다. 사람중심형 리더는 부하직원의 복지와 자신감 형성, 편안함을 느끼도록 해 주는 것, 그들에게 영향을 미치는 일들에 대해 그들의 의견을 물어보는 것 등을 포함한다. 성 역할 정형화에 따르면 남성 관리자는 직무중심형으로, 여성 관리자는 사람중심형으로 나타날 것으로 예상되지만 실제로는 차이를 보이지 않았다.

성과가 나쁜 부하직원을 대할 때는 차이가 있었다. 남성 관리자는 낮은 성과가 노력을 게을리했기 때문이거나 능력이 부족했기 때문인지에 따라 반응을 달리하는 경향이 있었고, 여성 관리자는 원인에 관계없이 똑같이 대하려고 노력하는 경향이 있었다. 부하직원에게 영향을 미치기 위한 전략활용에 있어서도 차이가 있었다. 여성 관리자는 남성 관리자 못지않게 동기부여되는 것으로 나타났다. 오히려 일부 연구에서는 여성이 하위욕구(생존욕구, 안전욕구 등)가 남성보다 더 낮고 자아실현이나 성장욕구 등에서는 남성보다 더 높게 나타나는 '비정형화' 패턴의 차이가 나타나기도 했다. 남성 관리자에 비해 성장의 기회에 대해 더 많은 신경을 쓰는 것으로 나타났으며 더 성숙되고 높은 성취욕구를 가진 것으로 드러나기도 했다. 남성 관리자와 여성 관리자 사이의 몰입도 차이에 대해서도 결과가 일관되지는 않다. 성별보다 나이와 교육 수준은 몰입에 더 큰 영향을 미쳤다. 더 의미 있는 일, 다양한 기술을 사용하는 일 등의 요소가 몰입에 더 큰 영향을 미치기도 했다. 일부 연구에서는 여성이 몰입도가 더 높은 것으로, 일부 연구에서는 남성이 몰입도가 더 높은 것으로 나타나는 등 일관성이 없었다.

Powell은 만약 남녀 관리자 사이에 이렇게 차이가 없다면 기업에서도 마치 차이가 있는 것처럼 대응해서는 안 될 것이고, 오히려 기업은 관리직급에 대한 인사결정에서 성별과는 무관하게—예전의 여성 관리자에 대한 차별을 만회하기 위한 경우를 제외하고—결정해야 할 것이며, 남녀 관리자의 직무 경험 차이를 최소화하기 위해 노력해야 할 것이라고 제안한다.

기업은 여성에게 사회적 민감성과 대인관계 기술이 요구되는 직무—대외 홍보, 인사관리, 소비자 문제, 기업의 사회적 책임 등—를 맡기는 경향이 있는데 이는 인적자원관리에서 문제점을 발생시킨다. 이런 직무는 전형적인 지원 기능이며 재무, 영업, 생산 등의 현업 기능에 비해 주변부에 속하며 권력도 약한 편에 속한다. 그런데 여성 관리자는 대개 지원 부서에 많이 배치되어 있으며 이로써 최고경영자의 직위까지 올라가는 데 어려움을 겪게 된다. Grant가 주장한 "여성 특유의 자질을 잘 살려야 한다"는 것은 이와 같은 '직무 차별'을 초래할 수 있다. 성별 차이에 대해서는 매우 진지하게 접근하지 않으면 기존 관념에서 벗어나기 어렵다. 리바이스 등 일부 기업에서는 최고경영자와 임원진을 대상으로 3일짜리 교육 프로그램을 실행하기도 했다. 이 프로그램에서 임원진은 자신들이 여성이나 소수자들에 대해 가지고 있는 태도가 가진 문제점을 진단하고 개선방법을 찾게 된다. 만약 가치와 태도의 문제라서 변화하기 어렵다면 행동을 바꾸도록 노력하는 것이다. 사람들이 효과적인 성과평가제도와 보상 시스템으로 의사결정을 '성별에 관계없이' 하도록 독려받는다면 실제로 동등한 자격의 남녀 관리자에게 동등한 기회를 줄 수 있게 될 것이다. Schwartz의 마미트랙에 대한 제안에 대해서도 Powell은 출산을 위해 잠시 경력을 중단했다 하더라도 그 여성이 영원히 상위직급으로의 동기부여가 없어졌다고 볼 수는 없다고 지적한다. '일 · 가정 병행 여성'이 자신의 경력관리를 위해 '일우선 여성'으로 트랙을 바꾸려고 할 수도 있다는 측면에서 이분법적인 분리는 바람직하지 않다는 것이다.

성 역할 정형화 관점에서 벗어나기 위해 같은 직종, 같은 직급의 남녀 관리자를 비교하는 연구도 있었지만 여성 관리자는 자신에게 주어진 '기대역할'을 남성 관리자와 다르게 인식하는 경향이 있었다. Kabacoff(1998)는 1,800명의 관리자를 대상으로 22개 관리 스킬에 대해 새롭게 설계된 조사를 시행했다. 이 조사에서 남녀 관리자는 같은 직급에 종사하고 있으며 비슷한 경력을 가지고 있었다. 여성 관리자는 동료 및 부하직원으로부터 더 높은 점수를 받았으며 상사는 남녀 관리자를 비슷하게 평가했다.

그러나 실제로 여성 관리자들은 남성과는 다른 환경을 의식하는 것으로 조사되었다. 여성 관리자들은 직무 그 자체의 실행보다는 다른 사람을 더 잘하도록 동기부여하고 코칭하며 촉진하는 역할을 부여받은 것처럼 느낀다고 한다. 상사로부터 "네 주변의 사람들이 아니라 너 자신을 위해 노력하라"는 충고를 듣기도 한다. 팀워크, 협업 등의 분야에서 여성 관리자는 남성에 비해 확실하게 높은 점수를 받지만 정보를 지나치게 공개하고 부하직원과의 소통을 너무 중시한 나머지 '지나친 커뮤니케이션'이라는 비판을 받기도 한다.

여성들이 부하직원들을 독려하고 더 높은 성과를 내도록 코치하는 등의 활동이 조직의 성과에 도움을 주지만 실제로 이런 활동은 눈에 띄거나 높은 평가를 받는 것은 아니다. 여성 관리자가 회의에 참석하지 못한 직원들에게 회의 내용을 알려 주는 것은 '정보를 공유함으로써 직원의 성과를 높인다'고 받아들여지는 것이 아니라 '친절하다'고 받아들여진다는 것이다. 이런 의사소통이나 코칭, 다른 사람을 도와주는 것 등의 활동은 실제로 조직에서 큰 역할을 함에도 불구하고 정당한 평가를 받지 못한다. 또한 여성 관리자는 전략적이거나 비전지향적이지 못하다고 인식된다. 여성의 가장 큰 강점은 가장 큰 약점이 되기도 한다. 일을 너무 열심히 하는 것은 업계의 '제휴'를 구축하는 것을 방해한다. 사무실에 늦게까지 남아서 자신에게 주어진 리포트를 완벽하게 만드는 것과 퇴근 후 밖에 나가서 관계자를 만나고 일에 대해 이야기하는 것 중에서 고르라면 여성 관리자는 전자를 선택하는 경향이 높다는 것이다.

이런 경향은 멘토링의 부족, 커뮤니케이션의 비공식 네트워크로부터 소외되도록 만든다. 여성 관리자는 자신들이 지나치게 '성과 그 자체'에만 매달리기 때문에 비전이나 전략 등에 대해 생각할 수 있는 충분한 시간이 없다고 인정한다. 여성들이 사무실에서의 직무를 완벽하게 해내는 데만 집중하고 어려운 의사결정을 통해 리스크를 져야 하는 일에 소홀하다면 CEO의 자리를 차지하기 어려울 것이다. 최고경영자 또는 최고경영진에게 필요한 요소는 단지 '성과 그 자체'라고 보기 어렵다고 할 때 여성 관리자의 인식변화도 필요한 것으로 보인다.

(2) 남성중심적 문화

남녀 관리자 사이의 성 역할 차이와 달리 남성중심적 문화에 의해 여성이 불리할 수밖에 없다는 시각도 있다. 이는 최고위직의 절대 다수를 남성이 차지하고 있고 인사 관련 제도 및 평가 등이 남성적 기준으로 형성되어 있는 등 기업에서 이루어지는 모든 활동이 남성에게 유리할 수밖에 없다는 면에 주목하는 것이다. 상사와의 네트워크나 멘토링 등 대인관계 요인 또는 비공식적 요인에서 여성은 성별에 따른 차별을 받을 수밖에 없다.

많은 연구에서 멘토링은 상위직급으로의 승진에 중요한 역할을 하는 것으로 나타나고 있다. 멘토와 멘티가 비슷한 여건을 가지고 있거나 비슷한 커리어 트랙을 가지고 있을 때 멘토링의 효과가 더 좋다는 점을 감안하면 여성은 남성보다 불리하다. 이성끼리의 멘토링보다 동성끼리의 멘토링이 더 효과적일 것이기 때문이다. 하위직급의 여성 관리자는 자신에게 적합한 멘토를 찾는 데 남성 관리자보다 더 큰 어려움을 겪을 수 있다. 만약 기업에서 이런 불평등을 해소하기 위해 뭔가 노력하지 않는다면 자연스럽게 하위직급의 남성 관리자는 여성 관리자보다 승진 등에서 유리하다고 볼 수밖에 없다.

인사고과를 담당하는 책임자가 주로 남성이기 때문에 남성적 특징에 대해 더 높은 평가를 하는 경향이 있었다. Brenner, Tomkiewicz와 Schein(1989)은 성 역할 정형화와 관리자로서의 성공에 필요한 특성 간의 관계를 분석하고자 했는데 공격성, 지배성, 성취지향성 등 남성적 특성이라고 인식되는 특성이 고위직으로 승진한 남녀 관리자 모두에게 연관성이 있는 것으로 나타났다. 일반적으로 남성적 특성이라고 인식되는 특성을 가진 중간관리자를 성공적이라고 인식하는 경향이 있었다. 즉 보다 많은 여성이 중간관리자로 일을 하고 있음에도 불구하고 인식의 변화는 거의 없는 것으로 볼 수 있다. 이들이 발견한 것은 남성과 여성 응답자 사이의 차이가 뚜렷하다는 것이었다. 남성 응답자는 성공적인 중간관리자는 남성적 특성을 가진 사람으로 인식하는 경향이 뚜렷한 반면 여성 응답자는 남녀가 공통적으로 나타낼 수 있는 특성을 지목했다. 여성 관리자는 인사고과를 매기는 데 있어서 '일반적인 시각'을 가지고 있음에도 불구하고 남성 관리자는 여전히 '자신과 같은 남성적 특징을 가진 관리자'에 대해 높이 평가하려는 경향이 있음을 보인다. 남성 관리자가 대다수를 차지하고, 특히 인사 관련 업무를 담당하고 있음을 감안한다면 이런 평가기준은 여성에게 불리하게 작용할 수밖에 없다.

공식적인 채용 시스템이 엄정하게 시행되고 있음에도 불구하고 현실에서 채용 및 평가의 문제는 여전히 주관적이며 차별적인 요소가 존재한다. 기업의 HRM 부서에서 엄격하고 잘 짜인 채용 테크닉을 시행하고 있지만 고용주의 채용방식은 사회적으로 그리고 문화적으로 설계된다는 것이다. 기술적 능력 등을 기준으로 하는 '적합성(suitability)' 과 태도, 행동양식, 성격 등의 요소를 기준으로 하는 '수용성(acceptability)' 등을 평가할 때 성별 또는 인종적 정형화가 작용하고 채용과정에서 영향을 미친다는 것이다(Dickens, 1994). Bevan과 Thompson(1992)은 기업의 관리자들이 여성에게보다는 남성에게 '다른 특성' 에 대해 높은 점수를 준다고 했다. Townley(1990)는 객관적인 평가기준이 분명하게 존재함에도 불구하고 남녀 특성이나 능력에 대한 관리자의 인식이 작용할 수 있다고 밝혔다.

자신의 능력이나 업적 등에 대해 상대방에게 좋은 인상을 주도록 노력하는 인상관리 역시 관리자의 평가과정에 영향을 미친다. Bowles와 Coates(1993)는 성과평가 및 조직 내에서의 승진 등에서 자신의 업적보다 더 나은 점수를 받는 데 '인상관리' 가 영향을 미치며, 인상관리에 있어서는 남성이 여성보다 더 유리한 것으로 연구결과를 발표했다. 남성은 여성보다 더 높고 적절한 '가시성(visibility)' 을 가지며 비공식적인 사내 네트워크에 더 깊이 관여한다는 것이다.

태도 및 행동에 있어서의 몰입은 조직의 성과에 긍정적으로 영향을 미치고 이직률을 낮춰 주는 효과가 있다고 한다. Guest(1992)는 직무설계, 커뮤니케이션 및 리더십 스타일 등을 통해 조직 구성원들의 몰입을 높여 주는 것이 높은 직무능력을 갖추고 교육훈련을 충분히 받은 유연한 인적자원을 확보할 수 있게 해 준다고 강조했다. 높은 수준의 책임감과 자신의 능력을 충분히 발휘할 수 있는 직무를 경험하는 것이 개인의 성격보다 몰입에 더 영향을 준다는 연구 결과도 있다. 몰입에 대한 연구에 있어서 성별 차이를 보는 연구는 여성이 남성보다 몰입도가 낮다는 일반적인 인식이 존재하며 이는 채용 및 평가과정에서 영향을 미친다는 것이다(Feldberg & Glenn, 1979). 이는 '핵심/주변부 모델(core/periphery model)' 을 형성하는 데 기여한다.

대부분 남성으로 이루어지는 '핵심' 인적자원은 조직에 대해 '상호호혜적인 몰입' 을 하게 된다. 물론 남성이라 할지라도 주변부에 있는 인적자원에 대해서는 몰입을 기대하지 않는다. 여성은 성장배경이나 성격 등의 이유로 남성에 비해 조직에 대한 몰입도가 낮다는 것이 일반적인 인식이며(Dodd-McCue & Wright, 1996), 인적자원 의사결정에서 영향을 미친다.

하지만 많은 연구자들이 조직에 대한 몰입도를 측정하는 방식이 남성에게 유리하게 설계되었다고 지적한다(Dickens, 1992; 1994; Guest, 1992). 주로 업무에 투입하는 물리적인 시간(face-time), 야근이나 주말근무에 대한 자발성 등을 중심으로 이루어지기 때문에 여성의 몰입도가 남성보다 낮다는 말이 맞을 수도 있다는 것이다. 즉 실제 성과의 질적 측면을 고려한다거나 투입하는 시간의 질적 측면을 고려하지 않는다는 것이다. 여성은 여전히 자신의 시간의 70% 이상을 무급 가사노동에 투입하고 있다는 통계 결과가 보여 주듯 남성과는 다른 여건에 처해 있다. 가사노동에 대한 책임감이 여성에 비해 낮은 남성이 조직에서 보여 주는 '자신의 시간을 자유롭게 처분할 수 있는 능력' 이 몰입도 평가로 이어진다는 것이다. 즉 퇴근시간 직전에 야근을 제안했을 때 남성은 훨씬 자유롭게 대응할 수 있는 반면 여성은 자녀를 돌보아야 하는 책임을 더 크게 지고 있기 때문에 시간조정을 하기가 어렵다는 것이다. 여성의 근무 외 시간에 대한 재량권은 가사노동이나 자녀양육 등에 의해 제한을 받는데 이런 태도가 마치 '조직에 대한 몰입도' 가 낮기 때문으로 잘못 해석되는 경향이 있다(Pickard, 1991).

조직의 특성상 구성원들에게 더 많은 시간을 투입하도록 요구하는 조직일수록 몰입도 측정에 있어서 여성은 남성보다 불리한 상황에 놓이게 된다. 즉 '회사와 가정' 중에서 양자택일을 하도록 요구하는 분위기의 조직에서 여성은 불리할 수밖에 없으며 '아내의 지원' 을 받는 남성이 유리할 수밖에 없다. 일과 가정 사이에서 선택을 강요받는 분위기의 회사에서는 '일과 가정' 에 대한 몰입을 공존할 수 없는 것으로 보았다. 심지어 '가정친화적인 정책' 을 가진 회사에서조차 남성중심적인 보상체계를 가지고 있었으며 구성원들은 회사에서 성공하려면 가정보다는 일을 우선시해야 한다는 인식을 가지고 있었다.

> "재생산, 출산, 성, 자녀양육, 질병, 노인 등의 문제를 직무나 조직의 영역을 벗어나는 것으로 보면서 조직 구성원들이 이런 문제에 시간을 쏟거나 관여해야 하는 상황이면 조직에 대한 적응력이 떨어지는 것으로 판단하려는 경향이 있다."(Acker, 1992, p. 257)

조직에 대한 지나친 몰입 요구는 구성원의 가정에 대해 부정적인 영향을 미칠 뿐만 아니라 조직 자체에도 도움이 되지 않는다(Kanter, 1989). 일본 기업에서 나타나는 '과로사' 문제를 하나의 예로 들 수 있다. 이 때문에 일부 기업에서는 '일과 가정의 균형' 을 강조하기도 한다.

빠른 환경변화에 조직이 적절하게 대응하기 위해서는 HRM에서도 유연성이 필요하다. 직무 유연성은 중요한 요소인데 직무 유연성은 ① 핵심 및 주변부 인적자원의 숫자를 유연하게 운영할 수 있는 '수적 유연성'과 ② 연간 근무시간 등을 유연하게 운영할 수 있는 '시간적 유연성' 등을 들 수 있다. 유연성을 확보하기 위한 인적자원관리는 여성에게 유리하고 남녀평등을 실현하는 데 기회를 제공한다는 다양한 근거가 있다. 수적 · 시간적 유연성은 여성이 일차 노동시장에 진입하는 데 도움을 줄 것이며 보수 및 무보수 노동에 있어서 남녀불균형을 해소하는 데 도움이 될 것이라는 예상이 많았다.

하지만 유연근무제 등과 같은 유연성을 강화하는 제도는 여성에게 더 불리하게 작용하는 측면이 있다. 대부분 여성으로 이루어진 주변부 비정규직 근로자는 예전보다 더 보호를 받지 못하는 상황이며 오히려 더 낮은 월급을 받아야 하는 것으로 나타났다. 즉 업종, 직무, 임금, 근무시간, 계약 조건 등 여러 가지 측면에서 현재 존재하는 남녀 간 차별을 오히려 강화하는 것으로 밝혀졌다. 여성에 비해 상대적으로 핵심 업무에 종사하는 비중이 높은 남성이 직무유연성 등의 제도하에서도 더 유리하다는 것이다. 핵심 업무에 있는 남성은 기술향상, 멀티스킬링, 직무안정성, 권한 이양 등의 측면에서 여성보다 유리한 위치에 서게 된다. 또한 여성에게는 '파트타임'을, 남성에게는 '풀타임'을 요구하는 경향이 뚜렷하다. 여성은 가사 및 자녀양육에 시간을 빼앗기므로 '파트타임'을 선택하게 될 가능성이 높기 때문이다. 반면 남성은 풀타임으로 일할 뿐만 아니라 근무외시간을 조직에 사용하는 데 주저함이 없으므로 직업의 안정성이 더 잘 확보된다. 근무시간을 유연하게 활용한다는 것은 여성을 더 불리한 환경으로 가게 한다. 직무 자체의 특성이 남성에게 유리하다기보다는 긴 근무시간을 감당할 수 있는 조건의 남성에게 유리하기 때문이다(Beechey & Perkins, 1987). 유연성을 확보하려는 움직임은 오히려 남성과 여성의 근무조건을 더 양극화시키게 되며 무보수의 노동에 종사하는 여성을 더 늘리는 결과를 가져온다.

3 한국의 여성 관리자 현황

1) 여성 관리자 현황

국내 기업에서 여성인력은 특정 직종이나 업무에 제한적으로 참여하고 있으며 관리직으로 승진한 경우에도 하위관리직에 집중되어 있다. 한국여성정책연구원의 '여성 인력 패널조사'에 따르면 국내 기업의 여성 관리자들은 여전히 '유리천장'의 존재를 느끼고 있는 것으로 나타났다. 2009년 적극적 고용개선조치(Affirmative Action) 결과를 보면 상시근로자 500인 이상 기업과 공공기관 등 1,576개 사업장에서 여성 근로자 평균고용비율은 34.12%이며 여성 관리자 평균고용비율은 15.09%였다. 여성 관리자가 한 명도 없는 곳은 전체 사업장의 25%였다. 여성 근로자의 임원급 비중은 매우 낮았으며 임원급 여성 관리자가 한 명도 없는 사업장이 전체 사업장 중 69%에 이르렀다.

이 때문에 국제기구에서 발표되는 성평등지수를 분석해 보면 정치, 경제 분야의 의사 결정에서 우리나라는 하위권에 속해 있다. 아직도 많은 여성 인력이 유리천장에 막혀 있는 것이다. 2010년 세계경제포럼(WEF)이 발표한 우리나라의 성격차지수는 134개국 중 104위를 기록하였다.

상시근로자 500명 이상 사업장과 공공기관 등 1,547개 사업장을 대상으로 남녀 근로자 고용 현황을 조사한 결과 여성 근로자 고용비율은 34.87%로 많이 개선되고 있지만 여성 관리자 비율은 16.09%로 낮은 편이었다(2010년 기준, 고용노동부). 여성 관리자의 직위가 높아질수록 여성 인력의 비중이 낮아지는 것은 말할 필요가 없다. 여성의 직위별 비중을 보면 사원 38.4%, 대리급 25%, 과장급 16.1%, 차장급 13.0%, 부장급 10%, 임원급 7.4%로 조사되었다. 종업원 1,000명 이상 대기업에서 여성의 임원비율은 4.7%로 더 낮았다(한국여성정책연구원, 2011). 최고경영자급에서는 소유경영자, 또는 창업주의 직계가족을 제외하면 여성을 찾아보기가 더욱 어렵다.

여성 관리자가 한 명도 없는 곳은 전체 1,576곳 중 394곳으로 전체 사업장의 25%에 달했다. 규모별로 1,000인 이상 사업장에서 여성 관리자가 없는 곳은 민간기업 99곳, 공공기관 9곳으로 전체의 16.41%였다. 500인 이상~1,000인 미만 사업장의 경우 민간기업 230곳, 공공기관 56곳 등 전체 286곳(31.15%)에서 여성 관리자가 한 명도 없었다. 여성 근로자의 임원급 비중은 매우 낮아 전체 사업장 중 1,085곳(68.85%)은 임원급 여성 근로자가 없는 것으로 나타났다.

여성 관리자의 직급별 현황을 보면 임원 48,153명 가운데 여성 임원은 3,289명으로 여성 임원비율이 6.8%에 불과했으며 과장급 이상 직급에서는 전체 근로자 540,945명 중 여성이 52,748명으로 9.7% 수준이었다. 반면 과장급 미만 직급에 위치하는 여성은 전체 2,008,984명 가운데 790,920명으로 39.3%의 비율을 나타내어 저위직급 집중현상을 보였

|표 9-1| 직급별 여성 근로자 현황(단위 : 명, %)

구분	계	임원급	과장급 이상	과장급 미만
근로자 수	2,598,082	48,153	540,945	2,165,273
여성	846,957	3,289	52,748	790,920
여성비율 평균	34.12	6.83	9.75	36.52

출처 : 고용노동부, 「적극적 고용개선조치」(2009년), 한국여성정책연구원(2011)에서 재인용.

|표 9-2| 산업별 여성 인력 활용(단위 : %)

산 업 별	1,000인 이상		500인 이상~1,000인 미만	
	여성 근로자	여성 관리자	여성 근로자	여성 관리자
전체	35.60	16.15	33.07	14.33
1. 농업, 임업, 어업, 광업	13.79	1.48	16.30	3.09
2. 제조업(식료품 등)	38.16	6.83	43.86	6.51
3. 제조업(목재)	21.34	6.39	18.52	2.55
4a. 화학공업	15.15	3.09	19.04	5.93
4b. 중공업	7.34	2.29	9.45	1.40
5. 전자산업	30.63	8.27	24.34	3.27
6a. 전기, 가스 및 수도사업	8.49	1.18	8.44	1.64
6b. 하수/폐기물 처리, 원료재생 및 환경복원업	4.54	0.93	10.76	0.13
7. 건설업	8.76	3.00	8.12	5.07
8. 도매 및 소매업	50.88	18.98	48.43	19.91
9. 숙박 및 음식점업	52.68	35.52	61.02	32.45
10. 육상운송 및 수상운송 관련업	9.46	3.87	9.39	3.69
11. 항공운수업	44.18	3.36	-	-
12. 출판/영상/방송통신/정보 서비스업	34.75	17.94	26.34	11.60
13. 금융 및 보험업	43.56	10.93	34.91	8.33
14. 부동산 및 임대업	23.36	8.06	23.43	3.43
15a. 전문, 과학 및 기술 서비스업	16.10	6.70	26.22	8.96
15b. 사업시설관리 및 사업지원 서비스업	50.02	26.63	48.05	24.57
16. 교육 서비스업	38.80	18.83	43.70	23.54
17. 보건업 및 사회복지 서비스업	68.34	44.57	66.99	42.69
18. 예술, 스포츠 및 여가 관련	42.63	8.78	40.66	18.75
19. 협회 및 단체, 수리 및 개인 서비스업	35.41	4.16	39.50	17.66

출처 : 고용노동부, 「적극적 고용개선조치」(2009년), 한국여성정책연구원(2011)에서 재인용.

다. 이런 결과를 통해 국내 기업에서 여성 인력의 진출이 늘고 있지만 기업 내에서는 여전히 의사결정 단계까지 진출하는 데 어려움이 있음을 알 수 있다.

산업별 여성 인력 활용 현황을 살펴보면 평균보다 여성 인력 활용이 높은 사업군은 식료품제조업, 도소매업, 음식숙박업을 비롯하여 사업시설관리 및 사업지원 서비스업 등이 있다. 성별로 업종이 분리되어 나타나는 경향은 여전히 지속되고 있음을 보여 준다. 여성 인력 활용이 높음에도 불구하고 관리자 비중은 여전히 낮은 산업으로는 식료품제조업, 항공

| 표 9-3 | 직종별 여성 인력 활용(단위 : 개소, 명, %)

규모별	직종별	근로자	여성 근로자		남성비율
			여성 근로자	비율	
1,000인 이상(658)	관리직	183,855	22,431	16.15	83.85
	전문가 및 준전문가	371,074	108,479	31.98	68.02
	사무직	540,326	198,982	42.29	57.71
	서비스 · 판매직	363,560	200,554	54.32	45.68
	농림어업 숙련직	3,337	1,630	14.97	85.03
	기능조립직	407,023	65,188	15.32	84.68
	단순노무직	163,372	61,823	38.29	61.71
500인 이상~1,000인 미만(918)	관리직	46,153	6,973	14.33	85.67
	전문가 및 준전문가	96,818	33,674	34.21	65.79
	사무직	143,277	54,363	42.36	57.64
	서비스 · 판매직	78,342	43,924	54.26	45.74
	농림어업 숙련직	2,268	329	10.90	89.10
	기능조립직	102,374	13,123	12.19	87.81
	단순노무직	96,303	35,484	42.99	57.01

출처 : 고용노동부, 「적극적 고용개선조치」(2009년), 한국여성정책연구원(2011)에서 재인용.

운수업, 금융 및 보험업 등이 있었다. 특히 금융 및 보험업에서는 1,000인 이상 규모의 큰 사업장에서 이러한 경향이 더욱 두드러짐을 알 수 있다.

직종별 현황을 보면 1,000인 이상 규모 사업장에서 관리직과 전문 및 준전문직에 종사하는 여성 근로자 비율이 각각 16.15%, 31.98%로 나타났고, 서비스판매직 54.32%, 사무종사자 42.29%, 단순노무직 38.29%의 순으로 여성의 비율이 높았다. 남성 근로자는 농림어업 숙련직이 85.03%, 기능조립직이 84.68%, 관리자 83.85%로 성별 직종분리현상이 뚜렷하게 나타났다.

여성들의 관리직 비중이 낮은 원인에 대해서는 다양한 분석이 있다. 전통적으로 남성중심적 문화가 강한 사회라는 이유 외에도 조직 내에서 경쟁하고, 고위직으로 진출하는 데 대한 경험이 축적되지 않아 경력경로나 경력형성 과정에 대한 정보가 부족하다는 분석이다(김종숙 외, 2011). 선행연구 결과에 따르면 기업의 인적자원 관리방식, 여성 개인관리자의 경력관리에 영향을 미치는 개인적 · 사회적 요인들은 여성의 관리직 진출에 영향을 미치는 것으로 알려져 있다. 또한 여성들이 상위 관리직으로 진출하기 위하여 요구되는 자질이나 역량 등도 개발되어야 할 것으로 나타났다(김종숙 외, 2007).

우리나라 기업에서 여성 관리자가 본격적인 역할을 하기 시작한 것은 서구 기업에 비해 상당히 늦었다고 할 수 있다. 1980년대에 여성의 취업이 늘어나기 시작했지만 결혼과 함께 직장을 떠나는 경우가 대부분이었기 때문이다. 가부장적인 문화가 강한 우리나라 사회에서 직장과 가정을 병행할 수 있는 직장이 많지 않았다. 하지만 1990년대로 접어들면서 여성이 결혼하고 출산을 한 이후에도 직장을 계속 다닐 수 있는 분위기가 형성되었다. 2000년대에는 여성의 취업과 관리직 승진 등이 더욱 증가하였으며 적어도 하위직급에서는 여성 관리자의 비중이 30%를 넘어서는 놀라운 변화를 보여 주고 있다.

이처럼 여성 관리자의 본격적인 활동이 2000년대 들어서 시작되었다고 한다면 여성 관리자와 남성 관리자의 성과 차이 등에 대한 연구는 이제 시작이라고 보아야 할 것이다. 미국 등 서구 선진국과 마찬가지로 우리나라 기업에서도 여성 관리자에 대한 평가는 낮지 않았다.

기업의 인사담당자들은 여성 관리자들이 업무능력이나 조직 충성도에 대하여 높은 평가를 내리고 있으나 여성 관리자들의 리더십이나 의사소통능력 등 역량개발에 대한 요구도 높았다. 여성 관리자 개인 역시 리더십과 의사소통능력에 대한 개발의 필요성을 절감하고 있으며 다양한 경력관리 및 개발의 노력을 하고 있는 것으로 드러났다.

2) 남녀 관리자 현황 비교

남녀 관리자의 근무시간을 보면 남성 관리자는 주당 총 48.6시간을, 여성 관리자는 주당 총 50.1시간을 근무하여 여성들의 근로시간이 더 길었다. 퇴근 이후 활동에서는 "귀가하여 가족과 보낸다"는 응답이 비슷한 비중을 차지했다. 하지만 남성 관리자는 동료들과의 모임에 더 많은 시간을 할애하는 반면 여성 관리자는 자기계발활동에 시간을 더 할애하는 것으로 나타났다.

남녀 관리자들에게 본인에 대해 평가하라고 설문한 결과 남성은 외부 네트워크 능력, 창의력, 직장 충성도, 리더십 등을 여성에 비해 높게 평가했다. 여성들은 성실성과 책임감, 업무몰입도에 대해 남성보다 높게 평가했다.

성에 따른 차별 경험을 묻는 설문에는 여성 관리자가 뚜렷하게 높은 응답률을 보였다. 인사고과 및 근무성적평가에서 차별을 경험했다는 여성 관리자와 남성 관리자는 각각 22.9%, 2.9%로 큰 차이를 보였다. 승진 및 승급에서 차별을 경험했다는 여성 관리자와 남성 관리자는 각각 36.5%, 4.3%로, 역시 큰 차이를 나타냈다. 이 밖에도 교육훈련 기회 및 내용, 임금, 업무배치 등에서도 여성 관리자는 남성 관리자보다 차별을 더 많이 경험했다고 응답했다.

한편 여성 관리자에 대한 차별을 남성에게 물어본 결과, "여성 관리자들이 여성이라서 차별받는다"고 응답한 비율이 인사고과 12.6%, 승진 및 승급 24.2%, 부서 및 업무배치 20.7%로 나타났다. 즉 남성 관리자들 역시 여성 관리자에 대한 차별이 존재함을 인정하고 있었다.

여성이 차별받는 원인으로 여성은 79.6%, 남성은 53.1%가 "남성위주의 조직문화 때문"이라고 응답했다. "남성과 여성의 일로 구분되어 있어서 그렇다"는 응답도 있었다.

| 표 9-4 | 남녀 관리자의 인식 비교

구분	성별	*N*	평균	표준편차	*t*
직장에 대한 만족도	남성	800	3.6392	.59163	7.06***
	여성	1,562	3.4611	.57432	
직장에 대한 몰입	남성	800	3.8977	.70906	8.19***
	여성	1,562	3.6339	.75685	
상사에 대한 평가	남성	800	3.5031	.52840	11.34***
	여성	1,561	3.2363	.54736	
자신에 대한 평가	남성	800	3.5791	.52689	5.80***
	여성	1,562	3.4453	.53261	
스트레스	남성	800	2.6344	.52702	−5.81***
	여성	1,562	2.7614	.48976	
인사관리 시스템	남성	800	3.3419	.92575	8.40***
	여성	1,561	3.0064	.92332	
최고경영자의 태도	남성	800	3.3331	.80048	9.15***
	여성	1,562	2.9939	.87885	
남성중심 조직문화	남성	800	2.8170	.69159	−8.28***
	여성	1,562	3.0786	.74414	
자기효능감	남성	800	5.2688	2.58648	2.56**
	여성	1,561	5.0032	2.28021	

** 0.05 기준 통계적으로 유의함.
*** 0.01 기준 통계적으로 유의함.

3) 한국 남녀 관리자 경력성공 차이 연구

한국에서 남녀 관리자의 개인성과, 또는 경력성공 모델을 비교한 연구는 많지 않다. 여성 관리자의 현황이나 향후 과제, 여성 관리자의 특성과 효과성, 여성 관리자가 느끼는 차별적 문화 등에 대한 연구가 이루어졌으나 남녀 관리자를 비교하는 연구는 많지 않았다(강혜련, 1998; 강혜련 · 조미영, 2007). 강혜련(1998)은 남녀 관리자에 대한 리더십과 조직적응에 대한 비교연구를 실시하였고, 강혜련 · 조미영(2007)은 한국 기업에서 남성과 여성 관리자의 경력성공 모형을 비교분석하였다.

우리나라 기업에서 여성에게 제공되는 기회의 불균형에 대한 연구도 눈에 띈다. 나영선(2005)은 한국 기업에서 여성에게 제공되는 교육훈련의 기회가 남성에 비해 제한적이라면서 인적자원개발 기회에 있어서 차별성, 그리고 차별적 기회를 초래하는 구조적 원인에 대해 밝히고 있다. 김태홍(1998)은 우리나라 기업의 성별 직무분리 현상이 있음을 매출액 100대 기업의 여성 인력 배치방침과 실제 배치현황을 조사함으로써 밝혀냈다. 이 연구에 따르면 회사방침상으로는 68%의 기업이 "모든 직무에 여성배치", 8%만이 "일부 직무에는 여성만 배치"라고 응답했다. 그러나 실제 현장에서는 42%만이 "모든 직무에 여성을 배치"하고 있었고, 50%가 "일부 직무에는 남성만 배치"하는 것으로 나타났다. 박기남(2001)은 한국에서 대졸 여성의 채용비율이 높은 4대 그룹의 남녀 관리자를 대상으로 분석한 결과, 남성들은 주로 총무, 인사, 영업 등의 부서에서 부하의 인사결정권한과 조직관리 업무를 담당하는 것으로 조사했다. 반면 여성들은 홍보나 연구개발 등의 지원부서에서 전문성과 기술이 제한되는 업무를 담당하고 있는 것으로 나타나 성별 직무분리현상이 존재한다고 주장했다.

채규옥(2000)은 성과에 대한 기대, 보상에 대한 기대, 직무몰입, 경력계획 등에 대한 성별에 따른 차이를 분석한 결과, 성과에 대한 기대에서는 남녀 간의 차이가 유의하지 않았으나 보상에 대한 기대에서는 남녀 간 유의미한 차이가 있었다고 했다. 즉 남자는 여자에 비해 성과에 따른 보상에 대한 기대가 높았으며 이는 남녀 간 보상에 있어 차이가 있음을 보여 준다고 설명했다. 또한 직무몰입과 남녀 간에는 통계적으로 유의한 차이가 보이지 않았으나 경력계획에 있어서는 차이가 나타났다고 밝혔다. 이는 여자들이 남자들에 비해 현실에 안주하려는 경향이 강하며, 또한 여자들은 자신들의 성공을 외적 요인에 귀인시키는 반면 남자들은 성공이 자신들의 능력이나 노력에 달려 있다고 생각하는 경향이 있기 때문에, 남성이 여성에 비해 경력계획을 더 잘 수립하고 있다고 생각된다는 것이다.

곽인숙과 홍성희(2008)는 남녀 직장인의 인적자원개발이 임금 수준과 직무만족에 미치는 영향에 대해 분석한 결과, 여성은 상대적으로 임금 수준이 낮음에도 불구하고 주관적인 직무만족도는 더 높게 나타났다고 설명했다. 이영민 · 이수영(2008)의 연구에서는 한국 기업 종업원의 조직몰입 수준과 직무만족도 분석에서 여성보다 남성이 유의미하게 높은 것으로 나타났다. 즉 남성이 여성보다 직무만족의 수준과 조직몰입 정도가 높은 것으로 나타났다. 한편 같은 데이터로 분석한 신만수, 심원술, 김보인(2008)은 여성의 근속몰입이 남성에 비해 낮게 나타났지만 직무만족도는 여성이 더 높았다고 분석했다. 이는 몰입수준을 측정하는 질문항목을 선택하는 데서 오는 차이인 것으로 보이나 좀 더 살펴볼 필요가 있겠다.

강혜련과 조미영(2007)은 남성중심 조직문화가 남성과 달리 여성들의 경력개발 핵심 요소인 다양한 직무 경험, 훈련 및 개발 기회, 멘토링 구축에 부정적인 영향을 미쳤다고 밝혔다. 직무 경험 다양성이 경력성공에 미치는 영향을 보면, 남성의 경우는 경력만족은 물론 직급과 임금에도 정적인 영향을 미쳤지만 여성의 경우는 경력만족에만 정적인 영향을 미쳤다.

4 맺음말

'유리천장'은 없어졌는가. 21세기에 접어들면서 여성의 활약은 더욱 두드러지고 있다. 기업에서도 예외는 아니다. 연구 결과를 통해서도 여성 관리자의 우수성이 입증되고 있어서 '유리천장'이 없어진 것 아니냐는 주장도 나온다. 「비즈니스위크」(2000)에 따르면 컨설턴트들이 전 세계에 있는 하이테크산업, 제조업, 그리고 서비스산업에 이르기까지 다양한 업종의 대기업을 대상으로 조사한 결과 여성 임원들은 자신들의 상사, 부하직원, 그리고 동료집단으로부터 남성 임원들보다 더 높은 점수를 받았다. 높은 수준의 직무를 성공적으로 수행할 뿐만 아니라 목표를 설정하는 것, 그리고 부하직원들을 멘토링하는 영역까지 대부분의 분야에서 남성 임원들보다 더 나은 성과를 기록했다(Sharpe, 2000).

남녀 간의 성별에 따른 차이가 적거나, 또는 남성 관리자가 특정 영역, 즉 전략적 능력이나 기술적 분석 등에서 더 높은 점수를 받는다고 해도 여성 임원은 대체로 남성에 비해 더 성공적이라는 평가를 받는다. 해그버그컨설팅그룹에서 진행하는 고위 임원에 대한 성과평가작업을 진행한 산업심리학자 Ross는 "여성이 우리가 보는 거의 모든 분야에서 남성보다 높은 점수를 받았다"고 설명했다. 해그버그는 기술, 의료, 금융, 소비재 등 다양한 분야의 기업 임원 425명을 대상으로 평가를 했는데 52개 분야 중 42개 분야에서 여성 임원이 더 높은 점수를 받았다.

> "여성 임원은 남성보다 의사결정을 효과적으로 하고, 보다 협업을 잘하며, 그리고 개인적 영광에 대한 욕심이 적었다."(Douglas Elix, IBM 글로벌 서비스 부문장)

하지만 최고경영자 또는 최고경영진으로 활동하는 여성 관리자의 수는 여전히 극소수에 지나지 않는다. 「포춘」 500대 기업 또는 1,000대 기업에서 여성 CEO는 열 손가락으로 꼽을 정도이다. 최고위급 여성 관리자의 부족은 '파이프라인' 문제에서 비롯된다. 여전히 '직무분리현상'이 존재하는 것이다. 대부분의 여성은 인사관리 또는 PR부서에서 근무하며 이 분야에서 최고경영자로 올라가는 데는 한계가 있다. 동시에 여성 관리자의 강점은 오랫동안 저평가되어 왔고, 직장에서 그들의 기여는 눈에 띄지 않거나 제대로 보상받지 못했다. 대기업은 여성들이 가진 장점을 필요로 한다고 말하고 있지만 실제로 현장으로 이어지지는 못하고 있다. 일부 업종에서는 여전히 여성 인력을 중간관리직의 주변부 업무에 필요한 인력으로 평가하며 핵심 직무에는 적당치 않다고 여기고 있다.

성별 차이에 대한 분석이라는 점을 모른 채 참석한 응답자들은 여성 임원에 대해 남성 임원보다 더 높게 평가했다. 여성 임원의 성적이 거의 모든 면에서 남성 임원보다 높았다. 특히 지적 영역, 즉 높은 질의 직무를 수행하는 능력, 트렌드를 감지하는 능력, 새로운 아이디어를 창출하고 그것을 현실화하는 능력 등에서 남성 임원을 앞섰다. 여성의 강점은 남성을 앞지르는 것으로 나왔으며 여성의 약점은 그렇게 두드러지지 않았다. Personnel Decisions International은 58,000명의 관리자를 대상으로 조사한 결과 23개 영역 중 20개 영역에서 여성이 높은 점수를 받았다. Pfaff는 2,482명의 임원을 대상으로 한 조사에서 20개 영역 중 17개에서 여성이 남성을 앞지른다고 발표했다.

이렇게 평가를 높게 한다고 해서 여성 임원의 승진으로 이어지는 것은 아니다. 실제로 성과주의 인사제도하에서조차 성과가 높은 여성보다는 비공식적 네트워크나 멘토링 등을 잘 활용하는 남성이 승진에 유리하다는 연구 결과도 있었던 것처럼 능력이나 성과가 반드시 최고위직으로의 승진으로 연결되는 것은 아니었다. 남성지배적인 분야에서 여성이 생존하고 활동하고 있다는 것은 이미 그 여성이 모든 영역에서 뛰어나다는 것은 놀라운 사실이 아니라는 시각도 있다. 즉 개인의 능력, 역량뿐만 아니라 다른 요소가 최고위직으로의 승진에 작용한다는 것이다.

"실제로 최고경영자를 선택하는 자리에서는 미묘한 가정들이 작동하게 된다. 대인관계기술이 중요하긴 하지만 최고경영자에게 가장 핵심적인 것으로는 인식되지 않는다. 우리는 리더십의 개념에 대해 변화하고 있긴 하지만 조직은 아직 충분히 진화하지 않았다."(Deborah Merrill Sands)

기업에서 협업을 잘하는 리더를 원하지만 다른 한편으로는 최고경영자는 다소 영웅적 면모가 있어야 한다는 뿌리 깊은 관념에 사로잡혀 있다는 것이다. 실제로 Kabacoff는 최고경영자와 이사회에서 경영진을 어떻게 보는지에 대해 분석한 결과 이중잣대를 발견했다. 남성 CEO와 임원진은 협조적이고 공감을 발휘할 때보다 단호하고 강경할 때 상사로부터 더 높은 점수를 받는 것으로 나타났다. 반면 여성 CEO는 단호하고 강경할 때 점수를 낮게 받았으며 협조적일 때 높은 점수를 받았다. 가장 높은 직위에서 상사는 여전히 남녀의 성별 정형화에 따라 평가하는 것으로 분석되었다. 이는 여성이 미래를 위해 기업을 이끌 준비가 충분히 되어 있음을 입증했음에도 불구하고 그들의 상사들이 과거의 관습이나 편견으로부터 벗어나지 않는 한 자리를 차지하기는 어려울 것이다.

이 때문에 고용평등화정책 등이 여전히 유지되어야 함을 보여 준다. 하위직 또는 중간관리자 계층에 여성의 수가 늘어나고 있는 것은 법적 · 제도적 영향에 의한 것일 수 있지만 이런 양적 증가는 여성의 고위직 진출에 유리한 것은 사실이다. 이런 결과만 보고 고용평등화정책이 효과를 거두고 있으며 이제는 폐지해도 된다고 결론을 내리기에는 이르다. 남성 관리자들 사이에 여전히 성 역할 정형화에 대한 인식이 변함없이 남아 있으므로 만약 법적 · 제도적 장치를 없앤다면 오히려 퇴보할 가능성도 있다.

기업에서 남녀 관리자를 교육훈련시킬 때도 별도로 분리해서 시켜서는 안 될 것이다. 남녀 관리자는 고의적으로 다른 프로그램을 선택하도록 유도되기도 한다. 여성 관리자 역시 남성 관리자와 마찬가지로 최고경영자과정이나 최고경영자 리더십 프로그램 등을 듣도록 해야 한다. 그런데 일부 기업은 여성 관리자를 위한 최고경영자 프로그램이나 리더십 프로그램 등을 별도로 위탁운영하기도 한다. 물론 이런 프로그램에서 여성 관리자는 다른 여성 참가자들과 그들의 경험을 공유하는 귀중한 기회를 갖기도 하지만 사실 이들에게 필요한 것은 남성 관리자와 마찬가지의 통합적 관리 기능과 리더십 등에 대한 교육 프로그램이다. 여성에게 최상의 기업이라고 손꼽히는 기업들 중 상당수 기업이 여성을 위한 스페셜 프로그램을 운영하고 있는데, 성별이 아니라 그들 개개인의 능력과 요구에 맞는 프로그램을 제공해야 한다.

결론적으로 기업은 남녀 관리자가 성별에 의한 차이가 있을 것이라고 단정해서는 안 된다. 기업은 직무 경험에 있어서 남녀 관리자 간의 차이가 최소화되도록 인사정책이나 관습, 프로그램 등을 시행해야 한다. 남성이든 여성이든 뛰어난 관리자가 될 수 있다고 믿어야 한다. 각 성별에 우수한, 평균의, 그리고 실적이 나쁜 그룹이 존재하며 경쟁력 있는 기업은 성별을 가리지 않고 가장 우수한 그룹에 속하는 인재를 발탁하는 것이 중요하다. 이를 위해 기업은 성별에 상관없이 우수한 관리자를 찾아내고, 개발하고, 격려하며, 승진시켜야 한다. 그것이 무한경쟁시대에 기업 경쟁력을 유지할 수 있는 중요한 방안이다.

참/고/문/헌

강혜련(1998), 리더십과 조직적응: 남녀관리자의 비교연구, 인사조직연구 6(2): pp. 81-123.
강혜련 · 조미영(2007), 남녀 관리자의 경력성공 모형 비교, 인사조직연구 6, 제5권 2호 1-38.
곽인숙 · 홍성희(2008), 남녀직장인의 인적자원개발이 직무만족과 임금수준에 미치는 영향, 한국가정관리학회지 26(1), pp. 107-120.
김종숙 · 이택면 · 양인숙 · 김난주 · 강석훈 · 민현주(2011), 2010년 여성인력패널조사: 여성관리자패널조사, 한국여성정책연구원.
김태홍(1998), 기업 내 여성관리자 현황과 정책과제, 한국여성개발원.
나영선(2005), 여성 인적자원개발 정책의 현황과 과제, 여성정책포럼 9, pp. 23-27.
신만수 · 심원술 · 김보인(2008), 한국기업 종업원의 조직몰입과 직무만족도 분석, 제2회 인적자본기업패널 학술대회, 한국직업능력개발원, pp. 237-265.
이영민 · 이수영(2008), 기업의 인적자원 환경이 재직자의 직무만족과 조직몰입에 미치는 영향, 기업교육연구 10(2), pp. 59-78.
조형래, 2011. 8. 24. 조선일보 "이건희회장, '여성들 경쟁서 질 이유 없다' 삼성 여성 CEO 나와야."
채규옥(2000), 교육훈련이 조직구성원의 동기유발에 미치는 영향에 관한 연구, 인적자원개발연구 2(1), pp. 87-113.
한국여성정책연구원(2011), 2010년 여성인력패널조사: 여성관리자패널조사.

Acker, J. (1992), *Gendering Organizational Theory in Gendering Organizational Analysis*, A. Mills & P. Tancred (eds.), London: Sage.
Beechey V. & Perkins, T. (1987), *A Matter of Hours: Women, Part-time Work & the Labour Market*, Cambridge: Polity.
Bevan, S. & Thompson, M. (1992), Merit Pay, Performance Appraisal & Attitudes to Women' Work, IMS Report No. 234. Sussex: Institute of Manpower Studies.
Bowles, M. & Coates, G. (1993), "Image & substance: the management of performance as rhetoric or reality?" *Personnel Review*, Vol. 22, No. 2, pp. 3-21.
Bradley, K. & Hill, S. (1983), After Japan: the quality circle transplant & productive efficiency, *British Journal of Industrial Relations*, November, pp. 291-311.
Brenner, C., Tomkiewicz, J., & Schein, V. (1989), The Relationship between Sex Role Stereotype & Requisite Management Characteristics Revisited, *Academy of Management Journal*, 32(3), pp. 662-669.
Burke, R. J. & McKeen, C. A. (1997), Not every manageria women who makes it has a mentor, *Women in Management Review*, 12(4), pp. 136-139.
Cannings, K. & Montmarquette, C. (1991), Managerial Momentum: A Simultaneous Model of the Career Progress of Male & Female Managers. *Industrial & Labor Relations Review*, 44(2), pp. 212-228.
Cohen, P. & Huffman, M. (2007), Working for the Woman? Female Managers & the

Gender Wage Gap, *American Sociological Review*, 72(5). pp. 681-704.

Collins, J. & Singh, V. (2006), Exploring gendered leadership in McTavish, D. & Miller, K. (eds.), *Women in Leadership and Management*, Cornwall: MPG Books, pp. 11-31.

Collinson, D. & Hearn, G. (1994), Naming men as men: Implications for work, organization & management, *Gender, Work & Organisation*, 1(1), pp. 2-22.

Coser, L. (1974), *Greedy Organisations: Patterns of Undivided Commitment*, New York: Free Press.

Coyle, A. (1995), Women & Organisational Change, Research Discussion Series, 14. Manchester: Equal Opportunities Commission.

Cox, T. H. & Nkomo, M. (1991), A race and gender-group analysis of the early career experience of MBAs', *Work and Occupations 13*, pp. 431-446.

Curran, M. (1988), "Gender & recruitment: People & places in the labour market," *Work, Employment and Society*, Vol. 2, No. 3, September, pp. 335-351.

Dex, S. & McCulloch, A. (1995), Flexible Employment in Britain: A Statistical Analysis, EOC Discussion Series 15, Manchester: EOC.

Dickens, L. (1992), "Employment: a procrustean bed for women," *The Journal: Women in Organizations and Management*, Issue 5, pp. 5-7.

Dickens, L. (1994), "Wasted resources? Equal opportunities in employment"in *Personnel Management: A Comprehensive guide to Theory & Practice in Britain*, K. Sisson (ed.), Oxford: Blackwell.

Dickens, L. (1995), UK part-time employees & the law: Recent & potential developments, Gender, Work and Organisation, 2(4), 4, pp. 207-215.

Dickens, L. (1998), What HRM Means for Gender Equality, *Human Resource Management*, 8(1), pp. 23-40.

Diekman, A., Eagly, A., & Kulesa, P. (2002), Accuracy & Bias in Stereotypes about the Social & Political Attitudes of Women & Men, *Journal of Experimental Social Psychology*, 38(3), pp. 269-282.

Dodd-McCue, D. & Wright, G. (1996), Men, women & attitudinal commitment: the effects of workplace experiences & socialisation. *Human Relations*, 49(8), pp. 1065-1092.

Dreher, G. F. & Cox, T. (2000), Labor market mobility and cash compensation: The moderating effects of race and gender, *Academy of Management Journal 433*, pp. 890-900.

Eagly, A. H. (2007), Female leadership advantage and disadvantage: Resolving the contradictions, *Psychology of Women Quarterly*, 31, pp. 1-12.

Fagenson, E. A. (1990), At the heart of women in management research, *Journal of Business Ethics*, 9. pp. 1-8.

Feldberg, R. & Glenn, E. (1979), "Male & female: Job versus gender models in the sociology of work," *Social Problems*, (26), pp. 525-535.

Filer, R. (1985), Male-Female Wage Differences: The Importance of Compensating Differentials, *Industrial & Labor Relations Review*, 38(3), pp. 426-437.

Grant, J. (1988), Women as managers: What the can offer to organizations, *Organizational Dynamics*, Winter. pp. 56-63.

Guest, D. (1992), "Employee commitment & control" in *Employment Relations*, J. Hartley & G. Stephenson, Oxford: Blackwell. Gulhati, K. (1990), Attitudes toward Women Managers: Comparison of Attitudes of Male & Female Managers in India, *Economic and Political Weekly*, 25(7/8), pp. 41-48.

Jacobs, J. A. (1992), Women's entry into management: Trends in earnings, authority, and values among salaried managers, *Administrative Science Quarterly 37*, pp. 282-301.

Jenkins, R. (1986), Racism & Recruitment: Managers, Organisations & Equal Opportunity in the Labour Market, Cambridge: Cambridge University Press.

Judith, K., Hellerstein, J. K., Neumark, D., & Troske, K. R. (2002), Market Forces & Sex Discrimination, *The Journal of Human Resources*, 37(2). pp. 353-380.

Judge, T. A., Cable, D. M., Boudreau, J. W., & Bretz, R. S. (1995), An empirical investigation of the predictors of executive career success, *Personnel Psychology 48*, pp. 485-519.

Kabacoff, R. (1998), Gender and leadership in the corporate boardroom, Paper presented at the 108th Annual Convention of the American Psychological Association, Washington D.C.

Kanter, R. M. (1989), *When Giants Learn to Dance*, London: Unwin.

Kirchmeyer, C. (2002), Gender Differences in Managerial Careers: Yesterday, Today, & Tomorrow, *Journal of Business Ethics*, 37(1), pp. 5-24.

Konrad, A. M., Corrigall, D., Lieb, P. A., & Ritchie, J. E. (2000), Sex differences in job attribute preferences among managers and business students, *Group and Organization Management* 25, pp. 108-131.

Lyness, K. S. & Thompson, D. E. (2000), Climbing the corporate ladder: Do female and male executives follow the same route? *Journal of Applied Psychology*, 85(1): pp. 86-101.

Lynn, S., Cao, L. T., & Horn, B. (1996), The Influence of Career Stage on the Work Attitudes of Male & Female Accounting Professionals, *Journal of Organizational Behavior*, 17(2), pp. 135-149.

Marchington, M. (1995), *Involvement and Participation in Human Resource Management*: A Critical Text, J. Storey (ed), London: Routledge.

Melamed (1995), Career success: the moderating effect of gender, *Journal of Vocational Behavior 47*, pp. 35-60.

Neathy, F. & Hurstfield, J. (1995), Flexibility in Practice: Women' Employment & Pay in Retail & Finance, EOC Research Discussion Series no 16, London: Industrial Relations Services.

O'eill, R. & Blake-Beard, S. (2002), Gender Barriers to the Female Mentor/ Male Protéegée

Relationship, *Journal of Business Ethics*, 37(1), Advancing Women' Careers: Current Status & New Directions, pp. 51-63.

Pickard, J. (1991), Annual hours: A year of living dangerously. *Personnel Management*, August, pp. 38-43.

Powell, G. (1990), One More Time: Do Female & Male Managers Differ? *The Executive*, 4(3). pp. 68-75.

Ragins, B. (1998), Gender Gap in the Executive Suite: CEOs & Female Executives Report on Breaking the Glass Ceiling, *The Academy of Management Executive*, 12(1). pp. 28-42.

Ragins, B. R. & Sundstrom, E. (1989), Gender and power in organizations: A longitudinal perspective, *Psychology Bulletin 105*, pp. 51-88.

Reitman, F. & Schneer, J. (2000), Is the traditional career path for managers really gone? Evidence from a longitudinal study of MBAs', Paper presented at the annual meeting of the Academy of Management, Toronto.

Schneer, J. & Reitman, F. (1995), The impact of gender as managerial careers unfold, *Journal of Vocational Behavior 47*, pp. 299-315.

Schwartz, F. (1989), Management women and the new facts of life, *Harvard Business Review*, January-February, pp. 65-76.

Sharpe, R. (2000), As Leaders, Women Rule, *Business Week*. November 20.

Shenhav, Y. (1992), Entrance of blacks and women into managerial positions in scientific and engineering occupations: A longitudinal analysis, *Academy of Management Journal 35*, pp. 889-901.

Stroh, L. K., Brett, J. M., & Reilly, A. H. (1992), All the right stuff: A comparison of female and male managers' career progression, *Journal of Applied Psychology 77*, pp. 251-260.

Tharenou, P. & Conroy, D. (1994), Men and women managers' advancement: personal or situational determinants? *Applied Psychology: An International Review 43*, pp. 5-31.

Tharenou, P., Latimer, S., & Conroy, D. (1994), Examination of Influences on Women' & Men' Managerial Advancement, *Academy of Management Journal*, 37(4), pp. 899-931.

Tharenou, P. (2001), Going up? Do Traits & Informal Social Processes Predict Advancing in Management? *The Academy of Management Journal*, 44(5), pp. 1005-1017.

Townley, B. (1990), "Adiscriminating approach to appraisal," *Personnel Management*, December, pp. 34-37.

Wajcman, J. (1996), The domestic basis for the managerial career, *Sociological Review*, 44(4), pp. 609-629.

Wallace, M. (2000), Workplace training initiatives: implications for women in the Australian workforce, *Journal of European Industrial Training*, 24(5), pp. 268-274.

Webb, J. (1991), "The gender relations of assessment" in *Women at Work, Psychological and Organizational Perspectives*, J. Firth-Cozens & M. West (eds), Milton Keynes: Open University Press.

PART 4

젠더와 복지

CHAPTER 10

여성과 빈곤

김 종 숙

1 여성빈곤

1) 빈곤의 정의와 측정

빈곤은 무엇이며 이를 어떻게 정의할 것인가는 오래된 주제이다. UNDP는 인간빈곤지수(HPI)에서 건강한 삶, 지식, 적절한 생활수준, 사회적 배제의 네 가지 차원을 포괄하였다. 인간빈곤을 측정하는 데 있어서 경제적인 여건은 매우 중요한 고려사항이기 때문에 저개발국과 개발도상국은 HPI-1을, 선진국은 HPI-2를 적용시켜 서로 다른 도구로 빈곤정도를 측정하고 있다.

위의 빈곤개념은 광의의 개념이라고 볼 수 있고 협의의 개념으로는 경제적인 빈곤을 주로 측정하고 있다. 경제적 결핍을 '소득수준이 기본적인 인간적인 생활을 영위하는 데 부족한 상태'로 정의하고, 이때 기본적인 인간적인 수준을 정하는 데 있어 가장 빈번하게 이용되는 것이 빈곤선이다. 빈곤선은 절대빈곤선, 상대빈곤선, 준절대빈곤선으로 구분할 수 있으며 절대빈곤선은 가구규모별 최저생계비를 기준으로 사용하고 상대빈곤선은 중위소득의 일정 비율을 기준으로 사용한다.

참고자료 10-1 **빈곤 관련 용어**

- 절대빈곤율 : 총소득 가운데 조세부담액(세금)과 사회보장 부담금을 빼고 실질적으로 쓸 수 있는 돈인 가처분소득이 최저생계비도 안 되는 가구의 비율이 절대빈곤율이다. 소득불평등 정도 또는 가난의 구조, 경제상황 등을 추정하는 데 중요한 지표가 된다.
- 상대빈곤율 : 동일 사회 내의 다른 사람과 비교하여 적게 가지는 것을 말하는데, 이는 특정 사회의 전반적인 생활수준과 밀접히 관련된 개념이어서 경제·사회 발전에 따라 정책적으로 중시되며 상대적 박탈과 불평등의 개념을 중시한다. 따라서 상대빈곤선은 특정 사회의 구성원 대다수가 누리는 생활수준에 못 미치는 수준을 말하는데, 이것은 특정 사회의 사회적 관습과 생활수준에 따라 크게 달라진다.
- 빈곤선 : 육체적 능률을 유지하는 데 필요한 최소한도의 생활수준을 말한다. 영국의 사회학자 Rowntree가 『빈곤-도시생활의 한 연구(Poverty-A Study of Town Life)』(1901)에서 제기하였다. 빈곤선 이하를 제1차 빈곤, 빈곤선을 약간 상회하는 빈곤을 제2차 빈곤이라 하여 구별하였다.
- 최저생계비 : 국민이 건강하고 문화적인 생활을 유지하기 위하여 소요되는 최소한의 비용을 말한다. 정부는 일반국민의 소득·지출수준과 수급권자의 생활실태, 물가수준 등을 고려해 매년 결정·공표하고 있다.

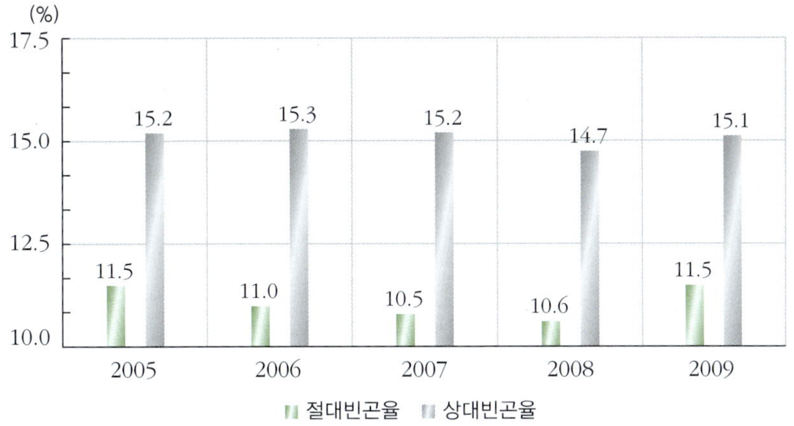

|그림 10-1| 우리나라 빈곤율의 추이(2인 이상 전 가구 기준)

출처 : e-나라지표.

그림 10-1에서 나타나듯이 우리나라의 빈곤율 추이를 보면 절대빈곤율은 2009년 기준 11.5%이며 상대빈곤율은 약 15.1%에 이른다.

빈곤층의 비중을 나타내는 또 하나의 지표는 소득분배 정도를 보여 주는 지니계수이다. 지니계수는 0과 1 사이의 값인데, 값이 0에 가까울수록 소득분배의 불평등 정도가 낮다는 것을 뜻한다. 보통 0.4가 넘으면 소득분배의 불평등 정도가 심한 것으로 본다. 소득분배의 불평등 정도가 심할수록 부의 집중현상이 나타남을 의미한다(참고자료 10-2 참조).

우리나라 지니계수의 추이를 살펴보면 전 가구를 포함했을 경우 2010년 0.31로 소득분배의 불평등도가 상당히 높은 것으로 볼 수 있으며, 소폭이기는 하나 2006년부터 지속적으로 소득분배가 악화되어 왔다. 지니계수와 상대빈곤율을 외국과 비교해 보면 다음의 그림 10-2와 같다. OECD 국가들의 지니계수 평균은 0.311로 우리나라의 지니계수는 평균과 유사한 수준이다. 일반적으로 북유럽 국가들의 지니계수 값이 낮아서 소득분배의 불평등도가 낮은 것으로 나타나고 영국, 캐나다, 미국과 같은 국가들의 지니계수는 우리나라보다 높은 것으로 나타나 소득분배의 불평등이 심한 것으로 평가된다. 상대적 빈곤율, 즉 중위소득의 50% 미만인 계층의 비중은 OECD 평균이 10.6%로, 우리나라의 15.2%는 평균을 훨씬 상회하는 수준으로 나타나고 있다. 지니계수가 높은 국가들은 상대적 빈곤율도 높아 미국은 17.1%에 달하지만 유사한 지니계수를 보이는 국가들 중에서 우리나라는 상대빈곤율이 매우 높은 편이며, 전체 국가 중 우리나라보다 상대적 빈곤율이 높은 국가는 미국, 터키, 멕시코뿐인 것으로 나타났다. 두 가지 지표를 볼 때 우리나라의 상대적 빈곤율은

참고자료 10-2 빈곤의 각종 지표

• 로렌츠 곡선 : X축에 소득자 수의 누적 백분율을, Y축에 소득 금액의 누적 백분율을 취하여 얻어진 $0PQ$의 곡선이다. 여기서 완전 평등선 $0Q$와 로렌츠 곡선 $0PQ$ 사이에 있는 빗금 부분이 불평등도를 나타낸다. 소득 분포의 불균등을 나타내기 위하여 미국인 통계학자 Lorenz가 고안해 낸 누적도수분포곡선의 특수한 예이다.

• 지니계수 : 소득이 어느 정도 균등하게 분배되었는지를 보여 주는 지표로 로렌츠 곡선에 가상 소득분배균등선(45° 선)을 긋고, 소득분배균등선과 가로 · 세로축이 이루는 삼각형의 면적, 그리고 소득분배균등선과 로렌츠 곡선 사이의 면적 비율을 구한다. 여기서 구해진 면적 비율이 지니계수이다.

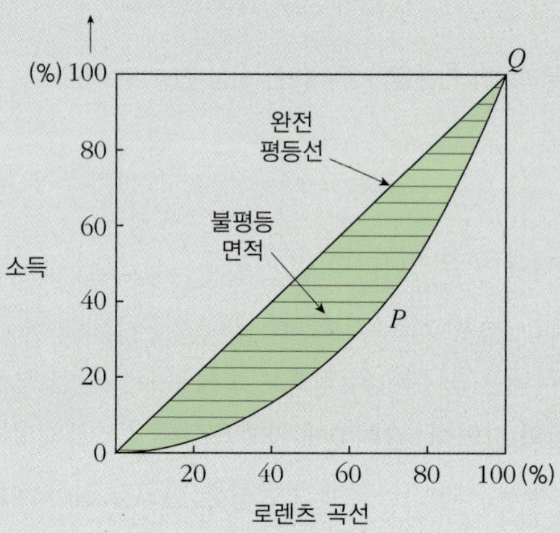

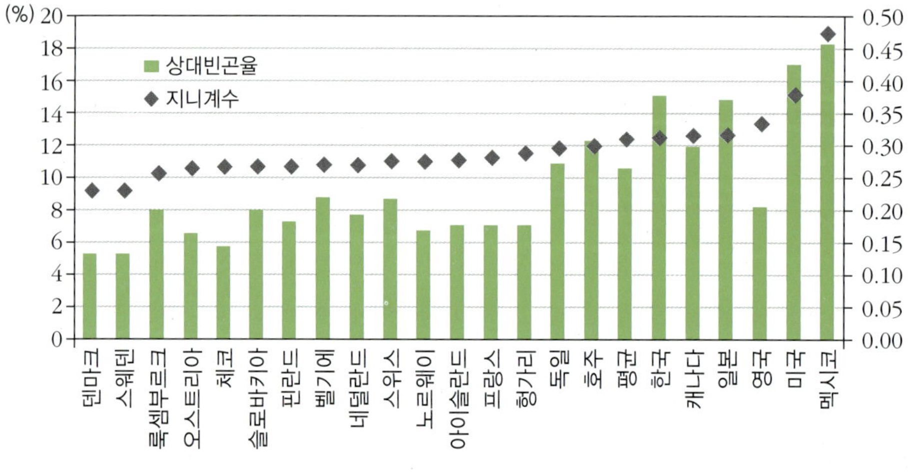

|그림 10-2| 지니계수와 상대빈곤율의 국제비교

출처 : 통계청 사회통계과. 우리나라는 2009년, 일본은 2003년, 나머지 국가는 2005년 기준.

상당히 심각한 상태인 것으로 나타나고 있어 누가 빈곤한 계층인가를 면밀하게 파악할 필요가 있는데, 여성들이 가장 일차적인 대상으로 지목되고 있음을 유의할 필요가 있다.

2) 여성빈곤

여성빈곤은 1970년대 미국 사회에서 빈곤이 여성문제화하고 있음을 지적한 Pearce에 의하여 본격적으로 논의되기 시작하였다. 빈곤한 가구의 절반 이상이 여성가구주 가구임을 밝혀 빈곤의 여성화에 대한 문제를 국제사회에 던지기 시작하였다. UNDP의 인간개발 보고서는 "빈곤이 여성의 얼굴을 가졌다"는 말로써 여성빈곤의 증가를 우려하였으며 국제사회는 여성빈곤의 문제에 심각한 우려를 나타내 왔다. 우리나라에서도 여성빈곤에 대한 연구는 2000년대 초반에 본격적으로 이루어지기 시작했으며 여성의 빈곤을 바라보는 세 가지 접근을 시도한 바 있는데, 가족, 노동시장, 복지정책의 세 측면에서 여성빈곤의 원인을 찾고 이를 해결하기 위한 방안을 모색해 왔다.

가족 측면에서는 배우자의 상실 등으로 단독가구가 되는 여성가구주의 빈곤 문제가 가장 심각한 것으로 알려져 있다. 과거와 달리 이혼 및 가족제도의 변화 등으로 혼인으로 구성된 가계가 구성과 해체를 빈번하게 함에 따라 가계의 경제적 여건이 동태적으로 변화하는 것도 빈곤화의 중요한 원인이다. 이혼 등으로 가계가 해체할 경우, 무급노동을 중심으로 하는 여성의 성별 분업구조는 빈곤화의 위험을 높이는 문제가 발생한다. 고령화 등 인구구조의 변화도 기대여명이 긴 여성빈곤을 심화시키는 요인이 된다.

노동시장 측면에서는 잘 알려진 취업 기회에서의 성차별 문제에서부터 성별 업종 및 직종분리, 임금 격차, 고용지위 격차 등이 여성빈곤을 확대 · 심화시키는 원인이라고 볼 수 있다. 복지정책에서의 사각지대, 가구주 중심의 복지정책이 여성빈곤에 부정적인 영향을 미치는 것도 주요 원인이다.

여성빈곤을 이해함에 있어 간과하지 말아야 할 것은 과연 이들은 누구인가에 대한 명확한 이해이다. 정책대상에 대한 명확한 규정과 이들의 인구학적, 사회경제적 특성에 대한 이해는 적절하고 바람직한 정책을 수립하는 데 기초자료가 된다. 빈곤한 여성을 측정하기 위하여 두 가지 기술적 정의가 필요하다. 여성이라는 개인적 관점, 기존의 빈곤을 측정하는 가구 관점이 그것이다. 우리나라뿐 아니라 대부분의 국가에서 복지정책의 단위는 가구이다. 최저생계비를 산출할 때도 가구규모에 따라 1인가구 최저생계비, 2인가구 최저생계비와 같은 방식을 사용한다. 이러한 측정단위에 따라 오래전부터 논의되어 왔던 빈곤의 측정 문제가 여성빈곤을 이해하기 위하여 논의될 필요가 있다.

첫째는 전통적 방식의 여성가구주 가구의 빈곤을 측정하는 것이다. 여성이 가구주인 가구가 빈곤한 경우 이를 여성빈곤으로 측정하는 것이다. 과거의 정책은 빈곤가구를 대상으로 하는 생활보호의 성격이 강했다. 따라서 대상을 설정하는 데 있어서 소득기준의 가구 개념이 중요했다. 특히 가구주가 주요 생계부양자가 되기 때문에 이들의 성별에 따라 여성가구주 가구의 빈곤을 여성빈곤의 일차적인 대상으로 고려해 왔다.

둘째는 빈곤한 가구의 여성가구원들까지 포괄하여 여성빈곤을 측정하는 것이다. 2000년 국민기초생활보장제도의 도입과 함께 복지정책의 패러다임은 일을 통한 빈곤에서의 탈출로 점차 전환되었다. 선진국들의 W2(Welfare to Work) 기조가 영향을 미쳤음은 주지의 사실이다. 취업을 지원하는 각종 정책들이 빈곤정책의 핵심영역으로 대두되었다. 취업지원이라는 정책은 가구단위 정책이 아닌 개인단위 정책이므로 정책대상자를 규정하는 범위도 이에 따라 변화하여 개인에 대한 고려가 함께 이루어지기 시작했다. 마찬가지로 빈곤층을 대상으로 하는 교육 등의 정책도 대상자 개인의 인구학적 특성에 따라 달라지므로 가구와 개인에 대한 고려가 모두 중요하게 되었다. 이들 빈곤한 여성들의 현황과 고용과의 관련성을 이해함으로써 향후 여성빈곤 문제를 해결할 수 있는 방법을 모색해 볼 수 있을 것이다.

따라서 이 장에서는 빈곤의 성별 관련성을 밝혀내고 이를 해결하는 방법을 노동시장과의 관련성에서 찾아보고자 한다. 실질적으로 남성과 여성의 차이들이 발생하는 원인과 결과 모두 남녀의 경제활동에 뿌리가 있기 때문이다. 근로빈곤(working poverty) 혹은 근로가능빈곤(workable poverty)의 문제를 보다 심도 깊게 다룰 것이다.

2 여성빈곤의 현황과 노동시장 관련성

1) 여성가구주의 빈곤

우리나라 여성가구주 가구의 빈곤 현황을 살펴보자. 빈곤을 정의하는 기준 중에서 최근 국제사회에서 많이 사용되는 기준은 가구균등화소득, 즉 가구원 수를 고려하여 가구소득을 균등화한 소득의 중위 60% 미만이다. 균등화소득을 사용하는 것은 가구원 수에 따라 필요한 가구의 소득이 모두 다른 데 기인한 것이다. 우리나라 전체 가구 중 여성가구주 가구는 약 17.5%를 차지하고 있다.

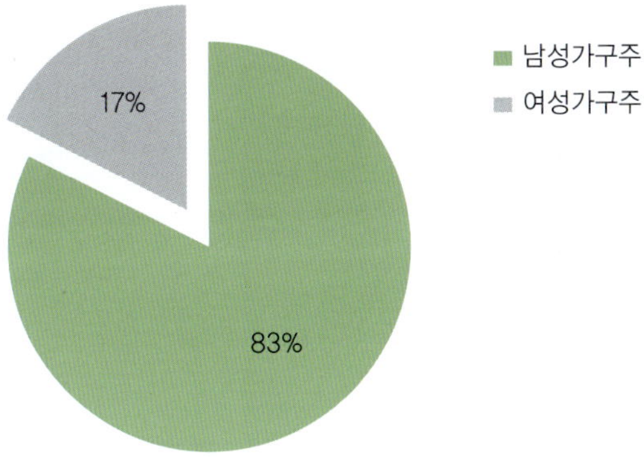

|그림 10-3| **여성가구주 가구의 비중**

출처 : 한국복지패널(2009) 원자료 분석.

이들 여성가구주 가구의 52.3%는 중위소득의 60%[1]에 미치지 못하는 저소득 빈곤가구이다. 이 비율은 남성가구주 가구의 약 18.1%만이 저소득 빈곤가구라는 점과 큰 대조를 이룬다.

그림 10-4에서 나타나듯이 중위소득의 60% 이하인 저소득가구의 비중은 우리나라 전체 가구 중 24.07%를 차지하고 있다. 전체 가구 중 여성가구주 가구비율은 17.5%인 데 비해 저소득가구의 여성가구주 가구 비율은 38.0%로 2배가 넘어 여성가구주 가구의 빈곤이 매우 심각한 것으로 볼 수 있다. 이러한 기초적인 현황은 여성가구주 가구는 빈곤의 위험에 빠질 확률이 매우 높다는 것을 보여 주고 있다. 특히 여성 가구주 가구의 반 이상이 빈곤한 가구라는 사실은 빈곤이 여성을 중심으로 확산되어 왔음을 보여 준다. 그렇다면 이러한 빈곤한 여성가구주 가구는 어떤 가구인가에 대해 이해할 필요가 있을 것이다.

빈곤한 가구 중 70대 이상의 고령자가구주가 차지하는 비중이 남성 중 24.2%, 여성 중 30.2%로 여성고령자 빈곤가구의 비중이 상당히 높은 것으로 나타난다. 여성은 남성에 비해 긴 기대수명을 가지고 있다. 그러나 취업 경험이 적고 본인이 보유한 자산 및 소득이 매우 적어 배우자 상실 이후 노후 빈곤의 위험에 빠질 가능성이 높다. 향후 고령화가 진행될수록 여성빈곤의 위험은 더 커지고 이들을 지원하기 위한 사회보장비용은 더 증가하게 될 것이라는 예상이 가능하다. 이를 뒷받침하는 자료로 빈곤층을 지원하는 국민기초생활보장제도 수급자의 성별 비중은 2010년 기준 여성이 57%, 남성이 43%로 여성이 높은 편이다.

동시에 고령자뿐 아니라 다른 연령대의 빈곤도 적지 않다. 과거와 달리 30대와 40대 빈

1) 상대적 빈곤을 측정할 때 쓰는 기준으로, 이 책에서는 이 기준 이하를 저소득 빈곤가구로 규정하였다.

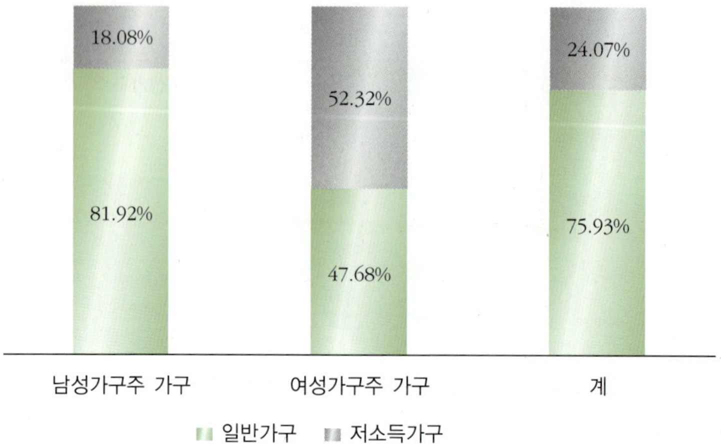

| 그림 10-4 | 가구주 성별 저소득가구 비중

출처 : 한국복지패널(2009) 원자료 분석.

곤한 여성가구주 가구도 38만 가구로 전체 여성빈곤 가구의 16.2%를 차지하고 있다. 경제위기 이후 노동시장의 불안정성이 가중되면서 근로빈곤 층이 증가하였고, 빈곤층으로의 유입이 더 쉽게 이루어지며, 빈곤의 역동성도 커지고 있는 데 기인한다(이현주 외, 2008). 결론적으로 여성가구주의 빈곤위험은 연령대를 막론하고 그 어느 때보다 커지고 있고 초기 연령대의 빈곤은 후기 연령까지 국가의 사회보장에 의존하는 문제를 갖게 된다. 따라서 이들을 대상으로 하는 적극적인 빈곤예방과 탈빈곤정책이 요구됨을 알 수 있을 것이다.

빈곤예방과 탈빈곤을 위한 정책수단 중 가장 효과적인 것은 고용을 지원하는 것이다. OECD 및 유럽의 실증 결과들은 한 가구에 근로자 수가 많을수록 빈곤에 속할 확률이 낮아지는 것으로 나타난다. 실제로 여성고용률이 높은 서구의 국가들은 빈곤율도 낮은 것으로 나타나는데 이것이 바로 근로연계복지제도의 핵심이며 선진국들이 복지정책의 패러다

| 표 10-1 | 경제활동상태와 여성가구주 빈곤 간 관련성(단위 : %)

주된 경제활동 참여상태	여성빈곤가구주		여성비빈곤가구주	
	15~54세	전 연령	15~54세	전 연령
취업자	49.8	33.5	88.9	72.5
실업자	9.3	3.5	2.1	2.0
비경제활동인구	30.9	63.0	9.0	25.6
계	100.0	100.0	100.0	100.0

출처 : 한국복지패널(2009) 원자료 분석.

임으로 채택한 것이다. 여성가구주 가구의 경제활동상태를 보면 경제활동이 빈곤과 얼마나 밀접한 관련이 있는지를 알 수 있다. 특히 고령자가 아닌 근로연령대 여성가구주의 경제활동상태는 빈곤과 비빈곤을 가르는 중요한 요인이 된다. 전 연령대를 포함할 때 빈곤한 여성가구주의 63%는 비경제활동인구였으나 빈곤하지 않은 여성가구주 중 72.5%는 취업자였다. 빈곤한 집단 중 고령자가 많기 때문에 연령을 54세까지로 제한하여 분석한 결과 여성빈곤가구주 중 약 31%가 비경제활동인구였고 실업자가 9%로 전체의 40%가 비취업자였다. 반면 여성 비빈곤가구주의 89%가 취업자로 취업 여부에 따른 빈곤의 가능성이 상당히 달라지는 것을 볼 수 있다.

비경제활동인구 비중이 매우 높은 빈곤한 여성가구주들의 근로능력 판정 결과를 보면 근로가능자의 비중이 약 50%에 달하며 단순근로가 가능한 집단도 약 20%에 달해 근로능력이 있음에도 불구하고 비취업하는 여성들의 비중이 상당수에 달하는 것을 알 수 있다. 이들의 비취업 사유를 명확하게 파악하여 취업을 지원하는 것이 매우 중요하다. 그림 10-5에서 54세 이하의 근로연령대 여성빈곤가구주의 비취업 사유 중 가장 높은 비중을 차지하는 49.4%는 근로의사가 없거나 13.5%는 구직활동을 포기한 집단이다.

빈곤한 여성가구주에게 취업하도록 지원하는 것이 중요함과 동시에 취업한 여성가구주의 고용의 질을 제고하는 것도 중요한 과제이다. 우리나라의 몇몇 연구들은 취업 자체가 탈빈곤에 도움이 되지 않는다는 결론을 내리고 있다(이병희 외, 2010; 윤홍식 외, 2007). 윤홍식 외(2007)는 실증분석을 한 결과, 여성의 노동시장 참여 자체가 빈곤을 완화하지 않는다는 점, 계급 간 차이가 크게 나타난다는 점을 보여 주어 여성고용이 빈곤완화에 미치

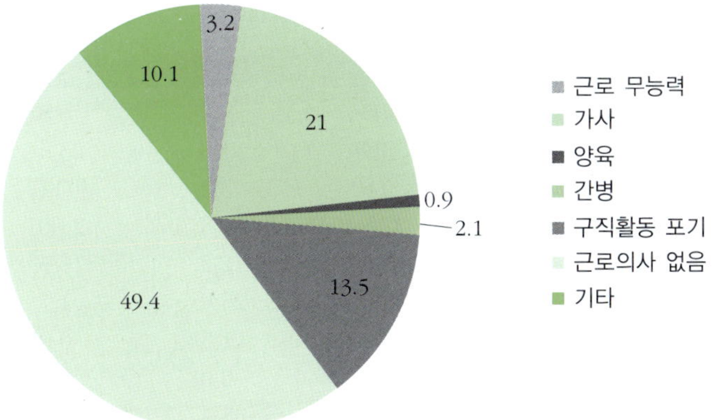

|그림 10-5| 빈곤한 비취업 여성가구주의 비취업 사유(15~54세)

출처 : 한국복지패널(2009) 원자료 분석.

는 영향이 크지 않다고 주장하고 있다. 마찬가지로 이병희 외(2010)에서도 여성취업이 빈곤완화에 미치는 영향은 통계적으로 유의한 수준이 아닌 것으로 나타나 우리나라에서는 고용의 질이 빈곤완화에 더 중요한 것으로 나타나고 있다.

취업한 여성가구주의 고용지위를 보면 빈곤가구주 중에서는 자영자와 일용직의 비중이 가장 높고 이어서 임시직의 비중이 높으며, 비빈곤가구주 중에서는 상용직과 임시직 비중이 가장 높다. 주요 근로연령대인 54세 이하를 기준으로 보면 빈곤가구주 중에서는 일용직 비중이 37.5%에 달하며 임시일용직이 전체의 68%로 높게 나타나는 반면, 비빈곤가구주 중에서는 상용직 비중이 약 49%에 달하며 임시일용직의 비중은 36%로 낮다. 우리나라 노동시장에서 정규직과 비정규직으로 대별되는 고용지위는 매우 뚜렷하게 나타나 상용근로자는 상대적으로 높은 임금과 안정적인 고용지위를 누리며 사회안전망의 보호를 받고, 일용직 근로자는 저임금에 고용불안, 사회보험 누락 등으로 취약한 상태에 놓여 있다. 고용지위의 차이는 결과적으로 소득의 규모나 안정성에 많은 영향을 미치기 때문에 빈곤한 여성들이 보다 안정적인 고용지위의 일자리로 취업하도록 지원하는 것이 빈곤완화에 중요하다.

고용지위뿐 아니라 직종 역시 빈곤에 중요한 영향을 미친다. 저위직종의 집중현상은 이들의 취업기간이 증가한다 해도 고용의 질이 개선되지 않을 가능성이 높다는 것을 나타낸다. 여성빈곤가구주는 전 연령대에 걸쳐 단순노무 종사자가 38.4%로 높고, 이어서 농림어업 숙련 종사자가 25.9%로 높다. 그러나 고령자를 제외한 근로연령대에서도 단순노무 종

|표 10-2| 여성가구주의 직종과 빈곤 간 관련성(단위 : %)

직 종	여성빈곤가구주		여성비빈곤가구주	
	15~54세	전 연령	15~54세	전 연령
관리자	0.0	0.0	0.8	0.7
전문가 및 관련 종사자	3.9	1.8	23.4	19.6
사무 종사자	6.8	3.2	17.1	13.8
서비스 종사자	27.3	15.5	23.0	23.5
판매 종사자	16.6	12.2	10.5	11.7
농림어업 숙련 종사자	4.2	25.9	1.7	3.6
기능원 및 관련 기능 종사자	3.2	1.5	0.9	1.5
장치 · 기계 조작 및 조립 종사자	0.0	0.0	2.6	2.5
단순노무 종사자	35.5	38.4	18.8	21.9
비분류	2.6	1.5	1.1	1.1
계	100.0	100.0	100.0	100.0

출처 : 한국복지패널(2009) 원자료 분석.

사자 비중이 높고 서비스 및 판매 종사자 비중이 높아 빈곤층 고용구조는 연령을 막론하고 열악함을 보여 준다. 반면, 빈곤하지 않은 가구주는 단순노무 종사자 비중이 상대적으로 낮고 전문가 및 사무 종사자의 비중이 빈곤가구주에 비해 높은 특징이 있다.

2) 개인의 빈곤

빈곤을 측정하는 단위는 가구이므로 가구소득을 기준으로 빈곤을 측정하고 가구단위로 정부의 정책이 제공된다. 일을 통한 빈곤의 탈출이 화두가 되면서 가구에 속한 개인에 대한 관심도 증가하였다. 가구주는 아니지만 빈곤한 가구에 속한 여성가구원의 규모는 빈곤한 가구 중 소년소녀가장 가구나 여성가구주 가구를 제외한 일반가구의 여성가구원으로 측정하며 2009년 현재 3,541,290명으로 나타난다. 빈곤한 가구에 속한 개인은 빈곤한 개인이기 때문에 가구주 여부와 무관하게 개인을 성별로 분리하여 여성빈곤의 실태를 파악할 수 있다. 특히 근로빈곤계층에 주목하여 주 근로연령대인 15~54세 인구의 특성을 살펴보자.

빈곤한 남녀의 연령대 분포를 보면 성별로 차이를 보이지 않는다. 더 중요한 사실은 빈곤한 계층이 특정 연령대에 집중되어 있지는 않다는 것이다. 고령자가 될수록 빈곤할 가능성이 높다는 것은 널리 알려진 사실이지만 최근의 빈곤양상은 연령대와 무관하게 빈곤화할 수 있음을 보여 준다. 특히 최근 연도로 올수록 남녀의 학력 수준이 높아지는 현상이 일반적이라는 점을 고려하면 빈곤과 학력 간 상관관계 역시 약화될 수 있음을 보여 준다. 청년층의 빈곤은 이후 중·장년층으로 이어질 수 있고 생애빈곤으로 전락할 수 있다. 34세까지의 빈곤집단 비중은 남녀 모두 약 45%를 차지하여 이들에 대한 정책적 관심이 필요하다.

| 그림 10-6 | 빈곤계층의 성별 연령대 분포(15~54세)

출처 : 한국복지패널(2009) 원자료 분석.

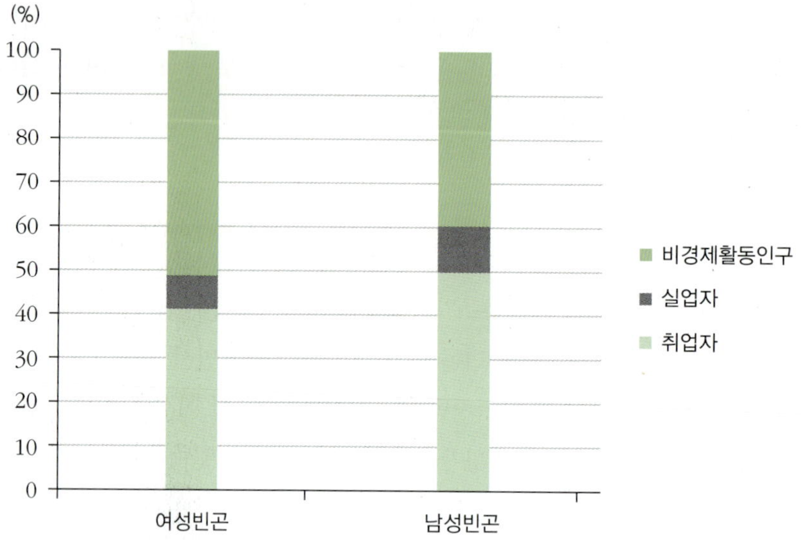

|그림 10-7| 경제활동상태와 성별 빈곤 간 관련성(15~54세)

출처 : 한국복지패널(2009) 원자료 분석.

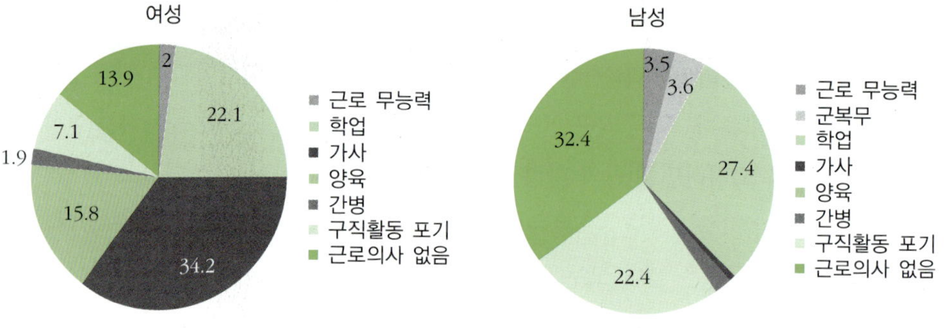

|그림 10-8| 빈곤 인구의 성별 비경제활동 사유(15~54세)(단위 : %)

출처 : 한국복지패널(2009) 원자료 분석.

빈곤한 여성들의 근로능력은 전 연령을 기준으로 할 때도 55%가 근로가능자이며 근로능력이 없는 집단은 여성빈곤층 중 2.4%, 남성빈곤층 중 3.5%에 불과하였다. 15~54세의 근로연령대에서는 약 90%가 근로능력집단이며 성별로 차이가 거의 없었다. 빈곤한 남녀의 경제활동상태 역시 비경제활동인구 비중이 높다. 근로능력이 있음에도 불구하고 근로하지 않는 문제가 심각함을 나타낸다. 그럼에도 불구하고 남성은 여성보다 취업자나 실업자 비중이 높은 특성이 있고 여성들은 비경제활동인구 비중이 높다. 가구주뿐 아니라 가구원들의 경제활동은 가구의 빈곤탈출에 영향을 미친다. 선행연구 결과들은 취업가구원의 수가 증가할수록 가구의 빈곤탈출 확률을 높이는 것으로 나타난다. 여성들은 주로 가구주의 배우자인 경우가 많아 이들의 취업을 제고하는 것이 빈곤완화에 매우 중요한 과제가 될 것이다.

비경제활동인구의 사유는 근로의사 없음에 주로 집중되어 있어 정책의 의존성이 높은 문제가 발생할 수 있다. 복지제도의 도덕적 해이 문제는 매우 심각한 것으로 알려져 있다. 현금 및 현물지원을 중심으로 하는 기초보장제도의 탈수급과 자립지원효과가 낮다는 것이 우리나라뿐 아니라 서구 유럽 등에서 나타난 공통된 결론이다. 근로의사를 낮추는 중요한 원인으로 기초보장제도의 급여제도가 근로와 탈수급을 억제하는 금전적 인센티브가 작동한다는 점이 지적되고 있다.

3) 여성빈곤을 심화시키는 노동시장 요인

(1) 낮은 경제활동참가율

실제로 2009~2010년 우리나라 여성들의 경제활동참가율은 약 50% 내외 수준이며 남성과 20% 이상의 격차를 보이고 있다. 이러한 성별 경제활동의 격차는 소득격차로 이어지고 여성들의 빈곤 위험을 높이는 요인이 된다. 이러한 사실을 실제로 볼 수 있는 것이 앞서 살펴본 여성빈곤가구주의 낮은 경제활동참가 수준이다.

전통적으로 노동시장에서는 비경제활동인구는 근로의지가 없는 계층으로 간주해 왔다. 이들을 대상으로 하는 지원정책도 전무하였고 대부분의 정책은 실업자정책에 집중되어 왔다. 그러나 비경제활동인구 중에도 다양한 비취업 사유가 있으며 노동시장의 여건이 악화됨에 따라 구직포기자가 증가하면서 실업자보다 비경제활동인구가 증가하게 되었고, 이에 따라 비경제활동인구에 대한 정책도 추진되기 시작하였다. 남성은 취업과 실업 간에 경제활동상태의 이동이 발생하는 데 반하여 여성은 취업과 비경제활동 간에 이동이 이루어지는 특성이 있다. 그 주된 이유는 여성들이 취업을 중단하는 데 여성의 생애사적 사건들, 즉 혼인이나 임신, 출산 등이 영향을 미치며 장기간의 육아와 가사의 책임은 여성들의 취업단절을 가져오는 주된 원인이 되었다. 여성이 육아와 가사의 일차적인 책임을 가지고 있어 적극적이고 지속적인 구직활동을 하지 못해 취업의사가 있더라도 실업자보다는 비경제활동인구로 분류되어 온 것이 사실이다. 따라서 높은 비경제활동인구비중은 빈곤에 중요한 영향을 미치고 있다.

(2) 노동시장의 비정규화와 고용불안

빈곤 여부에 영향을 미치는 다양한 요인들 중 가장 중요한 요인은 취업 여부이다(김종숙 외, 2012). 취업을 하면 빈곤하지 않을 가능성이 높아진다. 그러나 중요한 사실은 취업자 간에도 빈곤할 가능성은 고용상태에 따라 모두 달라진다는 것이다. 상용직으로 취업한 임금근로자는 빈곤가능성이 매우 낮아지지만 임시일용직은 상용직에 비하여 취업하였다 하더라도 빈곤가능성이 높아졌다. 자영자나 무급가족종사자의 빈곤가능성은 상용직과 임시일용직 사이에 있다. 여성들은 남성에 비하여 상용직이라 하더라도 빈곤가능성이 다소 높아서 상용직 취업 자체가 빈곤가능성을 확실하게 낮추지 못하며 여성 임시일용직 근로자로 취업한 집단은 취업했다 하더라도 빈곤 위험이 비취업자와 유사하다.

우리나라 노동시장에서 고용상태는 고용지위와 무관하지 않다. 상용직, 전일제 형태의 정규직은 높은 수준의 임금, 강력한 고용보호와 사회안전망 제공 등을 통하여 사실상 빈곤 위험에서 벗어나 있다. 그러나 비상용직을 중심으로 하는 비정규근로자들은 취업하였다 하더라도 빈곤의 위험에 상시적으로 놓여 있다. 근로지속성이 매우 중요한 원인이 되는데 취업자 중 임금근로자를 대상으로 이들의 근로지속가능성을 분석한 결과, 여성빈곤가구주의 계속근로가능성은 41.29%로 비빈곤여성가구주의 계속근로가능성 73.49%에 비하여 매우 낮았다. 반면 본인의 의사와 무관하게 회사 사정에 의하여 언제든지 해고될 수 있는 가능성은 여성빈곤가구주에게서 높게 나타났다. 이러한 고용상의 불안정성은 소득의 안정

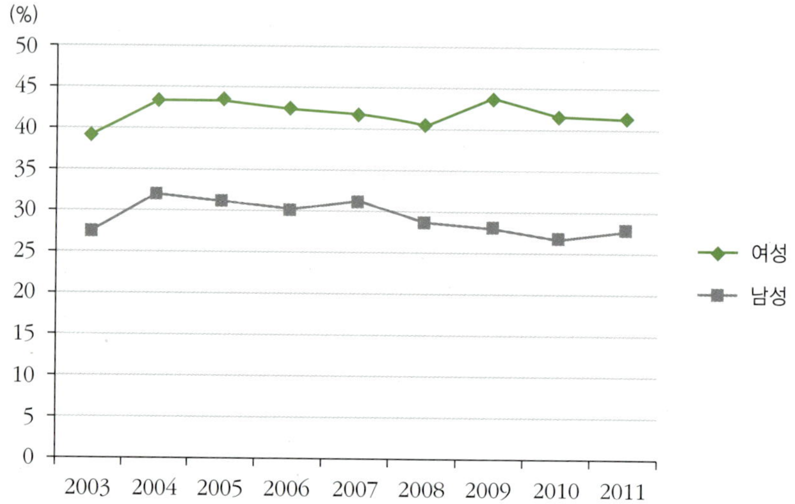

|그림 10-9| 임금근로자 중 비정규직 비율

출처 : 통계청, 경제활동인구조사 8월 부가조사, 각 연도.

성을 크게 해쳐 빈곤가능성을 높인다.

우리나라 여성 임금근로자 중 비정규 비중은 그림 10-9와 같이 지속적으로 증가해 왔다. 이러한 사실은 비정규근로가 여성고용 안에서 주요 고용형태로 자리 잡아 가고 있음을 보여 주는 결과라 하겠다. 실제로 비정규직 내부에서도 정규직과 유사한 고용형태인 한시적 근로자의 비중은 줄어들고 비전형 근로자나 시간제 근로자가 증가하고 있는 것으로 나타나는데 이들의 고용불안이 상대적으로 더 심각하다.

(3) 저임금과 임금 격차

선행연구들은 노동시장에서의 성별 격차가 빈곤의 여성화를 불러온 주된 요인 중 하나라고 지적하였다(김종숙 외, 2006). 정부는 최저임금제도를 통하여 일정한 수준 이하로 임금 수준이 떨어지는 것을 방지함으로써 근로자의 최저생활을 보장하도록 하고 있다. 우리나라에서는 1988년부터 최저임금법을 시행하고 있으며, 근로자에 대해 임금의 최저수준을 보장해 근로자의 생활안정과 노동력의 질적 향상을 꾀함으로써 국민경제의 건전한 발전에 이바지하는 것을 목적으로 하고 있다(동법 제1조). 1988년 제정 당시 시간당 462.5~487.5원에서 매년 조금씩 증가해 2012년 현재 최저임금은 4,580원이며, 최저임금제도의 적용대상은 약 1,647만 9,000명에 이르며 수혜근로자는 233만 6,000명이다. 따라서 최저임금제도는 고용복지제도 중 가장 대표적인 제도라고 할 수 있을 것이다.

전체 임금근로자 중 여성은 약 42.3%를 차지하는 반면 최저임금 적용 미만의 임금을 받는 근로자 중 여성비중은 62.5%를 차지해 남성 37.5%에 비해 25%포인트 높다(정형옥, 2011). 즉 여성 임금근로자 중 최저임금 미만의 임금을 받는 근로자 비율은 18.9%로 남성 근로자 중 최저임금 이하를 받는 비율 8.3%에 비하여 높다.

최저임금제도는 법적으로 근로자들의 최저생활을 보장하기 위한 제도임에도 불구하고 이를 준수하지 않는 사업장이 상당수 존재하고, 결과적으로 여성근로자들의 약 19%가 최저임금 미만의 임금을 받고 있다는 점은 근로자의 빈곤 위험을 높이는 데 상당한 영향을 미치게 된다. 이들 여성근로자는 일을 함에도 불구하고 빈곤한 근로빈곤계층이 될 가능성이 높으며, 본인이 속한 가구에서 생계부양자일 경우 이 가구는 매우 큰 빈곤의 위험에 처하게 될 것이다.

임금에 있어서의 성별 관련성은 임금 격차에서 잘 나타난다. 우리나라 남녀의 임금 격차는 오랜 해결과제로 남아 있다. 여성의 임금은 여전히 남성 임금의 62.3%에 머무르고 있다. 여성의 월평균임금은 1,588,000원 수준이며 반면 남성의 월평균임금은 2,691,000원으로 여성들은 일을 하더라도 빈곤할 가능성이 높다(김종숙 외, 2010). 남녀의 임금비는

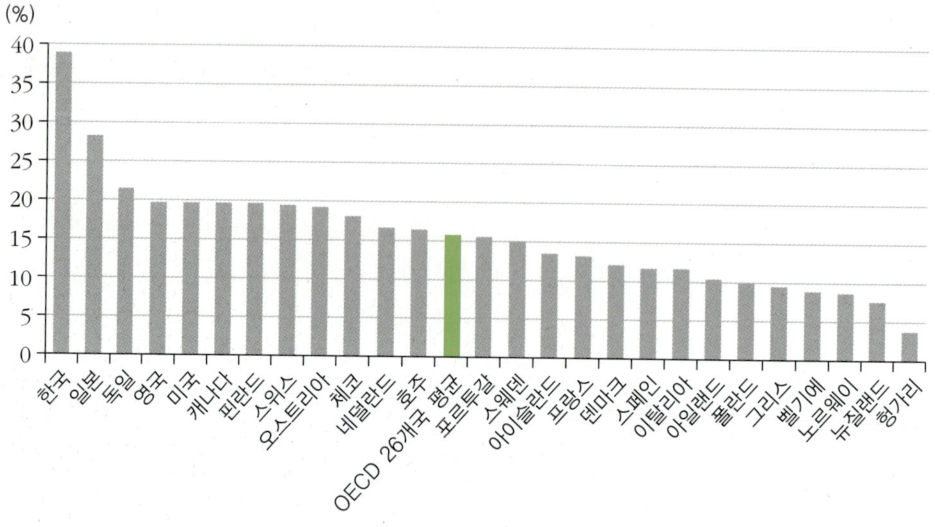

|그림 10-10| 성별 임금 격차(중위소득기준-전일제, 2009년)[2)]

출처 : OECD(2010), 『Employment Outlook 2010』.

외환위기를 전후하여 62% 수준에 이른 후 정체되어 있다. 여성들의 고학력화, 고위직종화가 지속적으로 이루어져 온 것과는 달리 성별 임금 격차는 여전히 매우 열악한 상태이다.

국제사회에서도 우리나라의 성별 임금 격차는 매우 큰 수준이다. 상용직 근로자의 중위소득기준 성별 임금 격차가 가장 큰 나라는 우리나라로 38.9% 격차를 보였다. 뒤를 이은 일본은 28.3%로 약 10%포인트 이상의 차이가 나며 OECD 평균인 15.8%의 2배가 넘는 격차를 나타낸다(그림 10-10 참조). 지난 10여 년 이상의 장기 추세를 보아도 우리나라의 성별 임금 격차는 1990년대에 중점적으로 개선되어 왔으나 2000년대에는 지속적으로 정체되거나 오히려 악화되는 추이를 보였다.

제7장 노동시장의 차이와 차별에서 상세하게 설명한 바와 같이 성별 임금 격차에 영향을 미치는 요인 역시 다양하다. 가장 주된 요인으로 여성들의 짧은 근속기간, 업종 및 직종의 분리, 영세사업장 근로를 들고 있다. 특히 혼인, 임신, 출산 및 육아 등으로 경력단절 등이 빈번한 여성들이 경험하는 임금의 손실은 단절 이후 재취업 시 평균적으로 약 21.9%에 달하는 것으로 나타났다(김종숙 외, 2011). 특히 5년 이상의 장기 경력단절을 경험하게 될 경우 손실의 규모는 38.8%에 달해 경력단절 현상이 가져오는 임금의 손실이 임금 격차와 빈곤화에 중요한 영향을 미친다는 점을 짐작할 수 있다.

2) 성별 임금 격차는 조정되지 않은 남성과 여성의 중위소득 간 격차이다. 이는 전일제 임금근로자를 대상으로 산출한 것이며 대상자를 분류하는 기준은 국가마다 조금씩 상이할 수 있다.

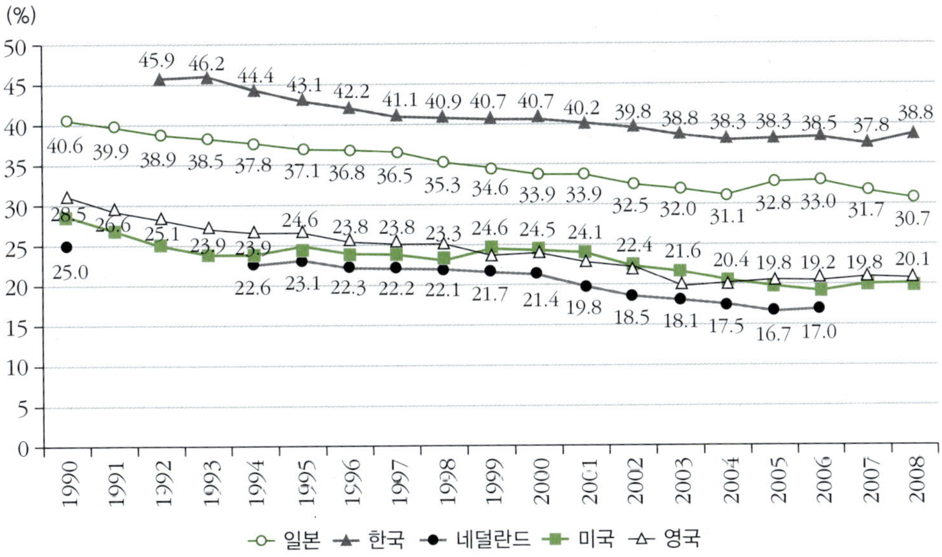

|그림 10-11| OECD 회원국 성별 임금 격차 변화 추이

출처 : OECD(2010), OECD Earnings database.

(4) 사회보험 누락

복지정책에서 사회보험의 의의는 장기적인 안전망을 구축한다는 점에서 매우 중요하다. 서구 국가에서도 실업 시 실업급여를 지급하고 노후에 국민연금을 지급하는 등 사회보험제도를 통한 소득보전정책을 추진해 왔다. 우리나라는 고용보험과 국민연금의 역사가 상대적으로 짧은 편으로 고용보험은 1995년에 시작되었으며 국민연금은 1988년에 시작되었다.

고용보험은 전통적인 방식의 근로자 실업급여사업에서 더 나아가 고용안정사업, 직업능력사업을 통합적으로 지원하는 근로자의 사회보장보험이다. 실업급여는 실업을 할 경우 생계비를 지원하여 실업기간 동안 생활을 지원하는 제도이다. 고용안정사업이나 직업능력개발사업은 사업장 및 근로자를 지원함으로써 근로자의 전직이나 이직을 지원하고 고령자

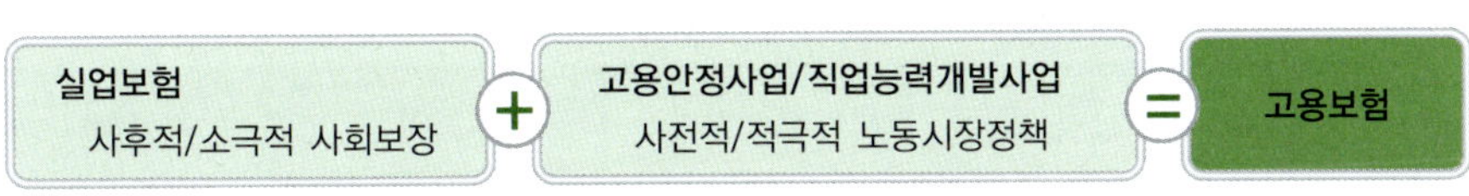

|그림 10-12| 고용보험사업

출처 : http://www.ei.go.kr/

고용, 모성보호 등을 지원하고 있다. 또한 재직근로자의 직업능력개발뿐 아니라 직업훈련계좌제 등을 통하여 비취업자의 근로역량 강화를 지원하고 있다.

고용보험은 기본적으로 취업자를 대상으로 하는 정책으로 설계되어 있다. 사업장가입과 지역가입을 통하여 임금근로자는 사업장가입, 자영자는 지역가입의 통로를 갖고 있다. 그러나 고용보험의 여성 임금근로자 커버리지는 약 56.3%이다. 정규직 여성근로자의 고용보험 가입자 비중은 68.5%이고 비정규직 여성근로자의 가입자 비중은 40.9%에 불과하다. 이 비중은 동일한 근로형태를 가진 남성과 비교해도 매우 낮은 수준을 보였다. 남성 임금근로자의 고용보험 가입자 비중은 72.0%이며, 정규직은 82.4%, 비정규직은 47.7%로 모두 여성보다 높은 것으로 나타났다.

고용보험의 누락이 발생하는 원인은 법 자체가 일부 근로자를 제외할 수밖에 없는 제도의 사각지대가 있기 때문이거나, 가입대상임에도 불구하고 사업장에서 가입의무를 준수하지 않는 적용의 사각지대가 있기 때문이다. 관련법에서는 1인 이상을 고용하는 모든 사업장의 근로자는 가입대상이 되며 65세 이상 고령자, 종업원 5인 미만의 농림어업, 가사 종사자 등은 사업주가 근로자 과반수의 동의를 얻어 가입하도록 허용하고 있다. 그러나 1년 중 1개월 미만 일하거나 주당 15시간 미만의 초단시간근로자 등은 여전히 가입에서 제외되어 있다.

업종이나 직종의 특성에 따라, 사업장규모 및 근로시간에 따라, 취업자임에도 불구하고 고용보험 가입에서 누락되거나 무급가족종사자, 농림어업 종사자 등과 같이 제도적으로 배제될 가능성이 높은 계층 중 여성비중은 매우 높은 편이다. 표 10-3은 고용형태에 따른 고용보험 가입의 격차를 나타낸 것이다. 한시적 근로자, 파견 및 용역근로자는 정규직과 유사한 수준의 고용보험 가입자 비중을 보이지만 시간제나 특수고용형태, 일일근로 등은 고용보험 가입자 비중이 매우 낮은 것으로 나타났다. 따라서 고용보험의 사회안전망 기능에서 사각지대에 있는 여성은 실업과 같은 위험에 처할 때 빈곤화하기 쉬운 특성을 갖고 있으며, 직업훈련이나 기타 고령자를 대상으로 하는 취업지원 등에서 누락되기 쉬운 특성을 갖고 있다.

| 표 10-3 | 고용보험 가입자 비중(단위 : %)

고용보험	임금근로	정규직	비정규직	한시적	시간제	파견	용역	특수고용	가정 내	일일
여자	56.3	68.5	40.9	62.5	14.7	74.3	71.7	2.3	5.1	1.5
남자	72.0	82.4	47.7	68.9	5.7	76.3	71.3	7.2	34.5	8.1

출처 : 한국여성정책연구원(2011), 성인지 통계정보 시스템. www.gsis.kwdi.re.kr.

|표 10-4| 국민연금 가입자 비중

국민연금	임금 근로	정규직	비정규직	한시적	시간제	파견	용역	특수 고용	가정 내	일일
여자	57.7	71.5	38.5	59.6	12.5	64.9	58.7	2.7	6.3	0.0
남자	71.6	83.7	40.6	60.8	3.6	61.6	49.6	4.3	38.1	0.5

출처 : 한국여성정책연구원(2011), 성인지 통계정보 시스템. www.gsis.kwdi.re.kr.

국민연금제도 역시 우리나라에서 시행되고 있는 대표적인 사회보장제도 중 하나이다. 국민들이 노령, 장애, 사망 등으로 소득활동을 할 수 없을 때 기본적인 생활이 가능하도록 연금을 지급하는 제도가 국민연금제도이다. 고용보험과 마찬가지로 국민연금의 경우도 여성가입자 비중이 남성에 비해 낮다. 국민연금제도도 취업유형별로 가입구조가 설계되어 있기 때문에 고용보험과 마찬가지로 노동시장에서 나타나는 문제점들이 가입과 수급에 영향을 미친다. 국민연금은 고용보험과는 달리 기여기반이므로 임의가입이라는 제도를 통하여 비취업자를 포괄하고 있다.

일차적으로 제도의 사각지대로 주당 15시간 미만의 초단시간근로자, 일하는 장소가 정해지지 않는 근로자 등의 적용제외규정을 받는 취업자 중 여성의 비중이 높다. 적용에서 제외되지 않는다 하더라도 영세사업장, 숙박 및 음식점업, 서비스종사자 등은 국민연금 가입률이 낮은 대표적인 근로자군으로 적용에서의 사각지대가 발생하고 있다. 동 부문에 여성이 많기 때문에 결과적으로 여성들이 국민연금 가입에서 누락되는 경우가 빈번하다. 동시에 지역가입 대상이 되는 비임금근로자 중 무소득배우자로 간주되는 무급가족종사자는 연금가입의무가 부여되지 않는다.

국민연금은 가입기간 10년을 채워야 수급자격이 발생하기 때문에 짧은 가입기간은 연금수급에 매우 부정적인 영향을 미친다. 짧은 생애 취업경력, 경력단절 등 여성노동시장의 특성들은 결과적으로 여성들의 노령연금수급권에 영향을 미친다. 물론 국민연금에 가입하지 않은 여성들은 배우자로부터 발생하는 파생수급권을 인정받아 배우자 사망 시 유족연금을 수령할 수 있으나 혼인관계의 불안정성 등 안정적인 수급권을 기대하는 데 어려움을 겪을 가능성이 많다. 노후 빈곤화의 우려가 높은 여성들에게서 더 많은 사각지대가 발생하여 여성빈곤이 심화되는 결과를 낳기도 한다.

3 여성빈곤 완화를 위한 정책적 시사점

여성의 빈곤에 대한 관심은 상당히 지속되어 온 반면 이를 해결하기 위한 정책적 노력은 여전히 부족하였다. 여성빈곤은 빈곤정책의 최우선대상이 되어야 할 필요가 있다. 취약성이 가지는 중복적 특성은 남녀 모두에게 공통적이나 여성빈곤의 현황과 향후 노후빈곤화 가능성은 우리 사회에 심각한 문제를 야기할 가능성이 높기 때문이다. 특히 여성빈곤가구주는 여성빈곤층 취업지원정책뿐 아니라 생계부양자로서 통합적 지원의 필요성이 높은 집단이다. 여성빈곤을 발생시키는 원인에 대한 다각적인 검토를 바탕으로 정책이 마련되고 추진될 필요가 있을 것이다.

정리해 보면 경제활동 여부, 취업자의 고용지위, 업종과 직종 등 노동시장의 주요 요인들과 빈곤 간에 상당한 관련성이 나타난다. 상대적으로 낮은 노동시장 지위들이 여성들의 빈곤에 영향을 미치고 있음을 알 수 있다. 이러한 노동시장 지위들은 외생적으로 결정되는 변수라기보다는 개인들의 인적자본, 취업 경험, 노동시장 여건 등 다양한 요인들에 의하여 결정되는 내생적 변수의 성격이 강하다. 노동시장에서의 성차별 등은 이미 잘 알려진 여성취업의 저해요인이다. 따라서 여성취업을 지원하는 각종 정책들은 여성빈곤정책의 핵심정책으로 추진되어야 할 필요가 있다.

정책을 마련할 때에는 대상자들이 가진 특성들에 주목해야 한다. 여성이 가구주이면서 빈곤한 경우, 혹은 가구원 여성이 취업할 경우 공백이 생기는 가족구성원의 돌봄 등에 대한 추가적인 지원이 필요하다. 이러한 지원들은 이들의 각종 자원부족, 즉 소득, 시간, 정보 등의 부족을 보충해 주는 역할을 담당해야 할 것이며 다양한 지원들이 통합적으로 제공되어야 할 필요성을 낳는다. 현재 중점적으로 추진되는 복지정책 중 여성빈곤의 완화를 위하여 강화되어야 할 정책들을 중심으로 시사점을 도출해 보고자 한다.

1) 통합적 정책추진체계 마련

우리나라의 가장 일반적인 빈곤완화정책은 공공부조이며, 국민기초생활보장제도가 가장 대표적인 정책이다. 2000년 시작된 국민기초생활보장제도의 수급자는 2001년 142만 명에서 2010년 145만 8,198명으로 꾸준히 증가하여 총인구의 약 2.9%를 차지하고 있으며 기본적인 사회안전망으로 자리 잡아 가고 있다. 이 중 여성은 약 57%이다.

기초보장제도의 내실화와 저소득층 대상 지원 확대를 위해 부양의무자 기준을 단계적으로 완화했으며 차상위층 의료비 및 교육비 지원, 자활사업대상자 확대, 한부모 가정 아동 양육비 인상 등을 추진하여 공공부조제도의 실효성을 제고해 왔음을 알 수 있다. 그러나 여전히 공공부조에 대한 지출이 전 국민의 2.9%에 해당하는 국민기초생활보장제도 수급자로만 집중되어(기초보장급여와 의료급여), 노인, 장애인 등 저소득 취약계층에 대한 지원이 절대적으로 부족하고 특히 각 집단이 가지는 지원요구를 반영하지 못한 채 대상자만 되면 모든 지원이 집중되고 대상자가 아니면 모든 지원에서 누락되는 한계를 보여 온 것이 사실이다. 특히 소득은 최저생계비 이하라 하더라도 자식이 있어 부양의무자 기준을 충족하지 못하거나 재산의 소득환산제도로 인하여 수급자가 되지 못하는 빈곤계층의 규모가 매우 큰 문제는 여전히 제도가 가지는 모순으로 지적되고 있다.

기초생활보장제도에서 가장 문제점으로 지적되는 것은 근로의욕을 감소시키는 급여 시스템에 있는데 이 문제는 외국의 경험에서도 쉽게 찾아볼 수 있다. 우리나라에서도 기초생활수급자의 근로의사 없음 비중은 전체 비경제활동사유 중 큰 비중을 차지한다는 것을 앞 절에서 확인할 수 있다. 복지급여는 비근로소득을 높이고 비근로소득은 소득효과로 동시에 시장노동공급을 줄이는 효과가 있다(제5장 여성노동공급의 이론적 모형 참조). 이러한 효과는 남녀 모두에게 동일하게 나타나지만 남녀의 노동공급함수의 탄력성에 따라 복지급여의 효과는 상이하게 나타날 것이다.

여성가구주와 같이 유급노동뿐 아니라 무급노동까지 담당해야 하는 위험계층에게는 복지급여가 보다 현실성 있게 조정되고 이들의 특성에 맞는 통합적 사례관리가 이루어져야 할 것이다. 빈곤여성을 대상으로 하는 별도의 관리 시스템을 마련하여 현재 제공하는 자녀양육지원정책, 돌봄정책, 소득지원정책, 취업지원정책 등 복지 · 고용 · 교육 등을 통합적으로 연계하는 원스톱 지원 시스템 구축이 필요하다. 첫째, 소득보장 및 각종 급여제도, 주거, 의료보장 등을 지원할 뿐 아니라 장기적으로 욕구별 맞춤형 급여체계가 마련되면 여성가구주 특성에 맞는 급여를 수급할 수 있게 해야 할 것이다. 둘째, 가장 중요한 취업지원 서비스는 여성 개인의 근로능력 유무 판정 등 자립지원 서비스의 틀을 고려하며, 여성직업훈련 및 취업지원 서비스를 제공할 수 있는 다양한 프로그램에 연계하도록 해야 한다. 여성새로일하기센터, 고용지원센터, 지자체일자리센터 등 일반 노동시장 진출을 주목적으로 하는 각 고용지원 서비스와 연계하고 이들의 시급성에 따라 우선적으로 훈련 및 취업지원을 받을 수 있도록 하는 우선순위를 부여하는 방안이 필요하다. 특히 사후관리 면에서 이들의 취업유지, 사회보험 가입 등을 확인하고 지원하는 일차적인 담당자가 필요하다. 동시에 이들이 자활사업이나 사회적일자리사업에 참여할 수 있도록 대상자를 선정하고 연계하는 역할을 하도록 해야 한다. 셋째는 교육 및 돌봄 등 지원이다. 여성가구주 가구의 경우

대체로 한부모인 경우가 많아 이들의 양육지원이 필요하다.

2) 취업지원 확대

근로연계복지(workfare)정책은 1990년대 이후 서구사회 복지정책의 패러다임 전환으로 평가된다. 빈곤상태 의존성이 높아지면서 빈곤상태에 머무르는 집단의 비중이 줄어들지 않고 빈곤진입과 탈출의 요인 중 노동시장 요인들이 부각되기 시작한 것도 근로연계복지제도의 발전을 가속화시킨 계기가 되었다. 이러한 정책의 기조에 따라 근로능력이 있는 빈곤층을 주요한 정책대상으로 보게 되었다. 일례로 스웨덴과 같은 북유럽 복지국가들은 실업보험과 사회부조를 통한 실업자 지원, 활동지원(activity support)을 통해 적극적으로 빈곤층을 노동시장으로 유입하고자 했다. 덴마크에서도 널리 알려진 유연안정성 모델은 실업 후 프로그램 참여의무 기간을 단축시키며 활성화 조치에 협력하지 않는 경우에는 급여를 삭감하는 형태로 노동시장 참여의무에 중요성을 부가하였다.

우리나라에서도 국민기초생활보장제도를 근간으로 하는 복지정책의 틀에서 근로능력의 유무에 따라 자활사업에 참여하도록 하는 등 근로연계 복지정책을 마련하고 있다.

빈곤정책이 일을 통한 빈곤의 탈출 방향이 강화될수록 성별 격차가 발생할 개연성이 높아지게 되므로 여성빈곤을 완화하기 위해서는 노동시장에서의 현상들에 폭넓게 주목하고 이에 대한 대책을 강화할 필요가 있다. 자활사업의 성과평가에서 자주 제기되는 문제는 여성들의 자활사업 의존도가 매우 높다는 사실이다. 자활사업은 빈곤층이 일반노동시장으로 이행하는 이행기 취업(transitional jobs)으로서의 성격을 가지는데 일반노동시장에서 여성에게 주어진 각종 장벽들이 이들을 자활사업에 머무르게 만든다는 점이다. 앞 절에서 살펴본 바와 같이 빈곤층 여성고용의 특성은 취업 자체의 어려움, 저임금 및 고용불안, 사회안전망 부재로 특징지어진다. 주어진 선택치 중에서 일반노동시장은 자활사업에 비하여 더 높은 편익을 준다고 보기에 어려움이 있기 때문에 빈곤여성들에게 상태의존성은 상대적으로 더 높을 수밖에 없다.

여성들의 취업을 지원하는 적극적 취업지원정책이 요구된다. 우리나라 15~64세 여성의 고용률은 2010년 현재 52.6%로 OECD 평균인 56.7%에 비하여 낮은 수준이며, 30~39세 연령대의 여성고용률이 53.7%로 동일연령대 남성고용률 89.5%와 큰 격차를 보이는 '경력단절' 의 문제를 겪고 있다. 20대의 고용률은 여성이 오히려 남성보다 높아 이후 여성들의 경력유지 여부는 생애취업 및 소득보장에 큰 영향을 미친다. 따라서 결혼, 임신, 출산, 육아 등으로 경력을 단절한 경험이 있는 여성들에게 적극적인 취업지원정책을 제공하는 것이 여성빈곤 완화를 위하여 매우 중요한 과제이다.

정부는 현재 '저소득층 취업성공 패키지' 사업 등을 통해 여성들을 포괄하고자 노력하고 있으나, 앞서 서술한 바와 같이 노동시장에서의 여성의 지위가 취약하기 때문에 남성과 동일한 지원정책으로는 실효성을 거두기 어렵다. 또한 경력이 단절되거나 미취업한 여성을 대상으로 하는 '경력단절 여성 재취업지원정책(새로일하기사업)'은 소득수준과 무관하게 제공되는 취업지원정책으로 빈곤여성이 정책의 우선순위에 놓여 있지 않다. 위와 같은 남녀통합사업, 혹은 전체 여성대상사업에서 빈곤여성들이 적절하고 충분한 취업지원을 받기 위하여 각 사업에서 빈곤여성을 통합하고 이들의 취업지원 시급성을 충족시킬 수 있는 제도의 개선이 필요하다. 동시에 자활의존도가 높은 여성빈곤층이 일반노동시장으로 편입될 수 있도록 자활 프로그램과 취업지원 프로그램 간의 연계를 강화해 나가는 정책협력이 요구된다.

3) 사회보험 강화

사회안전망 사각지대를 좁혀 나가도록 노력할 필요가 있다. 여성빈곤층의 상당수를 차지하는 저임금근로자는 사회보험 사각지대에 놓여 있는 경우가 많다. 일반적으로 사회보험의 사각지대가 발생하는 유형은 특수형태근로종사자, 가사노동자, 월 60시간 미만의 단시간근로자, 1개월 미만 일용근로자(국민연금과 건강보험의 직장 가입자) 등 법 적용에서 제외되는 경우와 법적인 적용대상임에도 불구하고 보험료 부담 또는 사업주의 의무 불이행으로 가입하지 않는 경우, 수급하더라도 급여수준이 낮거나 수급기간이 짧아서 보장이 충분하지 못한 경우가 해당되는데 여성들은 대표적으로 이러한 유형에 해당된다. 사회보험 누락자의 특성 중 대표적인 집단은 중장년 여성과 청년, 고졸 이하로 비정규직, 비정규직보다 근로조건이 열악한 정규 임시 · 일용직, 산업별로는 도소매업, 음식숙박업, 제조업, 보건 및 사회복지업, 건설업, 직종별로는 단순노무직, 경리, 매장 판매직, 조리 및 음식 서비스직, 보건 및 사회복지직업 등이라고 보고 있다.

사회보험 중 소득보전과 가장 중요한 관련을 맺고 있는 것은 고용보험과 국민연금이라고 볼 수 있다. 고용보험은 이동이 빈번한 빈곤여성에게 실업급여를 통해 실업기간 소득을 보전해 줄 수 있는 중요한 사회안전망이다. 고용보험 적용대상일 경우 고용보험에 가입하지 않았더라도 실업급여를 받을 수 있지만, 대부분의 임금근로자는 고용보험에 가입하지 않았을 경우 피보험자격 확인 청구도 하지 않고 동시에 실업급여도 받지 못하고 있는 실정이다.

국민연금은 노후소득보장에 중요한 공적연금이다. 현재 빈곤층의 경우 노후빈곤층으로 유입될 가능성이 매우 크기 때문에 국민연금가입 여부는 노후빈곤화 가능성과 밀접한 관련을 맺고 있다. 여성들의 경우 취업자라 하더라도 본인명의로 가입하지 않는 경향이 있으며 배우자로부터의 파생수급권에 의존하고 있다. 실제로 김종숙(2010)에 의하면 동일한 업종이나 직종 종사자 간에도 성별 격차가 크게 나타나고 있으며 사업장이 영세할수록, 임금 수준이 낮을수록, 업종이 음식숙박업이나 개인 서비스업 등일수록 국민연금 가입이 낮아지는 것으로 나타나 여성들이 현재뿐 아니라 미래소득에서도 위험도가 커질 수 있음을 나타내고 있다. 따라서 사회안전망으로 편입되는 것이 여성빈곤을 완화하는 데 매우 시급한 과제임을 알 수 있다.

참/고/문/헌

고용노동부, http://www.ei.go.kr/
국정홍보처, e-나라지표.
김종숙 외(2006), 여성근로빈곤과 노동시장정책, 한국여성정책연구원.
김종숙 외(2010), 제2차 여성인력개발종합계획 수립을 위한 기초조사 연구, 여성가족부.
김종숙 외(2011), 경력단절의 임금손실 추정, 한국여성정책연구원.
김종숙 외(2012), 여성고용활성화를 통한 여성빈곤완화와 공생발전 모색, 경제인문사회연구회.
윤홍식 외(2007), 남성일인생계부양자가구와 이인생계부양자가구의 소득특성과 빈곤실태, 『가족과 문화』 제19호 제4권.
이병희 외(2010), 근로빈곤의 실태와 지원정책, 한국노동연구원.
이현주 외(2008), 2006년 차상위계층 실태분석과 정책제안, 보건복지부.
정형옥(2011), 최저임금제도를 통해 본 여성저임금 현실과 개선방안, 경기도여성가족연구원.
통계청, 경제활동인구조사 각년호 및 8월 부가조사, http://kosis.go.kr.
한국보건사회연구원, 서울대학교, 한국복지패널 제4차년도 원자료.
한국여성정책연구원(2011), 성인지 통계정보 시스템. www.gsis.kwdi.re.kr.

OECD(2010), 『Employment Outlook 2010』 Earnings database.

CHAPTER 11

젠더와 국민연금제도

김 경 아

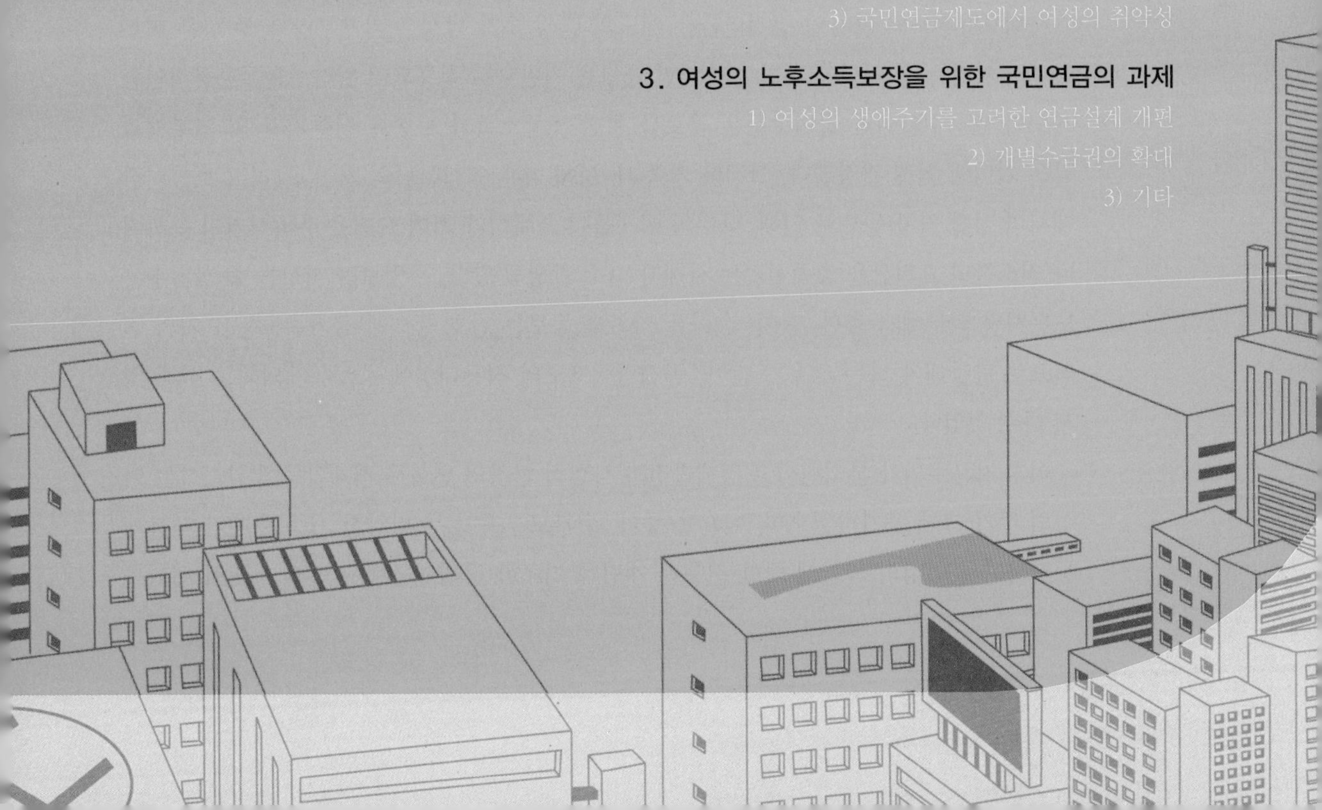

1 여성에게 있어서 공적연금제도의 의미

1) 등장배경

과거 농경사회나 산업사회 초기에는 주로 남성이 경제활동의 주체이고, 여성은 가사와 출산 및 양육을 주로 담당하였다. 이에 따라 초기 산업사회에 이르기까지 많은 여성들은 소득활동보다는 가사와 가족 돌봄의 주체로 활동하였다.

서구에서 자본주의가 발달하면서 경제활동참가자는 대다수를 차지하는 임금근로자, 소수의 기업주(사업주), 그리고 소농, 기술자 등의 자영자로 이루어지게 됐다. 이 중 사회적 보호의 필요성이 대두된 집단은 임금근로자 집단이었다. 이는 노동 또는 작업 중 재해가 빈번하게 발생하게 되고, 건강상 문제나 노령으로 인한 퇴직은 누구에게나 일어나는 보편적 현상이며, 경기변동에 따라 본인의 의지나 의사에 상관없이 실업에 처할 가능성 또한 높다는 사실들이 모두 작용하여 이들에 대한 사회적 보호의 필요성이 대두되었기 때문이다. 이에 따라 사회보험을 중심으로 이루어진 사회보장제도는 노동에 기반을 둔 임금근로자들의 소득중단에 대비하기 위하여 마련된 제도라 할 수 있다.

따라서 많은 여성들이 혼인관계로 맺어져 가사노동 및 돌봄노동과 같은 근로활동을 하고 있었으나, 이 여성들에 대한 직접적인 사회보장 혜택보다는 혼인 및 가족관계를 통한 간접적인 사회보장 혜택이 그 중심을 이루었다.

사회보장제도의 근간인 공적연금은 제도의 탄생 초기 남성은 가계부양자, 여성은 피부양 배우자라는 성 역할에 대한 전통적인 개념을 기반으로 적용되어 왔다. 대부분 공적연금제도의 연금수급권과 급여수준은 근로를 통한 노동소득과 보험료 납부기간 및 납부액과 같은 기여에 의해 결정된다. 그러나 가족 내 성에 따른 역할분담의 차이, 그리고 노동시장에서의 성별 격차 등으로 인해, 다수의 여성들이 소득이나 기여 요건을 충족시키지 못하거나 최소한의 요건만을 충족시키는 사례가 다수 발생해 왔다. 무엇보다 여성들 중 상당수는 노동시장 외부에서 출산, 육아 및 아픈 가족을 돌보는 간호 등의 무급가족노동을 거의 전적으로 담당해야 하는 경우가 많아, 공적연금제도의 적용대상에서조차 제외되는 사례 역시 다수 있었다.

이후 자본주의가 본격화되고 경제발전과 사회적 환경의 변화로 경제활동에 참가하는 여성의 수가 크게 증가하였으며, 이혼율 증가, 편부모 · 독신 등 다양한 가족 형태가 새롭게 등장하면서 여성의 역할에 대한 전통적 개념에 기초한 공적연금제도 역시 시대적 변화를 반영하여 변화되어야 한다는 목소리가 커지게 되었다. 이에 따라 1970년대 중반 이래 공적연금제도의 구조와 특성을 개선하여 여성에 대한 연금수급권을 강화하려는 사회적 노력들이 국제기구와 개별 국가들을 중심으로 활발히 논의되게 되었다.[1)]

여성의 공적 노후소득보장과 관련된 논의의 시작은 Marshall(1964)이 제시한 시민권에서 찾을 수 있다. 시민권은 영국이 복지국가의 확장을 추구하였던 시기에 논의되었으며,[2)] 이후 시민권(citizenship)은 다시 공민권(civil rights), 정치권(political rights), 그리고 사회권(social rights)의 세 가지 권리로 분류되었다.[3)]

공민권은 언론과 사고의 자유, 재산을 소유할 권리와 계약을 맺을 권리 등을 의미하며, 정치권은 선거권과 피선거권을 가리킨다. 가장 마지막인 20세기에 그 개념이 정리된 사회권은 복지권으로도 불리는데, 이는 빈곤에서 벗어나 인간다운 삶을 누릴 권리를 의미한다. 사회권의 개념은 복지국가나 시민권 연구와 관련된 다양한 학문분야에서 널리 다루어져 왔다. 그리고 젠더 연구의 발전과 복지국가에 대한 페미니스트들의 논의가 활발히 진행되면서 사회권은 여성의 사회권과 시민권에 대한 논의로 확대되었다. 보편성에 기초한 시민권과 사회권 체계가 여성에게 동일하게 적용되지 못해 온 원인은 첫째, 오랫동안 여성들이 사회적으로 취약한 보호대상으로 간주되어 왔으며, 둘째, 여성들이 자신들에 대한 보호를 권리로 전환시키는 정치적 주체로서 행동하기 어려웠던 상황에 있다.

이처럼 여성들이 피보호자, 피부양자에 머물러 있고 법적인 권리의 주체가 되지 못한 것은 전통적인 가부장적 결혼제도와 관련이 있다. 전통적으로 남성은 노동과 재산권을 통해 독립적인 개인의 시민권과 사회권을 획득해 왔으며, 그에 따른 사회보장제도의 혜택도 받아 왔다. 노동자들을 위한 사회보장제도도 사고나 재해, 질병, 실업, 노령 등의 이유로 노동자가 더 이상 근로를 할 수 없을 때 소득을 보장해 주도록 설계되어 있어, 사회보장 권리 역시 노동자의 근로능력과 사회보험을 납부한 기여금을 통해 발생하는 구조로 이루어져 있기 때문이다.

그러나 실질적으로 근로능력이 있는 모든 사람들이 동일한 사회보장 혜택을 누리지 못하고 있으며, 여성들이 대부분을 차지하고 있는 무급노동에 해당되는 가사노동이나 보살핌(부양) 노동의 경우 사회보장 혜택에서 제외되고 있는 것이 현실적 상황이다. 또한 여성이 근로가능 전체기간을 전업주부로 보내지 않는다고 하더라도, 가족책임을 수행한 기간만큼 노동 참여기간이 축소될 수밖에 없기 때문에 적절한 연금수급권을 확보하는 것 자체

---

1) 권문일(2006), p. 231 참조.

2) 이정남(2007), p. 699 참조.

3) Marshall & Bottomore(1992) 참조.

가 어려울 수밖에 없다. 소득활동에 종사하는 여성일지라도 이 중 다수가 시간제, 임시직 및 기간제 고용 등과 같은 저임금 · 고용 불안정의 악순환에 시달리는 비정규직 종사자일 가능성이 높아, 소득활동 여성들 중 일부는 공적연금 적용대상에서 배제되거나 낮은 혜택만을 받게 될 가능성도 존재한다.[4)]

20세기 후반에 있어 가장 큰 사회적 변화 중 하나는 많은 여성들이 가정에서 벗어나 유급노동에 참여하게 된 부분이다. 현재 스웨덴, 핀란드 등 북유럽 국가에서는 여성의 취업률이 남성에 근접한 사례가 종종 발생하고 있다. 또한 유럽 대부분의 국가들에서 여성 고용률은 전반적으로 높은 수준을 유지하고 있다. 2007년 기준 OECD 국가 평균 모성 고용률(maternal employment rates, 16세 이하 자녀가 있는 여성 고용률)은 65.3%이며, 여성 고용률(general female employment rates, 25~49세 연령층 여성 고용률)은 69.5%로 약 4.2%포인트 높다.

그러나 안타깝게도 OECD 보고서 및 관련통계, 그리고 OECD Family Database의 고용통계를 모두 확인해 본 결과, 우리나라의 모성 고용률은 공식통계 자체가 없는 것으로 확인되었다. 이에 따라 차선책으로 비교가능한 추정치를 살펴본 결과, 우리나라 모성 고용률은 약 51.6%인 것으로 추정되었다.[5)] 그러나 해당 연구자도 밝히고 있듯이, 이 측정치는 공식적인 한국지표가 아니라 연구자가 한국노동연구원의 제7차 한국노동패널조사(2004년 기준) 자료를 이용하여 추정한 추정치로 과다추정되었을 가능성을 제기하고 있다. 그러나 이러한 과다추정 문제를 전제한다고 해도, 우리나라 모성 고용률 자체는 역시 하위 수준에 머무르고 있는 것이 사실이다.

다수의 여성들이 노동시장에 진출하는 것은 여성의 경제적 자립과 함께 독립적인 사회보장제도의 혜택을 확대시키는 긍정적인 요소로 작용한다. 그러나 이를 위해서는 여성이 노동시장에서 차별 없이 대우받을 수 있는 사회적 여건이 전제될 필요성이 있다. 그러나 현실적으로 성별에 따른 단절된 노동시장 구조가 여성을 저임금의 불안정한 일자리, 즉 노동시장의 주변부로 내몰고 있으며, 이로 인해 여성 노동자가 누릴 수 있는 사회보장 권리에 있어 성별 격차가 발생한다.

4) 권문일(2006), p. 230 참조.

5) 보사연의 "국제비교를 통해서 본 한국의 한부모가족정책"[강지원(2009), 보건사회연구 29(2), p. 41] 〈표 3〉의 수치를 인용하였음. 해당 수치와 관련하여 연구자는 이 수치가 조사 자료를 대상으로 한 추정치로 상당히 과다추정되었음을 밝힌 바 있으므로 해석에 주의하기 바란다.

2) 공적연금제도 적용규칙과 여성

여성의 연금수급권은 첫째, 여성이 전 생애에 걸쳐서 유급노동과 무급노동에 어떤 형태로 참여하는지 여부와 둘째, 연금제도의 구조에 대한 파악을 통해 살펴볼 수 있다(Ginn & Arber, 1991).

전통적으로 대부분 복지국가들의 사회보장제도는 남성부양자 중심에 그 기반을 두고 설계되었다. 따라서 남성들은 노동자로서 국가에 통합되고 사회보험에 기여하도록 되어 있는 반면, 여성들은 가족구성의 하나로 포함되어 가족관계 및 가족상황의 차이에 따라 사회보장제도의 수급권이 달라지도록 구조화되어 있다(Lewis, 1992; Land, 1994). 이러한 사회보장제도의 전통적 구조의 특징으로 인해, 대부분의 공적연금제도는 경제활동과 연계하여 적용대상과 수급권을 결정하는 경향이 강하다.

다음과 같이 연금수급권이 근로연령기의 고용 또는 보험료 납부기록에 연계하여 주어지게 되는가, 또는 고용 혹은 보험료 납부기록과 무관하게 주어지는가에 따라서 여성의 연금수급권에 미치는 영향도 상이해지며, 여성들의 연금 사각지대 상태 역시 달라진다(표 11-1 참조).[6]

먼저, 공적연금제도는 보험료 납부와 무관하게 거주기간 충족이나 자원조사에 기초하여 연금수급권을 결정하는 방식인 '보험료 납부 비연계방식'의 기초연금, 경제활동과 연계하여 적용대상과 수급권을 결정하는 방식을 적용하는 '보험료 납부 연계방식'의 소득비례 연금제도 또는 기초연금제도로 대별된다(광의의 기준).

'보험료 납부 비연계방식'의 기초연금은 다시 최소 거주기간 요건을 충족하는 모든 거주민에게 연금수급권이 주어지는 제도운영방식과 자원조사(자산조사, 소득조사 또는 연금조사)를 통해 일정액 수준 이하인 사람들에 대해서만 연금수급권이 주어지는 제도운영방식으로 세분화된다. 최소 거주기간 충족을 수급요건으로 하는 제도의 경우 적용범위의 사각지대는 발생하지 않으나, 거주기간이 짧을 경우 거주기간에 비례한 연금급여수준이 낮아 기초보장이 확보되지 않을 가능성이 존재한다. 그에 반해, 자원조사를 하는 경우에는 조사의 엄격성 정도에 따라 사각지대가 발생할 가능성이 있다.

다음으로 '보험료 납부 연계방식' 연금제도의 경우, 보험료 면제기간의 유무와 인정범위, 그리고 그 수준 정도에 따라 여성의 연금 사각지대의 발생 정도도 달라진다. 예를 들어, 보험료 면제기간의 인정범위와 그 수준이 관대하게 적용될수록, 그리고 최소기여기간 조건이 짧을수록 여성의 연금 사각지대의 발생 가능성은 감소하게 된다. 그에 반해, 보험

6) 류연규 · 황정임 · 석재은(2007), p. 18 참조.

|표 11-1| 연금제도 적용규칙과 연금수급권 간의 관계

1차 수급조건	2차 수급조건	3차 수급조건	급여방식	연금제도 유형	수급권과의 관계
보험료 납부 비연계 방식	시민권	최소 거주기간	정액/ 거주기간 비례	기초연금	• 최소 거주기간 충족 시, 적용의 사각지대 미발생 • 거주기간이 짧은 경우, 급여의 적절성 측면에 있어서 사각지대 발생
	자원조사	자산조사 소득조사 연금조사	정액 또는 빈곤선 보충	기초연금/ 최저보증 연금	• 연금급여의 적절성 보충 • 자원조사의 엄격성이 높을수록 사각지대 발생 가능성이 높음
보험료 납부 연계 방식			정액보험료 납부기간 비례	기초연금	• 납부기록 차이에 따른 사각지대 발생 가능성 높음 • 보험료 면제제도의 적용과 인정범위 및 그 수준의 관대성이 높을수록 사각지대 발생 가능성은 감소 • 최소 기여기간이 짧을수록 적용의 사각지대 발생 가능성이 낮아짐 • 그러나 급여수준이 가입기간에 비례하는 경우, 급여의 적절성 측면의 사각지대 발생 가능성이 높아짐
			소득 비례	소득비례 연금	

출처 : 류연규 · 황정임 · 석재은(2007), "여성 연금수급권 확대를 위한 국민연금제도 개선방안 연구 개별 수급권을 중심으로"(p. 19)의 표를 참조하여 정리함.

료 면제기간의 인정범위와 그 수준이 엄격하게 적용되고, 급여구조가 가입기간에 비례할수록 사각지대의 발생 가능성이 증가하게 된다.

Ståhlberg 등(2005)은 연금제도 설계의 요소들이 여성에게 미칠 수 있는 영향을 다음과 같이 정리하여 제시하였다(표 11-2 참조). 여기에서 '+' 표기는 해당 연금제도 설계방식이 남성보다 여성에게 더 유리하게 작용하는 경우를 의미하며, '−' 표기는 반대로 여성에게 더 불리하게 작용하는 것을 의미한다. 또한 '='는 여성이나 남성에게 중립적으로 작용하는 것을 의미하며, '?'는 성별 영향의 격차를 명확히 구분할 수 없는 경우에 해당된다. 그리고 해당 표기의 수가 많을수록 그 영향력의 정도가 더 큼을 의미한다.

이에 따르면, 연금제도가 공적 제도나 사적 강제제도일 경우, 자산조사에 따라 일정액 수준 이하인 사람들에 대해서만 연금수급권이 주어지는 경우(자산조사급여), 정액급여 및 최저보장 연금급여일 경우 소득계층 간 재분배효과 발생하고, 여성이 남성보다 연금혜택이 유리할 수 있는 것으로 나타났다. 이는 일반적으로 여성이 남성에 비해 소득이나 자산 축적 수준이 상대적으로 낮을 수밖에 없으므로, 자산조사에 기초한 연금급여제도가 여성

| 표 11-2 | 연금제도 설계가 여성에게 미치는 영향[1]

연금제도 설계방식	노동동기	재분배	연금급여액
공적 제도	=	+	+
사적 강제제도	=	+	+
부과방식[2]	=	=	?
적립방식[3]	=	=	?
자산조사에 기초한 연금급여	– –	+	+
정액 연금급여	–	+	+
최저보장 연금급여[4]	–	+	+
소득비례 확정급여형(DB)[5]	+	?	?
소득비례 확정기여형(DC)[6]	+	=	=
보험수리적[7]	+ +	=	=
재분배적[8]	–	?	?
급여연동	=	+	=
노령연령 - 보험수리적	+	=	=
비보험수리적	–	=	=
유족연금 - 보험수리적	=	=	?
비보험수리적	–	?	?
일시금	=	+	=
아동양육연금 크레딧	=	+	+

* 주 : 1) = : 성중립적 영향, – : 여성이 남성보다 불리한 영향, + : 여성이 남성보다 유리한 영향, ? : 영향을 명확하게 구분하기 어려운 경우를 의미하며, – 나 +의 수가 많을수록 그 영향력이 상대적으로 더 큼을 의미함.

2) 부과방식 : 현재 일하고 있는 사람들에게서 거둔 세금으로 은퇴해 있는 사람에게 연금을 지급하는 방식.

3) 적립방식 : 사람들이 낸 보험료나 사회보장세를 적립해 기금을 만들고 그 수익으로 연금을 지급하는 방식.

4) 최저보장은 보험대상자(피보험자)의 연금개시시점에 연금재원으로 최소한 기본납입보험료 수준을 보장해 주는 것을 의미.

5) 가입자가 퇴직 시에 수령할 연금급여가 근무기간과 평균임금에 의해 사전적으로 확정되어 있는 제도. 사용자(회사)가 적립금을 직접 운용하므로 운용 결과에 따라 사용자(회사)가 납입해야 할 부담금 수준이 변동될 수 있음.

6) 사용자(회사)가 매년 근로자 연간 임금의 1/12 이상을 부담금으로 납부하고, 근로자인 가입자가 적립금의 운용방법을 결정하는 제도. 가입자의 적립금 운용성과에 따라 퇴직 후 수령액이 증가 또는 감소할 수 있어 적립금 운용에 따른 위험을 가입자가 부담함.

7) 보험수리적 가정은 퇴직 후 사망률, 생존나이 등을 고려해 미래에 지급할 금액을 시장이자율로 할인해 현재가치로 금액을 책정하는 방식임.

8) 국민연금의 경우 소득재분배적 요소를 포함하고 있는데, 이는 소득이 높을수록 좀 더 많은 보험료를 내고 소득이 낮은 사람은 상대적으로 좀 더 적은 보험료를 납부한 후, 은퇴 후 연금수급액은 비슷한 수준으로 가져가도록 설계되어 있음.

출처 : Ståhlberg et al.(2005), "Pension Design and Gender"(European Journal of Social Security, Vol. 7, No.1)를 인용 및 참고하여 작성함.

에게 더 유리하게 작용할 수 있기 때문이다. 또한 정액으로 연금급여를 지급해 주거나 기본납입보험료 수준을 보장해 주는 최저보장 연금급여제도의 경우에도 노동시장과 소득, 그리고 연금가입이력 측면에서 모두 남성에 비해 상대적으로 열악할 수밖에 없는 여성에게 유리하게 작용할 수 있다.

또한 아동양육 크레딧제도(care credits)[7]는 여성의 연금수급권 획득에 있어, 가입기간에 대한 추가적인 확보라는 긍정적 효과를 발생시켜 여성에게 유리하게 작용하는 것으로 나타났다.

그러나 노동동기 측면에 있어서는 거의 모든 연금제도에서 여성이 남성보다 불리한 것으로 나타났다. 일반적으로 여성들은 남성에 비해 근로연령기의 경제활동참가율이 상대적으로 낮고 경제활동참가 시에도 저임금의 임시직 · 일용직 및 시간제 근로 등 불안정한 고용 형태를 유지하거나 영세 자영업 등에 종사하는 사례가 다수 발생한다. 따라서 근로와 소득활동자 중심의 사회보장제도하에서는 여성들의 독립적 수급권 확보가 어려워 사각지대가 발생하거나 매우 낮은 급여를 수급하게 되는 위험이 존재한다.

특히 최근의 결혼율 감소와 이혼율의 급증 같은 가족구조의 급격한 사회적 변화는 남성 가장의 피부양자로서 배우자 소득에 의존하고 있는 여성들 다수의 노후소득보장에 부정적인 영향을 미칠 수 있다. 이는 연금제도의 규칙으로 인한 여성차별뿐 아니라, 여성의 취약한 경제활동 및 소득활동, 그리고 가족구조의 변화가 여성의 노후소득보장 위험을 높이는 요인으로 작용할 수 있음을 의미한다. 따라서 이러한 사회적 환경의 변화를 연금제도 내로 흡수하고 보완하는 노력 없이는 여성의 공적연금을 통한 노후소득보장은 상당한 어려움에 봉착할 수 있다.

결론적으로, 여성의 개별수급권과 관련된 연금제도의 규칙은 다음과 같은 조건들에 의해 설명될 수 있다. 먼저 대부분의 공적연금제도가 경제활동과 연관되어 적용대상과 수급권이 결정되는 경우, 경제활동참가율이 높고 고용형태가 안정적일수록 여성의 연금수급권 확보가 용이하고 그 수준도 높게 된다. 그리고 연금기여와 수급권 관계가 느슨할수록 여성의 연금수급권 확보가 용이해진다.

그러나 여성의 경제활동참가율이 낮고 고용형태가 안정적이지 못할 경우에는 여성의 연금수급권 확보가 용이하지 못하게 된다. 따라서 이 경우에는 거주요건을 충족시킬 때 연금수급권을 동등하게 부여하는 시민권에 입각한 관대한 소득보장체계가 여성의 연금수급권 확보를 상대적으로 더 용이하게 만든다.

7) 자녀양육을 포함한 돌봄노동에 대하여 연금제도에서 크레딧을 제공함으로써, 간접적으로 그들의 무급 돌봄노동에 대한 보상을 하며 연금수급권을 획득할 수 있도록 돕는 제도.

하지만 여성의 경제활동참가율이 낮고 고용의 질이 낮음에도 불구하고 연금 수급조건까지 엄격한 경우에는 연금으로부터 배제되는 여성들의 사각지대 문제가 확대될 수 있는 위험성은 더욱 커지게 된다.[8)]

3) 최근 공적연금 개혁 이슈

최근 유럽 국가들은 여성의 연금수급권을 강화하는 방안으로서 개별 연금수급권을 확대하는 전략들을 주로 채택하고 있다. 이는 개별 연금수급권이 이혼여성이나 별거여성 등이 겪을 수 있는 경제적 어려움에 대응하기 용이하고, 남성과 여성의 동등대우라는 측면에서도 효과적인 수단으로 받아들여지고 있기 때문이다.

이에 따라 다수의 유럽 선진국들은 더 많은 여성들이 자신들 소유의 개별 연금수급권을 확보해 나갈 수 있도록 돕기 위해 거주권에 기초한 기초연금을 도입하거나, 출산 및 육아기간에 대한 연금크레딧제도의 도입, 연금분할제도의 도입 등과 같은 정책적인 지원조치를 확대해 나가는 추세이다.[9)]

덧붙여, 최근 복지제도 재편의 방향은 유급노동과 관련된 여성의 사회권에 영향을 미치는 중요한 두 가지 변화로 특징지어진다.

첫째, 여성에게도 남성과 같이 유급노동 참여를 강조하고 있는 점이다. 그러나 근로의무를 강조하는 이른바 근로연계복지의 확대는 빈곤여성의 의무를 늘리면서 실질적 수급권은 감소시킬 수 있다는 한계 역시 존재한다. 일례로, 기초보장제도의 수급자인 빈곤여성에게 근로의무 부과 시, 이 여성들은 노동시장의 최하층부로 가게 되어 안정적인 노동자로 정착하기 어렵다. 그리고 이러한 저임금 여성노동자의 증가는 여성노동의 가치를 하락시키는 결과로 이어질 수 있다.

둘째, 가족정책에 대한 사회적 관심의 증가이다. 이는 핵가족화, 이혼 등에 따른 한부모가정의 증가와 같은 가족 형태의 변화와 여성의 취업증가로 가족이 제공해 왔던 돌봄에 공백이 커지고, 더 나아가 돌봄위기(care crisis) 현상이 확대된 사회적 여건의 변화와 밀접한 연관성이 있다. 또한 출산율 저하와 고령인구의 증가가 복지국가의 새로운 위기요인으로 작용해, 젊은 여성 노동인구를 확보하기 위한 다양한 아동지원정책이 많은 국가들에서 확대되었다.

이러한 복지정책의 재편과정에서 가족정책과 고용정책이 더욱더 밀접하게 연계되었고,

---

8) _____(2007), pp. 18-22 참조.

9) _____(2007), p. 17 참조.

유급노동자들이 일과 가족생활을 조화시켜 나갈 수 있도록 지원하는 일 · 가족 양립(Work-Family Balance 또는 Work-Life Balance)정책이 여성들이 경력단절 없이 소득활동을 지속해 나갈 수 있도록 돕는 지원정책으로서 추진되고 있다.[10)]

그러나 여성의 입장에서 고용에 근거한 일 · 가족 양립정책만으로는 충족될 수 없는 많은 문제들이 여전히 남아 있다.

첫째, 노동시장 안에서 안정적인 지위를 가지고 있는 여성들은 일 · 가족 양립정책을 통해 사회권을 어느 정도 보장받을 수 있는 반면, 노동시장 주변부에 머물러 있는 여성이나 근로빈곤층 여성들에 대한 지원은 상대적으로 취약할 수밖에 없다. 즉, 고용에 기초한 여성지원정책의 사각지대는 예상보다 클 수 있으며, 이로 인해 여성 내부에서의 계층적 양극화도 확대될 우려가 있다.

둘째, 고용에 기초한 지원이 모든 여성에게로 확대되기 위해서는 여성의 노동시장 참여가 양적 및 질적으로 확대되어야 한다. 그러나 현실적으로 노동시장 내에는 성별 격차가 엄연히 존재하고 있어, 이러한 차별이 해소되지 않는다면 여성에 대한 지원도 한정적일 수밖에 없다.[11)]

셋째, 어린 자녀가 있는 여성들이 노동시장에 재진입하기 위해서는 그에 합당한 자녀부양에 대한 공적 지원 역시 적절하게 병행되어야 하나, 현실적으로 적절한 지원정책이 이루어지지 못하고 있다.

따라서 일 · 가족 양립정책의 실질적인 효과를 발생시키기 위해서는 자녀양육이 가족만의 책임이 아닌 사회적 책임이라는 점을 공론화하고 공적 지원을 확대할 필요성이 있으며, 사회적 책임의 분담에 대한 적극적인 논의도 필요하다.

2 한국의 국민연금제도와 여성

1) 국민연금제도의 역사

우리나라의 사회보험방식 공적연금은 18세부터 60세 미만의 전체 국민을 대상으로 하는 국민연금제도와 세 가지 특수직역연금제도로 구성되어 있다. 특수직역연금은 공무원,

---

10) 이 제도에 대한 좀 더 상세한 내용은 홍승아 외(2008)를 참조.

11) 류연규 · 황정임 · 석재은(2007), pp. 33-35 참조.

군인, 사립학교 교직원에게 각각 적용되는 공무원연금, 군인연금 및 사립학교교원연금제도가 해당된다. 그리고 공공부조방식의 노령급여로는 2008년부터 시행되고 있는 기초노령연금제도가 있다. 최초로 도입된 공적연금은 1961년에 도입된 공무원연금이다. 이후 1963년에 군인연금이 공무원연금으로부터 분리되어 독자적으로 운영되었다. 1975년에는 사립학교교원연금이 도입되었으며, 1978년에는 사립학교 사무직원에게도 제도가 적용되어 사립학교교직원연금으로 변경되었다.

공적연금 중 가장 늦은 1988년에 도입된 국민연금은 1995년 7월 농어촌지역, 그리고 1999년 4월 도시지역 확대를 거쳐, 현재 전 국민대상 공적연금으로 적용되고 있다. 국민연금제도는 특수직 종사자를 제외한 전 국민을 대상으로 실시되는 공적연금제도로서 급여의 종류는 노령연금, 장애연금, 유족연금 등이 있다. 재원은 고용주 및 근로자의 기여금, 행정관리비의 국고부담 및 적립금 운용에서 발생하는 수익 등으로 충당하고 있다.

국민연금제도는 1988년 도입된 이래 23년이라는 역사를 거치면서 수정과 보완, 발전을 거듭해 왔으며 전 국민을 대상으로 하는 사회보장제도로서 중요한 역할을 담당하고 있다. 1973년 제정된 「국민복지연금법」의 시행이 무기한 연기된 후[12], 1986년 전면 개정되어 「국민연금법」으로 재탄생되었으며, 이 법을 기초로 1988년 10인 이상 사업장에 대하여 제도를 강제적용하게 되었다. 국민연금은 곧이어 1992년 5인 이상 사업장으로 확대되었으며, 1995년 7월부터 농어촌지역으로 확대, 그리고 1999년 4월 도시지역까지 확대되면서 제도도입 11년 만에 전 국민으로 확대되었다. 이에 따라 현 「국민연금법」은 18세 이상 60세 미만의 국민 중 소득활동을 하지 않는 무소득배우자, 특수직역연금 가입자 및 수급자, 27세 미만의 학생과 군인 등 법과 시행령에서 정한 일부의 인구집단을 제외한 전 국민을 가입 대상으로 한다.

보험료율은 제도도입 초기에는 3%로 하고 5년마다 3%포인트씩 올리도록 하여 1998년부터 사업장가입자에 대해 9% 보험료율을 적용하고 있다. 그러나 지역가입자에 대해서는 농어촌지역의 경우 초기에는 3%로 하다가, 이후 농어촌과 도시지역 모두 지역가입자에 대해 매년 1%포인트씩 올려 2004년까지 9%가 되도록 하였다. 보험료율은 1998년 말 법 개정 당시 2009년까지 9%로 하기로 하였으나 2007년 7월 법 개정 시, 2009년 이후에도 9%를 유지하도록 하였다.

국민연금제도는 기본적으로 노령으로 인한 소득감소를 보전하기 위한 노령연금과 가구의 주 소득자인 가구주의 사망에 따른 소득상실을 보전하기 위한 유족연금, 그리고 장애로

12) 국민연금은 원래 1973년 도입하려던 것이 당시 국제유류파동으로 경제상황이 나빠지면서 시행시기가 연기되었다.

인한 소득상실을 보전하기 위한 장애연금의 지급을 주요한 기능으로 하고 있다. 급여 수준은 제도 초기 40년 가입 평균소득자를 기준으로 소득대체율 70%로 정해졌으나, 1998년 말 법 개정 시 60%로 하향 조정된 후, 2007년 7월 법 개정 시 다시 2028년까지 40%가 되도록 변경되었다. 이는 국민연금 제도도입 이후 공적연금의 장기재정 안정화 문제와 같은 세계적 이슈의 영향을 받은 것이 한 가지 요인으로 작용한 것이다. 이로 인해 제도가 도입된 지 20년도 되지 않은 상황에서 재정 안정화를 위한 두 차례의 법 개정이 단행될 수밖에 없게 되었다.[13)]

국민연금은 국민의 기본적인 소득보장을 통해 빈곤을 완화한다는 것을 일차적 목표로 하고 계층 간 소득재분배를 고려하고 있어, 공로보상 및 인사정책으로 연금제도를 활용하는 특수직역연금과는 목적에서 차이가 있다고 볼 수 있다.

국민연금과 특수직역연금은 「국민연금과 직역연금의 연계에 관한 법률」에 근거하여, 법률 공포(2009년 2월 6일) 이후 6개월이 경과한 날인 2009년 8월 7일부터 공적연금연계제

참고자료 11-1 **공적연금연계제도**

공적연금연계제도는 현행 국민연금제도와 직역연금제도에서 최소가입기간 조건(각각 10년과 20년)을 충족하지 못해 연금수급권을 획득하지 못하는 사람들을 구제하기 위해 2009년 8월부터 시행되고 있다. 즉, 국민연금과 직역연금*의 가입기간을 합쳐 20년 이상이 되는 경우, 해당자는 동 연계제도를 통해 가입 · 재직기간에 비례하여 연금을 받을 수 있다(강성호 외, 2011, p. 48 인용).

* 직역연금에는 공무원연금, 사학연금, 국인연금, 별정우체국직원연금이 있다.

〈연계신청대상 및 유형 예시〉

가입기간		연계기간	연계법 급여대상 여부
국민연금가입	직역연금재직		
10년 이상	20년 이상	–	×
10년 이상	20년 미만	20년 이상	○
10년 미만	20년 이상	20년 이상	○
10년 미만	20년 미만	20년 이상	○

* 주 : 국민연금에서 직역연금으로의 이동자는 2009년 8월 7일 이후부터 적용, 직역연금에서 국민연금으로의 이동자는 2009년 2월 7일 퇴직자부터 적용.

출처 : 강성호 · 홍성우 · 조영은(2011), 〈표 Ⅲ-4〉(p. 127) 인용.

13) 국민연금연구원(2008), pp. 239-240 참조.

도가 시행되고 있다. 3개의 특수직역연금은 가입 포괄범위가 좁고, 국민연금은 보험료 납부자를 기준으로 하는 실질적인 가입수준이 낮아서, 우리나라의 경우 아직까지는 사회보험방식의 공적연금 적용 수준이 선진국과 비교하여 낮은 편이다.

2) 여성 관련 국민연금수급권

(1) 수급권의 개요

공적연금수급권은 연금수급권리의 발생기원과 형태, 수급권리의 유지조건에 따라 개별수급권(personal right)과 파생수급권(derived right)으로 분류되는데, 개별수급권은 직접수급권(direct right)이라고도 불리며, 자신이 납부한 기여금(contribution)에 기초하여 가입자 자신이 취득하는 연금수급권리를 의미한다. 공적연금에서의 개별수급권은 사회적 위험에 대한 보험원칙에 기반하고 있으나, 여타 보험제도와 달리 그 비용은 위험의 크기가 아닌 소득과 연계되거나 또는 거주요건과 연계되는 특성을 가진다.

먼저 소득연계 개별수급권 연금제도를 적용하고 있는 국가로는 한국, 독일, 프랑스 등이 있다. 한편 개별수급권은 기여금 납부와 관계없이 발생하기도 하는데, 보편적인 연금체계 하에서는 일정 기간의 거주요건만 충족하면 개별수급권이 보장되기도 한다. 이러한 국가들은 주로 기초연금제도를 운영하고 있는 국가들로 호주, 네덜란드 등이 있다. 또한 캐나다, 일본, 영국은 기초연금과 소득비례연금의 이원체제를 구성하고 있는 국가들이다.

그에 반해 파생수급권은 공적연금 적용을 받는 자와의 가족관계에 기초하여 연금수급권을 취득하는 것으로, 가족관계 존재 시 수급권이 발생하고, 이혼 및 재혼 등의 피부양관계의 청산이 발생하면 수급권이 소멸된다. 따라서 파생수급권에서는 남성가장 소득활동자가 여성 배우자를 부양하는 경우를 연금설계의 표준으로 가정하는 1가구 1연금의 개념이 전제되어 있다.[14] 파생수급권의 대표적인 급여 유형으로는 유족연금급여, 배우자연금급여, 자녀급여 등이 있다.[15]

유족연금은 수급자인 배우자가 사망할 경우 수령하는 연금으로, 배우자연금급여와 비교해 여러 국가에서 발전해 온 제도이다. 유족연금의 수급조건에는 가입자의 가입기간, 수급연령, 결혼지속기간, 아동부양 여부, 소득조사 및 가입자에 대한 경제적 의존 여부 등이 고려된다. 배우자연금급여는 피부양자에 대한 소득보호의 기능을 담당하는 파생수급권으로, 배우자연금급여의 결정방식은 공적연금제도 내에서의 급여방식과 급여자격, 이혼 시 처우

14) 류연규 · 황정임 · 석재은(2007), pp. 16-17 참조.

15) 권문일(2006), p. 232 참조.

|표 11-3| 개별수급권과 파생수급권의 비교

<table>
<tr><th>항목</th><th colspan="2">개별수급권</th><th colspan="2">파생수급권</th></tr>
<tr><td>수급권 발생대상</td><td colspan="2">수급자 본인</td><td colspan="2">부양자</td></tr>
<tr><td>수급권 발생조건</td><td colspan="2">수급자의 기여 또는 거주요건</td><td colspan="2">부양자의 기여 + 피부양자의 가족관계</td></tr>
<tr><td>수급권 유지조건</td><td colspan="2">수급자의 생존</td><td colspan="2">배우자의 피부양관계 지속</td></tr>
<tr><td>수급권 소멸조건</td><td colspan="2">수급자의 사망</td><td colspan="2">피부양관계 해제 : 이혼, 재혼</td></tr>
<tr><td>해당연금</td><td>노령연금, 장애연금,
보편적 기초연금</td><td colspan="2">분할연금</td><td>유족연금, 배우자연금, 아동급여</td></tr>
<tr><td>연금체계</td><td colspan="2">1인 1연금</td><td colspan="2">1가구 1연금
(남성 부양자 + 여성 피부양자)</td></tr>
<tr><td>수급권 보장을
위한 보조장치</td><td colspan="2">연금크레딧제도, 분할연금제도</td><td colspan="2">–</td></tr>
</table>

출처 : 최은영 · 석재은(2004), "여성관련 복지정책의 체계와 현황 분석"(p. 110)을 재인용.

등에 따라 국가마다 상이하게 적용되고 있다.[16] 파생수급권은 개별수급권에 비해 연금급여 수준이 낮으나, 노후준비가 상대적으로 취약할 가능성이 높은 여성의 경우 파생적 권리가 대안적 연금수급권으로서 의미를 가질 수 있다.

그러나 사회가 발전하고 여성들이 가족관계에 의한 보호에서 벗어나는 사례가 많아지면서, 아내에 대한 사회적 보호는 오히려 여성들의 사회보장제도로의 편입을 막는 장벽으로 작용하게 되었다.[17]

개별수급권과 파생수급권을 비교 정리한 내용은 표 11-3과 같다.

여성은 노후에 세 가지 방법으로 공적연금소득을 취득할 수 있다. 첫째, 남편의 노령연금을 함께 공유하는 방법, 둘째, 남편(또는 전남편)으로부터 나오는 연금을 받는 방법, 셋째, 여성 스스로의 노동경력이나 거주요건 충족을 통해 개별수급권을 얻는 방법이다.[18]

첫 번째, 남편의 노령연금을 공유하는 것은 남편의 연금을 노후생활비로 사용하는 방법으로, 최근 들어 이혼이 급증하면서 공유 연금소득은 기대하기가 점차 어려워지고 있다. 두 번째 방법인 남편의 기여에 기초해서 파생된 연금에는 유족연금과 분할연금이 해당되는데, 연금급여 수준이 너무 낮다는 단점이 존재한다. 일례로 유족연금의 경우 일반적으로 여성이 자신의 연금이력을 통해 받게 되는 노령연금의 절반 수준 정도에 그치며, 이혼한 경우에는 연금을 분할하는 방법이 매우 복잡하여 그 과정에서 많은 어려움을 겪을 수 있

16) 강성호 · 김철주 · 최은아(2007), p. 11 참조.

17) 황정미(2007), pp. 14-32 참조.

18) 류연규 · 황정임 · 석재은(2007), p. 15 참조.

다. 세 번째 방법인 스스로의 노동이나 거주요건에 기초하여 연금수급자격을 가지는 여성들의 경우 자신 명의의 연금소득을 취할 수 있어 상대적으로 노후의 경제적 안정이 가능할 수 있다.[19] 그러나 여성의 경우 노동시장의 진입과 유지가 남성에 비해 상대적으로 열악하고 불안정하여, 개별수급권 획득이 용이하지 않거나 수급액이 낮다는 단점이 존재한다.

(2) 여성과 개인수급권

우리나라의 경우 국민연금제도의 주요 급여는 노령연금, 유족연금, 장애연금이며, 이 중 노령연금과 장애연금은 수급요건이 충족될 경우 여성 개인이 직접적으로 그 혜택을 받을 수 있는 국민연금급여이다. 먼저 노령연금은 다음과 같이 가입기간과 근로 유무, 그리고 자신의 선택에 따라 완전노령, 감액노령, 재직자노령 및 조기노령의 네 가지 연금유형 중 한 가지 연금의 수급이 가능하므로, 스스로의 노동경력에 따른 가입이력을 가지고 있는 여성들은 노령연금의 개별수급권을 갖게 된다. 또한 국민연금제도 초기의 정착을 위해 특별

참고자료 11-2 노령연금의 종류

종류	수급자격
완전노령연금	가입기간이 20년 이상이고 소득이 있는 업무에 종사하지 않으며, 60세(특수직종 근로자는 55세)에 도달한 경우 지급
감액노령연금	가입기간이 10년 이상에서 20년 미만이고 소득이 있는 업무에 종사하지 않으며, 60세(특수직종 근로자는 55세)에 도달한 경우 지급
재직자노령연금	가입기간이 10년 이상이며 소득이 있는 업무에 종사하는 60세 이상 65세 미만(특수직종 근로자는 55세 이상 60세 미만)인 자에게 65세 전까지 지급
조기노령연금	가입기간이 10년 이상인 55세 이상인 자가 소득이 있는 업무에 종사하지 않는 경우 본인의 희망에 따라 청구 가능
특례노령연금	국민연금제도 도입(1988년 1월 1일) 및 적용대상의 단계적 확대(1995년 7월 1일 : 농어촌지역, 1999년 1월 1일 : 도시지역) 당시 노령연금수급을 위한 최소가입기간이 5년 이상이면 60세부터 노령연금수급이 가능하도록 설계된 제도 • 특례노령연금수급자는 소득이 있는 업무에 종사하더라도 연금수급에 제한이 없음 • 현재 기준으로는 적용되지 않는 특별제도

출처 : 국민연금공단(2010. 10), pp. 247-248.

19) Ginn et al.(2001), pp. 3-4 참조.

적용된 특례노령연금까지 포함해 국민연금에는 총 다섯 가지 노령연금이 존재한다.

다음으로 장애연금수급권은 국민연금 가입 중에 생긴 질병이나 부상이 완치된 후에도 신체상의 장애가 있는 자에 대해 장애 정도에 따라 지급하는 연금으로, 가입이력이 있고 장애가 발생하여 수급자격이 주어지는 여성은 장애연금 개별수급권을 가지게 된다.

또한 앞에서 설명한 국민연금 주요 급여에 덧붙여, 여성이 가입기간을 추가할 수 있거나 연금급여를 받을 수 있는 국민연금의 추가적인 제도로는 출산크레딧이 있다. 출산크레딧은 여성과 남성 모두 적용대상이나, 남성보다는 여성과 밀접한 연관성이 있는 국민연금 가입기간 추가산입제도로 보는 것이 타당하다.

출산크레딧은 고령화사회(aging society)에 대비하여 출산에 대한 인센티브를 부여함으로써 출산을 장려하고 여성의 연금수급 기회를 증대시켜 연금의 사각지대를 축소하기 위해 2007년 국민연금 개정(2007년 7월 23일 개정법) 때 신설된 제도이다. 출산장려정책은 국가업무이기 때문에 출산에 대한 국민연금 가입기간 추가산입에 소요되는 재원은 국가가 전부 또는 일부를 부담하도록 하고 있다.

출산에 대한 가입기간 추가산입은 2명 이상의 자녀가 있는 가입자 또는 가입자였던 자가 노령연금수급권을 취득한 때 적용된다. 그리고 출산크레딧 가입기간이 추가산입되면

참고자료 11-3 **출산크레딧제도**

- 2008년 1월 이후의 둘째 자녀 이상 출산에 대해 국민연금의 추가가입기간을 인정해 주는 것으로서, 모(母) 또는 부(父)의 노령연금액을 인상해 줌(최대인정기간은 50개월)
  ※ 자녀의 인정범위 : 친생자, 인지된 출생자(인지된 자녀는 출생 시로 소급하여 인정), 양자, 친양자, 「입양 촉진 및 절차에 관한 특례법」에 의해 입양된 자녀
- 인정소득 기준은 A값(연금 수급 직전 3년간의 가입자 평균소득월액 평균액)의 100%로서 이를 소득으로 산정하여 계산
- 가입기간의 인정시점은 2명 이상의 자녀가 있는 가입자 또는 가입자였던 자가 노령연금수급권을 취득할 때 추가산입
- 출산크레딧은 부부의 합의에 의해 어느 한쪽의 가입기간에만 산입하는 것을 원칙으로 하되, 부와 모가 합의하지 않는 경우는 균분하여 지원

〈현행 출산크레딧 인정기간〉

자녀 수	2명	3명	4명	5명 이상
크레딧 인정기간	12개월	30개월	48개월	50개월

출처 : 국민연금공단(2010. 10), pp. 127-129; 유호선(2009), 〈표 2〉(p. 10) 참조.

노령연금수급권을 취득할 수 있는 경우까지 함께 포함된다.[20)]

(3) 여성과 파생수급권

유족연금은 국민연금 가입자와의 가족관계에 기초하여 적용되므로 수급대상에 있어 성별 구분이 존재하지 않는다. 그러나 2010년 유족연금수급자 통계에 따르면, 전체 유족연금수급자(424,180명) 중 여성이 약 92.1%(390,702명), 남성이 약 7.9%(33,478명)로 유족연금수급자의 대부분이 여성이라는 점에서 유족연금은 여성과 밀접한 연관성이 있는 국민연금급여제도이다.

유족연금은 국민연금가입자나 가입자였던 자 또는 노령연금과 장애연금수급자의 사망

참고자료 11-4 유족연금

항목	설 명
수급 대상자	• 사망자 조건 : 가입기간이 10년 이상이었던 자, 가입자, 노령연금수급자, 장애등급 2급 이상인 장애연금수급자 중 하나에 해당하는 경우 ※ 가입기간이 10년 미만인 경우 가입 중에 질병, 부상, 그 부상으로 인한 질병으로 가입 중의 초진일 또는 가입자격 상실 후 1년 이내 초진일로부터 2년 이내 사망 시에는 유족에게 연금지급 • 유족관계 조건 : 유족의 범위조건 판정기준 시기는 가입자 또는 가입자였던 자의 사망일, 외국인도 내국인과 동일하게 유족의 범위에 해당
유족의 범위	• 유족의 범위는 배우자, 자녀, 부모, 손자녀, 조부모 • 대상 유족과 사망자 간의 가족관계는 가족관계등록부에 기재된 내용을 기준으로 판단하는 것이 원칙 • 단, 사실혼 배우자는 구체적 사실관계를 기준으로 판단
유족의 우선순위	• 모든 조건을 충족하는 경우, 배우자-자녀-부모-손자녀-조부모 순 • 같은 순위의 수급권자가 2명 이상인 경우 균등지급이 원칙이나, 1명을 대표자로 선정 청구 시에는 그 대표자에게 지급
유족연금액 산정기준	• 가입기간 10년 미만 : 기본연금액의 40% + 부양가족 연금액 • 가입기간 10년 이상~20년 미만 : 기본연금액의 50% + 부양가족 연금액 • 가입기간 20년 이상 : 기본연금액의 60% + 부양가족 연금액

출처 : 국민연금공단(2010. 10), pp. 283-296; 유호선 · 홍성우(2010), 〈표 4〉(p. 61) 참조.

20) 국민연금공단(2010), pp. 127-128; 유호선(2010), pp. 25-38 참조.

참고자료 11-5 **분할연금제도**

- 혼인기간(배우자의 가입기간 중의 혼인기간만 해당)이 5년 이상이고 다음 중 하나의 요건에 해당되어 연금분할을 신청하는 경우, 생존기간 동안 신청자가 이혼(별거, 가출은 해당 없음)한 배우자의 노령연금을 분할한 일정 금액의 연금을 받을 수 있는 제도
  ① 노령연금수급권자인 배우자와 이혼한 후 60세가 된 때
  ② 60세가 된 이후에 노령연금수급권자인 배우자와 이혼한 때
  ③ 60세가 된 이후에 배우자였던 자가 노령연금수급권을 취득한 때
  ④ 배우자였던 자가 노령연금수급권을 취득한 후 본인이 60세가 된 때
- 분할연금액 : 배우자였던 자의 노령연금액(부양가족연금액은 제외) 중 혼인기간에 해당하는 연금액을 균등하게 나눈 금액
  ※ 부양가족연금액 : 수급권 취득 당시 가입자 또는 수급권자에 의해 생계를 유지하던 배우자, 자녀 또는 부모가 있는 경우에 지급하는 일종의 가족수당 성격의 부가급여
  〈부양가족연금 대상자의 범위 및 부양가족연금액(2011년 4월~2012년 3월 적용)〉
  - 배우자 : 연 227,270원
  - 18세 미만 또는 장애등급 2급 이상에 해당하는 자녀 : 연 151,490원(1인당)
  - 60세 이상 또는 장애등급 2급 이상에 해당하는 부모 : 연 151,490원(1인당)

출처 : 국민연금공단(2010. 10), p. 257, 국민연금공단 홈페이지, 연금정보-연금종류 및 청구-연금급여.

으로 인해 그가 부양하던 유족이 생활의 어려움을 겪게 되는 위험을 보완하기 위한 급여제도이다. 즉, 국민연금 가입자의 기여를 근거로 사망이라는 사회적 위험으로부터 그 유족을 보호하여 사회보장제도의 혜택을 제공하려는 데 유족연금의 목적이 있다.[21] 유족연금은 사망자에 대한 조건과 급여를 실제로 수령하게 되는 유족의 조건 양자 모두 충족되어야만 급여를 수급할 수 있다.

다음으로 분할연금제도가 있다. 분할연금은 여성과 남성 모두 적용대상이나, 남성보다는 여성과 밀접한 연관성이 있는 파생수급권으로 보는 것이 타당하다. 일례로, 분할연금수급자의 통계(2010년 기준)에 따르면, 전체 분할연금수급자(4,632명) 중 여성이 약 86.8%(4,021명), 남성이 약 13.2%(611명)로 수급자 중 다수가 여성이라는 점에서 현재 분할연금제도도 여성과 밀접한 연관성이 있는 국민연금제도 중 하나이다.

분할연금제도는 혼인기간(배우자의 가입기간 중의 혼인기간만 해당)이 5년 이상, 배우자와의 이혼, 배우자의 노령연금수급권 발생, 그리고 신청자 본인이 60세에 도달한 네 가

21) 유호선 · 홍성우(2009), p. 33 참조.

지 요건이 모두 충족되는 경우 신청에 의해 수급할 수 있다.

분할연금제도는 이혼한 배우자가 60세가 된 이후에 노령연금수급자의 가입기간 중 혼인기간 동안의 정신적 · 물질적 기여부분을 인정하고 이혼한 배우자의 안정적 노후생활을 보장하려는 데 목적을 두고 있다. 앞서 제시한 바와 같이, 다수의 수급자가 여성이라는 점에서 분할연금제도는 이혼여성의 노후생활 준비에 일부 도움을 줄 수 있는 제도라 할 수 있다.

분할연금은 혼인기간 동안의 기여 자체를 균분하여 이혼 시 기여부분을 각자 갖도록 하는 경우(division of pension credits, 스위스 · 캐나다 · 일본후생연금 등)와 연금수급권 발생 후 혼인기간 동안 발생한 급여를 균분하는 경우(division of pension benefits, 독일 등)가 있는데, 국민연금은 후자의 방법을 채택하고 있다.[22]

3) 국민연금제도에서 여성의 취약성

국내 여성의 국민연금 가입 및 수급현황을 살펴보기에 앞서, 먼저 공적 및 개인연금을 포함한 노후소득보장 현황을 종합적으로 살펴보면 다음과 같다.

통계청(2011년 7월)의 「2011년 5월 경제활동인구조사 청년층 및 고령층 부가조사 결과」의 '5. 연금수령 여부(고령층)' 항목에 따르면, 55~79세 인구의 47.2%가 지난 1년간 연금을 수령한 적이 있으며, 성별로는 남자는 52.6%, 여자는 42.4%가 연금을 수령한 적이 있는 것으로 나타났다.

월평균 연금수령액은 36만 원으로 연금수령자의 83.8%가 50만 원 미만을 받은 것으로 나타났으며, 이 중 10만 원 미만(44.8%)을 받은 경우가 가장 많은 것으로 나타났다. 성별을 살펴보면 남성 수령자의 28.1%는 10~25만 원 미만을, 여성 수령자의 64.0%는 10만 원 미만을 받은 것으로 나타났다. 그리고 150만 원 이상 고액연금 수령자의 비중은 6.8%로 전년 동월과 같았으며, 성별은 남성 11.4%, 여성 1.9%로 나타나 여성에 비해 남성의 평균 연금수령액이 월등히 높은 것을 확인시켜 주고 있다. 이러한 결과는 연금을 수령하는 여성일지라도 연금액의 수준이 낮아 노후생활비 충당이 남성에 비해 상대적으로 어려울 수 있음을 말해 준다.

이제 본론으로 들어가 국내 여성들의 국민연금 가입 및 수급 현황을 좀 더 상세히 살펴보자. 이를 위해 먼저 국내 국민연금 가입자들의 국민연금 가입 현황을 성별로 비교해 보았다.

22) 국민연금공단(2010), pp. 257-260 참조.

|표 11-4| 국내 고령자의 연금수령 현황(단위 : 천 명, %)

구분		2010년 5월				2011년 5월					
		55~79세 인구	구성비	남자	여자	55~79세 인구	구성비	남자	구성비	여자	구성비
전체		9,481	100.0	4,388	5,092	9,953	100.0	4,625	100.0	5,328	100.0
연금수령자		4,348	45.9	2,246	2,102	4,695	47.2	2,433	52.6	2,261	42.4
월평균임금수령액*	소계	4,348	100.0	2,246	2,102	4,695	100.0	2,433	100.0	2,261	100.0
	10만 원 미만	1,982	45.6	610	1,372	2,104	44.8	656	26.9	1,448	64.0
	10~25만 원 미만	1,164	26.8	690	474	1,182	25.2	683	28.1	499	22.1
	25~50만 원 미만	553	12.7	392	162	647	13.8	460	18.9	188	8.3
	50~100만 원 미만	244	5.6	213	31	312	6.6	267	11.0	45	2.0
	100~150만 원 미만	108	2.5	77	32	130	2.8	91	3.7	40	1.7
	150만 원 이상	295	6.8	265	30	320	6.8	277	11.4	43	1.9
평균수령액		35만 원		51만 원	18만 원	36만 원		51만 원		19만 원	

* 주 : 공적연금(국민연금, 사학연금, 군인연금 등), 기초노령연금, 개인연금 등 노후생활의 안정을 위해 정부 또는 개인에 의해 조성되어 수령한 금액.

출처 : 통계청(2011. 7), 「2011년 5월 경제활동인구조사 청년층 및 고령층 부가조사 결과」, 5. 연금수령 여부(p. 24) 자료를 인용.

국내 국민연금 가입자의 성별비중을 비교해 본 결과, 현재 국내 여성들이 남성에 비해 국민연금 가입으로부터 소외되어 있음을 확인할 수 있다. 국내 여성의 국민연금 가입자 수는 꾸준히 증가추세를 보이고 있으나 여전히 남성에 비해 그 수가 많지 않다. 또한 국민연금 여성가입자의 비중 또한 조금씩 증가추세를 보이고 있으나, 2010년의 경우 국민연금 남성가입자의 비중은 전체가입자 대비 60.17%에 이르고 있는 반면 여성가입자의 비중은 전체가입자 대비 39.83% 정도에 그치고 있어 여전히 여성가입자의 비중이 낮은 것을 확인할 수 있다. 결국, 현재 국내 여성들의 국민연금 가입비중이 낮다는 것은 이들 여성들의 향후 노후소득보장이 불안할 수 있음을 말해 주는 부분이다.

또한 여성의 국민연금수급권을 논의하는 데 있어서 취약한 계층 중 하나는 여성 적용제외자들이라 여겨진다. 「국민연금법」 제9조는 18세 이상 60세 미만인 자 중 국민연금제도의 의무적 적용에서 제외되는 집단을 규정하고 있는데, 이 집단에는 무소득배우자, 특수직

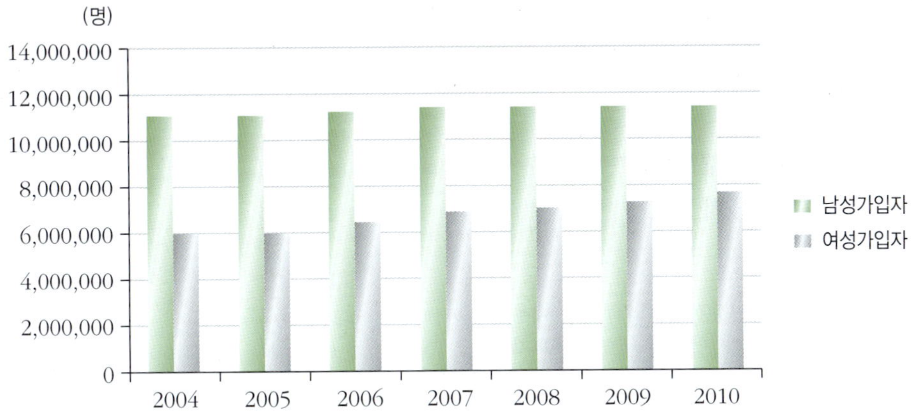

|그림 11-1| 성별 국민연금 가입자 수 현황

출처 : 국민연금공단(2011. 5), 2010 국민연금통계연보 제23호, pp. 22-23.

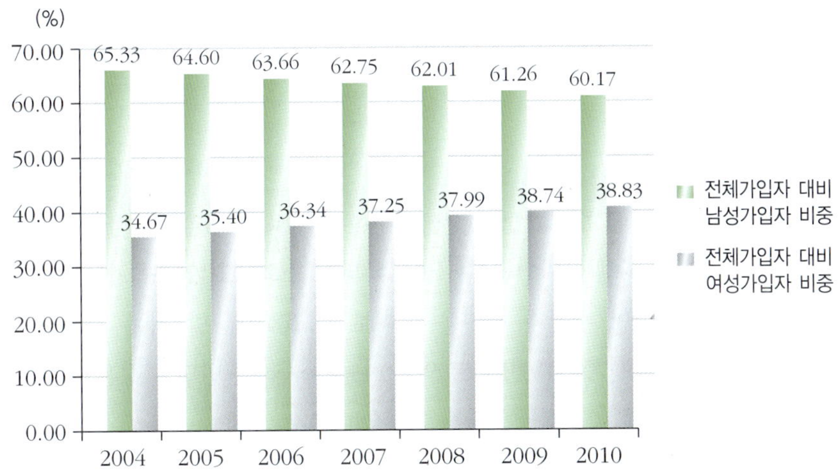

|그림 11-2| 성별 국민연금 가입자 비중 현황

* 주 : 비중 수치는 각 유형별 통계수치를 대상으로 저자가 선정한 것임.
출처 : 국민연금공단(2011. 5), 2010 국민연금통계연보 제23호, pp. 22-23.

역연금수급자, 18세 이상 27세 미만인 자로 소득이 없는 자, 국민기초생활보장법에 따른 수급자 및 1년 이상 행방불명된 자가 포함된다.

표 11-5와 같이 이러한 적용제외자 집단에 무소득 배우자가 포함되고, 그 비중이 상당히 높다는 점에서 역시 여성 적용제외자 집단의 국민연금수급권 확보 문제는 중요한 부분이다. 이는 현재 국내 다수의 여성들이 소득활동을 통한 연금수급권 확보가 불가능하거나

| 표 11-5 | 국내 전체 및 여성 적용제외자 현황(2009년 4월 기준)

국민연금 적용제외자 유형	인원(명)	백분율
18세 이상 27세 미만자	1,402,827	17.20
특수직역연금 가입자	535,451	6.57
특수직역연금수급자	20,985	0.26
국민기초생활수급자	387,503	4.75
국민연금수급자	25,050	0.31
무소득 배우자	4,866,643	59.68
(국민연금 사업장가입자의 무소득 배우자)	(2,205,871)	(45.33)
(국민연금 지역가입자의 무소득 배우자)	(1,862,106)	(38.26)
(국민연금수급자의 무소득 배우자)	(353,509)	(7.26)
(특수직역연금 가입자의 무소득 배우자)	(348,083)	(7.15)
(특수직역연금수급자의 무소득 배우자)	(97,074)	(1.99)
기타(말소자 포함)	915,883	11.23
합계	8,154,342	100.00

* 주 : 괄호 안의 숫자와 백분율은 무소득 배우자를 그 배우자의 공적연금 가입상태를 기준으로 세분화한 것임.
출처 : 국민연금공단 내부자료[김경아(2011), 〈표 Ⅳ-26〉 여성 적용제외자 전체 및 유형별 현황(p. 111)]를 인용.

어려운 상황에 처한 집단이라는 점 때문이다.

다음으로 국내 국민연금 수급자들의 수급현황을 성별로 살펴본 결과, 국내 여성들은 현재 상태에서도 남성에 비해 국민연금 수급으로부터도 소외되고 있음을 확인할 수 있었다. 2010년 국민연금의 성별 수급자 현황을 살펴보면, 2010년 말 기준 전체 연금수급자 2,992,458명 중 남성은 1,794,069명으로 약 60%를 차지하는 반면 여성은 1,198,389명으

| 표 11-6 | 성별 국민연금수급자 현황 비교(전체연령 기준)(단위 : 명, %)

구분	합계	노령연금 (퇴직연금)	장애연금 (장해연금)	유족연금	장애일시 보상금	반환 일시금	사망 일시금
전체[1)]	2,992,458 (100.0)	2,330,128 (77.87)	76,280 (2.55)	424,180 (14.17)	3,447 (0.12)	142,080 (4.75)	16,343 (0.54)
여성 [비중][2)]	1,198,389 [40.05]	716,804 [30.76]	10,832 [14.20]	390,702 [92.11]	539 [15.64]	71,746 [50.50]	7,766 [47.52]
남성 [비중][2)]	1,794,069 [59.95]	1,613,324 [69.24]	65,448 [85.80]	33,478 [7.89]	2,908 [84.36]	70,334 [49.50]	8,577 [52.48]

* 주 : 1) ( )의 수치는 전체 합계 대비 연금유형별 비중임.
2) [ ]의 수치는 전체 가입자 및 각 연금유형별 가입자 합계에서 차지하는 성별 비중의 수치임.
출처 : 국민연금공단, 「2010 국민연금통계연보」-28, 급여종류별 · 연령별 · 성별 수급자 현황, pp. 200-201.

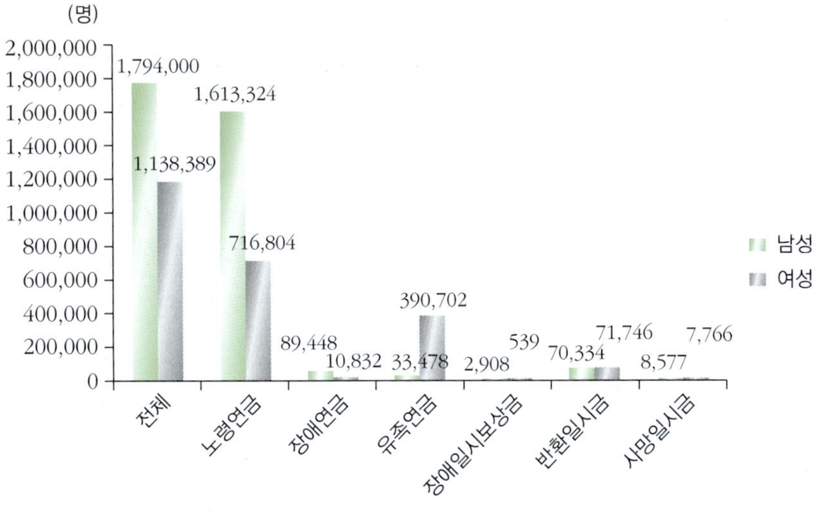

|그림 11-3| **성별 국민연금 수급자 수 현황**

출처 : 국민연금공단 「2010 국민연금통계연보」 - 28, 급여종류별 · 연령별 · 성별 수급자 현황(pp. 200-201).

로 40%를 차지하고 있어 여성 국민연금 수급자의 수가 훨씬 적다.

특히 유족연금 및 반환 및 사망일시금을 제외하고는 모든 연금유형에서 남성이 월등히 높은 국민연금 수급 비중을 보이며, 노령연금의 경우 여성 수급자의 비중이 31% 정도에 머무르고 있다.

이러한 일련의 결과들은 결국 국내 여성들이 현재에도 국민연금제도로부터 소외되어 있을 뿐만 아니라, 미래에도 국민연금제도로부터 소외될 가능성이 높은 국민연금 사각지대 계층이라는 것을 말해 준다.

선진국의 경우에도 제도 도입 초기에는 여성의 노령연금 수급률이 낮았으나, 현재 제도가 60년 정도 성숙한 경우 급여수준과 상관없이 노령연금 수급률이 90% 내외로 대부분 연금을 받고 있으며, 남녀 성비도 유사하여 여성도 대부분 연금을 받고 있어 우리 상황과 대조적이다.

앞서 제시한 바와 같이, 국내 여성들이 전반적으로 국민연금의 가입과 수급으로부터 취약한 것은 여성이 남성과 비교하여 전 생애에 걸쳐서 고용, 소득 및 자산축적 등과 같은 경제적 측면에 있어서 상대적으로 열악한 수준에 머무를 가능성이 높기 때문이다. 그리고 이러한 여성의 경제적 취약성이 결국 국민연금 가입시기부터 여성을 배제시키는 요인으로 작용할 수 있다. 따라서 선진국 사례에 비추어 도입한 지 20년이 지난 국민연금은 앞으로

참고자료 11-6 **선진국 공적노령연금수급률 비교**

■ 미국

- 2009년 12월 말 기준으로 전체 65세 이상 부부 가운데 88%, 독신의 86%가 사회보장급여(OASDI+SSI 급여) 수급
  ※ SSI만 받는 비율은 전체 수급자의 2.4%이며 OASDI만 받는 비율은 94.6%
- 전체 노령연금수급자 중 여성 비율은 1940년 12%, 1980년 47%, 2009년 49%로 남성과 유사한 수급률로 변화

■ 일본

- 2006년 65세 이상 인구의 93.9% 국민연금(후생연금의 기초연금 포함) 수급
- 2007년 국민연금 전체 가입자 중 여성 48.8%, 60세 이상 수급자 중 여성 45.6%
- 2007년 후생연금 65세 이상 수급자 중 여성 32.5%

■ 캐나다

- 2007년 소득비례연금인 CPP 81% 수급, 조세방식 기초연금인 OAS 98.6% 수급
- 전체 CPP 노령연금수급자 중 여성 비율은 1981년 32.6%, 2009년 50.6%

■ 독일

- 2009년 총노령연금수급자는 약 1,754만 명으로, 60세 이상 인구(2,080만 명)의 84.33%가 노령연금 수급
- 2009년 기준 여성 노령연금수급자 비중은 약 55.8%(약 979만 명), 남성 노령연금수급자 비중은 약 44.2%(약 775만 명)

출처 : 국민연금연구원(2010), 「OECD 주요국의 공적연금제도와 개혁동향」, 조사자료.
국민연금연구원(2012), 「외국의 공사적연금제도」, 조사자료 2011-01, 국민연금연구원, p. 69.
社會保障廳(2009.3), 平成 19年度 社會保險事業の槪況, 日本.
Deutsche Rentenversicherung Bund(2010), Rentenversicherung in Zeitreihen-Ausgabe 2010, Renten wegen Alters-Männer und Frauen(p. 160), Renten wegen Alters Männer(p. 162) 및 Renten wegen Alters Frauen(p. 164).
HRSDC(2010), The CPP & OAS Stats Book 2009, Canada.
SSA(2010), Fast facts & Figures About Social Security, p. 20.

적용제외 인구대상을 최소화하고, 가능한 한 가입이력이나 납부이력을 높일 필요가 있다.

고령화에 따른 여성노인 인구의 증가 및 여성의 노후 빈곤화가 점차 심화되고 있으나, 비경제활동 여성(여성 청년실업자 포함), 무급가족종사자, 무소득배우자 및 비정규직, 농어촌 여성협업자 등 공적지원제도와 공적연금 가입대상에서 제외되는 여성들이 여전히 다수 존재하여, 전반적으로 여성들이 남성에 비해 노후의 기초생활 유지와 노후소득보장 측면에 있어서 어려움을 겪을 수밖에 없기 때문이다.

참고자료 11-7 주요 관련용어

관련용어	설 명
무급가족종사자 (unpaid family worker)	• 동일 가구 내에 살고 있는 혈연관계인 가족이 운영하는 개인사업체에 정규적인 보수(즉 작업량에 따라 지불하기로 약정한 임금과 급료) 없이 적어도 정상 작업시간의 3분의 1 이상을 작업한 사람
무소득배우자	• 소득활동을 하지 않는 배우자 • 일반적으로 가정주부들이 해당됨
협업 (co-operation)	• 같은 생산과정에서 또는 상이하기는 하나 연관이 있는 여러 생산과정에서 계획적으로 서로가 협력하에 노동하는 노동 형태 • 자본주의사회에서의 협업의 특색은 상대적 잉여가치를 생산한다는 점에 있음 • 협업에는 단순협업과 분업에 기본을 둔 협업이 있음
농어촌 여성 협업자	• 대부분의 농 · 어업 가구는 부부협업 종사자인 경우가 다수 존재 • 부부협업 종사자 중 여성 농 · 어업인을 지칭 • 국민연금은 농림수산식품부로부터 재원(지원금)을 조달받아 농 · 어업인에게 국민연금 보험료를 최대 50%까지 지원해 주고 있음(농 · 어업인 연금보험료 지원사업) • 대부분의 농 · 어업 가구는 부부협업 종사자임에도 불구하고 대부분 남편이 농지 또는 자산소유권을 보유하고 있어 여성 농 · 어업인의 경우 정식 직업인으로서 인정받지 못해 연금지원대상에서 배제되는 사례가 다수 있음

출처 : 농촌진흥청 홈페이지 농업용어사전, 김경아(2010), pp. 184-186 및 pp. 233-234.

「국민연금법」은 18세 이상 60세 미만 중 특수직역연금 적용자 등 법과 시행령에서 정한 일부 인구집단을 제외한 전 국민을 그 가입대상으로 하고 있다. 그러나 현행 국민연금제도는 경제활동참가자를 중심으로 설계되었기 때문에, 전업주부나 학생 등 소득활동을 하지 않는 집단들과 무급가족종사자 및 농어촌 여성협업자 등과 같은 특수한 형태의 근로활동을 하는 여성들이 국민연금제도의 당연적용에서 제외되고 있다. 또한 소득활동을 하고 있지만 소득 파악 인프라의 부족으로 인해 국민연금 당연적용에서 제외되는 경우도 다수 존재할 것으로 예상되고 있다. 이에 따라 이들 여성들의 노후소득보장 사각지대 문제의 완화 및 연금수급권 확대를 위한 정책적 노력과 제도개선이 필요하다는 견해가 많이 제기되고 있다.

3 여성의 노후소득보장을 위한 국민연금의 과제

1) 여성의 생애주기를 고려한 연금설계 개편

최근 사회적 환경의 변화에 따라 많은 국가들은 여성의 공적연금 가입 및 수급권 확대를 위한 정책들을 추진하고 있다. 일례로 영국의 공적연금제도에서는 육아, 가족 중 환자 또는 장애인에 대한 간호로 인해 소득활동에 종사할 수 없었거나 소득활동에 종사하더라도 충분한 소득을 획득하기 어려운 경우 '가족책임보호제도(Home Responsibility Protection)'를 통해 육아 및 간호기간을 완전연금 수급에 필요한 자격기간에서 공제해 주는 지원정책을 수행하고 있다.

캐나다 연금에서는 소득이 낮았거나 소득이 없었던 기간에 대해서는 기여해야 할 총기간의 15% 한도 내에서 삭제할 수 있도록 하여 실업, 질병, 학생 등의 무소득 내지 저소득 기간으로 인한 미래 연금급여의 감소분을 줄여 주는 지원정책을 펴고 있다. 또한 '육아기간 제외조항(child-rearing drop out provision)'을 두어 7세 미만의 자녀를 양육함으로써 소득이 낮았거나 없었던 기간을 기여해야 할 총기간에서 제외할 수 있도록 하고 있다. 그리고 연금분할제도[23]를 통해서도 여성의 수급권 확보를 지원하는 정책을 추진하고 있다.

스웨덴은 육아기간을 가입인정기간으로 하고, 그때의 인정소득을 전체 가입자 평균소득의 75%, 출산 직전의 본인의 소득, 출산 후 소득에 일정 금액 가산의 세 가지 중 유리한 것 하나를 선택하도록 하고 있다.

독일 또한 육아기간에 대해서는 비록 보험료 납부를 하지 않았더라도 납부기간으로 인정해 주는 육아크레딧(caring credit)을 제공하고 있으며, 10세 미만의 아이를 돌보거나 또는 무급으로 가정에서 가족을 수발한 기간에 대해서는 본인의 신청이 있으면 납부기간으로 인정되도록 하고 있다. 이때 소득은 초기에는 평균소득의 75%로 인정되었으나 1998년부터는 100%로 확대되었다. 또한 35년 이상의 장기가입자로서 소득이 낮아 저액의 연금을 받게 될 근로자에 대해서는 평균소득의 75%를 해당자의 소득으로 인정해 주고 있어, 주로 근로활동기간 동안 낮은 금액의 보험료를 납부하였던 여성들에게 주로 혜택이 돌아

23) 캐나다의 연금분할제도는 다시 연금소득분할제도와 노령연금분할제도로 구분된다. 연금소득분할제도는 연금급여의 발생 여부와 관계없이 이혼이나 별거를 할 경우 연금제도에 기록된 소득을 상호 분할하여 갖는 제도로서, 이혼의 경우에는 신청에 관계없이 강제적으로 행해진다. 한편 노령연금분할제도는 법적 혼인 또는 사실혼관계를 지속하고 있는 양 당사자 중 어느 일방이 노령연금급여에 분할을 요청하면 노령연금이 각자의 명의로 균분하여 지급된다.

갈 수 있도록 지원하고 있다.[24)]

물론 이 국가들과 우리의 정치 · 경제 및 사회적 환경, 그리고 현실적 상황은 엄연히 다르므로 이 국가들의 사례를 직접적으로 적용하는 데는 무리가 따르리라 여겨진다. 그러나 이들 주요국의 지원정책 사례를 기초로 우리 실정에 맞는 지원정책을 찾아 나가는 노력이 수반된다면, 상대적으로 노동시장에 있어서 취약할 뿐만 아니라 국민연금 가입 및 수급권 확보 측면에 있어서도 취약한 국내 여성들의 노후소득보장 개선을 위한 밑거름이 될 수 있으리라 본다.

2) 개별수급권의 확대

기본적으로 노후의 국민연금 소득은 연금가입자의 과거 직업력 및 소득력(job and earnings history)의 산물이다. 따라서 국내 여성의 국민연금 개별수급권 확대를 위해 근본적으로 필요한 전제조건은 우리나라 노동시장의 성별 격차를 줄이고, 여성의 노동시장 참여 확대를 위한 정부의 적극적인 지원정책을 통해 이루어져야 한다. 이는 여성이 직면하는 여러 가지 문제(노동시장 참여여건, 자녀부양, 기대여명)가 여성의 노동시장 참여에 부정적인 역할을 하고 있고, 이는 결국 국민연금 개별수급권 획득에 있어서의 취약성 문제를 초래하여 여성의 노후 빈곤 문제를 증폭시키는 요인으로 작용하기 때문이다.

무엇보다도 여성을 노동시장으로 끌어들여 노동가능 인구를 확대할 필요성이 있다. 또한 여성의 소득확보를 위한 다양한 지원정책, 예를 들어 취약계층 여성에 대한 보육시설의 제공, 보육재정의 제공, 방과 후 프로그램, 직장보육 서비스 제공, 그리고 공적지원 확대 등과 같은 지원정책들이 종합적으로 검토되고 지속적으로 추진될 필요성이 있다.

3) 기타

마지막 기타 사항으로, 사회적 인식전환을 위한 정책적 노력과 홍보강화를 통한 여성들의 임의가입[25)] 확대방안이다. 일정 기간 경제활동을 했음에도 불구하고 최소가입기간을 충족시키지 못하는 여성들이나 무급가족종사자, 전업주부 등의 노후소득보장을 위해서는

24) 권문일(2006), pp. 238-246 참조.

25) 임의가입은 사업장가입자나 지역가입자가 될 수 없는 사람도 국민연금에 가입하여 연금 혜택을 받을 수 있도록 하는 제도로, 사업장가입자와 지역가입자 이외의 18세 이상 60세 미만자가 본인이 희망할 경우 신청에 의하여 가입할 수 있는 제도이다. 그러나 타 공적연금가입자, 조기노령연금수급권을 취득한 자, 노령연금수급권을 취득한 60세 미만의 특수직종 근로자 및 사업장가입자, 지역가입자, 외국인은 임의가입 신청대상에서 제외된다.

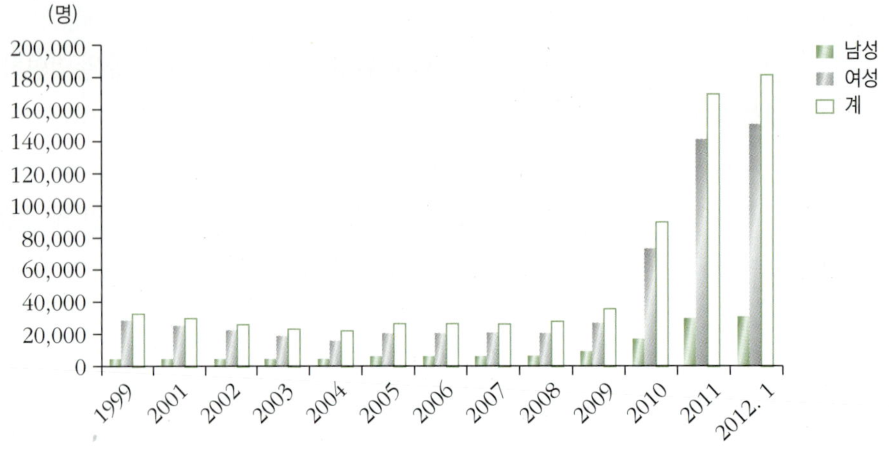

| 그림 11-4 | 국내 여성의 임의가입 현황 추이

출처 : 국민연금공단(2012년 7월 말 기준), 각 연도.

임의가입을 확대하여 여성의 독립적인 연금수급권을 확보하는 방안이 필요하다.

최근 우리나라 여성의 국민연금 임의가입이 눈에 띄게 늘고 있다. 국민연금공단에 따르면 임의가입자 183,108명 중 여성이 151,647명으로 절대적으로 높은 비중(82.8%)을 차지하고 있다(2012년 1월 말 기준). 여성 임의가입자는 지난 2년간 급속한 증가추세를 보이고 있다.

이는 무엇보다도 노후준비 필요성에 대한 우리 국민들의 인식전환이 큰 역할을 한 것으로 보인다. 또한 제도적 개선 노력(2010년 7월부터 임의가입자의 최저보험료 인하)과 홍보강화(내 연금 갖기 캠페인) 역시 기여한 바가 크다고 본다. 이처럼 현재 임의가입은 국내 여성의 연금수급권 확보[대부분 여성(82.8%)]와 낮은 소득 대체율 보완 같은 긍정적 역할을 담당하고 있다.

참/고/문/헌

강성호 · 김철주 · 최은아(2007), 「여성의 연금수급권 강화를 위한 국민연금 개선방안 연구-유족, 부양가족연금 중심으로」, 국민연금연구원, 연구보고서 2007-02.

강성호 · 홍성우 · 조영은(2011), 「공적연금급여형평성 분석 및 연계제도 평가」, 국민연금연구원, 정책보고서 2011-02.

강지원(2009), 「국제비교를 통해서 본 한국의 한부모가족정책」, 보건사회연구 29(2): pp. 30-54.

국민연금공단(2010), 국민연금법 해설.

__________(2011), 2010 국민연금통계연보.

__________(2011), 국민연금법령집.

국민연금공단 · 국민연금연구원(2009), 「기초노령연금 소득재산 산정방식 개선 방안 연구」, 보건복지부 용역과제.

국민연금연구원(2008), 공적연금의 이해, 교육교재 2008-01.

____________(2010), 「OECD 주요국의 공적연금제도와 개혁동향」, 조사자료.

____________(2012), 「외국의 공사적연금제도」, 조사자료 2010-01.

권문일(2006), 「여성연금수급권 확충전략에 대한 국제 비교」, 한국사회정책 13(통권호): 229-253.

김경아(2011), 「여성의 공적 노후소득보장 확대 방안-국민연금을 중심으로」, 국민연금연구원, 정책보고서 2011-04.

김수완(2002), 「공적연금에서 파생적 수급권의 의미와 형태에 관한 연구 : 배우자급여와 유족연금을 중심으로」, 사회복지연구 20권: pp. 5-30.

류연규 · 황정임 · 석재은(2007), 「여성 연금수급권 확대를 위한 국민연금제도 개선방안 연구-개별수급권을 중심으로」, 한국여성정책연구원, 2007연구보고서-3.

엄규숙(2004), 「유럽 여성노후보장제도의 문제점과 한국적 함의 : 공적연금제도를 중심으로」, 한양대학교 여성연구소, 젠더와 사회 2 · 3호: pp. 107-144.

이정남(2007), 「시민권 논의에 대한 비교 연구-T.H. Marshall의 시민권, 경제적 시민권, 사회적 시민권, 여성의 시민권을 중심으로」, 한국사회복지학회 학술대회 자료집: pp. 699-701.

유호선(2009), 「양육크레딧제도 도입방안」,국민연금연구원, 정책자료 2009-02.

_____(2010), 「분할연금 관련 급여체계 개선방안 검토」, 국민연금연구원, 정책자료 2010-01.

유호선 · 홍성우(2009), 「사망관련 급여제도 개선방안 검토」, 국민연금연구원, 정책보고서 2009-03.

____________(2010), 「급여수준 적정화를 위한 유족연금 개선방안」, 국민연금연구원, 정책보고서 2010-05.

최은영 · 석재은(2004), 「여성관련 복지정책의 체계와 현황 분석」, 한국보건사회연구원.

통계청(2011), 「2011 통계로 보는 여성의 삶」.

_____(2011), 「2011년 5월 경제활동인구조사 청년층 및 고령층 부가조사 결과」.

_____(2011), 「2011 고령자통계」.

홍승아 · 류연규 · 김수정 · 정희정 · 이진숙(2008), 「일가족양립정책의 국가별 심층사례연구」, 2008 연구보고서 12-1, 한국여성정책연구원.

황정미(2007), 「여성 사회권의 담론적 구성과 아내 · 어머니 · 노동자 지위」, 페미니즘연구, 7권 1호: pp. 13-54.

Deutsche Rentenversicherung Bund (2010), *Rentenversicherung in Zeitreihen-Ausgabe 2010.*

Ginn, J., Arber, S., & Street, D. (2001), *Engendering pensions: A comparative framework,* In J. Ginn, D. Street, & S. Arber (eds.), *Women, work and Pensions: International issues and prospects*, Buckingkingam: Open University Press: pp. 1-10.

Marshall, T. H. (1964), "Citizenship and Social Class" in *Class, Citizenship, and Social Development: Essays* by T. H. Marshall, Chap Ⅳ, New York: Doubleday & Company Inc.: pp. 65-122.

Marshall, T. H. & T. Bottomore (1992), *Citizenship and Social Class*, London: Pluto Press.

OECD (2010), *Gender Brief*, OECD Social Policy Division.

Ståhlberg, A., Kruse, A., & Sundén, A. (2005), "Pension Design and Gender," *European Journal of Social Security*, Vol. 7, No.1: pp. 57-79.

CHAPTER 12

젠더와 개인연금제도

민 세 진

1. 개인연금제도
   1) 개인연금의 의의
   2) 우리나라 개인연금제도의 성별 격차
2. 영국과 미국, 일본의 개인연금제도
   1) 영국
   2) 미국
   3) 일본
3. 어떻게 바꿀까
   1) 여성 노년 빈곤 문제와 개인연금제도
   2) 역진성의 문제

1 개인연금제도

1) 개인연금의 의의

일반적으로 연금(pension plan)이란 은퇴 이후 준비를 목적으로 체결되는 법적 구속력이 있는 계약이다. 연금을 받기로 되어 있는 사람의 은퇴 이후 생활에 도움이 되어야 하기 때문에 연금은 보통 법적으로 정의된 은퇴연령에 이르기 전에는 전혀 받을 수 없거나 위약에 따른 불이익이 따르게 된다.

연금은 공적연금(public pension plan)과 사적연금(private pension plan)으로 구분된다. 공적연금은 연금의 운영주체가 중앙정부나 지방정부, 연금관리공단 등과 같은 공공부문인 경우를 말한다. 사적연금은 다시 퇴직연금(기업연금, occupational pension plan)과 개인연금(personal pension plan)으로 나뉘는데, 일부 OECD 국가 중에서는 국민들이 의무적으로 개인연금에 가입하도록 강제하기도 하지만 대부분 국가에서 개인연금제도는 자발적 가입에 기초하고 있다(표 12-1 참조).

'제도'에 의해 운영되는 개인연금은 흔히 사람들이 노후소득보장을 위해 보험회사 등에 가입하는 일반적인 연금보험과는 약간 다르다. 약속한 기간만큼 연금보험료를 내고 일정 연령이 지나면 연금을 받을 수 있다는 점에서는 같지만, '개인연금제도'는 개인이 내는 연금보험료나 노후에 받는 연금에 대해 세제상 혜택을 준다는 점에서 차이가 있다. 즉, 제도적으로 노후 대비를 지원한다는 것이다. 이렇게 개인연금에 대해 세제혜택이 부여되는 이유는 개인적 차원에서 노후소득보장이 이루어지면 국가, 사회 전체적으로 안정성이 증진된다는 점에서 개인연금이 어느 정도 사전적 · 예비적 사회안전망의 기능을 수행하기 때문이다. 국가가 노후를 위한 저축을 장려하면 일차적으로는 당사자인 개인에게 혜택이 있겠지만, 특히 노년 빈곤이 상대적으로 심각한 우리나라의 경우 사회불안이 감소되는 효과가 기대된다.

사람마다 소득 수준이나 소비수준, 기대수명, 가족부양 상황 등이 모두 다르고 나라마다 재정 상태가 다르기 때문에 공적연금 하나만으로 노후소득보장을 꾀하는 것은 효율적이지도 않고 사실 가능하지도 않다. 그래서 사적연금은 미래 필요소득 중 의무적인 공적연금으로 확보되지 않는 부분을 보완하는 역할을 갖는 것이다. OECD에서는 각국 평균소득자의 의무연금 소득대체율을 OECD 평균과 비교하여 그 격차를 'pension gap'이라 정의하고 이를 메우기 위한 사적연금의 중요성을 강조하고 있다. 사적연금 중 퇴직연금은 근로자들

| 표 12-1 | OECD 국가들의 사적연금 유형

국가	퇴직연금 (기업연금)	개인연금	비고
한국	임의	임의	퇴직금제도와 기업연금 중 노·사 합의로 결정
그리스	임의	임의	
네덜란드	임의	임의	일부 산업의 기업연금은 의무적
뉴질랜드	임의	임의	
덴마크	임의	임의	
독일	임의	임의	
룩셈부르크	임의	임의	
멕시코	임의	의무 및 임의	
미국	임의	임의	
벨기에	임의	임의	
스웨덴	의무	임의	
스위스	의무	임의	
스페인	임의	임의	
슬로바키아	임의	의무 및 임의	
아이슬란드	의무	임의	
아일랜드	임의	임의	
영국	임의	임의	지역사회보장, 의무기업연금, 의무개인연금 중 한 가지에 가입해야 함
오스트리아	임의	임의	
이탈리아	임의	임의	
일본	임의	임의	
체코		임의	
캐나다	임의	임의	
터키	의무 및 임의	임의	
포르투갈	임의	임의	
프랑스	의무 및 임의	임의	
핀란드	의무 및 임의	임의	
헝가리	의무 및 임의	의무 및 임의	의무퇴직연금이나 의무개인연금 중 한 가지에 가입해야 함
호주	의무 및 임의	의무 및 임의	

출처 : Private Pensions-OECD Classification and Glossary(OECD, 2005).

을 대상으로 하기 때문에 근로자들을 포함하여 더 넓은 범위의 사람들은 개인연금을 통해 노후소득을 보충할 수 있다.

우리나라는 1994년 6월에 개인연금제도를 도입하였고, 2000년 12월 세법 개정에 의해 현재의 '개인연금저축'으로 전환하였다. 개인연금저축에 대한 대표적인 세제혜택은 매년 연금납입액 전액을 400만 원 한도 내에서 소득에서 공제할 수 있다는 점이다. 즉, 소득에 대한 세금인 소득세를 산출할 때 연금납입액을 소득에서 빼기 때문에 이 제도가 없을 때보다 세금을 덜 내는 결과가 된다. 구체적으로는 각 개인에게 적용되는 소득세율에 연금납입액을 곱한 만큼의 금액을 절세할 수 있다. 우리나라는 소득을 4개 구간으로 나누어 누진세를 적용하고 있기 때문에 만약 소득공제의 결과 이전보다 낮은 세율을 적용받는다면 절세 효과는 더욱 커지게 된다.[1] 대신 연금을 받을 때 연금소득세를 징수한다.

| 표 12-2 | 우리나라의 개인연금제도

구분		신(新)개인연금
가입대상		만18세 이상 국내거주자
취급기관		보험사, 은행(신탁), 투신운용사, 우체국(보험), 농 · 수협 단위조합(생명공제), 농 · 수협중앙회(생명공제), 증권투자회사(뮤추얼펀드), 신용협동조합 중앙회(생명공제)
납입액 소득공제	범위	연간 납입액의 100%
	한도	400만 원
수급액 과세	세율	연금소득세(10%) 원천징수+종합과세
	과표	총수령액(원리금 합, 원금은 매년 240만 원 한도)
중도해지 또는 일시금수령	세율	기타소득세(20%) 원천징수+종합과세
	과표	해지액−매년 소득공제 한도를 초과하여 납입한 금액의 누계액
5년 이내 중도해지		소득공제 추징+납입금액의 5% 해지가산세 부과
계약기간	적립기간	10년 이상 만55세 이후까지
	지급기간	만55세 이후부터 5년 이상
납입금액		월 100만 원 또는 분기 300만 원 이하
근거법		조세특례제한법 제86조의 2
적용기준		2001년 1월부터 가입분

출처 : 금융감독원, 보도자료.

1) 제도 도입 당시 소득공제한도는 매년 240만 원이었으나 2007년부터 300만 원, 2011년부터 400만 원으로 상향조정되었다. 2009년 소득에 대한 과세표준 및 기본세율은 다음과 같다.

과세표준	기본세율(2009년 귀속)
1,200만 원 이하	과세표준의 6%
1,200만 원 초과~4,600만 원 이하	96만 원+1,200만 원 초과금액의 16%
4,600만 원 초과~8,800만 원 이하	674만 원+4,600만 원 초과금액의 25%
8,800만 원 초과	1,766만 원+8,800만 원 초과금액의 35%

| 표 12-3 | 취급기관별 개인연금저축상품의 특징

<table>
<tr><th rowspan="2">구분</th><th colspan="2">보험</th><th colspan="2">신탁</th></tr>
<tr><th>생명, 공제</th><th>손보</th><th>은행</th><th>투신</th></tr>
<tr><td>납입</td><td colspan="2">매월 정액</td><td colspan="2">자유납입식(매회 만 원 이상)</td></tr>
<tr><td>연금지급</td><td>확정기간형
종신기간형</td><td>확정기간형</td><td colspan="2">확정기간형</td></tr>
<tr><td>수익률 및
원금보장</td><td colspan="2">원리금 보장</td><td>실적배당
(원금보장)</td><td>실적배당
(원금손실 가능)</td></tr>
<tr><td>상품</td><td colspan="2">고정금리형
금리연동형</td><td>• 채권형
• 주식형
(주식 10% 이내)</td><td>• 국공채형
(국공채 50% 이상)
• 채권형
• 주식형
(주식 60% 이상)
• 혼합형
(주식 60% 미만)</td></tr>
<tr><td>예금자
보호</td><td colspan="3">• 은행 및 보험은 5천만 원까지 예금보험 대상
• 우체국은 정부에서 지급보증</td><td>예금보험 제외</td></tr>
<tr><td>특징</td><td colspan="2">• 다양한 보장성 특약 제공
• 종신연금형의 경우 사망 시까지 연금보장</td><td colspan="2">• 소득 수준에 따라 신축적 납입가능
• 다양한 상품</td></tr>
</table>

연금은 전통적으로 생명보험회사가 취급하는 영역이나[2] 우리나라에서 세제혜택을 받을 수 있는 연금상품들은 은행, 보험회사, 자산운용사 등에서 모두 제공할 수 있다. 다만 금융권역별로 연금상품들에 차이가 있는데, 사망 시까지 연금을 지급하는 상품(종신기간형)은 생명보험사만 취급할 수 있고 정해진 기간 동안 연금을 지급하는 상품(확정기간형)은 생명보험사를 비롯해서 다른 금융권역에서도 취급할 수 있다. 생명보험사와 손해보험사, 은행에서 제공하는 상품들은 원금이 보장되고 원리금 합쳐 5천만 원까지 예금자보호 혜택을 받는다. 반면, 운용실적에 따라 수익이 부가되고 원금의 손실이 발생할 수 있는 자산운용사의 연금상품은 예금자보호를 받지 못한다.

2) 생명보험업은 주로 사람이 예상보다 일찍 사망하거나(사망 위험), 예상보다 오래 생존하는(생존 위험) 경우를 대비하도록 하는 상품들을 취급하기 때문에 생존 위험을 담보하는 연금은 생명보험업의 고유업무 영역이다.

2) 우리나라 개인연금제도의 성별 격차

우리나라 개인연금저축제도의 문제점은 다각도로 지적되고 있으나 젠더 관점에서 가장 심각한 문제점은, 세제혜택이 소득이 있는 사람에게 국한되다 보니 상대적으로 여성 가입자가 적고 결과적으로 여성의 노후소득 대비가 한층 더 부족하다는 것이다.

개인연금저축제도 이용현황을 가장 정확히 살펴볼 수 있는 자료는 국세청의 소득공제 자료일 것이다. 다른 저축수단들이 다양하게 존재하는 현실에서 개인연금저축에 가입하는 압도적인 유인은 소득공제이기 때문이다. 표 12-4와 같이 20세 이상 인구는 여성이 남성에 비해 100만 명 이상 많다. 매년 남아의 출생이 여아에 비해 더 많지만, 여성의 평균수명이 남성에 비해 길기 때문이다. 그러나 2009년 20세 이상 인구 중 취업자 수를 비교해 보면 남성이 여성보다 400만 명 가까이 많고, 종합소득세나 근로소득세를 내는 과세인원은 남성이 350만 명 이상 많다.[3] 그렇다 보니 잠재적으로 개인연금제도의 소득공제 혜택을 받을 수 있는 인원비율은 여성이 20.6%인 데 반해 남성은 41.6%로 여성이 남성의 절반에

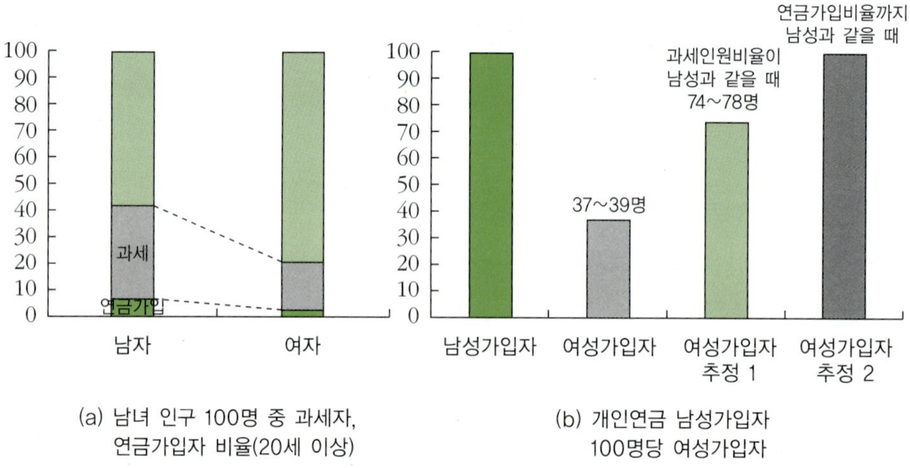

|그림 12-1| 남성 인구 및 개인연금가입자 100명당 여성 인원 비교

출처 : 통계청, 「경제활동인구조사」, 각 연도.

---

3) 근로소득세를 부담하는 사람 중에 종합소득세도 내는 사람은 표 12-4에서 중복되어 인원에 포함되었다. 우리나라의 소득세는 종합소득, 퇴직소득, 양도소득으로 크게 분류한다. 종합소득에는 사업소득, 근로소득, 이자소득, 배당소득, 부동산임대소득, 연금소득 및 기타소득이 포함되는데, 근로소득은 일단 원천징수된 후 연말정산 과정을 거치고, 종합소득세 과세대상은 개인이 추후 신고를 해야 한다. 따라서 종합소득세 과세대상은 근로소득자를 일부 포함한다. 2009년 종합소득세 과세대상 중에서 근로소득자로서 세액공제를 받은 인원은 64만 명(여성 17만 명, 남성 47만 명)이었다. 이 인원만큼 종합소득세와 근로소득세를 동시에 낸 인원이 중복된다고 가정하면 남녀 과세인원의 차이는 356만 명(745만−389만) 정도이다.

| 표 12-4 | 개인연금제도 이용의 성별 격차(2009년 귀속)

구 분		여성	남성
20세 이상 총인구(A)(천 명)		18,926	17,882
20세 이상 취업자 수(천 명)		9,667	13,662
종합 소득세	과세인원(B1)(천 명)	1,381	2,060
	개인연금소득공제인원(C1)(천 명)	146	301
	평균과세소득(만 원)	1,584	3,269
	평균연금보험료(만 원)	222	235
	과세자 중 연금공제 인원비율(C1/B1)(%)	**10.6**	**14.6**
근로 소득세	과세인원(B2)(천 명)	2,682	5,857
	개인연금소득공제인원(C2)(천 명)	458	1,167
	평균과세소득(만 원)	2,720	4,160
	평균연금보험료(만 원)	209	221
	과세자 중 연금공제 인원비율(C2/B2)(%)	**17.1**	**19.9**
20세 이상 인구 중 과세인원비율*(%)		21.5	44.3
20세 이상 인구 중 개인연금소득공제 인원비율(%)**		**2.4~3.2**	**6.5~8.2**

* 종합소득세를 낸 인원 중에는 근로소득세도 낸 인원이 64만 명(여성 16만 9천 명, 남성 47만 1천 명) 정도 포함되기 때문에 중복을 고려하여 인원비율을 구했다. 즉, (B1+B2−중복인원)/A.

** C2/A~(C1+C2)/A. 종합소득세의 연금공제인원이 근로소득세의 연금공제인원에 모두 포함될 경우를 최소치, 두 인원에 전혀 중복이 없을 경우를 최대치로 하여 범위를 구했다.

출처 : 국세청, 「국세통계연보」, 2010.

도 미치지 못하는 것이다. 이렇게 소득공제 혜택을 받을 수 있는 과세인원 중에서 개인연금저축에 가입하여 실제로 세제혜택을 받고 있는 인원비율은 여성 10.6~17.1%, 남성 14.6~19.9%로 여성의 연금가입자 비율이 낮게 나타났다(그림 12-1(a), 표 12-4 참조). 이에 따라 20세 이상 인구 중에 개인연금저축제도를 통해 노후소득을 준비하는 비율은 여성의 경우 2.4~3.2%에 불과하여 남성 6.5~8.2%에 크게 못 미친다. 결과적으로 남성 개인연금 가입자 100명당 여성 가입자 수는 37~39명 정도에 불과하다(그림 12-1(b), 표 12-4 참조).

물론 여성과 남성 모두 개인연금저축제도의 수혜자가 절대적으로 적다고 할 수 있다. 현재의 개인연금저축제도가 도입된 지 10년이 넘은 것을 감안하면 더욱 그렇다. 문제는 그러한 중에서도 여성의 제도 이용 정도가 특히 낮다는 점이다. 이는 두 가지 원인에서 발생한다. 첫째, 개인연금저축의 세제혜택이 소득공제방식으로 부여되다 보니 과세대상이 아닌 사람들은 배제되고 이 중 상당수가 미취업 여성들이라는 것이다. 개인연금저축 소득공제 혜택을 보는 남성 100명당 여성 수혜자는 37~39명꼴인데, 만약 여성과 남성의 과세인원비율이 같다면 여성 수혜자는 78명까지도 가능했을 것이다(그림 12-1(b) 참조). 둘째, 개인연금가입 남녀 차이의 나머지 20여 명은 과세인원 중 개인연금저축에 가입한 비중이 여성이 낮아서 발생했다. 예컨대, 근로소득세를 내는 남성 중 20% 정도가 개인연금저축에 가입한 반면, 여성은 17%가 가입한 데 불과하다.

그러나 여성이 특별히 노후대책에 소홀해서 개인연금저축 가입비중이 낮다고 보기는 어렵다. 아무리 소득공제가 된다 하더라도 개인연금저축에 가입하려면 소득이 뒷받침되어야 하는데 남녀 소득격차가 엄연히 존재하기 때문이다. 이를 좀 더 자세히 살펴보자.

표 12-5는 종합소득 규모별 개인연금가입의 인원비중과 성별 분포를 보여 준다. 자료에 의하면 각 소득계층별로 개인연금에 가입한 인원비중에 차이가 있는 것을 확인할 수 있다. 종합소득 3억 원까지 소득이 높은 계층일수록 개인연금 가입비중이 증가하는데, 3억 원 초과의 고소득자들의 경우에는 개인연금 가입비중이 다소 감소한다. 그러나 3억 원 초과 고소득자들의 개인연금 비중은 6천만 원 이하 소득자들에 비해서는 높다. 소득이 감소할수록 개인연금 가입자의 비중이 줄어드는 것은 당장의 소비를 충당하느라 미래소비를 준비할 여력이 없어서일 수도 있고, 국민연금의 소득대체율이 소득이 낮을수록 높아져 개인연금에 대한 수요가 적기 때문일 수도 있다. 종합소득 3억 원 초과자들의 경우에는 개인연

| 표 12-5 | 종합소득 규모별 남녀 분포와 개인연금가입 비중(2009년 귀속)

종합소득규모	개인연금가입 인원비중 (각 소득계층 인원 중 %)	여성 인원비중 (전체 여성 중 %)	남성 인원비중 (전체 남성 중 %)
1천만 원 이하	10.3	62.7	44.2
2천만 원 이하	10.4	19.7	21.6
4천만 원 이하	19.8	10.2	15.8
6천만 원 이하	32.0	3.6	7.1
8천만 원 이하	40.2	1.5	3.8
1억 원 이하	43.8	0.8	2.2
2억 원 이하	47.0	1.2	3.6
3억 원 이하	47.3	0.2	0.9
5억 원 이하	42.6	0.1	0.5
5억 원 초과	35.2	0.1	0.4
평균 종합소득(만 원)		1,533	3,175

출처 : 국세청, 「국세통계연보」, 2010.

금저축만으로 기대할 수 있는 소득대체율이 높지 않을 것이기 때문에 가입을 약간 덜 하는 것으로 추측된다. 개인연금 가입비율이 소득에 따라 차이가 있는 가운데, 여성의 종합소득 분포를 보면 연간 천만 원 이하 소득자가 압도적으로 많고 다른 소득계층의 인원비중은 남성과 비교하여 모두 낮다. 결과적으로 여성 평균 종합소득이 남성에 비해 절반 정도 수준에 불과하다. 그러나 여성의 개인연금 가입률이나 평균 개인연금 납입액은 남성의 해당 수치의 절반보다 훨씬 크기 때문에 소득 격차를 감안할 때 여성의 개인연금 가입성향이 결코 남성에 비해 약하다고 할 수 없을 것이다.

흔히 노후소득의 3층 보장체계로서 국민연금, 퇴직연금, 개인연금을 든다. 소득이 있지만 많지 않아 개인연금에 가입하지 않는 것도 문제이지만, 앞서 지적했듯이 더욱 비중 있는 문제는 취업하지 않은 다수의 여성이다. 현재의 제도하에서 취업하지 않은 사람들은 국민연금에 일부러 가입하지 않는 한 국민연금의 혜택을 기대하기 어렵고,[4] 퇴직연금의 가입대상도 아니다. 게다가 소득공제 혜택이 없으니 개인연금제도를 이용할 이유도 없다. 따라서 제도를 통한 노후 대비는 거의 없다고 봐야 할 것이다. 그렇다고 주택마련이 어렵고 자녀교육 비용이 큰 현실에서, 취업하지 않은 여성들이 개인적으로 노후를 위한 충분한 저축을 하고 있다고 가정하기도 어렵다. 시장을 통하여 소득을 얻고 있지 않다는 이유로 제도의 사각지대에 두기에는 미취업 여성들의 비중이 너무 크다. 더구나 고령화를 감안할 때 사각지대에 놓인 여성들의 절대적인 숫자도 계속 증가할 것이다.

이러한 문제에 대한 한 가지 방안은 현재 소득공제 혜택을 받지 못하는 미취업 성인에 대해 취업자와 동일한 개인연금 가입의 인센티브를 부여하는 것이다. 가장 쉬운 방법은 소득세 납세자의 부양가족이 개인연금에 가입한 경우 그 납입액에 대해서도 소득공제 혜택을 부여하는 것이다. 지금은 소득세를 내는 근로자나 자영업자 등만 개인연금 납입액에 대해 소득공제를 받고 있는데, 그들의 배우자나 성인인 자녀 중 연간 소득액이 일정액 이하인 부양가족에 대해 추가로 소득공제를 받을 수 있도록 하는 방안이다.

부양가족에 대한 개인연금의 소득공제 혜택은 결코 새로운 것이 아니다. 서구 국가에는 이와 유사한 제도가 도입되어 있다. 한편, 일본에서는 공적연금으로 부양가족의 노후소득을 보장하고 있어 이들의 개인연금 가입 수요는 크지 않다. 다음에서는 대표적으로 영국과 미국의 사례를 살펴보고, 일본의 경우를 참고하기로 한다.

---

4) 국민연금에 임의가입제도와 유족연금이 있기는 하다. 이에 대해서는 제11장을 참조하라.

2 영국과 미국, 일본의 개인연금제도

영국은 이른바 다축보장체계를 추구하는 나라로서 다축보장체계국가들 중에서도 공적연금의 소득대체율이 매우 낮아 필연적으로 사적연금이 발달해 왔다.[5] 한편, 미국은 또 다른 형태의 사회보험모형을 채택하고 있다고 볼 수 있으나 공적연금의 급부 수준이 낮고 이미 1954년에 개인연금제도를 도입하여 발전시켜 왔다. 우리나라도 국민연금의 소득대체율이 낮아질 것으로 계획된 가운데 이 두 나라의 개인연금제도를 살펴보는 것은 우리나라의 제도개선 방향에 대해서도 많은 시사점을 줄 것이다. 특히 여성의 경제활동참가율이 우리나라보다 높은 영국과 미국에서 부양가족으로서의 여성에 대해서도 개인연금 가입을 장려하는 세제를 구축하고 있다는 점에서 제도 소개에 의미가 있다.

1) 영국

영국의 사적연금은 기업연금(occupational pensions 또는 company pensions, work pensions), 투자자연금(stakeholder pensions), 개인연금(personal pensions)으로 나뉜다. 사적연금은 연금납입액 면세 등 세제상의 이점이 있고, 고용주가 납입액을 보조하는 경우가 있어 공적연금으로 부족한 노후소득을 보충하는 데에 이용된다.

기업연금의 세제 혜택은 소득공제 방식으로 주어진다. 소득세의 기초율은 20%인데, 예컨대 100파운드를 기업연금으로 납입했으면 20파운드만큼 소득세가 줄어드는 것이다. 40%의 소득세율을 적용받는 개인들은 같은 납입액에 대해 40파운드의 절감 효과가 있다.[6] 기업연금은 고용주가 납입액을 추가하는 경우가 대부분이고, 많은 경우 생명보험이나 부양자연금 등의 혜택이 부가된다. 연금수령 연령은 계약에 따라 다른데, 보통 60~65세에 개시되고 퇴직해야만 연금을 수령할 수 있는 것은 아니다. 5인 이상 사업장의 경우에는 고용주가 반드시 기업연금이나 투자자연금을 제공해야 한다.

투자자연금과 개인연금은 비슷한데 투자자연금은 정부가 정한 특정 기준들을 만족하는 연금이다. 투자자연금과 개인연금 모두 다양한 개인들이 가입할 수 있으며, 특히 자영업자

---

5) 다축보장체계에서는 대체로 국가가 기본적 소득보장만을 책임지고 그 외에는 민간차원으로 해결하도록 유도하고 있고, 사회보험모형은 보편적으로 국가가 전 국민을 대상으로 비교적 높은 수준의 공적연금을 지급한다.

6) 영국의 소득세율은 2008/2009 과세연도부터 0~36,000파운드는 20%, 36,000파운드 초과는 40%로 간소화되었다가 2010년에는 50% 세율 구간이 신설되었다.

로서 기업연금에 가입하지 않은 경우에도 이용할 수 있다. 또한 두 연금의 세제 혜택은 기업연금과 다른 방식으로 부여되어 소득이 없는 사람들의 연금 적립에 도움이 된다. 투자자연금과 개인연금은 납입금 1파운드당 0.25파운드가 정부에 의해 추가 납입된다. 즉, 최종 납입된 1.25파운드 중 소득세 기초율에 해당하는 20%가 자동으로 면제되어 납입금에 추가되는 형식이다. 예컨대 어떤 개인이 50파운드를 연금으로 납입하면 정부가 이의 25%에 해당하는 12.5파운드를 더해서 총납입금이 62.5파운드가 되도록 하는데, 최종 납입된 62.5파운드에 대해 20%의 소득세가 면제된 것과 동일하다(62.5의 20%는 12.5파운드). 소득세율이 40%인 고소득자의 경우에는 추가 적립을 요구할 수 있다(1~20%). 이렇게 면세된 것으로 간주된 액수만큼 자동으로 납입금에 더해지기 때문에 소득이 없는 사람들도 혜택을 받을 수 있는 것이다. 연금수령 개시 연령은 상품에 따라 다르지만 2010년부터 55세 이상이 되도록 변경되었다. 은퇴 시에는 총적립기금의 25%를 비과세로 인출 가능하다.

영국의 사적연금 관련 세제의 주요 내용은 다음과 같다.[7)]

- 납세자가 아니어도 연금납입금에 대해 세제 혜택을 받을 수 있다.
- 세제 혜택을 받을 수 있는 연금납입액의 상한은 영국 내 소득 전액과 3,600파운드(2010년/2011년 과세연도 기준) 중 큰 액수이다.
- 표 12-6과 같은 연간 한도액(annual allowance)을 초과하는 납입금은 40%의 한도액 초과 부담(annual allowance charge)을 져야 한다.
- 2010년 4월 6일부터는 55세 이전에 연금을 수령할 수 없다.

| 표 12-6 | 영국 연금납입금 연간 한도액

과세연도	연간 한도액(파운드)	과세연도	연간 한도액(파운드)
2006~2007	215,000	2009~2010	245,000
2007~2008	225,000	2010~2011	255,000
2008~2009	235,000	2011~2012	50,000

2) 미국

미국의 경우에는 '개인은퇴계좌(IRA : individual retirement account)' 라는 명칭의 제도가 있다. 1974년 도입된 IRA는 기업연금의 혜택을 보지 못하는 사람들의 은퇴 준비를

7) The Finance Act 2004에 의해 2006년 4월 6일부터 발효.

돕는 것이 목적이었다. 따라서 도입 당시의 IRA는 기업연금에 가입하지 않은 사람들만 이용할 수 있었고 연간 1,500달러까지 소득공제 혜택이 있었다. IRA가 큰 관심을 끌게 된 계기는 1981년 IRA가 기업연금의 수혜 여부와 무관하게 모든 개인이 가입할 수 있게 되면서부터이다. 즉, 이전의 IRA가 기업연금과의 형평성에 입각해 도입되었다면 개정된 IRA는 은퇴자금 마련을 장려하기 위한 것이었다. 그 결과 법 개정 이듬해인 1982년 280억 달러가 납입될 정도로 성과가 있었으나 IRA를 보유한 사람이 세금신고자의 16%를 넘지 못하고 보유자가 고소득층에 집중되어 있다는 점이 문제점으로 지적되어 왔다. 그리하여 1986년부터 기업연금 가입자 중 고소득자는 IRA의 소득공제 혜택을 받을 수 없게 되었고 연금수령 시 원금을 초과하는 이자부분에 대해서도 세금이 부과되었다.

미국의 개인연금제도는 복잡한 진화의 결과 현재 크게 네 가지로 나뉠 수 있다.

- 전통적(Traditional) IRAs
- 로스(Roth) IRAs
- 셉(SEP) IRAs(Simplified Employee Pension IRAs)
- SIMPLE IRAs(Savings Incentive Match Plan for Employees IRAs)

이 중에서 가장 비중이 크고 규모가 확대되고 있는 유형은 전통적 IRAs이다. 가장 대표적인 전통적 IRA에 대해 알아보자.

전통적 IRA는 70.5세 이전이면서 소득(compensation)이 있는 사람이 가입할 수 있다.[8] 납입금은 소득에서 공제된다. 과세연도 2008~2010년에 최대허용납입액(납입한도)은 모든 납입액을 합쳐 5,000달러인데 가입자가 50세 이상인 경우에는 연간 6,000달러까지 납입할 수 있다. 그러나 과세 대상 소득이 허용납입액에 미치지 못할 때에는 과세 대상 소득까지만 납입할 수 있다.

연말정산에 부부합산을 하는 경우 주소득자의 배우자에게는 다음 1과 2 중 적은 액수의 납입한도가 허용된다.

1. 5,000달러(50세 이상일 경우는 6,000달러)
2. 부부합산 소득에서 다음의 a와 b를 뺀 금액
   a. 주소득자의 전통적 IRA 납입액

8) 정확하게는 compensation이 모든 소득을 포괄하는 것은 아니다. 대체로 근로소득을 의미하며 자영소득도 포함되지만, 재산으로부터의 이익이나 이자소득, 배당소득 등은 포함되지 않는다.

b. 주소득자의 로스 IRA 납입액

즉, 부부합산 연말정산을 하는 경우 최대 10,000달러까지 납입을 할 수 있는 것이다. 예컨대 A와 B가 부부이며 50세 미만인데, A의 연소득이 3,800달러이고 B의 연소득이 48,000달러라고 하자. B가 5,000달러를 IRA에 납입한 경우 각자 연말정산을 하게 되면 A는 3,800달러만큼만 IRA 납입을 할 수 있지만 부부합산을 하게 되면 5,000달러까지 납입할 수 있다(5,000=min{5,000, 51,800−5,000}). 납입한도를 초과하여 납입하면 매년 초과잔고에 대해 6%의 세금이 붙게 된다.

IRA의 소득공제 한도는 대체로 납입한도와 일치하지만, 기업연금 납입액과 소득 수준에 따라 줄어들 수 있다.

3) 일본

일본 후생노동성이 명시하는 일본 연금체계의 임무는 근로자가 은퇴 및 장애 상태가 되었을 때, 또는 사망했을 때 근로자 또는 그 유족에게 연금을 지급하는 것이다. 즉, 모든 연금체계는 근로자를 중심으로 설계되어 있다. 심지어 일본의 '3층 보장체계'는 1층과 2층이 기초연금, 후생연금보험 등 공적연금이고 3층이 기업연금이다.[9)]

기업연금은 후생연금기금, 확정급부(defined benefit) 기업연금, 적격(tax-qualified) 퇴직연금, 기업형과 개인형의 확정갹출(defined contribution) 연금 등 복잡하지만, 일부 자영업자를 포함한 근로자 중심일 수밖에 없다.

일본의 경우 우리나라처럼 여성의 경제활동이 그다지 활발하지 않으면서 평균수명은 세계적으로 가장 긴 수준이기 때문에 이렇게 근로자 중심의 연금체계는 여성에게 매우 불리할 수 있다. 그러나 우리나라와 크게 다른 점은 1986년부터 소득활동을 하지 않은 대다수의 여성들에게도 공적연금의 혜택이 있다는 것이다. Takayama(2005)에 의하면, 예컨대 남편이 공적연금인 후생연금보험 대상자이면 그 부인은 자동으로 부인 본인의 명의로 기초연금 대상자가 된다. 65세부터 받을 수 있는 기초연금은 최대수령액이 1994년 물가수준으로 65,000엔으로 정해져 있고, 이후 물가상승을 반영하여 지급되고 있다. 더구나 만약 이혼을 하게 되면 2007년에 도입된 '후생연금 분할제도'에 의해 근로자였던 남편이 받

9) 1층은 '기초연금'이라고도 불리는 국민연금, 2층은 '후생연금보험'으로 소득 수준과 연계된 근로자 대상의 공적연금이다. 기초연금은 가입기간에 따라 연금액이 고정되고, 후생연금보험은 기초연금에 추가하여 소득과 가입기간에 따라 연금액이 결정된다.

게 되는 후생연금보험 수령액을 최대 50%까지 받을 수 있어 이후 '황혼이혼'이 급증했다는 평가가 나오기도 했다.

따라서 일본은 우리나라처럼 근로자가 아닌 여성들에 대한 사적연금 활용의 기회가 없지만, 우리나라와 달리 공적연금이 보호하는 여성의 비중이 높다. 일본에서 사적연금제도상 젠더 차이가 주된 논의의 대상이 되지 않는 것도 공적연금을 통해 노후소득의 젠더 차이가 어느 정도 완화되기 때문일 것으로 추측된다.

3 어떻게 바꿀까

1) 여성 노년 빈곤 문제와 개인연금제도

이 책의 제10장에서 여성과 빈곤의 문제를 포괄적으로 다룬 바 있다. 특히 여성 노령자의 상당수가 국민연금이나 퇴직연금 등 이른바 3층 보장체계 중 하부 두 층의 제도에 의지하기 어렵다는 점에서 여성 노년의 빈곤 문제는 심각한 것이다.

이와 관련하여 미국의 개인연금제도에서 주목할 만한 부분은 부부합산 등을 통해 무소득 또는 저소득 배우자에게도 개인연금 세제혜택이 주어진다는 것이다. 또한 영국의 경우에는 개인연금 납입액에 소득세율에 준하는 추가납입금을 국가에서 보탬으로써 소득세를 납부하지 않는 개인에게도 고르게 개인연금의 세제혜택이 돌아간다. 미국과 영국 모두 무소득 또는 저소득 배우자에게 세제혜택이 부여된다는 점이 우리나라와 비교하여 중요한 차이점이라 할 수 있다.

앞으로는 최소한 부양가족으로 되어 있는 배우자에 대해서는 조속히 개인연금 세제혜택 확대를 검토해야 한다. 노후소득 확보는 납세자들만의 문제가 아니기 때문이다. 또한 소득공제 한도의 경우 우리나라는 현재 조세특례제한법 제82조의 2에서 연간 400만 원으로 설정되어 있는데 물가상승 등을 반영하려면 매번 법을 개정해야 하는 번거로움이 있어 신축성이 매우 떨어진다. 따라서 소득공제 한도를 법이 아닌 시행령에서 정하도록 하고 소득수준 향상 및 물가수준 상승, 기대수명 증가 등을 반영하여 상향 조정되도록 하는 것이 바람직할 것이다.

2) 역진성의 문제

우리나라의 소득세는 누진세체계이다. 소득이 높을수록 높은 한계세율이 매겨진다. 따라서 소득공제방식의 개인연금 세제혜택은 역진성을 띨 수밖에 없다. 즉, 소득이 높을수록 더 큰 세제혜택을 받는 것이다. 예컨대, 과세대상 근로소득이 1억 원인 사람이 개인연금으로 400만 원을 납입했다면 1억 원에서 400만 원을 뺀 나머지(과세표준)에 대해 세금이 매겨지기 때문에 400만 원의 35%[10]에 해당하는 140만 원의 세금을 절약할 수 있다. 하지만 근로소득이 4천만 원이면서 똑같이 400만 원을 납입한다면 절세효과는 64만 원에 불과하다. 적용되는 한계세율이 다르기 때문이다. 이것은 마치 같은 투자금액에 대해서 수익률이

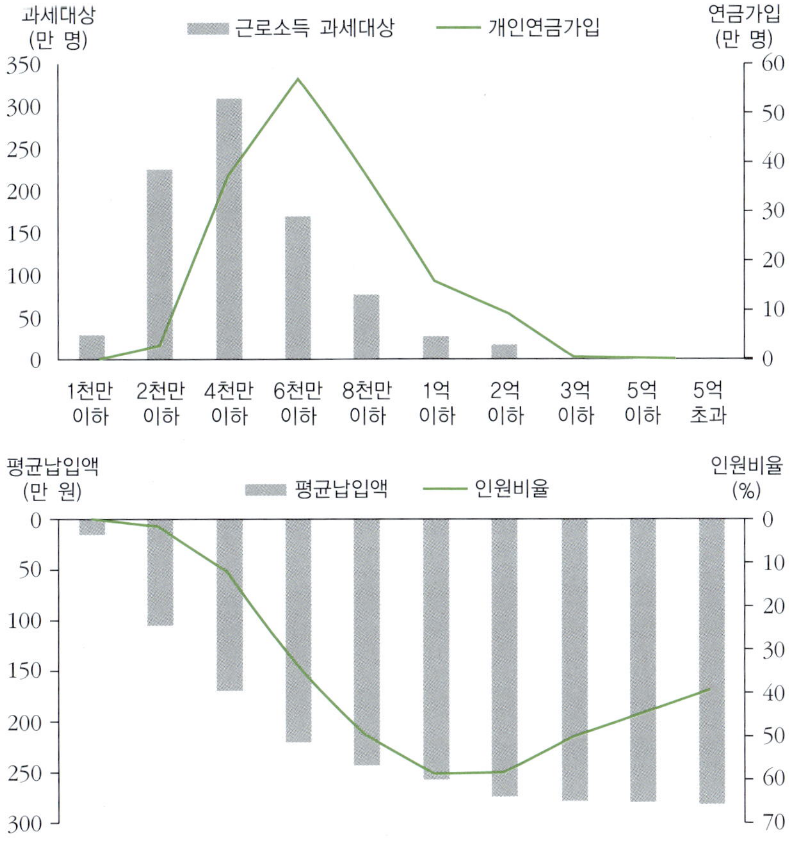

|그림 12-2| **총급여 규모별 개인연금제도 이용 현황(2009년 귀속)**

출처 : 국세청, 「국세통계연보」, 2010.

10) 과세표준 8,800만 원 초과자의 한계세율은 35%이다. 각주 1 참조.

16%와 35%로 갈리는 것과 같은 효과를 준다.

그림 12-2에 나타난 바와 같이 근로소득세 과세대상 인원은 총급여 2천만~4천만 원 사이가 제일 많지만 개인연금 가입인원은 4천만~6천만 원 구간이 가장 많고 가입인원비율은 8천만~2억 원 사이가 60%에 육박하며 가장 높다. 가입비율이나 평균납입액이 대체로 소득이 높을수록 크다. 앞의 표 12-5의 종합소득세 과세대상에 대해서도 유사한 경향이 확인된 바 있다.

개인연금에 가입하는 사람들이 상대적으로 고소득자이고 이들에 대한 세제혜택이 소득공제방식으로 인해 훨씬 크다면 배우자에 대해 세제혜택을 확대하는 방법에 대해서는 좀 더 구체적인 고민이 필요하다. 소득공제방식이 세무 행정상 가장 편리한 방법일 것이나 이 경우 역진성이 확대될 우려가 크기 때문이다. 배우자에 대해 세제혜택을 부여하면서도 역진성 문제를 줄이기 위해서는, 예컨대 배우자에 대한 개인연금 소득공제 한도를 400만 원으로 똑같이 부여하면서도, 배우자의 가입금액 또는 주된 소득자와 배우자의 가입금액 합계에서 일정 비율만 소득에서 공제되도록 할 수 있을 것이다.

참/고/문/헌

국세청, 『국세통계연보』, 2010.
금융감독원, 보도자료.
통계청, 「경제활동인구조사」, 각 연도.

OECD (2005), Private Pensions-OECD Classification and Glossary.
Takayama, N. (2005), "Pension Reform in Japan," 한국개발연구원 개원 34주년 기념 국제회의 : 인구구조 고령화의 경제적 영향과 대응과제 발표논문.

PART 5 젠더와 정책

CHAPTER 13

거시경제, 재정 및 젠더

김 영 옥

1. 젠더 관점의 등장배경

2. 거시경제와 젠더

1) 주류거시경제학 비판

2) 국민소득계정의 한계

3) 가사노동 위성계정의 개발

3. 재정과 젠더

1) 재정의 분류

2) 성인지 예산

3) 성인지 예산의 시행과 과제

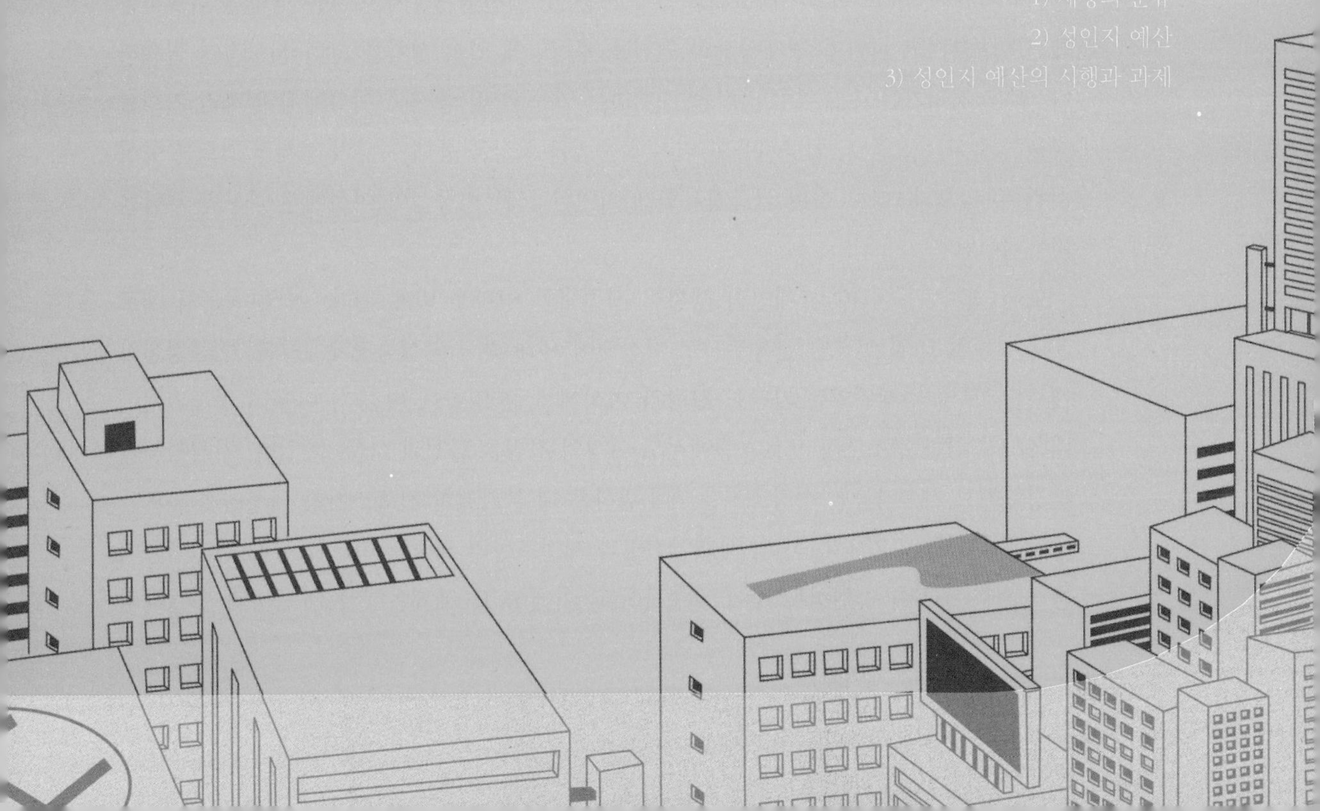

1 젠더 관점의 등장배경

미시경제학에 비해 거시경제학의 경우 젠더 관점을 통합하는 작업이 더디게 이루어지고 있는 편이다. 그 주된 이유는 거시경제학의 학문적 특성에 기인하는 것으로 보인다. 거시경제학은 가계, 기업, 정부의 활동을 집계한 거시변수의 결정원리와 변화과정을 분석하고 이를 조정하는 방법을 연구하는 학문이라 할 수 있다. 그런데 거시 집계변수를 성별로 구별하는 것이 쉽지 않아, 통상 집계변수 형태로 다룸에 따라 젠더 문제가 매몰되기 때문이다(홍태희, 2010).

그러나 거시경제 이슈가 일반 개인의 삶과 동떨어진 것이 아니라 직접적인 영향을 미친다는 경험이 축적되면서 젠더 관점에서 거시경제의 운용을 설명하려는 시도가 늘고 있다. 예를 들어 무역자유화는 보다 많은 외국과의 경쟁과 경제에 대한 투자를 허용하기 위하여 관세와 무역장벽의 철폐를 포함하는 거시경제정책의 하나이다. 그런데 무역자유화는 수출·입 규모와 구성에 영향을 미칠 뿐만 아니라 공공 서비스의 민간화 등 파급효과를 낳고 재정정책 및 통화정책과도 연관된다. 무역자유화는 개발도상국에서 여성의 고용 기회를 높이나 성별 임금 격차에 대해서는 혼란스러운 효과를 미치는 것으로 알려져 있다(Stotsky, 2006). 이처럼 거시경제정책이 개인 삶의 질과 경제적 기회에 영향을 미치기 때문에 거시경제 환경 및 그 변수들과 젠더와의 관계에 대한 관심이 증가하고 있다.

금융자유화, 환율 변화, 구조조정 등이 노동 및 생산물시장에 미치는 영향을 검토하는 데 있어, 그리고 나아가 경제성장의 원천을 측정함에 있어 성차를 고려하는 것이 필요하다. 환율 저평가는 수출위주 전략을 채택하는 개도국 및 중진국 여성에게 일자리 기회를 창출하는 이득을 준다. 금융자유화 역시 신용접근 향상을 통해 여성의 경제적 기회를 향상시킬 수 있으나, 다른 한편 금융자유화에 기인한 금융 변동성이 여성에게 과도한 부담을 지울 수 있다.

또한 경기변동에 따라 개인의 생활이 직접적인 영향을 받게 된다. 가장 최근의 예로 2008년 9월 15일 미국발 금융위기로 시작되어 세계 각국이 실물경제에서 위기를 경험하게 된 글로벌 경제위기는 가난한 사람과 여성에게 큰 영향을 미쳤다. 아울러 경제위기에 대응하기 위한 구조조정 프로그램에서도 여성의 경험은 남성과 다를 수 있다. 거시경제를 안정화하고 지속가능한 성장조건을 재수립하는 데 불가결한 긴축조치가 여성에게 과도한 부담을 부과하지 않도록 하며, 사회안전망과 재정조정의 적절한 속도를 통해 경제변동의 충격 완화 조치를 마련하는 것이 필수적이다. 이에 IMF, 세계은행 등은 공공과 민간자원이 결합하여 구성된 유효한 사회안전망을 구축하고 취약한 가계에 미치는 격심한 영향을 완화하도록 경기조정 속도를 조절하는 것을 지지한다(Stotsky, 2006).

최근 거시경제에서 젠더 분석에 관심을 갖게 된 것은 이처럼 경기변동 등 거시경제 환경의 변화가 여성에게 다른 영향을 미친다는 사실을 인식했기 때문이다. 그러나 더 중요한 이유는 경제성장의 주체로서 여성이 적극적인 역할을 수행한다는 인식이다. 젠더격차의 감소가 거시경제 성과를 향상시킨다는 것이다.[1)]

Stotsky(2006)는 이제까지 이루어진 연구 결과들을 볼 때, 남자와 여자의 경제행위에는 소비, 저축, 투자 등의 거시변수와 위험기피성향에서 체계적인 차이가 있고 이것은 상이한 거시경제적 결과를 낳고 있음을 확인할 수 있다고 하였다. 여성은 가족이 갖고 있는 자원을 본인의 요구보다는 가구 전체가 수혜를 받는 활동에 할당한다. 또 위험기피적인 성향을 띠는 반면 저축성향과 생산적인 투자성향이 강하다. 따라서 여성에게 자원을 통제할 수 있는 권한을 부여하면 가구원 전체에 이타적인 결과를 낳으며, 성장을 강화하고 동시에 경기불안정을 조절하는 결과를 낳는다. 정부정책을 수립할 때 이러한 남녀 정책대상자의 차이를 고려하여 정책 프로그램의 구성 및 우선순위 등을 달리해야 할 것이다.

세계은행에서 일하는 전문가들이 그림 13-1과 같이 성평등의 제고가 빈곤을 완화하고 성장을 촉진하는 복합적 효과를 내는 것을 쉽게 도식화하였다. 성평등은 직접적으로 여성 취업을 촉진하고 여성의 생산성과 수입을 늘린다. 여성의 역량강화는 간접적으로 자녀의 인적자본 획득 및 자녀의 복지 증진을 낳는다. 이러한 주장은 방글라데시, 브라질 등 여러 국가에서 입증되었다. 이처럼 여성이 교육, 일자리, 신용, 토지, 새 기술 등에의 접근 및 통제권한을 갖게 되면 그들 자신과 가족들의 후생 증진으로 치환된다. 따라서 성평등은 여성, 가족, 지역사회에게 모두 도움을 주는 '똑똑한' 경제학인 것이다(Buvinic & King, 2007).

세계은행이 여성에게 투자하는 것, 즉 여성의 학력과 건강수준을 높이고, 여성에게 신용을 제공하는 것을 '똑똑한 경제학(smart economics)'이라 칭한 것은 이러한 배경에서이다(참고자료 13-1 참조). 여성은 자기 소득을 가족 또는 지역사회와 나누는 경향이 크다는 등 여성의 경제력 획득이 중요한 승수효과를 나타낸다는 실증 결과는 다음과 같이 다양하게 축적되고 있다.

---

1) 여기에는 성불평등과 경제성장 간 상관관계, 즉 성불평등이 경제성장을 줄이는 반면 경제성장은 성 격차를 감소시킨다는 실증 결과도 한몫을 하였다. 선행연구 결과들은 여성의 교육, 건강관리, 고용, 신용에의 접근을 증가시키는, 그리하여 남녀 간 경제적 기회에서의 격차를 줄이는 조치를 취하는 국가들에서 경제성장의 속도가 빠르고 빈곤이 줄어드는 것을 보인다(Klasen, 2007; Workd Bank, 2001).

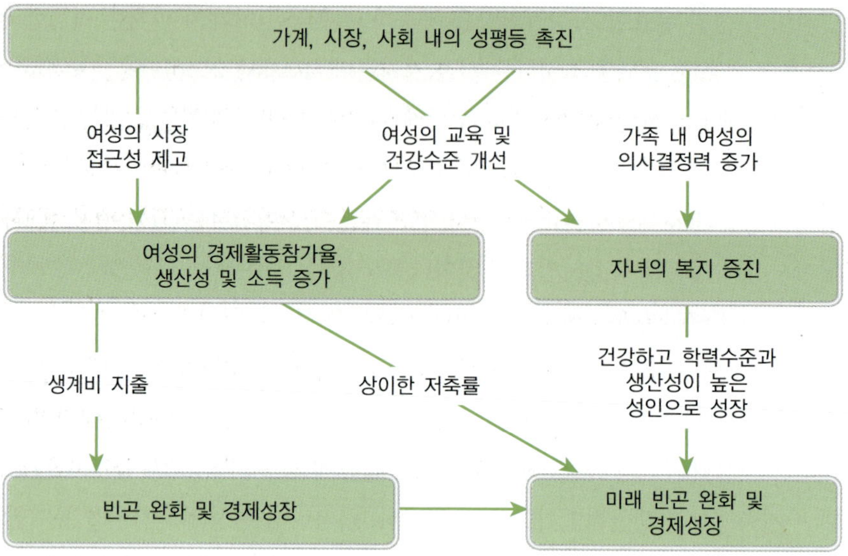

|그림 13-1| **복합효과(성평등은 다양한 방식으로 빈곤을 완화하고 성장을 촉진함)**

출처 : Buvinic & King(2007)에서 재정리.

- 임금근로자든 자영자든 취업여성은 가구의 빈곤 탈피를 돕는다.
- 남성에 비해 신용접근에 제약이 있지만 여성이 신용을 얻게 되면 가계 복지에 미치는 효과는 더 크다.
- 여성의 교육 수준이 증가하면 그 투자수익은 자신뿐 아니라 다음 세대까지 흘러간다.
- 여성은 가계의 자원에 대한 통제권한을 가질 때 식품 구입, 자녀의 건강관리 및 교육에 자원을 할당한다.

참고자료 13-1 **똑똑한 경제학**

세계은행(World Bank), IMF 등 국제기구는 성평등을 향상시키는 투자에 의해 높은 수익이 발생한다는 경험적 사례를 기반으로, 성평등정책을 '똑똑한 경제학'(즉 투자수익이 높은)이라 칭했다. 물론 정책 집행에는 단기적으로 예산 투입이 필요하고 때로는 성평등정책에 반대하는 의견을 설득하기 위한 정치적인 비용도 들어갈 수 있다. 그러나 교육, 경제활동, 정치참여 등에서의 성평등 제고는 장기적으로 투자 수익 및 경제성장과 더불어 경제기능의 효율성을 높이고, 사회제도를 개선시킨다.

출처 : Buvinic & King(2007)에서 재정리.

2 거시경제와 젠더

1) 주류거시경제학 비판

거시경제학은 일국의 경제를 구성하는 모든 가구, 기업, 정부의 활동을 합친 집계변수에 초점을 맞추며 크게 실물경제와 화폐경제로 나눈다. 실물경제는 생산경제라고도 하며 노동, 자본, 기타 토지 · 에너지 · 자연자원 등의 생산요소와 기술이 결합하여 산출(output)을 낳는다.[2] 화폐경제는 금융경제라고도 하며 주식, 채권과 같은 금융자산을 발행하고 교환하는 것과 관련된 경제활동으로 이루어진다.

정부는 정부지출과 세제 등 재정정책으로 실물경제에 영향을 미치고, 화폐의 공급과 이자율 등 통화정책을 통해 금융시장에 영향을 미친다. 실물경제와 화폐경제의 관계 및 각각에 미치는 정부의 역할은 거시경제이론의 주요 내용을 구성한다. 예컨대 통화정책 내 이자율 설정은 실물경제에서 산출과 고용창출에 어떤 시사점을 갖고 어떻게 영향을 미치는가 등이다.

이러한 거시경제모형의 문제점은 성맹(gender-blind)이라는 것이다. 가계는 단일한 방식으로 행동할 것이라고 가정하고, 또 거시경제학에서 사용하는 변수들은 성중립적이라고 간주되는데, 이것은 주류경제학인 신고전주의에서 사용하는 거시경제학 영역에 대한 개념을 바탕으로 한 것이다. 또한 총산출의 분배는 주어진 것이고, 따라서 외생적이라고 가정한다. 그러나 이 가정은 무척 강한 가정으로, 현실성을 결여하고 있다. 실상 총산출의 분배는 일련의 내 · 외적인 사회적 선택의 결과이고(Evers, 2003), 젠더관계는 이러한 사회적 선택에서 중요한 영향을 미치므로 당연히 총산출의 분배에도 영향을 미친다.

또 가계는 생산하지 않고 소비만 한다고 본다. 그리하여 가계부문을 소비주체로 설정함으로써 돌봄경제를 무시하고 있다. 그러나 돌봄경제는 가계생산과 지역봉사 등을 포함하는데 이들은 보수는 없지만, 건강을 유지하고 기술을 개발하며 사회공동체의 유지와 운영에 필요한 사회적 자본과 사회적 자산을 생산한다.[3] 돌봄경제와 가사생산 없이 상품경제에서의 재화 및 서비스의 생산과 판매는 이루어질 수 없다(Akram-Lodhi & Hanmer, 2008).

---

2) 이 실물경제 산출은 국내총생산(GDP : Gross Domestic Product)으로 표기될 수 있다.

3) 사회적 자본(social capital)은 축적되거나 분배될 수 있지만, 사회적 자산(social assets)은 규칙, 규범, 시민적 책임성의 가치 등과 같이 관계적인 개념이다.

이에 Akram-Lodhi와 Hanmer(2008)는 2부문 모형(two-sector model)을 대안으로 제시한다. 2부문이란 가계부문(household sector)과 상품부문(commodity sector)을 말한다. 가계와 상품부문만 있는 2부문 모형은 거시경제의 흐름 속에서 무급돌봄노동이 어떤 역할을 하는지 명료하게 보여 준다. 무급돌봄노동이 없다면 음식과 같은 많은 상품들이 소비될 수 없고, 기업이 생산하고 파는 상품과 서비스가 생산될 수 없다. 이것은 기업의 생산이 무급 재생산노동을 통해 노동력을 창출해 내는 가정에 상당 부분 의존하고 있기 때문이다.

가정 내에서 남성과 여성의 역할 구분, 즉 돌봄노동의 여성 부담은 노동시장에서 여성의 역할에 영향을 미치고, 동시에 영향을 받기도 한다. 이처럼 젠더는 소비(C), 투자(I), 저축(S)과 분배에 영향을 주는 생산, 생산성, 그리고 소득(Y)에 영향을 미친다. 결국 거시경제 변수인 소비, 투자, 저축에서 젠더관계가 체계적으로 작동한다고 말할 수 있다.

다음으로, 상품부문은 시장에서 교환되는 일반 재화와 서비스를 생산하는데 임금재화(wage goods)와 투자재(investment goods)의 생산으로 나눌 수 있다. 임금재화와 투자재화의 생산은 기업과 국가를 포함한 다양한 경제조직에 의해 이루어지며 따라서 정부는 상품영역으로 포함된다.

2부문 모형을 통해 주류거시경제학이 다루지 못한 무급노동이 전체 경제활동에 있어서 상당한 부분을 차지하고 있음을 확인할 수 있었다. 무급노동의 공급은 대부분 여성에 의해 이루어지고, 여성 노동시간의 상당 부분이 무급노동인 것도 사실이다. 무급노동의 수행이 긍정적인 외부효과를 발생시키는 반면에, 무급노동 이외의 노동에 여성이 참여할 수 있는 기회를 제한한다는 점에서 무급노동은 부정적인 외부효과 역시 지니고 있다고 할 수 있다.

이와 같은 무급노동에 대한 정형화된 사실들은 무급노동에 대한 경제정책의 방향을 제시한다. 개인과 공동체의 행복과 인권의 증진을 위해, 무급노동의 부정적 외부효과를 줄이면서 긍정적 외부효과를 확산시킬 필요가 있다. 즉 무급노동을 줄이기 위한 공공정책과 무급노동의 재분배를 위한 공공정책이 필요하다는 것을 알 수 있다.

참고자료 13-2 무급노동에 대한 정형화된 사실

- 많은 사람들이 상당한 양의 무급노동을 수행한다.
- 무급노동은 남녀 간에 동등하게 분배되지 않는다.
- 무급노동은 경제활동에 영향을 주는 긍정적 · 부정적 외부효과를 모두 지닌다.

2) 국민소득계정의 한계

국민계정(national accounts)이란 일정 기간 국민경제의 모든 구성원이 이룩한 경제활동의 성과와 국민경제 전체의 자산과 부채 상황을 정리한 것으로 기업의 재무제표에 비견되는 국가의 재무제표라 할 수 있다. 국민계정은 국민소득통계, 산업연관표, 자금순환표, 국제수지표, 국민대차대조표 등 5대 국민경제 통계로 구성된다.

이 중에서 국민소득계정은 기업이 재무제표를 통해 경제적 건강상태를 점검하고 측정하며, 문제점의 원인을 규명하는 것처럼 국가의 경제상태를 점검하게 하여 올바른 정책을 수립하게 하는 유용한 자료를 제공한다. 일반적으로 국내총생산(GDP)은 1년 동안에 1국의

참고자료 13-3 국민소득계정 내 국내총생산(GDP) 포괄범위

- GDP는 새로 생산된 재화와 서비스에 대한 총지출이면서 동시에 이들 재화와 서비스의 생산과정에서 창출된 총소득을 나타낸다. 일정 기간 동안에 한 나라에서 생산된 모든 최종 재화와 서비스의 시장가치이다.
- 기존 주택에서 창출되는 주거 서비스의 시장가치도 포함한다. 임대주택의 경우 세입자의 임대료 지불액이 동시에 집주인의 임대소득이므로 쉽게 측정된다. 자기 집에 사는 사람들은 집세를 내지 않으므로 정부는 이러한 자가주택의 임대료 가치를 추정하여 GDP에 반영한다. 즉 자가주택 보유가구가 스스로에게 임대료를 내는 것으로 간주하여 그 임대료를 그 가구의 소득과 지출 양쪽에 포함시키는 것이다.
- 농가의 자가소비도 실질적인 소득이라고 간주하여, 농산물을 판매하고 그것을 다시 매입하여 소비하는 것으로 의제처리하여 GDP에 소득으로 계상한다.
- 그러나 가정에서 생산되어 소비되는, 즉 시장을 거치지 않는 품목들은 대부분 포함되지 않는다. 구입한 야채는 포함되지만 집에서 재배한 야채는 포함되지 않는다. 이렇게 배제되는 항목들 때문에 때로는 이상한 결과가 나올 수 있다.
- 카렌이 덕에게 돈을 주고 자기 집 잔디를 깎게 하면 이 거래는 포함되나, 결혼한다면 덕의 이 서비스는 시장에서 거래되지 않으므로 포함되지 않아 덕과 카렌이 결혼하게 되면 GDP가 줄어드는 것이다.
- 요리사가 식당에서 요리를 만들어 판매하면 그 요리 가격이 GDP에 포함되나 가족을 위해 같은 음식을 만들면 그가 창출한 부가가치(음식의 가치에서 재료비를 뺀 금액)는 포함되지 않는다.
- 마찬가지로 아이들을 유료탁아소에서 돌봐 주면 그 금액이 GDP에 포함되지만 부모가 집에서 돌보면 GDP에 반영되지 않는다.
- 자원봉사는 사회복지에 기여하지만 GDP에는 포함되지 않는다.
- 또한 환경의 질도 포함되지 않는다.

출처 : Mankiw, 『Principles of Economics』 (2001) 등에서 정리.

경제에서 생산된 재화와 용역에 대한 시장가치의 합계로 정의된다. GDP가 정확히 계산된다면 국민경제의 성과를 측정하는 데 대단히 유용한 척도가 될 수 있다. 그러나 이 수준이 사회후생의 수준을 그대로 반영한다고 볼 수 없다. 왜냐하면 GDP는 단순히 시장지향적 경제가 매년 얼마나 생산하고 있는지 그 규모를 측정하는 수단일 뿐이다. 따라서 물질적 편익에 대해서는 많은 정보를 제공하지만 완벽한 사회후생지표라고 볼 수는 없다.[4]

국민계정체계(SNA : system of national accounts)는 한 국가의 종합적인 경제수준과 각 경제주체 간의 거래활동을 국제적으로 합의된 개념과 분류체계 및 회계방식에 의해 각종 계정과 표로 작성하는 일관성 있고 통합된 통계 시스템을 말한다. 국민계정체계는 1953년 UN에 의해 처음 발표되었고 이후 몇 차례 개정을 거쳐 현재는 5대 국민경제 통계로 구성된 1993년 국민계정체계(1993 SNA)를 유지하고 있다. 국민계정이 젠더와 관련하여 갖는 한계는 첫째, 여성이 제공하는 노동과 서비스를 무시 혹은 저평가함으로써 여성의 경제 기여도를 은폐하거나 왜곡할 수 있다는 것이고, 둘째, 가정과 공동체를 꾸리는 비용뿐만 아니라 자녀양육의 총비용과 같은 특정 비용을 설명해 낼 수 없다는 것이다.

3) 가사노동 위성계정의 개발

위성계정(satellite account)이란 국민계정의 틀 속에서 설명하기 어려운 산업을 명확하게 파악하기 위하여 별도로 작성되는 계정을 말하는 것으로 주 계정인 국민계정을 보완하는 부속계정이라는 의미에서 위성계정이라고 한다. 각국에서 현재 시행 중인 위성계정체계에는 환경경제통합계정, 관광위성계정, 보건위성계정 및 기타 위성계정 등이 있으며, 우리나라도 환경경제통합계정(SEEA : system of integrated environmental and economic accounting)을 구성하는 환경오염방지지출 통계와 관광위성계정(TSA : tourism satellite account)이 개발, 발표되고 있다.

그중 관광위성계정의 경우 관광산업이 기존 국민계정체계 내에서 명확히 설명되지 않는다는 문제의식에서 출현하였다(한국문화관광정책연구원, 2005). 즉 관광이란 주 산출을 생산하는 산업이 국민계정체계에 별도로 존재하지 않는다는 것이다. 숙박, 음식, 교통 등이 관광산업과 밀접한 연관관계를 가지고는 있지만 이들 산업의 단순한 합을 곧 관광산업이라고 볼 수 없기 때문이다. 그리하여 국민계정의 틀 속에서 관광산업을 하나의 산업으로 규정하고 수급구조와 산업적 특성을 충분히 설명하기 위해 국민계정과는 별도의 계정으로

4) 그럼에도 실질 GDP와 사회후생 간에는 정의 상관관계가 있으며 산출량이 많으면 사회가 질 높은 생활을 보장한다고 해석되기도 한다.

관광위성계정(TSA)을 작성하는 시도가 이루어졌다.

무보수 가사노동 위성계정(SAUHL : satellite account of unpaid household labor)은 국민계정체계(SNA)의 틀을 이용하여 무보수 가사노동을 하나의 생산활동을 하는 기업처럼 규정하여 가계생산물의 생산과정과 산출액을 산정하는 등, 일련의 생산과정을 파악하는 방식을 말한다.

전술한 바와 같이, 기존의 국민계정체계(1993 SNA)는 가계의 자급자족을 위한 생산활동으로부터 발생하는 부가가치를 포함시키지 못한다는 점에서 문제가 되어 왔다. 아울러 광범위하게 사용되는 경제활동의 측정도구인 GDP는 여성의 경제활동을 적절하게 측정하지 못한다는 점에서 많은 비판을 받아 왔다. 이런 점을 보완하기 위해 UN은 GDP를 측정하는 국가계정에 여성(남성)의 무보수 가정생산활동을 반영한 '가계생산계정'을 포함시켜 SNA를 확장하고자 하였다. 1993 SNA에 정의된 생산 범주는 자가소비를 위해 생산된 상품은 포함하지만 자가소비를 위한 서비스는 포함하지 않았기 때문이다.

생산의 범위를 포괄적으로 더 넓혀야 한다는 주장과 기존의 국민계정체계에서 사용되고 있는 시장범주로 엄격히 제한해야 한다는 주장 사이에서 오랫동안 지속되어 온 논쟁을 해결할 수 있는 위성계정의 도입이 제안되었다(Ironmonger, 2000). 위성계정은 특정 부문에서 발생하는 거래를 더 자세하게 기록하거나 생산범위의 조정 또는 다른 평가방법의 사용으로 계정의 기초개념을 변경할 수 있다. 특히 위성계정에 포함되는 무보수노동의 경제적 가치평가는 시장부문과 비시장부문의 경제흐름을 더 정확히 파악할 수 있는데, 예를 들어 가계구성원들의 유급고용에 따르는 비용과 이득에 대한 상세한 정보를 파악하는 데 도움을 준다. 이러한 위성계정 내용이 국민계정통계와 병행되어 발표될 때 비시장 가계 서비스로부터 시장 서비스로의 이동에 의해 발생되는 산출물의 증가를 보여 주게 되므로 실제 경제성장을 보다 구체적으로 나타내게 될 것이다.

1993년 SNA는 보수를 받는 피고용인에 의해 생산되는 서비스 활동은 생산에 포함시키지만, 가계의 자가소비를 위한 가사 및 개인 서비스 생산이나 소비재 사용을 위한 활동은 생산범위에서 제외된다. 예를 들어, 주거용 건물의 대규모 증·개축은 비법인기업의 생산으로 파악되고 이를 위한 지출은 별도의 고정자본형성으로 처리되지만, 가계 내의 내구 소비재 및 주거용 건물의 소규모 수선이나 장식 등을 직접 수행하는 경우 이는 자가소비를 위한 서비스 생산이므로 생산범위에서 제외되며 이를 위한 재료 구입은 최종소비지출로 취급된다. 또한 자가 소유주(own-occupier)에 의한 주거 서비스와 자가계정 생산, 가계에 고용된 유급 가사종사자가 생산하는 가사 및 개인 서비스 생산 등은 생산범위에 포함되지만, 오락·레저활동을 위한 재료나 장비의 구입, 음식준비를 위한 재료 구입 등 욕구 충

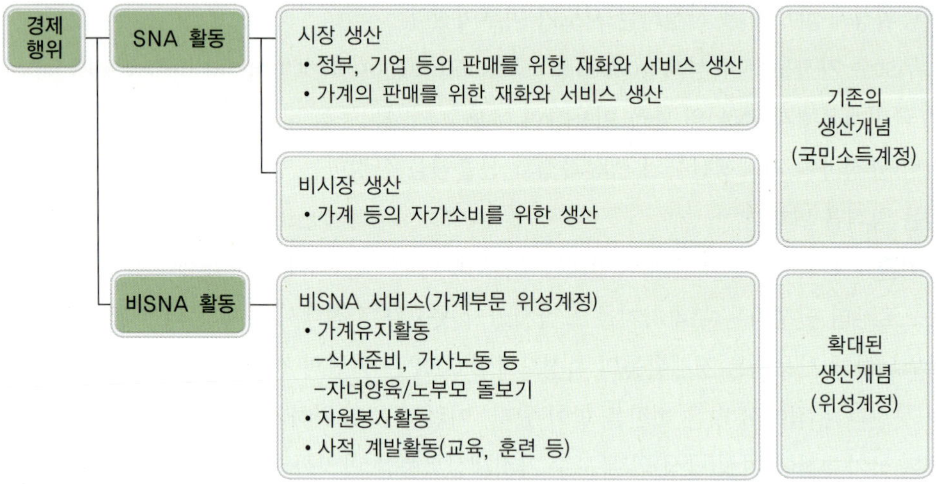

|그림 13-2| 국민계정 내 생산개념과 확대된 생산개념

족을 위한 가계의 재화 사용은 생산의 범위에서 제외된다(문숙재 외, 2001). 기존 국민계정체계(SNA)의 생산개념과 비국민계정체계(비SNA)에서 확대된 생산개념을 정리하면 그림 13-2와 같다.

문숙재 외(2001)는 비국민계정체계 활동 중 사적 계발활동과 자원봉사활동은 생산 범주에서 제외시키고, 가계유지활동에 한정하여 가계부문 위성계정을 산정했다. 그 결과 1999년 가계생산의 총부가가치는 143조 원에서 169조 원으로, 이는 1999년 국내총생산(GDP) 477조 원의 30%에서 35.4%에 달하는 것으로 추산되었다.

더 나아가 김종숙 외(2005)는 가계생산에 투입된 자본의 감가상각을 추가적으로 계상하여 보완된 위성계정을 개발하였다. 투입산출표에 의거하면 가계생산의 부가가치는 총 2,063,080억 원에 달하며 부가가치가 포함된 총생산물의 가치는 3,335,455억 원이다. 이 규모는 우리나라 국민계정에서 누락된 것으로 연구의 기준이 된 2004년 GDP의 약 42.5%에 달한다.

추정된 SAUHL의 총부가가치를 통해 우리나라 전체의 가계생산 규모를 파악할 수 있으며, 가사노동 생산성 관련 정책에 적용할 수 있다. 예를 들면 재산분할청구권, 사보험, 국민연금 등 가사노동의 가치 측정과 관련된 개별 정책의 적용 시 객관적 자료로서 활용될 수 있을 것이다.

현재까지 가사노동 위성계정을 개발한 국가는 호주, 핀란드, 스웨덴, 노르웨이, 캐나다, 미국 등 선진 6개국에 불과하며, 가사노동에 대한 가치 평가를 실시한 것은 아시아권에서 우리나라가 처음이다. 향후 가사노동 위성계정을 개발하려는 노력은 지속되어야 하며 체계적으로 개발되어 지표로서의 역할을 다해야 할 것이다. 신뢰할 만한 가사노동 위성계정의 개발은 무급노동의 가치 크기를 파악하게 할 것이며, 매년 위성계정의 측정을 통해 가사노동의 구성요인에서 어떤 변화가 있는지, 가사노동의 총규모 및 구성의 변화에 미치는 요인이 무엇인지 등의 분석이 가능해질 것이다.

3 재정과 젠더

1) 재정의 분류

국민경제를 운용하는 세 주체는 가계, 기업, 정부라 할 수 있다. 이 중 정부는 가계와 기업으로부터 거둬들인 조세수입 등을 기반으로 하여 공공재와 공공 서비스의 제공을 위해 지출활동을 하게 되는데 이러한 정부부문의 경제활동을 통칭하여 재정이라고 표현할 수 있다. 좀 더 자세히 설명하면, 그림 13-3에서 보듯이 정부가 조세(국세와 지방세) · 부담금 · 기여금의 징수, 보유자산의 매각 및 국공채 발행 등으로 조성한 재원을 바탕으로 국방, 외교, 치안 등 국가의 유지, 경제성장을 위한 기반 조성, 교육 및 사회복지 수요의 충족 등 공공부문의 역할을 수행하기 위한 지출활동을 하게 되는데, 이러한 수입과 지출활동을 모두 포괄하는 개념이 재정활동이다.

국가는 재정활동을 통해 시장의 기능을 보완하여 자원을 효율적으로 배분하고, 누진적

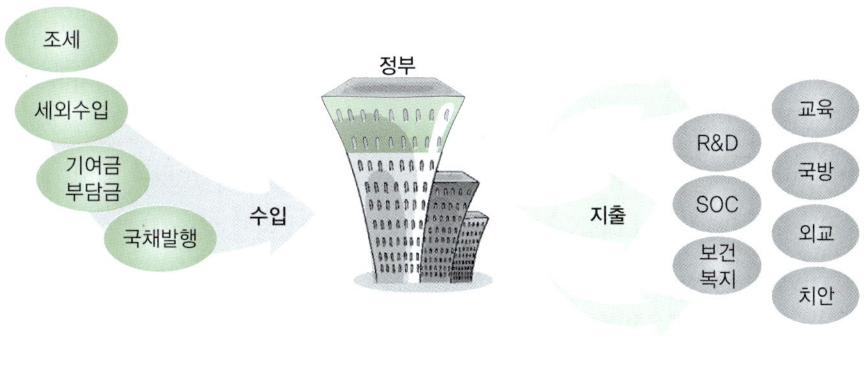

| 그림 13-3 | 재정활동

출처 : 국회예산정책처(2010), 국가재정제도 원리와 실제.

소득세제와 저소득층에 대한 지원을 통해 공평한 소득분배를 이루고자 한다. 또 물가, 고용, 환율 등 거시경제를 안정적으로 유지하고 R&D 투자와 인적자원 개발 등을 통해 경제성장을 촉진한다. Musgrave와 Musgrave(1989)는 재정의 기능을 자원배분(효율성, efficiency), 소득분배(형평성, equity), 경제안정 및 성장(economic stabilization and growth) 등 3대 기능으로 정리한 바 있다. 이러한 재정의 기능은 국민경제에서 재정이 수행하는 역할을 보여 줄 뿐만 아니라, 재정활동의 총체적 성과를 평가하는 기준이 됨은 물론 개별적인 조세정책과 재정지출의 타당성을 판단하는 준거가 되기도 한다.

이처럼 조세와 정부지출의 수준 및 배분을 조정하는 등 경제활동에 영향을 미치기 위해 정부가 사용하는 조치들을 재정정책(fiscal policy)이라고 하며, 재정정책은 종종 특정한 목표를 달성하기 위해 금융정책과 함께 사용된다. 재정정책과 금융정책의 일반적인 목표는 완전고용과 높은 경제성장률을 달성 · 유지하고 물가와 임금을 안정시키는 것이다.

재정은 여러 가지 방식으로 분류될 수 있는데, 우선 재정 운용주체를 중심으로 중앙정부 재정과 지방정부 재정으로 나눌 수 있고, 재정 운용수단에 따라 예산(일반회계 및 특별회계)과 기금으로 나눌 수 있다. 기금은 예산과 달리 국회의 심의 · 의결 대상에서 제외되었으나 현재는 기금 역시 기금운용계획 및 기금결산의 형태로 예산안과 결산과 동일하게 국회의 심의 · 의결을 거쳐 확정됨으로써 재정운용수단으로서 둘 간의 본질적 차이는 점차 사라지고 있다. 또한 재정활동의 성격에 따라 수입과 지출활동으로 구분할 수도 있는데, 「국가재정법」에서는 기금과 달리 예산(일반회계 및 특별회계)의 경우 수입은 세입, 지출은 세출로 규정함으로써 기금의 수입 · 지출활동과 구분하고 있다(국회예산정책처, 2010).

2) 성인지 예산

(1) 성인지 예산의 출현 배경

성인지 예산이 사회 의제로 대두된 출발점은 공공지출 감소, 민영화, 무역자유화, 친기업적 세제 개혁 등 신자유주의 구조조정 프로그램의 일차적 희생자가 여성, 특히 저개발국의 여성이라는 문제의식이었다. 이를 가시화하기 위한 방법이 거시경제정책에 대한 젠더 분석이다. 거시경제정책에 대한 분석은 국가의 재정정책이 여성과 남성의 시간 이용에 미치는 효과(예 : 여성의 무급노동 시간과 시장경제의 생산성 감소), 중기재정계획(MTEF)에 대한 성인지적 분석(예 : 저축률과 같은 자원에 대한 통제 또는 자원배분의 성별 차이), 세입예산 분석(소득세, 법인세, 간접세 등 조세제도가 성 불평등에 미치는 영향) 등을 다룰 수 있다. 주로 아프리카와 남미, 아시아 일부 지역에서 이루어져 왔는데, 빈곤퇴치계획

(PRSPs)과 중기재정계획 과정에서의 젠더 통합이 주된 이슈로 제기되어 왔다.

다음으로 남녀 정책수요자의 욕구가 다양할 뿐 아니라 상이한 역할과 경험으로 인해 정부 서비스에 대한 접근이 다를 수밖에 없다는 자각이 성인지 예산의 출현을 뒷받침한 또 하나의 요인이다. 정책사업이 의도하지 않는 차별적 결과를 낳게 되는 경로는 여러 가지일 수 있겠지만, 대체로 '정책수요자＝남성' 으로 간주하는 암묵적인 가정 때문이 아닌가 한다. 그 결과, 여성이 접근하기 어려운 전달방식과 여성이 도달하기 어려운 자격기준을 적용하는 사례가 드물지 않다. 이 경우 해당 재정사업은 성차별적인 결과를 낳을 뿐 아니라, 소기의 정책목표를 달성하기도 어려울 수 있다.

예컨대 구직난을 해결하기 위해 실업대책이 쏟아지고 있지만 대부분의 여성들은 취업의사가 있음에도 구직활동을 하지 않았다는 이유로 실업자로 등록되지 않고 실업대책의 대상이 되지 못한다. 실업자로 등록된 경우라도 양육부담이 있는 실직여성들이 고숙련 전일제 직업훈련 프로그램에 참여하기 어렵다. 이처럼 재정사업의 정책대상이 '몇 가지 조건을 만족시키는 누구나' 이지만 여성은 이 '누구나' 가 되지 못하는 경우가 많다.

(2) 성인지 예산활동의 필요성

선거 때마다 중앙 및 지방정부의 단체장 후보자들은 선거공약을 쏟아 놓는데, 이 정책약속들이 실제 정책과 프로그램으로 실현되는지는 별개의 문제이다. 이로부터 책무성(accountability)의 개념 위에서 정부가 약속하였거나 응당 해야 할 것으로 기대되는 공무를 제대로 하는지를 모니터링하는 활동이 이루어지고 있다.

정부의 예산을 통해 정부의 공약이 실제 정책과 프로그램으로 치환되는데, 이 과정에서 재정지출과 세제가 남성과 여성에게 동일한 영향을 미치지 않는 경우가 종종 발생한다. 이것은 남녀의 사회적 역할이 다르고, 남녀 간에 노동 분업이 이루어지고, 남녀가 상이한 책임과 역량을 갖고 있으며, 남녀가 직면하는 제약이 다르기 때문이다. 젠더 관점에서 예산편성과 집행이 이루어져야 할 첫 번째 필요성이다.

예산, 돈에는 성이 없다고, 즉 젠더중립적인(gender-neutral) 것으로 간주되지만 사실 성맹인 것이다. 분명한 사실은 성중립적인 정부예산은 없다는 것이다. 깨끗한 물과 관련한 예산을 줄이게 되면 물을 길어야 하는 부담을 지는 여성에게 치명적이다. 수업료를 올리면 여학생의 교육 기회를 더 줄이게 될 것이다. 자녀양육비용에 대한 감면 등 세제 혜택을 줄이는 것은 양육활동의 몫이 큰 여성의 부담을 늘리는 결과를 낳을 것이다.

따라서 성인지 예산이 도입되어야 할 사회적 이유는 충분한데 문제는 경제적 이유, 즉 정당화가 가능한가이다. 많은 연구들이 여성의 낮은 지위를 개선하는 것은 경제성장 및 안정성을 높이는 데 기여함을 보여 주었다. 불평등을 줄이는 이득(예컨대 여성 교육수준의 제고가 출산력과 유아 건강에 미치는 영향)은 대체로 중기적으로 명확해지므로 성인지 예산을 중기재정 맥락에 위치 짓는 것이 필요하다. 성불평등의 감소가 경제성장을 유도하지는 않지만 공정한 사회를 만드는 데 기여하기만 해도 공공개입의 정당성은 확보된다.

두 번째 필요성은 경제성장을 위해 성평등이 필요하다는 많은 실증 결과가 있음에도 재정지출이 이 분야를 지원하도록 충분히 이루어지지 않는다는 사실에 연유한다. 따라서 예산과 사회정책 간의 직접적인 관련을 인지하고 자원할당을 통한 성평등 의지를 강화하기 위해 국가예산에 성인지적인 관점을 통합하려는 노력이 많은 국가에서 이루어지고 있다. 성인지 예산이 국가재정전략의 하나로 간주된다.

(3) 성인지 예산의 개념

성인지 예산(gender-responsive budgeting)이란 여성과 남성에게 미치는 효과를 예산 과정에서 고려하여 자원이 성평등한 방식으로 사용될 수 있도록 예산의 배분구조와 규칙을 변화시키려는 일련의 활동이자 과정으로 정의하는 것이(김영옥 외, 2007) 일반적이다. 이 정의에서 강조하고 있는 점은 첫째, 성인지 예산이 여성을 대상으로 하거나, 성평등을 직접적인 목적으로 하는 특정 범주의 예산을 의미하는 것이 아니라는 것이고, 둘째, 성인지 예산이 일련의 활동이라는 것이다.

성인지 예산을 활동으로 정의하였으므로 어떤 활동들이 포함되는지를 살펴볼 필요가 있다. 성인지 예산은, 하나는 기술적이고 다른 하나는 정치적인 성격을 갖는 두 활동으로 이루어진다.

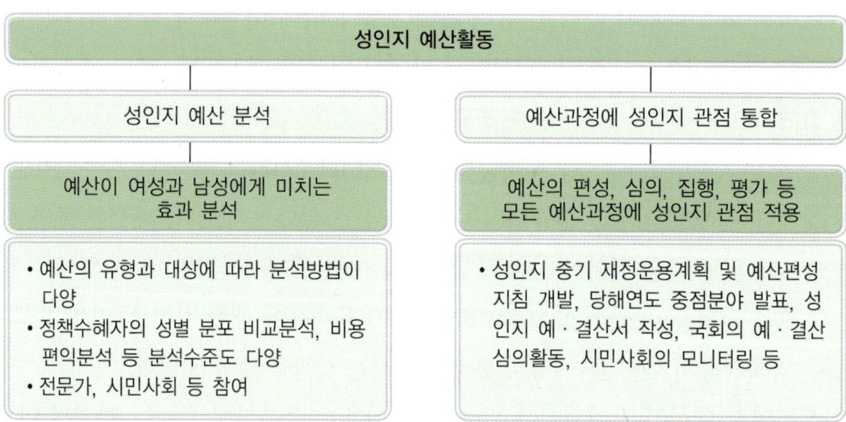

|그림 13-4| 성인지 예산활동

먼저 그림 13-4와 같이 예산이 여성과 남성에게 미치는 효과의 차이를 분석하는 '성인지적 예산 분석' 활동이 있다. 성인지 예산 분석에는 단일한 방법이 있는 것이 아니라, 예산이 세입예산인지 아니면 세출예산인지에 따라, 거시경제정책인지 미시경제정책인지에 따라, 개인을 대상으로 하는 사업인지 아닌지 등 예산의 유형과 특성에 따라 다양하다.

다음으로 예산과정에 성인지적 관점을 통합하는 활동이 있다. 즉 예산의 우선순위 결정, 편성, 심의, 집행, 평가 등 모든 과정에 성인지적 관점을 적용하여 예산 배분 구조를 변화시키는 것이다. 성평등의 성과(outcomes)를 낳도록 예산과 정책을 바꾸는 의사결정을 말한다.

구체적으로 예산 편성 단계에서는 당해연도에 자원이 우선배치 또는 집중되어야 할 분야의 선정, 성인지적 예산 편성 지침의 발표, 성인지 예산서의 작성, 성인지적 중기재정운용계획 발표 등의 활동이 이루어질 수 있다. 예산 심의 단계에서는 국회의 예산 심의 활동, 시민사회의 모니터링 활동 등이 이루어질 수 있다. 예산의 집행 단계에서는 행정부의 예산 집행과 시민사회의 모니터링 활동 등이 포함되며 평가 단계에서는 국회의 결산 심의와 시민사회의 모니터링 결과 발표, 성인지 결산서의 작성 등의 활동이 이루어진다. 이와 같은 다양한 주체들의 활동 결과는 성 형평성(gender equity)을 증진시키도록 세입과 세출을 재구성하는 성과를 낳고, 남녀별 삶의 차이와 특성을 반영한 예산서와 성과보고서 등의 산출물로 연결된다.

3) 성인지 예산의 시행과 과제

이와 같은 배경에서 출현한 성인지 예산은 국가에 따라 매우 다양하게 시행되고 있다. 정부의 정책과 프로그램이 여성에게 미치는 영향을 평가하여 해당 예산과 함께 보여 주는 문서를 발간하거나, 일부 또는 모든 프로그램과 정책이 성평등과 여성의 지위 개선에 어떻게 기여하는지를 평가하여 예산과정에 통합되도록 하기도 한다. 성인지 예산활동의 결과를 공식적인 예산서나 백서형태로 출간하기도 한다.

1984년 호주가 여성예산서라는 이름으로 성인지 예산을 처음 시도한 이래 40여 개국에서 시행하는 것으로 알려져 있다(Stotsky, 2007). 참고자료 13-4와 같이 각국의 성인지 예산활동의 수준이 다르고, 정부, 의회, 시민사회, 여성단체 등 성인지 예산을 주도하는 주체도 다양하게 나타난다. 한편 성인지 예산활동의 대상은 대체로 지출예산에 집중되어 있으나, 수혜대상 범위가 지출예산에 비해 훨씬 넓은 세제에 대해서도 점차 분석이 이루어지고 있다.

참고자료 13-4 다른 나라의 성인지 예산 시도

- 일찍이 호주는 1984년에 여성 예산의 개념을 사용하여 성인지 예산을 공식화한 첫 국가이다.
- 남아프리카공화국은 1995년에 의회가 주도하여 성인지 예산을 시작했고, 가시적인 성과로서 동등소득에 대해 여성에게 과도한 세금을 부과하던 개인소득세의 성차별을 제거했다.
- 영국은 여성단체인 Women' Budget Group이 차기연도 예산서와 재정정책에 대한 논평을 발표한다.
- 인도는 전문가들이 중심이 되어 여성의 요구를 충족하고 성 격차를 줄이는 데 예산 프로그램의 충분성을 평가하였다.
- 멕시코에서는 연방정부와 주정부 및 비정부조직이 연합하여 예산맥락 안에서 성평등과 빈곤완화의 추구를 객관적인 학문적 분석과 결합하고 있다.

출처 : Stotsky(2007)에서 정리.

(1) 성인지 예산 분석방법[5]

거시경제정책의 주요 범주는 외환정책(exchange rate policy), 통화정책(monetary policy), 재정정책(fiscal policy)을 들 수 있다. 이러한 정책들은 경제 안정화, 구조조정정책, 경제조정을 위해서 혼용된다. 성인지 예산 분석의 대상은 이들 정책 중에서 재정정책에 초점이 두어진다. 재무정책은 사회구성원 모두에게 파급효과가 크며, 특히 여성들에게 미치는 영향이 상당하다. 그 이유는 첫째, 재정정책은 거시경제의 균형, 재정과 무역적자, 인플레이션에 영향을 끼치는데, 이것은 실질임금의 변화와 같이 직접적으로 삶의 질에 영향을 끼치며, 간접적으로는 경제성장의 변화를 수반한다. 둘째, 연금, 실업급여와 같은 이전소득이나 공공의료, 교육, 인프라 서비스 등을 창출하며, 사회구성원들 대부분에게 영향

| 표 13-1 | 성인지 예산 대상 예산 범주

세출(expenditure)		세입(revenues)	
이전(transfers)	연금, 실업급여, 보육수당, 모성보호급여 등	세금(taxes)	소득세, 부가가치세, 재산세, 관세, 자본소득세, 상속세 등
보조금(subsidies)	농업생산물, 식량, 수출	이용자부담금	전기요금, 상하수도요금, 교육세, 의료보험료 등
서비스(services)	법률과 같은 공공재, 보건, 교육, 전기, 물, 도로 등	기타 재정	기부금, 양도세, 주류세

출처 : Esim(2000).

5) 이 부분은 김경희(2009)에서 요약 · 발췌하였다.

참고자료 13-5 성인지 예산 분석방법

- 공공 서비스 전달 및 예산 우선순위에 관한 성별수급평가(Gender-Disaggregated Beneficiary Assessment of Public Service Delivery and Budget Priorities)
- 영역별 성인지적 정책평가(Gender-Aware Policy Evaluation of Public Expenditure by Sector)
- 성별 시간사용에 대한 예산 영향 분석(Gender-Disaggregated Analysis of Impact of Budget on Time Use)
- 성인지적 중기 거시경제정책 분석(Gender-Aware Medium-Term Macroeconomic Policy Framework)
- 성별 편익귀착분석(Gender-Disaggregated Public Expenditure Benefit Incidence Analysis)

을 미치기 때문이다(Esim, 2000).

성인지 예산 분석은 세입과 세출 모두에 적용될 수 있다. 성별 영향을 고려할 수 있는 세입과 세출예산의 범주는 표 13-1과 같다.

현재 성인지적 예산 분석을 시도하고 있는 여러 국가에서 사용하고 있는 예산 분석방법은 참고자료 13-5와 같다(Budlender & Sharp, 1998).

위의 다섯 가지 분석도구 중 어느 하나를 온전히 선택하여 사례분석에 적용한 결과는 매우 드물다. 개별 국가의 상황과 특성에 맞추어 분석도구들의 장단점을 선택하여 변용하고 있는 추세이다. 각 분석방법의 특징을 살펴보자.

① 공공 서비스 전달 및 예산 우선순위에 관한 성별수급평가

이 분석도구의 목적은 현행 공공 서비스 전달이 정책대상자들의 욕구를 얼마나 충족시키는지, 정책대상자들의 의견을 수집하여 그 요구에 공공지출이 얼마나 우선적으로 주어지는지를 분석하는 것이다.

이 방법에 필요한 자료는 여론조사(opinion polls)와 태도조사(attitude surveys)의 결과이다. 대체로 개인들에게 요구나 개선사항 등을 개별적으로 물어보는 방식의 양적 방법을 사용한다. 이 외에도 자문회의나 토론 등의 질적인 조사를 통한 자료도 활용될 수 있다. 현재 고려 중인 이슈들에 대하여 관련자들과 토론과정을 거치지만 대표성을 갖지 못하는 한계는 있다.

여론조사와 태도조사는 전체 공공지출과 관련될 때는 재정경제부나 여성 관련 부처에서

매우 유용하고, 특정 지출과 서비스와 관련될 때는 모든 부처에서 활용할 수 있다. 그리고 질적 조사를 통한 자료는 비정부조직과 지역사회에 유용할 것이다.

이러한 방법을 사용하기 위해서는 어떤 목적으로 사용할 것인지 명확히 하고, 성인지적 관점이 반영될 수 있는 질문과 지표를 사용하는 것이 중요하다. 즉 여성과 남성이 편안하게 자신의 생각을 표현하도록 환경을 조성하는 것이 중요하며, 남성과 여성의 상이한 욕구와 우선순위를 확인하는 작업이 중요하다. 젠더변수 이외에 계급, 종교, 민족, 다른 관련된 차이점들을 가지고 분리된 자료를 만들 필요도 있다.

이렇게 해서 만들어진 자료들을 근거로 예산지출을 확인하고 그 결과를 공식화하고 그 함의에 대한 대중적인 공유가 필요하다.

② 영역별 성인지적 정책평가

다양한 성인지적 예산 분석도구에는 회계 전문가들뿐 아니라 여성학자, NGOs 활동가와 같이 외부 비전문가들도 사용이 가능한 성인지적 정책평가방법이 있다(Elson, 2000).

성인지적 정책평가는 예산 지출안(budget appropriation)의 기저에 깔린 정책들의 성별 영향을 평가하는 것이다. 이 방법은 정책과 관련된 자원의 할당이 어떻게 성 불평등을 감소시키거나 증가시키는지 정책의 효과에 대하여 가장 큰 관심을 갖는다. 이 방법에서는 우선 특정 정책이 가지고 있는 성별화된(gendered) 전제들을 검토할 수 있는 정책평가 목록을 구성한다. 이 목록에는 특정 정책의 예산 책정, 사업, 활동에 대한 논의, 공식화된 목적과 실제 집행 사이의 괴리, 정책효과가 개인 여성과 남성에게 미치는 영향의 차이를 파악하는 것이 포함된다.

이 분석의 단점은 총량적인 수준에서 진행되기 때문에 인과관계가 정확하게 예측되지는 않는다는 점이다. 그러나 정부의 내 · 외부 분석가들에게 용이하게 사용될 수 있다는 장점은 있다.

현재 다양한 종류의 정책평가가 정부, 국제금융기구, 의회 그룹, 비정부기구, 독립적인 조사기관에 의해 이루어지지만, 거의 모두 성맹적이기 때문에 성인지적 정책평가의 중요성이 부각되고 있다.

③ 성별 시간사용에 대한 예산 영향 분석

성별 시간사용에 대한 예산 영향 분석방법은 재생산을 위해 수행되는 무급노동이 갖는 거시경제적 의미를 밝히기 위해 정부예산과 가구 시간의 관계를 밝히는 것을 목적으로 한다. 즉 가족, 지역사회 구성원, 병자를 돌보는 일, 요리하고 청소하고 아이들을 돌보고 가

참고자료 13-6 성별 시간사용에 대한 예산 영향 분석 사례

- 재생산 세금(reproduction tax) 계산 : 사회유지를 위해 무급 재생산 노동에 지출되는 개인의 시간 비율을 나타내며 재생산 세금의 변화는 다른 세금의 변화와 연관될 수 있음을 시사한다.
- 사회적 영역의 투입과 산출의 교차표 계산 : 이는 사회적 영역의 공공지출뿐만 아니라 투입과 산출로서의 무급 보호노동을 포함시키는 것이다.
- 가구에서 건강, 교육, 위생, 수송을 포함한 서비스에 지출하는 시간과 돈 계산 : 시간비용의 변화는 공공지출의 변화와 연관될 수 있음을 의미한다. 무급노동을 계산함으로써 총가구생산을 계산하기 위해 전 국가를 대상으로 위성계정이 수립될 수 있고, 정책결정자들은 총가구생산과 변화 사이를 연결할 수 있다.

르치는 일 등 가사일에 투여되는 시간이 주요 분석대상이 된다.

이 방법에 필요한 자료는 가구 구성원들이 시간을 어떻게 활용하는지에 대한 정보를 가구조사를 통해 수집하고 젠더와 연령에 의해 시간사용을 분석한다. 그 예는 참고자료 13-6과 같다.

그동안 성별 시간사용에 대한 공공지출의 변화의 영향 분석은 구조조정정책의 결과로 빚어진 사회 서비스에 대한 예산 삭감이 빈곤층과 여성들에게 부정적인 영향을 미친다는 점을 밝혔다. 대표적으로 Moser(1993)의 연구를 들 수 있다. Moser의 연구에서는 여성들은 더 값싼 물건을 사기 위해 쇼핑시간이 길어지고 요리시간이 길어졌는데, 그 이유는 줄어든 소득 때문이다. Moser는 에콰도르의 한 지역에서는 여성들이 보육과 청소를 희생하고 소득창출과 공동체 관리에 많은 시간을 할애하고 있음을 밝혀냈다. 대신에 성인여성이 해야 할 보육과 청소를 청소녀들이 맡아 하고 있다는 것이다.

이미 일부 국가에서는 시간사용자료를 위성계정을 수립하고 정책이슈를 분석하는 기반

참고자료 13-7 성인지적 거시경제정책 분석방법

- 기존의 변수들을 젠더에 기반하여 적용할 수 있는 모델들에 나누어 넣는다.
- 젠더 관점을 통합하는 새로운 변수들과의 방정식을 도입하고 있다.
- 전통적인 거시경제체계와 젠더와 관련된 체계를 통합하는 새로운 모델을 만드는 시도를 하고 있다.
- 기존 모델의 가정을 변화시키는 것에 주력한다. 경제개혁의 주된 포커스가 이러한 제도들을 변화시키고 있지만, 제도와 개혁의 형태에 대한 분석은 현재 젠더 차원을 간과하고 있기 때문이다.

으로 활용하고 있다. 캐나다는 1978년부터 무급노동의 금전적 가치를 정기적으로 평가하여 공표해 왔고, 1986년에 시간사용조사를 시작하였다. 노르웨이는 1912년부터 무급가사노동의 가치를 평가하였고, 네덜란드는 무급노동이 남녀 사이에서 어떻게 재분배되는지 결정하기 위해 전문가위원회를 만들어서 시간사용자료를 분석하고, 세금과 지출정책과 고용법률에서의 변화를 권고하고 있다. 세계은행은 사적 영역 분석에 사회적 투입 · 산출 분석과 가구계정을 활용하고 있다.

④ 성인지적 중기 거시경제정책 분석

성인지적 중기 거시경제정책 분석은 경제활동에서 남녀의 상이한 역할들을 통합하는 매개적인 차원의 거시경제적 정책들을 만들고자 하는 의도로 개발되었다. 일반적으로 중기 거시경제정책 분석틀은 경제학의 여러 모델들을 사용하고 있으나 젠더 관점을 배제하고 있다는 비판을 받고 있다. 따라서 성인지적 중기 거시경제정책 분석틀은 젠더와 관련된 내용들을 포함시키기 위하여 다양한 방법을 도입하고 있다.

이 방법은 경제학적 지식과 전문성을 필요로 한다. 현재 국제기구, 재정부, 다른 국가기구, 독립적인 조사기관들에 의해 중기 경제 예측에 활용되고 있다. 이 방법이 가져야 하는 전문성 때문에 더 많은 연구개발을 필요로 한다. 따라서 국제사회에서는 중기 거시경제정책 분석틀에 젠더를 통합할 수 있도록 경제학자와 젠더분석가들을 모으고 전략개발을 위한 노력의 필요성을 강조하고 있다. 시간사용 영향 분석방법과 마찬가지로 세입 및 연금제도 등을 포함시켜야 하므로 고도의 전문성을 필요로 한다.

⑤ 성별 편익귀착분석

편익귀착분석(benefit incidence analysis)은 공공지출의 분배적 효과를 추정하는 데

참고자료 13-8 **성인지적 거시경제정책 분석의 효과**

- 거시경제정책에 관한 의사결정에서 성별 균형을 확인할 수 있다.
- 거시경제정책이 논의되는 조직과 포럼의 성별 구성을 확인할 수 있다.
- 경제 핵심분야의 조직적 문화에 대한 성인지성을 확인할 수 있다. 예를 들어 시간활용 형태, 인센티브 체계의 구조, 직업의 현황과 고용의 성별 구성을 알 수 있다.
- 거시경제적 조정(adjustment) 과정에서 젠더의 역할을 확인할 수 있다. 예를 들어, 만일 총통화 수요가 공급을 초과한다면 누구의 시장재 소비를 삭감할 것인가? 조정과정에서 여성의 무급노동은 어떤 역할을 하는가? 등의 문제에 답할 수 있다.

널리 사용되어 왔다. 이 방법은 공공지출의 분배와 지출로 창출된 서비스를 사용할 때 가구의 행위 모두를 고려한다. 이 방법은 두 단계의 방법으로 공공지출의 분배를 측정할 수 있다.

첫 단계는 서비스에 제공된 순수 단위비용을 분석하는 것이다. 수급률은 총지출을 개인 단위로 나누어 단위비용의 가치로 측정하는 것이다. 즉 다음과 같이 계산될 수 있다.

$$\frac{[(\text{해당 서비스 제공에 소요된 연간 총액}) - (\text{사용자 부담금})]}{\text{서비스 단위(가구, 사람)의 연간 총계}}$$

여기에는 특정 서비스를 제공하는 단위비용(예 : 1년 동안 초등학교에 제공하는 비용)과 남성과 여성, 소년과 소녀들이 활용하는 단위비용의 계산을 들 수 있다.

두 번째 단계는 서비스 이용의 유형을 분석하는 것이다. 예를 들면 성별, 계층별, 연령별 이용 현황과 같은 것이다.

수급률 분석을 해마다 축적하면 공공지출이 성별로 수급되는 현황과 추이를 역사적으로 밝힐 수 있다. 이러한 방법은 중앙정부의 통계청과 재정관련 부처들이 가장 잘 개발할 수 있다. 공공지출 수급률을 계산하기 위해서는 공공지출에 관한 성별로 분리된 자료가 필수적이며, 사업을 수행하는 부서에서는 가능한 모든 자료들을 성별로 분리하는 작업이 요망된다. 성별수혜 귀착분석의 결과는 정적인 반면에 그 결과에 대한 해석은 매우 역동적일 수밖에 없다는 특징이 있다. 따라서 귀착분석 결과로 도출된 양적인 결과 이외에 질적인 자료의.수집을 통해 역동적인 해석이 필요하다(Esim, 2000).

실제 이 방법을 실행하는 과정에서는 특정 서비스에 대한 공공지출의 양을 측정하는 것은 복잡한데, 지방자치단체와 중앙정부로 구분되어 운영되기 때문이다. 따라서 자료의 출처가 다를 수도 있고, 비용 단위를 규정하는 문제도 상이할 수 있다. 그리고 실제 단위비용의 기준이 되는 집단은 동질적이 아닐 경우에 평균율을 계산하는 것이 문제가 될 수도 있다. 이 방법이 지닐 수 있는 가장 큰 단점은 정부정책을 주어진 것으로 전제하기 때문에 사후적으로만 사용할 수 있다는 점이다. 이 방법을 활용한 성인지적 예산 분석 사례는 참고자료 13-9와 같다.

참고자료 13-9 공공지출 성별 편익귀착분석 사례

사례 1. The National Public Works Programmes in South Africa

- 1995년 이후 중앙정부 예산에서 이 프로그램에 R 3억 5천만 할당
  The Community Based Public Work Programme은 R 2억 5천만 할당
- 1997년의 평가 결과
  - 다른 나라의 유사한 프로그램의 결과와 비교하여 매우 성과가 좋음
  - 상대적 빈곤 문제와 관련하여 9개 지역에 599개의 프로젝트를 만들어서 지역적 안배가 잘 된 편
  - 그 프로젝트에 고용된 인원 중 41%는 여성, 12%는 청년
  - 여성은 프로젝트가 시행되는 지역의 인구비례에 못 미치는 비율
  - 여성들은 남성에 비해 단순 노무직에 배치, 단기고용, 직업훈련을 덜 받았으며(남성 37%, 여성 32%), 평균임금보다 낮음

출처 : Department of Finance, Republic of South Africa, Budget Review, 1998, Pretoria, pp. 6-44.

사례 2. New Deal Programmes for the Unemployed in UK

- 교육인적자원부 통계에 의하면 이 프로그램의 참가자 중 27%는 여성, 그중 16%만이 장기 실업자
- 한부모정책의 경우에는 참가자의 95%가 여성
- 그러나 이 프로그램 예산의 57%가 청년들에게, 23%가 장기 실업자에게, 8%가 한부모에게 소요

출처 : Katherine Drake, "Into the Mainstream? Why Gender Audits an essential tool for policy makers," New Economy, Vol. 7, No. 2 (pp. 107-110) June 2000.

사례 3. 가나의 의료비 지출에 관한 분석

1992년 가나의 5개 지역에 대한 의료비 지출에 대한 성별 수혜귀착분석 결과는 내원비용이 보건소의 의료 지출보다 현저히 높았다. 단위비용은 다른 4개의 지역보다 아크라 지역에서 높게 나타났다. 전반적으로 여성들이 남성보다 의료 지원의 혜택을 더 많이 받는 것으로 나타났다. 모든 소득 수준의 여성들이 아플 때 의료 지원을 찾고 있으며 현대적인 설비가 있는 의료기관을 찾는 것으로 나타났다. 의료비용은 질병의 정도와 밀접하게 연관이 있는 것으로 나타났다. 이것은 여성들은 자신의 질병이나 부상 정도가 심각해져야 병원을 찾으며 결과적으로 의료비용이 높아지게 되는 것으로 해석할 수 있다(Esim, 2000).

|표 13-2| 정부부처별 성인지 예산(안)

	목표	젠더 차원	활동	예산	성과지표와 수혜
교육부	중등교육의 확대	여학생의 입학률이 낮아, 동일 입학률 달성 및 중등교육의 보편화 달성을 정책 목표로 설정	딸을 중등학교에 보내는 부모에게 지원금 제공(자산조사 병행)	연간 예산 소요액 산출	• 중등학교 입학률에서의 성비 • 남녀 합친 입학률 • 학력상승으로 인한 여학생의 직업역량 향상 등
	목표	젠더 차원	활동	예산	성과지표와 수혜
보건부	에이즈 감염 위험성 감소	안전하지 못한 섹스로부터 자신을 보호할 역량을 제한하는 문화로 인해 여성의 에이즈 노출확률이 높음	안전하지 못한 섹스가 줄 위험에 대해 남성대상 교육 프로그램 개발	교육을 담당할 보건인력의 훈련비용 추정	• 여성감염률의 변화 • 치료비용의 감소 및 건강, 기대수명의 향상

출처 : Stotsky(2007)에서 정리.

(2) 성인지 예산의 과제

이제까지의 성인지 예산의 성과를 평가하자면 먼저 성인지 예산활동의 불안정성을 지적할 수 있다. 호주와 남아공의 경우 초기의 왕성한 활동들이 제도로 정착되지 못했다. 따라서 어떻게 하면 일반예산과정 안으로 성인지 예산이 통합될 수 있는지에 대한 고민이 필요하다. 성인지 예산 제도의 효용성을 드러내고, 폭넓게 정치적 지지를 확보하는 것도 정부 교체에 따른 성인지 예산 제도의 부침을 막는 데 기여할 것이다.

아울러 성인지 예산의 가시적 성과가 제한되고 있는데, 이는 성인지 예산활동의 접근방식이 특정 양식에서 벗어나지 못함으로써 각각의 다양한 맥락에 부합하지 못하기 때문으로 간주된다. 제한된 틀에서 벗어나 대상과제의 특성에 맞게 접근하는 시도가 필요하다(표 13-2 참조). 또한 성인지 예산 분석을 수행할 때, 대상사업에 부합하는 특정 목표를 수립하는 것이 필요할 것으로 보인다. 예컨대 교육부의 경우 '교육에서의 차별 해소' 등으로 목표를 수립하게 되면 수혜가 무엇인지 명료하게 드러날 것이고 목표의 달성 여부에 대한 측정도 가능해질 것이다.

(3) 우리나라의 성인지 예산 제도

2006년 9월에 제정된 「국가재정법」 제16조는 예산의 원칙에 관한 조항인데, 그 조항의 제5호에서 "정부는 예산이 여성과 남성에게 미치는 효과를 평가하고, 그 결과를 정부의 예산편성에 반영하기 위하여 노력해야 한다"고 함으로써 예산의 편성과 집행에 있어서 성인지 관점의 통합을 기본원칙의 하나로 명시하였다. 아울러 동법 26조와 57조에서 각각 성인지 예산서, 성인지 결산서의 제출을 의무화하는 근거조항을 마련하였다.

한편 성인지 예산 관련 조항은 성인지 결산서(안) 마련, 시범사업 등에 필요한 기간을 감안하여 2010회계연도 예산안 편성부터 시행하도록 하였다. 이에 따라 '2010년 성인지 예산서'를 필두로 매년 정부는 국회에 성인지 예산서를 제출하고 있다. '2012년 성인지 예산서'는 그림 13-5와 같은데, 중앙정부 34개 부처의 총 254개의 세부사업에 대한 성별 예산 정보를 담고 있다.

또한 지방재정법이 성인지 예산 제도를 도입하도록 2011년 2월에 개정됨에 따라 지방정부는 2013년 회계연도부터 성인지 예산서를 제출하도록 되었다. 이처럼 우리나라는 예산편성 과정을 따라 성인지 예산서가 작성되도록 함으로써 재정제도의 일환으로 자리 잡았기 때문에 제도 시행의 안정성을 확보했다는 점에서 장점이 있다. 문제는 성인지 예산서

2012년도

성인지(性認知) 예산서

국회	국가보훈처
대법원	국가인권위원회
교육과학기술부	금융위원회
외교통상부	국민권익위원회
통일부	국세청
법무부	조달청
국방부	통계청
행정안전부	경찰청
문화체육관광부	문화재청
농림수산식품부	농촌진흥청
지식경제부	산림청
보건복지부	중소기업청
환경부	특허청
고용노동부	식품의약품안전청
여성가족부	해양경찰청
국토해양부	행정중심복합도시건설청
법제처	

대 한 민 국 정 부

| 그림 13-5 | 2012년도 성인지 예산서 표지

의 작성이 행정적인 절차에 그치지 않고 정부정책의 성차별적인 영향을 개선하고 성평등 달성이라는 성과를 거두도록 실효성을 보강하는 것이라 하겠다.

참/고/문/헌

국회예산정책처(2010), 「국가재정제도 원리와 실제」.

김경희(2009), "성인지 예산 분석 이론 및 사례", 마경희 외, 「성인지 예산제도 추진역량 진단 및 교육안 개발」, 한국여성정책연구원.

김영옥(2008), "한국의 성인지 예산 제도화 경험", 한국여성학회 추계학술대회 발표 논문.

김영옥 외(2007), 「성인지 예산 분석기법 개발 및 제도적 인프라 구축방안 연구」, 한국여성정책연구원.

김영옥 · 마경희 · 김보연(2007), 「해외의 성인지 예산: 다양성과 정책적 선택」, 한국여성정책연구원.

김영옥 · 마경희 · 이은아(2008), 「공공지출이 성불평등에 미치는 영향」, 한국여성정책연구원.

김종숙 외(2005), 여성무급가사노동의 실태와 가치평가, 가계생산의 국민소득계정 통합을 위한 연구보고서, 여성가족부.

마경희 · 최진 · 배유경(2008), 「해외의 성인지 예산: 정부주도 3개국 심층연구」, 한국여성정책연구원.

문숙재 외(2001), 「무보수 가사노동 위성계정 개발을 위한 연구」, 여성부 용역과제.

한국문화관광정책연구원(2005), 「2004년 한국관광위성계정」, 문화관광부 용역과제.

홍태희(2010), "거시경제학과 젠더: 성 인지적 거시경제학 정립을 위한 시론적 연구", 여성경제연구, 7집 1호.

Akram-Lodhi, A. H. & C. L. Hanmer (2008), "Ghosts in the machine: a Post Keynesian analysis of gender relations, households and macroeconomics." in F. Bettio & A. Verashchagina(eds.), *Frontiers in the Economics of Gender*, London: Routledge.

Benería, L. (2003), *Gender, Development, and Globalization: Economics as if All People Mattered*, London: Routledge.

Budlender, D. (2007), "Gender-Responsive Call Circulars and Gender Budget Statements," Guidance Sheet, No. 1, United Nations Development Fund for Women, New York.

Budlender, D. & G. Hewitt (2003), *Engendering Budgets: A Practitioner's Guide to Understanding and Implementing Gender-Responsive Budgets*, London: Commonwealth Secretariat, Available at http://www.thecommonwealth.org/shared_asp_files/uploadedfiles/{FBF59912-40C3-47A6-89C2-F3E5A0EA9B74}Engendering%20Budgets%20final%20doc.pdf (accessed 30 September 2011).

Budlender, D., D. Elson, G. Hewitt, & T. Mukhopadhyay (2002), *Gender Budgets Make Cents: Understanding Gender-Responsive Budgets*, London: Commonwealth Secretariat.

Budlender, D. & R. Sharp (1998), *How to Do a Gender-sensitive Budget Analysis: Contemporary Research and Practice*, London: Commonwealth Secretariat.

Buvinic, M. & E. M. King (2007), "Smart Economics," *Finance and Development*, Quarterly magazine of the IMF, Vol. 44, No. 2, June.

Cagatay, N. (2003), Gender Budgets and Beyond: Feminist Fiscal Policy in the Context of Globalization, *Gender and Development*, Vol. 11, No. 1, May 2003.

Collier, P. (1998), "Women in Development: Defining the Issues," Policy Research Working Paper No. 129, Washington: World Bank.

Council of Europe (2005), Gender Budgeting: Final report of the Group of specialists on gender budgeting(EG-S-GB), *Directorate General of Human Rights*, Council of Europe, Available at http://www.coe.int/T/E/Human_Rights/Equality/PDF_EG-S-GB(2004)RAPFIN_E.pdf.

Esim, S. (2000), "Impact of Government Budgets on Poverty and Gender Equality," *Inter-Agency Workshop on Improving the Effectiveness of Integrating Gender Into Government Budgets*, Commonwealth Secretariat, Malborough House, London, 26-27 April 2000.

Elson, D. (2006), *Monitoring Government Budgets for Compliance with CEDAW*, New York: United Nations Development Fund for Women.

Elson, D. & N. Cagatay (2000), "The Social Content of Macroeconomics," *World Development 28*, no. 7: pp. 1347-1364.

Esplen, E. (2009), *Gender and Care: Overview Report*, Brighton: Institute of Development Studies, University of Sussex.

Grown, C., D. Elson, & N. Cagatay (2000), "Growth, Trade, Finance, and Gender Inequality: Introduction," *World Development*, Vol. 28, No. 7, pp. 1145-1156.

Gutiérrez, M. (ed.) (2003), *Macro-Economics: Make Gender Matter*, London: Zed.

Ironmonger, D. (2000), "Household Production and the Household Economy," Department of Economics Research Paper, No. 759, Dept of Economics, University of Melbourn.

Klasen, S. (2007), "Pro-Poor Growth and Gender Inequality: Insights from New Research," *Poverty in Focus*, International Poverty Centre, March, pp. 5-7.

Mankiw, N. G. (2001), *Principles of Economics*, 2nd edition.

Miranda, V. (2011), "Cooking, caring and volunteering: unpaid care work around the world," OECD Social, Employment and Migration Working Papers no. 116. Available at http://www.oecd-ilibrary.org/docserver/download/fulltext/5kghrjm8s142.pdf?expires=1315319475&id=id&accname=guest&checksum=C316F8F9E446C.

Moser, C. O. N. (1993), *Gender Planing and Development: Theory, Practice and Training*, Routledge, London.

Musgrave, R. A. & P. B. Musgrave (1989), *Public Finance in Theory and Practice*.

Rake, K. (2002), "Gender Budgets: The Experience of the UK's Women's Budget Group," Paper prepared for the conference "Gender Balance-Equal Finance," Basel, Switzerland, March.

Sarraf, F. (2003), "Gender-Responsive Government Budgeting," IMF Working Paper, International Monetary Fund.

Sharp, R. (2003), *Budgeting for Equity: Gender Budget Initiatives within a Framework of Performance Oriented Budgeting*, New York: United Nations Development Fund for Women.

Stotsky, J. G. (2006), "Gender and its Relevance to Macroeconomic Policy: A Survey," IMF Working Paper.

Stotsky, J. G. (2007), "Budgeting with Women in Mind," *Finance and Development*, Quarterly magazine of the IMF, Vol. 44, No. 2, June.

Tanzania Gender Networking Programme (2009), "Who Cares For Us?" Time Use Study of Unpaid Care Work in Tanzania, Tanzania Gender Networking Programme, Dar es Salaam.

UNIFEM-OECD-Nordic Council of Ministers-Belgium Government (2001), Strengthening Economic and Financial Governance through Gender Responsive Budgeting, UNIFEM-OECD-Nordic Council of Ministers- Belgium Government High Level Conference Report, Egmont Palace, Brussels 16-17 October 2001.

UNDP (2008), Making Invisible Work More Visible: Gender and Time Use Surveys with a Focus on the Pacific and Unpaid Care Work. Suva: UNPD Pacific Center, Available at http://www.undppc.org.fj/_resources/article/files/gender%20&%20time%20use%20survey.pdf (accessed 3 October 2011).

Waring, M. (1999), *Counting for Nothing: What Men Value and What Women are Worth* (2nd edition), Toronto: University of Toronto Press.

Waring, M., C. Robert, M. Anit, & S. Meena (2011), *Who Cares? The Economics of Dignity*, London: Commonwealth Secretariat.

World Bank (2001), *Engendering Development: Through Gender Equality in Rights, Resources, and Voice*, New York: Oxford University Press.

CHAPTER 14

저출산 · 고령화 시대의 젠더정책

최 숙 희

1. 저출산 · 고령화 추이와 현황
    1) 저출산 현황
    2) 저출산의 원인 분석
    3) 고령화 추이
2. 저출산 · 고령화의 파급효과
    1) 거시경제에 미치는 영향
    2) 사회보장제도 재정에 미치는 영향
3. 다양한 근무 및 휴가 제도를 위한 정책과제
4. 보육시설 서비스의 양적 · 질적 제고를 위한 정책과제
5. 고령층 일자리 확대를 위한 정책과제

1 저출산 · 고령화 추이와 현황

1) 저출산 현황

2011년 한국의 합계출산율은 1.24명으로 세계최저수준을 지속하고 있다. 한국은 OECD 국가 중에서는 물론이고 세계적으로도 출산율이 가장 낮은 수준이다. 1970년에 4.53명이던 출산율은 꾸준히 감소하여 1980년에 2.83명, 1990년에 1.59명, 2000년에 1.47명, 2010년에 1.23명으로 나타났다. 특히 1983년에는 대체출산율 2.1명보다 낮은 2.08명을 기록한 이후 단 한 번도 2.0명을 회복하지 못하고 지속적으로 하락해 왔으며, 드디어 2005년에 1.08명이라는 초유의 상황까지 발생하였다.

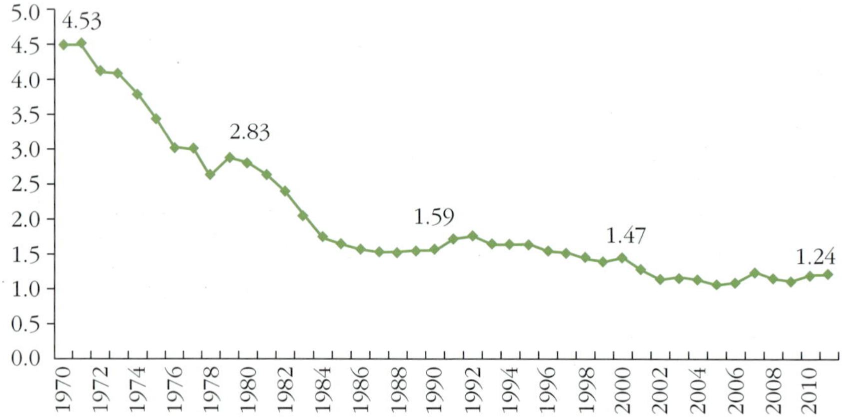

출처 : 통계청 KOSIS DB(인구동태건수 및 동태율 추이, 각 연도).

|그림 14-1| 합계출산율 추이

2) 저출산의 원인 분석

고전적인 합리적 선택모형(rational choice model)에서는 주어진 예산제약과 개인선호 하에서 출산과 결혼이 자녀양육의 경제적 비용과 편익에 의존하는 것으로 가정한다. 따라서 경제발전 정도와 출산율은 반비례하는 것으로 분석되고 있다(Becker, 1981). 선진국에서의 저출산 추세는 자녀양육에 대한 비용이 다른 재화에 비해 상대적으로 비싸지고(자녀를 가지는 편익보다 비용이 더 크기 때문), 가계소득이 낮아지거나 자녀에 대한 개인선호가 변화하는 것 등으로 설명하고 있다. 따라서 공공지원에 의한 자녀양육비용의 경감과 이전지출을 통한 가임기 여성소득의 증가는 자녀에 대한 수요를 증가시킬 수 있다고 주장한다.

그러나 최근에는 합리적 선택모형보다는 문화 및 제도적 제약에 중점을 두는 연구가 많다. 위험기피이론(risk aversion theory)에는 자녀를 가질지를 고려하는 개인의 위험기피(risk aversion) 정도, 확실하게 알 수 없는 자녀에 대한 미래비용과 편익 등이 해당된다. 미래의 경제, 사회, 개인조건에 대한 불확실성이 증가하면 위험을 회피하기 위해 안전한 쪽을 택하게 마련이다. 그 결과 출산율이 하락하게 된다.

그 밖에 선진국에서 나타난 자아실현, 개인만족의 선호, 전통적인 가치로부터의 자유 등 후기물질주의 가치이론(post-materialist values theory)의 출현과 성 역할의 변화[양성평등이론(gender equity theory)] 등을 들 수 있다.

저출산 현상은 복합적인 요인에 의해 결정되며 경제 · 사회 · 문화적 특성을 모두 반영한다. 저출산을 유발하는 요인은 미래 불안정성을 반영한 소득 요인, 자녀의 편익 및 비용과 관련된 자녀 요인, 가치관 요인, 사회 · 직장 요인 등 크게 네 가지로 분류할 수 있다.

각국의 경제 · 사회 · 문화적 특성에 따라 저출산의 주요 요인에 차이를 보인다. 동독과 폴란드 같은 체제전환국의 경우 미래 불안정성 증가에 따른 소득 요인이 저출산을 유발하였다. 이는 자유시장경제체제로의 이행과정에서의 사회 · 경제적 불안정성이 증가했기 때

| 표 14-1 | 저출산의 결정 요인

자녀 요인	소득 요인	가치관 요인	사회 · 직장 요인
• 자녀에 의해 제공되는 지원과 보살핌에 덜 의존 • 다른 재화에 비해 자녀가 제공하는 정신적 편익이 낮아짐 • 자녀양육비용의 증가 • 주택비용(특히 도시 지역) 증가 • 여성의 기회비용 증가	• 여성의 경제적 역할 변화로 가족에 대한 헌신보다 개인경력을 추구 • 소득과 경력에 대한 전망의 감소 • 미래에 대한 불확실성 증가 • 고기술의 수요 증가로 교육기간 연장 • 학교에서 직장으로의 이동이 길어지고 어려워짐	• 자기만족 위주의 후기 물질주의 가치관 • 지속적인 파트너십 유지 곤란 • 결혼보다 동거를 선호하는 가치관 변동 • 파트너십 불안정성 증가	• 가족 내 책임감의 불평등한 분배 • 소득과 경력에서 양성평등이 낮음 • 남성 위주의 복지 시스템과 여성의 경제적 역할과 모순 • 가족과 여성의 역할 변화에 대한 사회관습이 부정적

문이다. 반면 스페인은 보육기능을 수행하던 대가족제도가 붕괴되었으나, 이를 대체할 수 있는 제도 미비 등 사회 · 직장 요인 때문에 출산율이 하락하였다. 스페인의 가족 및 아동 관련 정부지출은 GDP 대비 2.1%에 불과하여 EU 국가 중 가장 낮은 수준을 보이고 있다. 일본이 오랜 정책 실패 끝에 내린 결론은 육아 책임을 여성에만 돌리는 보수적인 가치관이 '소자화(少子化)'의 가장 큰 원인이라는 것이다.

한국에서 지속되고 있는 저출산 현상은 경제 · 사회 · 문화적 특성을 모두 반영한다. 마찬가지로, 저출산을 유발하는 요인으로서 소득 요인, 자녀 요인, 가치관 요인, 사회 · 직장 요인 등 크게 네 가지로 분류할 수 있다.

첫 번째로, 미래의 경제적 불안 증가 등 소득 요인을 들 수 있다. 한국은 외환위기 이후 인력의 구조조정이 상시화되면서 평생직장 개념이 붕괴되고, 비정규직 고용 비중의 상승 등으로 고용불안정성이 증가하였다. 고용불안은 경기가 회복 조짐을 보이는 최근에도 지속되고 있다. 청년실업 및 중장년층의 명예퇴직이 증가함에 따라 미래소득에 대한 불안감도 가중되고 있다. 이러한 노동시장의 불안전성, 교육과정 이수 기간의 증가와 노동시장에 정착할 때까지 가족구성을 연기하려는 여성들의 욕구 등으로 인해 첫째 자녀를 출산하는 여성의 평균연령은 2010년 현재 30.1세로 높아졌다.

두 번째로, 교육비 증가 및 편익 감소에 따른 자녀 요인을 들 수 있다. 도시근로자가구의 월평균 소비지출 중에서 교육비가 차지하는 비중은 1993년 8.7%에서 2009년 14.2%로 크게 증가하였다. 자녀 교육비에 대한 부담이 꾸준히 증가하고 있으며, 특히 보충수업비의 부담이 가장 크게 나타나고 있다. 2008년 조사 결과[1], 자녀의 교육비가 부담된다고 응답한 가구는 전체의 79.8%로, 1996년에 이 항목에 대한 조사가 시작된 이후 계속 증가하였다. 교육비 중에서도 특히 보충교육비는 2008년에 73.0%를 기록해 가장 큰 부담 요인으로 나타났으며, 2000년의 58.0%에 비해 15.0%포인트가 증가하였다. GDP 대비 교육비 비중[2]은 2008년 현재 7.0%로 OECD 전체 4위를 기록했지만, 사교육비 비중은 2.8%로 전체 1위를 기록해 사교육비 부담이 큰 것으로 나타나고 있다. 반면, 노후에 대비하여 자녀에게 기대지 않고 스스로 생계를 해결하거나 노후를 준비해야 하는 추세에 따라 자녀에 대한 노후보장 기대감은 감소하고 있다. 또한 자녀에 의한 노후보장의 형태도 물질적인 지원보다는 정신적인 유대감과 같은 정서적인 지원으로 바뀌는 추세이다.

세 번째로, 개인의 라이프스타일을 중시하는 가치관 요인을 들 수 있다. 개인의 자아실현과 삶의 질을 중시하는 경향이 확대됨에 따라 자녀에 대한 선호가 감소하고 남아선호사

---

1) 통계청, 2008년 사회통계조사 결과(교육 · 안전 · 환경 부문), 2008. 10.

2) 교육과학기술부, 2010년 OECD 교육지표(EAG : Education at a glance) 조사 결과, 2011. 9.

상도 퇴조하고 있다. 출산율에 영향력이 높은 20대의 미혼율이 크게 증가하는 추세이며, 남성과 여성의 초혼연령이 꾸준히 높아지고 있다. 교육기간이 길어지고, 결혼보다 직장생활에 우선순위를 두는 비율이 늘어났기 때문이다. 또한 자유로운 개인생활을 중시하고 자아를 실현하고자 하는 독신자 비중이 꾸준히 증가하고 있다.

마지막 네 번째로, 여성의 경제적 위상 향상에 부합하지 못하는 사회적 여건 미흡으로 인한 사회 · 직장 요인을 들 수 있다. 남녀 임금 격차의 축소 등 양성 차별이 줄어들면서 여권신장과 함께 여성의 경제활동 참여가 증가하는 추세이다. 그러나 실제적으로는 직장, 양육 · 가사 등의 병행이 여전히 어려운 상황에서 기혼 직장 여성들은 직장과 가사 중 하나를 선택하도록 강요받고 있는 형편이다. 또한 이는 미혼 직장 여성의 결혼 연령이 높아지는 원인으로 작용하고 있다. 아직까지 자녀양육은 대부분 부모가 직접 담당하며 보육시설 이용 비율은 저조하다. 20대 어머니의 70~80% 정도가 직접 자녀를 양육하는 것으로 나타났으며, 이는 직장에 다니기 위해서 출산을 포기해야 함을 간접적으로 시사한다.

참고자료 14-1 **딩크족**

딩크족(DINK)은 'Double Income, No Kids'의 줄인 말이다. 여피족(Yuppie)에 이어 최근 미국 베이비붐 세대의 생활양식과 가치관을 대변하는 용어로, 미국 젊은이들 사이에서 크게 유행하고 있다. 그들은 넓고 깊은 사회적 관심과 국제감각을 지니고 상대방의 자유와 자립을 존중하며 일하는 삶에서 보람을 찾으려고 한다. 또한 돈과 출세를 인생의 목표로 삼는 현세대의 표상적인 인간 군상을 가리키기도 한다.

중국에서도 이른바 중국어로 딩커주(丁克族)라 불리는 이들은, 현재 사회지도층의 자녀나 의사, 변호사 등의 젊은 전문직 종사자 부부 사이에서 급속도로 형성되어 전국적으로 확산된 것으로 알려지고 있다. 특히 경제도시인 상하이의 경우 이런 부부들이 높은 소비성향으로 유행을 이끌고 있는 것으로 분석되고 있다.

1997년 국제통화기금(IMF)으로부터 지원을 받게 된 이후 우리나라 현실에서도 딩크족을 강요하는 경제상황과 맞물려 여성의 약 82%, 남성의 약 70%가 딩크족이 되기를 원했다. 이것은 1997년 이전보다 남성은 3배 이상, 여성은 20% 정도 늘어난 수치라고 한다. 그들 대부분이 "집을 마련하고 경제적으로 안정된 후에 아이를 갖겠다"고 생각해 이와 같은 변화가 경제난으로 인한 것임을 뒷받침하였다. 우리나라에서 일고 있는 딩크족 붐은 미국 젊은이들 사이에서 유행하는 것과는 다소 차이가 있으나 기본적인 개념은 같은 맥락이라 하겠다.

이와는 반대로 가정을 중시하고 누에가 고치를 치듯이 가정을 재창조해 이를 소중히 여기는 현상을 가리키는 용어로 코쿠닝(cocooning)이 있다.

3) 고령화 추이

한국은 이미 2000년에 총인구에서 65세 이상 인구의 비중이 7.2%로 고령화사회[3)]에 접어들었다. 2011년의 고령인구 비율이 11.4%로 전망되며, 2017년에 고령사회가 될 것으로 예상된다. 이미 다수의 선진국들이 고령인구 비율 14% 이상인 고령사회로 접어든 상태이다. 평균수명의 연장과 출산율 하락 등에 따른 고령화는 선진국 공통의 현상이다.

영양개선으로 영아사망율이 감소하고, 기초체력이 좋아졌으며, 의학의 발달과 건강에 대한 관심의 증대로 평균수명이 지속적으로 연장되어 왔다. 남자의 기대수명은 1970년 58.7세에서, 2010년 77.2세, 그리고 2050년 85.1세로 증가하고, 여자의 평균수명도 동기간 중 각각 65.6세에서, 84.1세, 89.3세로 전망되고 있다.

2011년의 11.4%는 우려할 만한 수준은 아니다. 그러나 한국의 고령화가 세계에서 가장 빠르게 진행되고 있어 향후 그 부정적 영향이 단기간에 크게 증폭될 것으로 우려된다. 고령인구 비율이 7%에서 20%로 증가하는 데 걸린 기간이 프랑스가 154년, 미국이 94년, 이탈리아가 79년, 독일이 77년, 일본이 36년인 반면, 한국은 26년에 불과하기 때문이다.

한국은 65세 이상 고령인구의 비중이 2017년에 14.0%로 고령사회, 2026년에는 20.8%로 초고령사회에 도달할 예정이며, 2050년에는 37.4%로 세계 최고령사회가 될 것으로 전망된다.

| 표 14-2 | 인구 고령화 속도 추이

구분	도달 연도			증가소요 연수	
	7%	14%	20%	7% → 14%	14% → 20%
일본	1970	1994	2006	24	12
프랑스	1864	1979	2018	115	39
독일	1932	1972	2009	40	37
이탈리아	1927	1988	2006	61	18
미국	1942	2015	2036	73	21
한국	2000	2017	2026	17	9

출처 : 통계청, 장래인구추계 결과, 2006. 11; 장래인구추계 : 2010~2060년, 2011. 12.

3) UN이 정한 고령화사회의 정의에 따르면, 전체인구 중 65세 이상 고령자 비율을 기준으로 7% 이상이면 고령화사회(aging society), 14% 이상이면 고령사회(aged society), 20% 이상이면 초고령사회(super-aged society)로 분류된다.

| 표 14-3 | 인구 및 고령화 전망 추이

구분	2000	2005	2010	2020	2030	2050
총인구(천 명)	47,008	48,138	49,410	51,435	52,160	48,121
유년인구 비중(%)	21.1	19.2	16.1	13.2	12.6	9.9
고령인구 비중(%)	7.2	9.1	11.0	15.7	24.3	37.4

출처 : 통계청, 장래인구추계 결과, 2006. 11; 장래인구추계 : 2010~2060년, 2011. 12.

2 저출산 · 고령화의 파급효과

1) 거시경제에 미치는 영향

저출산의 지속과 고령화가 빠른 속도로 진행되어 2031년부터 인구가 감소하기 시작하고, 인구구성에서 65세 이상의 고령자 비중이 크게 늘어날 전망이다. 예상되는 최대인구수는 2030년에 5,216만 명이며, 2017년부터 고령인구의 비중이 유년인구 비중을 추월할 것이다.

생산가능인구는 2017년부터 감소할 것으로 예측되고 있으며, 2016년에 3,704만 명이 예상되는 최대생산가능인구이다. 또한 생산가능인구의 고령화도 가속화될 것으로 보인다. 생산가능인구 중 25~49세의 비중은 2005년의 59.6%를 정점으로 지속적으로 감소하여 2050년에는 45.2%로 하락하는 반면, 50세 이상의 생산가능인구는 꾸준히 증가하여 2005년 20.5%에서 2050년에 39.1%로 급증할 전망이다. IMF는 "현재의 출산율을 전제할 경우, 한국이 2050년에도 현재의 노동력 공급 수준을 유지하려면 인구의 35%를 이민자로 채워야 한다"고 분석하였다.[4)]

평균수명이 늘어남에 따라 각 개인이 소비해야 하는 기간이 늘어나게 되어 소비증가율은 연평균 2%포인트 감소할 것으로 추정되고 있다. 또한 기대수명이 1년 늘어날 때마다 저축률은 0.8% 증가하지만, 유년 · 고령인구의 저축률은 생산가능인구의 저축률에 비해 크게 낮기 때문에 생산가능인구 비중의 하락으로 총저축률은 감소할 것으로 전망된다. 그리고 정부의 재정적자 확대로 실질 순저축률이 큰 폭으로 감소하여 국민 실질 순저축률도 하락할 것으로 분석되고 있다. 반면, 연금 부담 및 임금상승 등 기업의 부담 증가로 R&D나 신규투자가 축소될 가능성이 높고, 자본증가율 감소를 포함한 총저축률 감소로 투자가

4) IMF, World Economic Outlook, 2004. 9.

| 표 14-4 | 생산가능인구 전망 추이(2000~2050년)

구분	2000	2005	2010	2020	2030	2050
계(천 명)	33,702	34,530	35,983	36,563	32,893	25,347
15~24세 비중(%)	22.8	19.9	18.6	15.5	13.7	15.7
25~49세 비중(%)	58.8	59.6	56.8	51.0	49.4	45.2
50~64세 비중(%)	18.4	20.5	24.7	33.5	37.0	39.1

* 주 : 각 연령의 비중은 생산가능인구를 기준으로 함.
출처 : 통계청, 장래인구추계 결과, 2006. 11; 장래인구추계 : 2010~2060년, 2011. 12.

위축될 것으로 전망된다.

강희돈 · 소인환(2005)은 국민연금과 고령화가 소비 및 저축에 미치는 영향을 분석하였는데, 소비 및 저축에 미치는 영향은 연령계층에 따라 그 방향과 정도에 차이가 나타났다. 국민연금은 주로 청 · 장년층의 소비와 저축의 감소를 가져오는데, 이는 국민연금으로 인해 가처분소득이 줄어 소비가 줄고, 미래연금에 대한 기대감으로 가계저축마저 줄이는 것으로 분석되었다. 고령화는 장년층 이상의 소비 감소와 저축 증가를 유발하는 것으로 나타났다. 1990년대 이후 최근까지 진행되어 온 인구고령화는 저축 증가와 소비 감소를 유발하고 있다. 이는 경제주체들이 인구고령화 현상에 직면하여 모든 연령에서, 특히 노년 시기에 생존할 가능성이 높아지는 것을 인식한 결과 이에 대비하여 예비적 저축을 늘리고자 하는 반면, 소득은 그다지 증가하지 않음에 따라 결국 소비를 감소시키기 때문이다.

반면, 저출산 · 고령화의 급진전은 상품시장 재편에도 영향을 미칠 것으로 전망된다. 저출산과 기대수명의 연장으로 소비자의 소비 패턴이 변화하면서 자녀를 대체하는 애완동물 시장, 저렴한 의약품 시장과 늘어난 노후를 대비한 건강 비즈니스와 재테크 금융상품 시장은 지속적으로 성장할 것으로 전망된다.

저출산 추세가 지속되는 경우 현재 5% 수준인 GDP 잠재성장률이 2020년에 3%, 2030년에 2% 수준으로 낮아질 것으로 전망된다. 인구고령화가 급속한 성장 둔화의 주요 요인으로 작용함을 알 수 있다. 생산가능인구의 감소는 직접적으로 노동 투입요소의 감소로 직결되므로 성장을 둔화시킬 수 있고, 피부양인구 비중의 상승은 저축률 하락을 초래하여 자본축적을 저해함으로써 성장에 직간접적으로 영향을 미칠 수 있다.

문형표 · 김동석(2004)[5]에 따르면, 저출산 추세가 지속되는 경우 현재 5% 수준인 GDP 잠재성장률이 2020년에 3.6%, 2030년에 2.3% 수준으로 낮아질 것으로 전망된다.

김기호(2005)도 고령화가 급속히 진행되는 2030~2050년간 성장률이 평균 2% 수준으

5) 문형표 · 김동석, "인구고령화와 거시경제", KDI, 2004. 12.

| 표 14-5 | 성장률 추이(2006~2050년)

기간	2006~2010	2011~2020	2021~2030	2031~2040	2041~2050	2006~2050
성장률	4.12	3.43	3.33	2.64	1.45	2.87

출처 : 김기호, "인구고령화가 경제성장에 미치는 영향", 한국은행 금융경제연구원, 2005.

로 전망되어 평균 5%대의 성장을 시현하고 있는 2000~2005년에 비해 3%포인트가량 하락할 것으로 추정하였다. 따라서 인구고령화가 급속한 성장 둔화의 주요 요인으로 작용함을 알 수 있다.

2) 사회보장제도 재정에 미치는 영향

국민연금의 적립기금은 소득대체율 40%를 전제할 경우, 2043년에 2,465조 원으로 최고점에 도달한 이후, 2044년에 당해 연도 수지적자가 발생하고 2060년에 기금이 고갈될 예정이다.

이미 두 차례에 걸친 연금개혁을 통해 국민연금 급여 수준이 70%에서 40%(2028년)로 삭감된 점을 감안하면 중장기적으로 보험료를 인상할 가능성이 높다. 1998년 법개정으로 연금 급여율을 평균소득자의 경우 40년 가입기준 70%에서 60%로 하향조정하였고, 2007년 개정에서는 보험료율을 현행 9%로 유지하되 급여수준을 40년 동안 가입한 평균소득자 기준으로 현행 60%에서 2008년에는 50%로 낮추고 이후 매년 0.5%포인트씩 인하해서 2028년에는 40%까지 인하하도록 하였다. 국민연금 고갈을 막기 위해 고령자가 가능한 한 오래 노동시장에 남을 수 있도록 임금피크제 등 다양한 고령자 고용촉진대책을 적극 도입해야 한다.[6)]

2000년 개혁 이래 건강보험 보험료 수입은 급여지출에 미치지 못하여 GDP의 0.2~0.7%에 달하는 적자를 지속하고 있다. 고령화로 인한 건강보험 재정지출 증가를 억제하기 위해 2008년 7월부터 노인장기요양보험제도가 시행되었고, 2006년 말부터 건강보험 의약품 선별 등재 방식(Positive List System)이 도입되었다.

건강보험 진료비 지출 중 65세 이상 노인대상 지출의 비중은 2002년 19.3%에서 2005년 24.4%, 2008년 30.8%, 2009년 31.6%로 증가하였다. 2004~2009년간 진료비는 연평균 11.8% 증가했으나, 65세 이상의 진료비는 19.3% 증가하여 건강보험 지출 증대의 중요한 요인이다. 고령화로 인한 건강보험 재정부담은 시간이 지날수록 더욱 심각해질 전망이다.

6) 해당 추계치는 2008년 제2차 국민연금 재정계산에 기초한 수치이다.

참고자료 14-2 **의약품 선별 등재방식**

약값과 약효를 감안하여 국가에서 가격대비 효과의 우수성이 있다고 판단되는 약재만을 보험급여 가능 품목군에 등재하여 급여토록 하는 제도이다. 이전에는 네거티브제도를 운영하여, 의약품의 경우 식약청장의 품목허가를 받은 모든 의약품은 일부 비급여 항목을 제외하고 건강보험에 등재되는 방식의 보험제도였다. 그러나 2006년 12월 말부터 의약품은 신약 및 신규성분의 경우 비용효과성을 제약회사가 입증하여 보험등재신청을 하면 정부가 임상적 필요성, 경제성 등을 검토하여 건강보험 목록에 등재해 주고 있다.

3 다양한 근무 및 휴가 제도를 위한 정책과제

저출산 문제가 우리 사회에서 중요한 정책과제로 등장하면서 직장과 가사를 병행할 수 있는 사회환경 조성에 대한 연구가 활발하게 진행되고 있다. 일과 가족의 양립이 가능한 근로여건은 여성 고용을 증가시키고, 더불어 출산율 제고에도 효과가 있는 것으로 조사되고 있다. 상대적으로 여성이 가정과 직장생활을 병행해 나갈 수 있도록 제도화가 잘되어 있는 국가일수록 출산이 왕성한 30대 여성의 고용률이 높게 나타난다. EU의 경우 6세 이하 자녀를 둔 여성의 50% 정도가 파트타임으로 일하고 있다. 모든 국가에서 친가족적 근로 환경은 기업의 규모가 클수록, 근로자의 기술 수준이 높을수록, 그리고 공공 부문일수록 잘 조성되어 있다.

d'Addio와 d'Ercole(2005)은 OECD 국가에 대한 횡단면 분석(cross-country analysis)을 통해 보육시설 활용도가 높을수록, 자녀에 대한 직접비용이 낮을수록, 파트타임 직업이 많을수록, 출산휴가 기간이 길수록(단기적), 보육기관 등록률이 높을수록 출산율이 높아진다고 분석했다. 또한 동태적 패널데이터 분석(dynamic panel-data analysis)을 통해, 가족에 대한 현금 이전지출이 높을수록, 육아휴직 기간 동안의 임금대체율이 높을수록, 여성 고용률이 높을수록, 파트타임에서 여성의 비중이 높을수록 출산율이 높아지고, 여성의 실업률과 기회비용이 높을수록, 육아휴직 기간이 길수록(장기적) 출산율이 감소한다고 결론지었다. 전체 실업률이 높을수록 소득의 불확실성이 증가하여 출산율이 하락한다. 실업률은 출산 여부를 결정하는 여성에게 있어 중요한 관심사항이다. 여성 고용률의 증가는 여성의 재정 안정성을 높여 출산 여부 결정에 긍정적인 효과를 발휘한다. 또한 파트타임 고용 등을 통한 근무시간의 유연성은 보육구조의 부족을 보완하여 출산율에 긍정

적인 영향을 미친다. 가정과 직장의 양립은 여성 고용 신장과 출산율 제고라는 두 마리 토끼를 동시에 잡을 수 있는 주요 과제라고 할 수 있다.

스웨덴의 출산율 제고 정책을 분석한 많은 연구는 전반적으로 아동수당이나 세제 지원에 비해 일과 가족의 양립을 지원하는 정책(보육과 휴직)이 효과가 높다는 것을 보여 준다. 모든 정책이 '평생 노동시장 참여 지원'이라는 사회의 전반적인 태도와 연계되어 있는 것이다.

국제적인 비교분석을 통해 얻을 수 있는 시사점은 다음과 같다. 첫째, 가정과 직장이 양립할 수 있도록 정책 시스템을 잘 갖추고 있는 국가일수록 상대적으로 30대 여성의 고용률이 높다. 둘째, 고용과 자녀양육은 대체관계에 있다. 그러나 역설적이게도 최근에는 직장과 가사 양립을 위한 사회 인프라가 구축되어 있는 경우 여성의 고용률과 출산율이 양의 관계를 보이고 있다. 셋째, 가족을 위한 다양한 휴가, 탄력근무제, 자발적인 파트타임 근무제 등 가정과 직장의 양립에 절대적인 탄력적 제도의 중요성이 부각되고 있다.

여성이 직장과 가정을 병행하기 위해서는 파트타임 근무제와 탄력근무제의 활성화가 기본적인 전제이다. 보육시설이 원활히 공급되고, 취학아동의 방과 후 수업이 다양화되어 체계를 갖추더라도 기본적으로는 직장에 다니는 부모의 근무시간에 탄력성이 부여되어야 직장과 가정이 양립할 수 있기 때문이다.

탄력근무제는 미국과 호주에서 발달하였고, 자발적 파트타임 근무제는 일본, 오스트레일리아와 영국에서 가장 발달한 것으로 나타났다. 이들 국가에서는 직장보육시설 → 출산휴가 · 부모휴가, 양육보조 → 파트타임 및 탄력근무제 도입 순으로 선호되는 것으로 나타났다. 한편, 상대적으로 EU 국가에서는 탄력근무제와 파트타임 근무제가 활성화되어 있지 않다.

가족친화적 기업으로 유명한 외국기업들은 출산한 여성들에게 본인의 여건에 따라 선택할 수 있는 다양한 근무 형태를 제안한다. 근로자의 근무만족도를 높여 이직을 줄이고 생산성 향상을 가져와 회사와 개인 모두에게 이득이 되기 때문이다. 미국 경제잡지 「포춘」에 발표된 '미국에서 가장 일하고 싶은 기업 100곳'의 평가 항목에는 육아지원 여부가 포함되어 있다. 미국의 제약업체인 브리스톨마이어스스퀴브의 경우 '탄력근무 옵션제도'를 도입하였는데, 직원이 회사와 협의하여 일정 기간 동안 파트타임으로 전환할 수 있게 하였다. 근무시간을 단축할 수도 있으며, 출퇴근 시간도 자신의 사정에 따라 조정이 가능하다. 급여는 근무시간에 따라 조절된다.

스웨덴 여성의 취업 형태를 살펴보면, 전일제 고용이 50.0%, 시간단축형 고용이 35.1%에 이를 만큼 파트타임 근무제가 보편화되어 있다. 반면, 남성의 경우에는 전일제 고용이

79.0%에 달한다. 근로시간도 여성의 경우 35~40시간이 51.0%로 가장 많지만 20~34시간도 36.3%나 된다. 결국 스웨덴은 여성의 고용률이 80.0% 이상이지만 그만큼 시간단축형 근로 형태도 일반적이라는 사실을 알 수 있다.

한국노동연구원은 여성 고용률이 높은 국가가 출산율도 높다는 결과를 발표하였다. 유럽 국가들은 출산율과 여성 고용률 모두 한국보다 높은 수준으로 조사되었다. 여성 고용률이 80.0% 이상인 스웨덴, 덴마크, 노르웨이는 출산율 1.6명 이상의 중상위권에 분포해 있다.

탄력적인 근로는 가사노동 수행이라는 현실적 제약하에서 기혼여성이 선택할 수 있는 가정과 직장을 양립할 수 있는 핵심적인 고용 형태이다. 다양한 단시간근로 형태의 작업 스케줄이 제시되고 여성의 근로시간에 대한 선호가 적절하게 표출될 수 있다면 잠재인력으로 숨어 있는 기혼여성을 노동시장으로 끌어들이는 것이 가능할 것이다. 이에 따라 정부와 기업은 경쟁력 강화 차원에서 제도 도입을 적극 검토해야 하고, 국가 차원에서는 이를 뒷받침할 법적 토대 마련이 필요하다. 그리고 직장과 가정 생활의 양립에 대한 요구 증가로 이를 위한 연구 · 홍보 · 컨설팅 등 정부의 지원기능에 대한 법적 근거도 필요하다. 또한 고용 형태의 자발적인 선택기반을 강화하기 위해 직업능력을 제고하기 위한 다양한 지원 제도도 강구될 필요가 있다.

근로시간의 탄력성을 확대하기 위해서는 기능 및 노동시간 유연화에 중점을 두어야 할 것이며, 크게 확산되어 있는 비정규 노동자들에 대해서도 차별금지와 남용방지를 통한 보호를 강화해야 한다. 또한 고용보험의 역할을 강화하여 보험가입자의 범위를 확대하고, 고용안정사업, 직업능력개발사업 등 적극적 노동시장정책을 더욱 활성화할 필요가 있다.

일과 가정의 양립에 대한 만족도를 높이기 위해서는 단시간근로가 활성화되어야 한다. 한국의 파트타임 근로자 비율은 8.8%로 OECD 선진국에 비해 매우 낮은 상태이며, 여성 고용 중 파트타임의 비중도 한국이 12.3%에 불과해 다른 비교 국가에 비해 상대적으로 더 낮은 비율이다. 학업, 가사 등 자발적인 이유로 비정규직 근로를 희망하는 여성이나 고령자에 대해서 단시간근로를 활성화할 필요가 있다.

2012년 2월 1일 현재 '육아기근로시간 단축청구권'을 도입하기 위한 「남녀고용평등과 일 · 가정양립 지원에 관한 법률」 개정법률안이 공포되었다. 이 제도는 육아휴직을 활용할 수 있는 근로자가 육아휴직 대신 육아기 근로시간 단축을 청구할 경우 특별한 사유가 없는 한 사업주는 이를 허용하도록 하는 내용을 담고 있다.

이 제도가 활성화되면 그 대상범위를 확대하여 '단시간근로 전환 청구권 제도'로 보편성을 확대할 수 있다. 근로자가 학업, 질병 등의 이유로 단시간근로로 전환하기를 원할 경우 이를 기업 측에게 요구할 수 있게 하는 것이다. 임금은 비례산정방식으로 지급받게 된다. 단시간근로권(part time right)이란 상용근로자가 단시간근로를 원하면 사용자가 정당한 이유가 없는 한 이를 수용해야 하는 제도이다.

단시간근로 전환 청구권 제도가 도입되면 질병이나 육아 등 개인사정에 의해 근로시간을 단축하더라도 정규직을 유지할 수 있어 비정규직 확대를 막을 수 있다. 단시간근로는 가사, 학업과 직장의 병행이 가능하고 기업이 일시적 업무량 증감에 유연한 대처가 가능하도록 하는 등 긍정적 측면이 크고, 청년층, 여성, 고령층의 고용이 확대될 것으로 전망된다.

육아휴직 제도의 정착과 단시간근로 및 탄력근무제의 활성화 등 가족친화적인 기업문화를 조성하기 위해서는 기업의 적극적인 참여가 핵심이다. 따라서 기업의 참여를 촉진할 수 있도록 다양한 인센티브 제도를 강구해야 한다.

현재 정부가 기업에 주고 있는 인센티브는 여성 근로자가 출산할 경우에 파견되는 산업현장 대체인력에 대해 1인당 20만~30만 원을 지원하는 것뿐이다. 따라서 대체인력 채용장려금을 현재의 20만~30만 원에서 더 확대하거나, 월급의 일정 비율로 인상하거나, 대체인력 고용에 따른 임금 등에 대해 법인세를 감면하는 방안을 고려할 수 있다.

여성 고용 확대와 직장과 가정의 병행에 필수적인 육아휴직 제도, 단시간근로 및 탄력근무제를 활성화하기 위해서는 우선적으로 대체인력 문제가 해결되어야 한다. 적절한 대체인력을 공급할 수 있는 '대체인력 뱅크제[7]'와 같은 네트워크가 구축되어야 하고, 대체인력의 숙련도를 높이기 위한 직업훈련도 강화되어야 한다. 육아휴직제, 단시간근로 근무제와 탄력근무제 등의 정착에 기반이 되는 대체인력의 활용을 높이기 위해서는 기업의 적극적인 참여가 필수적이다. 기업의 적극적인 참여를 유도하기 위해서는 보조금 지원, 법인세 감면, 손비처리 확대, 각종 규제의 완화, 모범기업 표창 및 인증 등 여러 가지 인센티브 제도를 모색해야 한다.

2010년 현재 한국의 육아휴직 사용 비율은 55.1% 수준이다. 고용보험의 사각지대에 있는 여성 비정규직 노동자의 경우 출산휴가조차 쓰지 못하는 경우가 많기 때문에 통계에서 제외될 가능성이 높아 실제 육아휴직 사용 비율은 더 낮을 것으로 추정된다. 최근 들어 육아휴직 사용자가 증가하는 추세이지만, 육아휴직 제도가 정착되어 있는 국가와 비교하면 상당히 낮은 편이다. 2004년의 조사 결과, 보육시설에 맡겨지는 0세 영아는 8.2%에 불과한 반면, 가족에게 위탁되는 경우는 28.5%인 것으로 조사되었다. 이에 따라 0세 영아의 대부분이 부모의 양육에 전적으로 의존하고 있음을 알 수 있다. 0세 영아를 둔 직장 여성의 경우 가사와 직장을 병행하기가 쉽지 않고, 결국 퇴사를 결심하는 직접적인 계기가 되

7) 여성 대체인력 뱅크제는 직장 여성의 출산휴가 및 육아휴직 기간에 업무공백을 대체할 수 있는 여성 인력을 확보해 휴가자가 복직할 때까지 업무를 대신하는 제도이다.

고 있다.

따라서 영아를 둔 여성이 향후 지속적으로 직장생활을 영위하기 위해서는 육아휴직 제도가 현재보다 활성화되어야 한다. 영아는 육아에 비해 탁아 비용도 훨씬 많이 들 뿐만 아니라 정서상으로도 부모와 긴밀한 접촉을 필요로 하는 시기이다. 그러므로 가능한 한 부모가 영아에게 많은 시간을 할애할 수 있도록 뒷받침하는 것이 바람직하다. 또한 여성뿐만 아니라 남성도 부모휴가 등의 육아휴직 제도를 적극 활용할 수 있는 사회 분위기를 조성해야 한다. 실제로 스웨덴은 부모보험을 통해서 적극적으로 남성의 육아휴직을 지원하고 있다. 서구 유럽 국가 가운데 여성 경제활동참가율이 높은 나라가 출산율도 높다는 점은 중요한 시사점을 준다.

가족 내 돌봄 기능이 약화됨에 따라, 여성이 담당해 왔던 가족 돌봄을 남성과 여성이 함께, 가족과 사회가 분담할 수 있는 체계를 구축할 필요가 있다. 따라서 장애인 · 치매 등 중증질환자가 있는 가족에게 보호 스트레스를 경감시켜 줄 수 있는 가족간호휴가제를 도입해야 한다. 가족간호휴가제도는 가족이 아플 때 여성근로자에게 3개월에서 최장 1년간 휴가를 주어 가족을 돌볼 수 있게 하는 제도이다. 이 제도를 통해 중증질환자 가족이 있는 직장인은 일정 기간 휴직할 수 있게 되어, 장기보호를 필요로 하는 노인, 어린이, 가족 내 환자 등을 위한 장기적인 간병 보호를 할 수 있다. 미국뿐 아니라 스웨덴, 노르웨이, 핀란드 등 대부분의 서구 복지국가에서 이를 채택하고 있으며, 여성의 고용보장을 위한 권장사항으로 실시하고 있다.

4 보육시설 서비스의 양적 · 질적 제고를 위한 정책과제

한국은 2008년 현재 국공립보육시설 이용 비율이 11.6%에 불과하고, 민간개인보육시설이 53.6%를 차지할 만큼 공공보육시설이 부족한 형편이다. 보육시설 관련 서비스를 제고하기 위한 세부과제로서 민간보육시설의 지원 확대, 영아보육시설의 활성화, 취학아동의 방과 후 과정 다양화 등을 추진해야 한다.

자녀를 둔 여성의 취업 여부와 상관없이 자녀양육의 사각지대를 해소하기 위해서는 보육시설이 개선되어야 한다. 부모들은 국공립보육시설을 선호하지만, 단기적으로나 기존 보육시설의 과잉 등을 고려할 때, 새로운 보육시설을 설립하기보다는 기존의 민간보육시설을 개선할 필요가 있다. 즉 절대적으로 부족한 국공립보육시설(전체 시설의 5.5% 수준)

을 단기간에 확대하기보다는 기존의 민간보육시설 지원을 확대하고 관리 감독을 강화하여 국공립보육시설과 민간보육시설 간의 격차를 줄여 나가야 한다. 현재 정부는 보육시설의 인건비에 대해 국공립의 경우 영아 80.0%, 유아 30.0%, 민간의 경우 영아 30.0%를 지원하고 있어 국공립과 민간시설 간의 지원에 격차를 보이고 있다.

2009년 전국보육실태조사에서 미취학 아동의 부모를 대상으로 취약보육의 필요성을 종류별로 조사한 결과, 미취학 아동의 절반이 넘는 52.8%가 시간제 보육에 대해 필요성을 제기하였다. 이 밖에 야간보육의 필요성이 34.9%, 24시간 보육의 필요성이 11.4%, 휴일 보육의 필요성이 23.4%로 조사되어, 취약보육 중 시간제 보육에 대한 욕구가 가장 높게 나타났다.

자녀를 둔 직장 여성의 경우 과도한 직장 일에 부담을 느끼는 것으로 조사되었다. 자녀를 양육하면서 취업한 어머니의 경우 가장 큰 애로사항은 과도한 직장 일이 34.6%이고, 아이를 맡길 곳이 없다가 17.2%, 아이를 맡기는 비용이 16.4%, 근로시간과 보육시간의 불일치가 10.5% 등으로 나타났다. 영아와 유아로 구분해서 보면 영아는 상대적으로 아이를 맡길 곳이 없다는 비율이 높은 반면에 유아는 근로시간과 보육시간의 불일치를 지적한 비율이 상대적으로 높다.

2008년 12월 현재 전체 보육시설은 3만 3,499개소로 조사되었다. 전체 보육시설 중 국공립시설은 5.5%(1,826개소)에 불과했으며, 민간법인 및 법인 외 시설도 7.3%(2,427개소)였다.

반면, 민간개인시설은 39.7%(1만 3,306개소), 가정시설(놀이방)은 46.3%(1만 5,525개소), 직장시설은 1.0%(350개소)를 차지하고 있다. 이와 같이 정부 미지원시설이 전체 보육시설의 87.0%(2만 9,246개소)를 차지하는 것은 민간시설에 의존하여 운영되고 있는 한국 보육 현장을 여실히 말해 준다. 이는 곧 질 높은 보육 서비스가 제공되기 어렵다는 문제 제

|표 14-6| 취업모의 자녀 자녀양육 관련 애로사항(단위 : %, 명)

구분	아이 맡기는 비용	믿고 맡길 곳이 없음	근로시간과 시설시간이 다름	과도한 직장 일	긴급상황 시 도움받기 어려움	없음	계
전체	16.4	17.2	10.5	34.6	5.4	15.9	100.0(2,082)
영아	20.7	23.5	12.0	31.8	2.1	9.9	100.0(425)
유아	21.8	17.0	17.7	30.1	3.4	10.0	100.0(441)
초등 저학년	14.9	20.5	8.9	35.4	5.6	14.7	100.0(570)
초등 고학년	11.3	10.4	5.8	39.0	8.7	24.8	100.0(646)

출처 : 서문희 외, 2009년 전국보육실태조사 가구조사 보고서, 육아정책연구소, 2009.

| 표 14-7 | 보육시설 연도별 설치 · 운영 현황(단위 : 개소, %)

연도	계	국공립 보육시설	법인 보육시설	민간보육시설			부모협동 보육시설	가정 보육시설	직장 보육시설
				소계	법인 외	민간개인			
1990	1,919	360	–	39	–	–	–	1,500	20
1995	9,085	1,029	928	3,197	22	3,175	–	3,844	87
2000	19,276	1,295	2,010	9,294	324	8,970	–	6,473	204
2005	28,367	1,473	1,495	13,748	979	12,769	42	11,346	263
2008	33,499 (100.0)	1,826 (5.5)	1,458 (4.4)	14,275 (42.6)	969 (2.9)	13,306 (39.7)	65 (0.02)	15,525 (46.3)	350 (1.0)

* 주 : 법인은 정부지원을 받는 사회복지시설만 집계한 것임.
출처 : 서문희 외, 2009년 전국보육실태조사 가구조사 보고서, 육아정책연구소, 2009.

기로 이어진다.

보육시설별 보육아동의 비중을 보면(2008년 12월 말) 국공립보육시설 11.6%, 법인보육시설 9.8%, 민간보육시설 58.4%(민간개인 53.6%), 가정보육시설 18.3%, 직장보육시설 1.7%로 나타났다. 따라서 정부 미지원시설에서 보육되고 있는 아동이 전체의 73.7%로 나타나 보육시설의 서비스 개선을 통한 질적 수준의 제고가 시급하다. 현재 여건에서는 직장보육시설을 활용해 보육시설을 확충하기보다는 지역중심의 보육을 통해 틈새 없는 보육서비스 체계를 구축하는 것이 효율적인 방안이라고 할 수 있다.

| 표 14-8 | 보육아동 현황(2008년 12월 현재)(단위 : 명, %)

구분	보육아동 총계	국공립 보육시설	법인 보육시설	민간보육시설		부모협동 보육시설	가정 보육시설	직장 보육시설
				법인 외	민간개인			
계	1,100,998 (100.0)	128,049 (11.6)	108,326 (9.8)	52,803 (4.8)	589,886 (53.6)	1,520 (0.1)	201,965 (18.3)	18,449 (1.7)
0세	5.1	1.4	1.6	1.4	2.3	0.9	18.8	1.7
만 1세	13.7	9.1	8.9	7.9	8.5	5.9	36.0	12.9
만 2세	23.6	19.5	20.5	18.6	21.5	21.1	34.9	22.2
만 3세	21.7	23.1	24.3	22.9	25.8	23.1	6.9	26.0
만 4세	18.6	24.3	22.7	23.0	21.9	25.3	1.7	22.1
만 5세	14.6	20.3	19.0	19.2	16.8	22.2	1.1	13.9
만 6세 이상	2.7	2.3	3.0	7.0	3.2	1.5	0.6	1.2

출처 : 서문희 외, 2009년 전국보육실태조사 가구조사 보고서, 육아정책연구소, 2009.

여성이 직장과 가정 사이에서 균형을 잃지 않기 위해서는 유아에 대한 보육 서비스가 양적·질적으로 충족되어야 한다. 양적인 측면에서 볼 때 국공립시설 수와 보육아동 수가 민간시설 수와 보육아동 수에 비해 현저히 낮기 때문에 국공립시설을 더 확충할 필요가 있다. 그러나 문제는 국공립시설의 부족이 아니라 국공립과 민간시설 간의 격차다. 따라서 국공립시설을 새로 건립하기보다는 기존의 민간시설에 대한 지원 수준을 국공립시설 수준으로 확대하여 국공립시설과 민간시설 간의 차이를 해소해야 한다. 보육시설 수 자체가 부족한 것이 아니기 때문에 민간시설을 적절히 활용하여 보육시설의 양적 확대를 도모하는 것이 바람직하다.

또한 질적인 개선을 위해서는 정부의 지원을 바탕으로 민간시설에 대한 관리감독을 강화하고, 시설의 수준을 등급으로 표시하는 등 시설인증제의 정착이 요구된다. 그리고 영아 전담, 시간연장형 보육, 휴일보육, 일시보육 등 보육 서비스를 다양화하여 자녀를 둔 직장 여성이 적절하게 활용할 수 있는 체계를 구축해야 한다. 보육 프로그램 자체도 보육시설 단독으로 실행하기보다는 보육 프로그램에 전문성을 가진 단체를 활용하여 여러 기관이 공동으로 활용할 수 있도록 하는 방안을 생각해 볼 수 있다.

우리나라 0세아는 보육시설 이용률이 8.2%, 조부모 돌봄이 26.4%, 친인척 돌봄이 2.1%, 비혈연 돌봄이 3.5%로 보육시설 이용비율이 크게 저조하다. 또한 연령별로 보면, 0~2세 영아의 보육시설 이용률(2008년 12월)은 33.5%이고 3~5세 유아의 보육시설 이용률은 49.9%로 영아와 유아의 보육시설 이용률 격차가 줄어들지 않고 있다. 따라서 0~2세 영아의 보육시설 이용률을 높일 수 있는 영아 보육 활성화 대책이 요구된다.

0~2세 영아의 보육시설 이용률이 낮다는 것은 다각적인 의미를 내포한다. 우선 0~2세 영아 양육을 지원하는 보육시설이 매우 부족하거나 혹은 영아를 안심하고 맡길 곳이 없다는 의미로 여성의 경제활동참가율이 M자형을 그리는 것에 대한 상징성을 지닌다. 특히 고학력 여성이 자녀양육으로 인해 직장을 그만두는 비율이 높게 나타나 국가경쟁력 확보에 걸림돌이 되는 한편 출산율 급강하의 원인이 되고 있다.

초등학교 학생이 학교가 끝난 후 주로 이용하는 기관으로, 일반예체능 및 보습학원 이용

| 표 14-9 | 보육시설 이용률 현황(단위 : %)

연령	보육시설	개인양육 지원
만 0~2세	33.5	27.7
만 3~5세	49.9	23.6
계	41.3	25.8

출처 : 서문희 외, 2009년 전국보육실태조사 가구조사 보고서, 육아정책연구소, 2009.

| 표 14-10 | 초등학교 방과 후 시간 보내는 방법(단위 : %)

구분	보육 시설	학교 방과 후 보육	학원 방과 후 보육	학교 특기 · 적성 프로그램	구립/시립 기관	일반 학원	다니는 곳 없음	계(수)
전체	0.4	1.7	0.1	12.8	4.8	68.5	10.3	4,152
초등 저학년	0.7	3.2	0.2	13.5	4.8	66.7	9.7	1,930
초등 고학년	0.0	0.5	0.0	12.2	4.8	70.0	10.9	2,222
99만 원 이하	0.4	4.7	0.0	26.3	19.6	29.4	18.4	255
100~199만 원	0.65	2.9	0.3	17.45	9.1	48.5	19.2	848
200~299만 원	0.1	2.0	0.2	13.3	3.4	68.45	11.2	1,004
300~399만 원	0.0	0.6	0.15	11.25	2.15	78.15	6.55	886
400~499만 원	0.6	0.9	0.0	8.2	2.4	79.9	6.1	462
500~599만 원	0.0	0.9	0.0	5.6	1.3	87.5	3.4	320
600만 원 이상	0.5	0.8	0.0	6.3	1.9	85.7	3.5	378

* 주 : 사설기관과 유치원은 1% 이하로 표에서 제외.
출처 : 서문희 외, 2009년 전국보육실태조사 가구조사 보고서, 육아정책연구소, 2009.

비율이 68.5%로 가장 높고, 다음은 방과 후 학교 특기 · 적성 프로그램의 이용이 12.8%이며, 이 외에는 5% 미만으로 미미하다. 또한 방과 후에 어떤 기관도 이용하지 않는 비율도 10.3%로 적지 않다. 이는 2004년 조사 결과에 비하여 학원은 비슷한 수준으로 이용하고, 집에서 보내는 비율은 감소한 반면, 공부방/방과 후 프로그램을 이용하는 비율이 높아졌음을 보여 준다.

학년을 구분해 보면 저학년이 학교 방과 후 보육, 학교 특기 · 적성 프로그램 등을 이용하는 비율이 높은 반면, 고학년은 문화센터 등 사설기관, 일반예체능 및 보습학원에서 주로 시간을 보내는 비율이 높다.

가구소득별로 방과 후에 이용하는 기관은 뚜렷한 차이를 보였다. 가구소득이 낮은 가정의 아동은 학교 방과 후 보육, 방과 후 학교 특기 · 적성 프로그램, 구립/시립 기관을 이용하는 비율이 높은 반면, 가구소득이 높은 가정의 아동은 일반예체능 및 보습학원을 이용하는 비율이 높다.

취학아동을 둔 여성이 직장과 가정을 병행할 수 있도록 하기 위해서는 방과 후 과정의 확대가 필수적이다. 학교수업의 연장이라기보다는 학교수업과는 독립적으로 다양한 취미활동을 위한 과정이 필요하다. 따라서 방과 후 과정은 학교교사를 포함하여 학부모, 청년, 은퇴고령자 등 일정한 교육을 이수한 자격자를 지도교사로 선발하여 운영할 수 있으며, 학교뿐만 아니라 학부모회, 시민단체와 지역사회 등이 운영주체가 될 수 있다. 방과 후 과정은 사교육에 대한 수요를 줄여 직접적으로 부모의 사교육비 부담을 줄이고, 안전하게 자녀를 위탁할 수 있는 기회가 될 수 있다는 점에서 취업여성에게 반드시 필요한 대책이다.

방과 후 아동보육교사로는 교원임용 대기인력 등을 활용할 수 있다. 또는 일정 학력 이상의 자원자를 모집하여 소정의 연수훈련을 통해 방과 후 아동보육을 담당할 수 있도록 할 수 있다. 현재는 대학교 등의 평생교육원에서 방과 후 아동지도사를 배출하고 있다.

스웨덴의 레크리에이션 지도교사는 영유아 보육교사와는 구별되는 지위와 자격을 가지며, 교사훈련 교육과정도 다르다. 레크리에이션 지도교사 교육과정은 고등학교를 졸업하고 대학에서 3년간 레크리에이션 지도교사 교육을 받아야 한다. 미국의 전임보육교사는 69.0%가 대학 또는 아동발달 전문과정을 이수하고 있고, 고졸학력은 21.0% 수준이다.

이 밖에 공공 · 민간시설을 개방할 때의 책임소재를 분명히 하기 위한 법적 근거를 마련할 수 있어야 하고, 소요재원에 대한 해결 방안 등도 제시되어야 한다. 방과 후 보육은 아동의 방과 후 시간을 안전하게 보호하게 됨으로써 여성의 취업 기회 확대에도 도움이 된다.

방과 후 아동보육 장소로 초등학교를 개방하는 경우, 운영주체의 문제, 아동의 안전을 위한 조치, 특기 · 적성 교육활동과의 연계 문제, 학부모와 지역사회 주민의 자원봉사자로서의 활용 방안, 수익자 부담 비율 등의 문제를 우선적으로 고려하여 대책을 강구해야 한다. 그 밖에 공공 및 민간시설의 개방 등을 고려해 볼 수 있다.[8)]

방과 후 아동보육교사, 학부모, 지역사회 간 네트워크도 구축되어야 한다. 이에 따라 방과 후 아동보육 관련 정보 서비스를 제공하기 위한 아동보육정보센터의 설치도 요구된다. 또한 방과 후 아동보육 프로그램의 질적 관리를 위해 프로그램과 이를 실행하는 교사, 시설환경 등에 관한 인증제를 도입하는 방안도 마련하는 것이 바람직하다.

5 | 고령층 일자리 확대를 위한 정책과제

가구 빈곤과 관련하여 가장 심각한 분야 중의 하나는 노인가구의 상대빈곤율[9)]이다. OECD(2011)에 의하면 2008년 한국 전체가구의 상대빈곤율은 14.6%로서 OECD평균 10.6%보다 4.0%포인트가 높다. 이에 비해 한국의 65세 이상 노인가구의 상대빈곤율은 45.1%로서 비교대상이 되는 모든 국가에 비해 가장 높은 수준이며, OECD 국가의 평균인

8) 김재인, "방과 후 아동보육의 쟁점 및 제도화 방안", 한국여성개발원, 2003.

9) 상대적 빈곤율은 연간소득이 국민 전체 가처분소득의 중간치의 절반에 미치지 못하는 사람이 전체 인구에서 차지하는 비율을 말한다.

| 표 14-11 | 노인가구의 빈곤율(단위 : %)

국가	65세 이상	성별			가구 종류		전체 인구기준 빈곤율
		여성	남성	성별 차이	1인가구	부부가구	
한국	45.1	47.2	41.8	5.4	76.6	40.8	14.6
캐나다	5.9	8.1	3.1	5.0	16.2	3.9	12.0
스웨덴	6.2	7.7	4.2	3.5	13.0	1.1	5.3
이탈리아	12.8	16.1	8.1	8.0	25.0	9.4	11.4
미국	22.4	26.8	18.5	8.3	41.3	17.3	17.1
일본	22.0	24.8	18.4	6.4	47.7	16.6	14.9
멕시코	28.0	28.5	27.6	0.9	44.9	20.9	18.4
아일랜드	30.6	35.3	24.6	10.7	65.4	9.4	14.8
OECD 평균	13.5	15.2	11.1	4.1	25.0	9.5	10.6

출처 : OECD, Pensions at a Glance 2011, 2011. 2008년 기준임. 강석훈, "글로벌 재정위기하 복지정책이 나아갈 길", 100인 복지포럼, 한국보건사회연구원, 2011. 11.

13.5%의 3.3배에 달하고 있다. 특히 노인가구 중 1인 가구의 경우에는 빈곤율이 76.6%로 1인 노인가구는 네 가구 중 세 가구가 빈곤상태에 빠져 있다.

2009년 한국의 65세 이상 인구의 경제활동참가율(30.1%)은 OECD 국가 중 아이슬란드(35.0%)에 이어 두 번째로 높은 것으로 조사되었다. 2010년 65세 이상 인구의 경제활동참가율은 29.4%로 지난 10년간 30% 내외를 유지하고 있다. 노후소득이 충분하지 않기 때문에 근로를 통해 소득을 보전하고자 하는 욕구에 기인하는 것으로 추정된다.

우리나라 노인인구의 근로의욕은 높은 편이다. 한편, 장래 우리나라의 노동공급구조를 감안한다면 상당 기간 동안은 노동시장에서 노인이 일할 기회가 자연스럽게 확보되지 않을 수 있으므로, 노인 인적자원의 활용은 중장기적으로 우리 사회가 관심을 두어야 할 과제이다.

먼저, 현재 취업상태에 있는 노인들의 고용지속성 확보 방안을 마련해야 한다. 현재 취업하고 있는 노인의 90.2%가 현재 하고 있는 일을 유지하기를 희망하고 있다. 물론 상당수가 농림 · 어업 숙련종사자일 뿐만 아니라 종사상 지위도 자영업자와 무급가족종사자에

| 표 14-12 | OECD 국가의 65세 이상 인구 경제활동참가율(단위 : %)

구분	한국	미국	독일	네덜란드	아이슬란드	스웨덴	일본	영국
2004	29.8	14.4	2.8	3.9	17.5	9.3	19.8	6.1
2009	30.1	17.2	4.1	5.6	35.0	12.7	20.1	7.8

출처 : 통계청, 2010 고령자통계, 2010. 9.

| 표 14-13 | 65세 이상 인구의 경제활동참가율

구분		전체		남자		여자	
		경제활동 참가율	고용률	경제활동 참가율	고용률	경제활동 참가율	고용률
2000	15세 이상	61.2	58.5	74.4	70.7	48.8	47.0
	65세 이상	29.6	29.4	40.7	40.3	22.8	22.7
2007	15세 이상	61.8	59.8	74.0	71.3	50.2	48.9
	65세 이상	31.3	31.1	42.8	42.5	23.3	23.3
2008	15세 이상	61.5	59.5	73.5	70.9	50.0	48.7
	65세 이상	30.6	30.3	41.8	41.4	22.9	22.8
2009	15세 이상	60.8	58.6	73.1	70.1	49.2	47.7
	65세 이상	30.1	29.7	41.5	40.8	22.2	22.1
2010	15세 이상	61.0	58.7	73.0	70.1	49.4	47.8
	65세 이상	29.4	28.7	40.6	39.5	21.7	21.2

출처 : 통계청, 2011 고령자통계, 2011. 9.

집중되어 있어 정책적 개입 여지는 크지 않지만, 향후 잠재노인의 인적자본 향상 등으로 인해 현재보다는 직업분류 및 종사상 지위 등에 대한 다양성이 확보될 것으로 예상됨에 따라 이에 대한 준비는 필요하다. 현재 정부정책으로는 미래 성장잠재력 확보기반 조성을 위해 임금피크제 보전수당 지속 지원 및 정년연장 장려금제도 확대, 계속고용장려금 지원 등이 있다. 60세 이상의 노인에게도 고용유지가 담보될 수 있는 현실적인 보완책이 마련되어야 한다.

또한 경제활동 욕구를 가지고 있는 노인에게 적합한 일자리를 제공하는 정책들이 개선 · 보완 · 연계되어야 한다. 고용노동부는 기존의 각종 고령자 고용촉진 장려금제도 및 2009년 「고용상 연령차별금지 및 고령자고용촉진에 관한 법률」의 시행을 통해 연령차별 금지를 모집, 채용에서 퇴직 · 해고분야까지 단계적으로 확산시키는 준비를 하고 있다. '평생학습계좌제' 및 '내일배움카드제(직업능력개발계좌제)' 등을 추진함으로써 생애에 걸친 평생학습 촉진 및 직업능력 개발 지원을 활성화하고 있다. 다만 정책의 실질적 효과를 누리는 대상층이 60대 미만에 한정되지 않도록 해야 한다. 한편, 보건복지부는 노동시장에서 소외된 65세 이상 노인계층을 위해 요양지원, 아동안전보호 등 사회적으로 유용한 일자리 중심으로 정부에서 직접 인건비를 지원하는 노인일자리사업을 2004년부터 시행하고 있으며 해마다 높은 양적 성장을 보이고 있다. 민간분야에서 노인적합 일자리를 보다 많이 개발해서 보급하는 노력이 필요하다. 또한 보다 근본적으로는 사회적 인식 개선을 통해 시장에서 자연스럽게 고령자 노동의 수요와 공급이 형성되도록 하는 방안을 마련해야 할 것이다.

마지막으로, 근로의욕이 높고 건강한 노인들을 위한 다양한 사회적 참여와 일자리의 정비가 요구된다. 노인 스스로가 노년기로 인식하는 연령이 높아지면서 과반수 이상의 노인이 70세 초반을 노인으로 인식하고 있으며 경제활동과 여가 및 취미활동에 대한 욕구가 높게 나타났다. 노년생활의 연장과 더불어 생산적이고 활동적인 노인이 증가하고 있음을 시사하고 있어 이들이 노후생활을 어떻게 영위하도록 할 것인가는 중요한 사회적 문제로 대두되고 있다. 이들 노년층은 스스로의 경제적 자립과 사회활동 참여에의 욕구가 높으므로 노인 개개인의 욕구에 맞추어 다양한 경제활동과 여가 및 사회활동의 선택이 가능하도록 프로그램이 개발되어야 한다.

참/고/문/헌

강석훈, "글로벌 재정위기하 복지정책이 나아갈 길", 100인 복지포럼, 한국보건사회연구원, 2011. 11.
강희돈 · 소인환, "국민연금과 인구고령화가 민간소비 · 저축에 미치는 영향", Monthly Bulletin, December 2005, 한국은행.
교육과학기술부, 2010년 OECD 교육지표(Education at a glance : EAG) 조사 결과, 2011. 9.
김기호, "인구고령화가 경제성장에 미치는 영향", 한국은행 금융경제연구원, 2005.
김재인, "방과후 아동보육의 쟁점 및 제도화 방안", 한국여성개발원, 2003.
문형표 · 김동석, "인구고령화와 거시경제", KDI, 2004. 12.
서문희 외, 2009년 전국보육실태조사 가구조사 보고서, 육아정책연구소, 2009.
여성가족부, 『2004년도 전국 보육 · 교육 실태조사』, 2005.
최숙희 외, "한일 고령화의 영향과 파급효과", 삼성경제연구소, 2007.
통계청, 장래인구추계 결과, 2006. 11.
통계청, 장래인구추계: 2010~2060년, 2011. 12.
통계청, 2008년 사회통계조사결과(교육 · 안전 · 환경 부문), 2008. 10.
통계청, 2011 고령자통계, 2011. 9.

d'Addio, A. C. & d'Ercole, M. M., Trends and Determinants of Fertility Rates: The Role of Policies, OECD Social, Employment and Migration working papers No. 27, Sep. 2005.
IMF, World Economic Outlook, 2004. 9.
OECD, Pensions at a Glance 2011, 2011.

CHAPTER 15

여성정책과 남녀고용평등정책

김 애 실

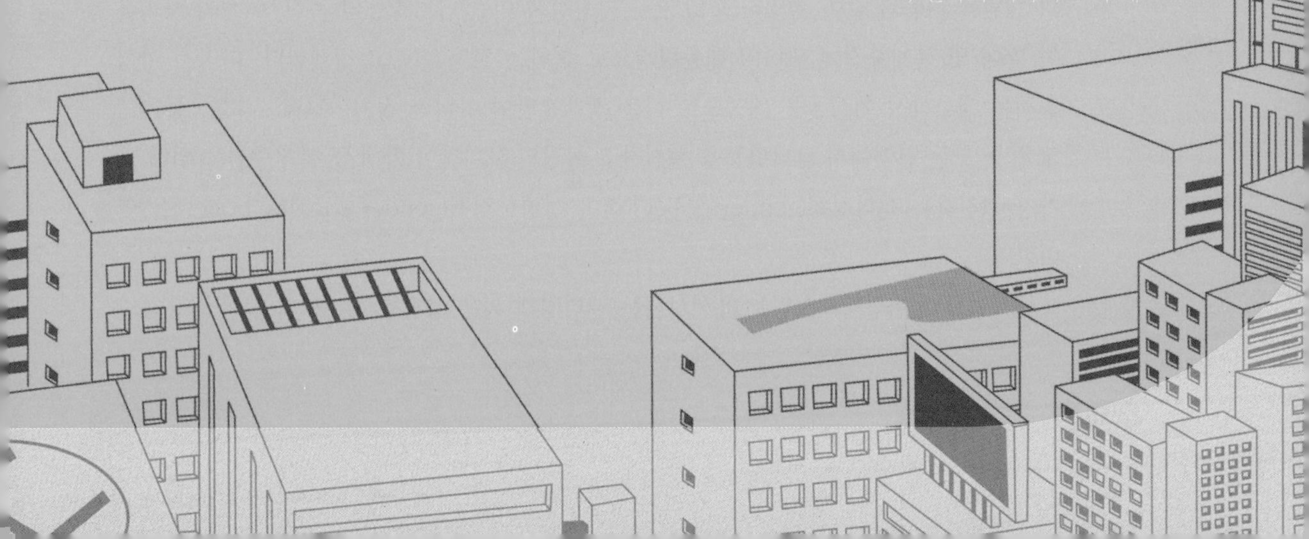

1 세계 여성정책의 흐름

1) 여성정책, 젠더정책, 성평등정책의 개념

흔히 여성정책은 여성을 대상으로 하는 정책이라고 생각하는 사람이 많다. 사실 우리나라에서 1953년도에 「근로기준법」이 제정된 이후 1987년에 「남녀고용평등법」이 도입되기 전까지의 여성정책은 경제발전에 필요한 여성인력을 활용하기 위한 정책수단으로서 생리휴가, 산전 · 산후 휴가, 육아지원 등 여성근로자의 신체적 · 생리적 특성을 보호하는 모성보호정책이 근간을 이루었다. 따라서 1980년대 중반까지 한국의 여성정책은 생물학적 성인 여성을 대상으로 하는 정책을 의미했다고 할 수 있다.

그러나 1980년대 중반 이후 한국의 여성정책은 생물학적 성이 아닌 젠더의 관점에서 성차별과 성불평등의 문제를 제기하고 정치, 경제, 사회, 문화 등 각 분야에서 양성평등을 이룩하는 것을 목적으로 추진하는 정책으로 전환되기 시작했다. 1983년에 여성정책심의위원회가 국무총리 산하기구로 만들어지고 1987년에 「남녀고용평등법」이 제정되었으며 1988년에는 정무장관제2실(현 여성가족부)이 발족되면서 여성관련 법과 제도가 새롭게 구축되기 시작했다. 특히 1995년에는 북경에서 열린 제4차 유엔세계여성회의의 영향을 받아 「여성발전기본법」이 제정되었다. 「여성발전기본법」은 1995년에 제정된 이후 10여 차례의 개정을 거쳐 오다가 2008년 6월 13일에 전문개정되었으며, 동 법률은 한국의 여성정책의 패러다임을 여성을 대상으로 하는 정책에서 성평등을 목적으로 하는 젠더정책으로의 전환을 가져온 한국 여성정책의 기본이 되는 법률이라고 할 수 있다.

「여성발전기본법」은 '헌법의 남녀평등 이념을 실현하기 위한 국가와 지방자치단체의 책무 등에 관한 기본적인 사항을 규정하여 정치 · 경제 · 사회 · 문화 모든 영역에서 남녀평등을 촉진하고 여성의 발전을 도모함을 목적'으로 하는 법률이다. 동 법률 제3조는 여성정책의 개념을 다음과 같이 설명하고 있다. "'여성정책'이란 남녀평등의 촉진, 여성의 사회참여 확대 및 복지증진에 관하여 대통령령으로 정하는 정책"이라고 정의한다. 따라서 여성정책은 생물학적 여성들을 대상으로 하는 정책뿐만이 아니라 정치 · 경제 · 사회 · 문화 · 교육 등 모든 영역에서 남녀평등을 촉진하고 여성의 사회참여 확대 및 복지증진을 위해 국가가 추진하는 젠더정책(gender policy) 혹은 성평등정책(gender equality policy)을 의미한다.

세계적으로 여성정책이라는 용어보다는 젠더정책 혹은 성평등정책을 더 많이 사용하지만 우리나라에서는 여성정책이라는 용어가 보편적으로 사용되고 있다. 따라서 여기서 성평등정책, 젠더정책, 여성정책은 동의어로 사용되고 있다.

2) 세계 여성정책의 흐름[1)]

유엔은 유엔헌장의 남녀평등 원칙에 따라 1947년에 유엔여성지위위원회(UN CSW : UN Commission on the Status of Women)를 창설하고 세계 각국 여성의 지위향상을 위해 여성과 젠더를 유엔의 독립적인 의제로 다루며 세계 여성정책의 흐름을 선도해 왔다. 유엔을 중심으로 변화해 온 세계 여성정책의 흐름을 여성의 주류화(women in development), 성인지 관점의 주류화(gender and development), 성 주류화(gender mainstreaming) 단계별로 살펴본다.

(1) 여성의 주류화(여성 발전)

유엔은 1975년 멕시코에서 제1차 '세계여성회의'를 개최하고 1975년을 '세계여성의 해' 로 선포하였으며 향후 10년(1976~1985년) 동안 '여성의 주류화' 를 전략으로 채택했다. 여성의 주류화는 여성이 경제 · 사회의 발전 과정에서 소외되고 배제되었으며 발전의 혜택이 여성에게 주어지지 않았다는 인식하에 발전과정에 여성이 동등하게 참여하고 발전의 혜택을 누리기 위해서는 모든 발전계획과 수행과정에 여성문제를 통합하는 '여성 발전(women in development)' 전략을 의미한다.

1975년 제1차 멕시코 '세계여성회의'는 세계적으로 여성 문제에 대한 관심을 일깨우는 중요한 계기가 되었고 'UN 여성 10년(Decade for Women)'은 세계 각국이 '세계행동계획' 에 제시된 전략에 따라 여성 문제에 대한 인식과 해결을 위한 국가의 전략을 수립하고 법적 · 제도적 장치를 마련하는 데 크게 기여했다. 그러나 여성의 주류화 전략은 성 역할과 성별분업에 대한 근본적인 비판은 하지 않고 여성들만을 대상으로 성별분업에 기반을 둔 불평등한 현실을 개선하려고 했기 때문에 성별권력관계와 성별분업에 대한 재편을 시도하지 못한 전략이었다는 평가를 받기도 한다(이은아, 2007).

1980년 코펜하겐에서 열린 제2차 '세계여성회의'에서는 '유엔 여성 10년' 의 전반기 성과를 검토하고 「유엔여성차별철폐협약」 서명식을 가졌다. 「유엔여성차별철폐협약」의 정

1) 이은아(2007), "젠더와 여성정책", 「여성학」, 차인순(2007), "진화하는 여성정책", 「성인지 정책」, 여성가족부(2007), 『유엔여성차별철폐협약 이행심의 결과보고서』, 여성부(2002), 『성인지 정책형성을 위한 길라잡이』 등을 참고로 쓴 글임.

참고자료 15-1 **「유엔여성차별철폐협약」 요지**

- 남녀평등과 여성의 발전을 확보할 국내입법의 의무화
- 모성(母性)보호를 위한 조치
- 인신매매 · 매음의 금지
- 투표권 · 공무담임권의 평등
- 국적취득권의 동등과 처의 국적독립권
- 교육과 노동의 기회, 임금 등의 평등
- 결혼 또는 해산에 따른 차별해고 방지
- 사회 · 경제권의 평등
- 농촌여성의 개발이익 향유보장과 평등 확보
- 재산관리 및 사법(司法) 절차에서의 남녀평등
- 여성의 법적 능력을 제한하는 계약 · 문서의 무효
- 가사 책임에 관한 남녀 분담

출처 : 「유엔여성차별철폐협약」 이행 심의 결과보고서, 2007.

식 명칭은 '여성에 대한 모든 형태의 차별철폐에 관한 조약(Convention on the Elimination of All Forms of Discrimination Against Women)'으로 여성에 대한 차별철폐의 실천을 의무화하기 위해 1979년 제34차 유엔총회에서 압도적 다수 국가의 찬성으로 가결된 조약이다. 이 조약은 모든 분야에서 여성차별을 금지하는 내용과 의무이행을 담고 있으며, 세계 각국이 여성에 대한 차별을 철폐하기로 약속을 맺고 가입국들이 매 4년마다 협약이행보고서를 유엔여성차별철폐위훤회에 제출하여 심의를 받도록 하고 있다. 1980년 제3차 '세계여성회의'에서 88개국이 「여성차별철폐협약」에 서명했으며, 한국은 1983년 5월 26일 일부 조항(국적법 관계)을 유보(留保)한 채 89번째 서명국이 되었으며, 2011년 12월 말 현재 186개국이 이 조약에 가입되어 있다. 유엔여성차별철폐협약의 요지는 참고자료 15-1에 정리되어 있다.

(2) 성인지 관점의 주류화(젠더와 발전)

1985년 케냐의 나이로비에서 열린 제3차 '세계여성회의'에서는 '유엔 여성 10년'(1975~1985년)을 마무리하고 여성의 주류화 전략에 대한 평가를 통해 성별 권력관계를 변화시키는 '성인지 관점의 주류화' 전략인 '젠더와 발전(gender and development)'으로 여성정책의 패러다임을 전환했다. '젠더와 발전' 전략은 문제 인식의 초점을 '여성'에서 '젠더' 로 옮기고 여성과 남성의 불평등한 관계 개선을 통해서 여성 문제의 궁극적 해결을 추구하는 전략이다. 구체적인 예를 들면, 출산휴가를 부모 모두에게 주고 육아휴직 기간 중 아버지 사용 의무 기간을 설정한 제도는 여성의 사회참여를 막는 출산과 자녀양육의 문제를 여성 문제로만 접근하지 않고 성인지적 관점에서 접근하는 '젠더와 발전' 전략이라고 할 수 있다.

1985년 나이로비 '세계여성회의'에서는 향후 15년(1985~2000년) 동안 세계 각국이 이행할 「나이로비 여성발전 미래전략(The Nairobi Forward-looking Strategies for Advancement of Women)」을 채택하고, 1995년 북경에서 열리는 제4차 '세계여성회의'에서 각국의 '나이로비 여성발전전략 이행상황' 을 평가한 다음 2000년까지 여성 지위 향상을 위해서 각국이 취해야 할 행동강령을 채택하기로 합의했다.

(3) 성 주류화

1995년 북경에서 열린 제4차 '세계여성회의'에서는 성인지적 관점을 여성정책뿐만 아니라 모든 정책의 결정과정과 집행 및 평가에 적용시켜야 한다는 '성 주류화(gender mainstreaming)' 전략이 새로운 패러다임으로 채택되었다. '성 주류화' 란 성평등이라는 궁극적인 목표를 달성하기 위해서 일반 정책에 관련된 모든 과정에 성인지적(gender sensitive)[2] 관점이 결합되어야 한다는 것이다. 즉, 정책의 기획과 결정, 집행, 평가 등에서 남성과 여성의 특성과 차이를 반영함으로써 정책 효과가 양성평등을 가져오도록 정책이 형성되어야 함을 뜻한다.

'성 주류화' 전략의 실행을 위한 도구로는 성별영향평가(gender impact analysis), 성인지 예산(gender sensitive budget), 성별분리 통계(sex-disaggregated data), 성인지 교육 등이 있다. 성별영향평가는 성분석(gender analysis), 양성평등분석(gender equality analysis)이라고도 하며 법률의 제정 혹은 개정, 정부의 정책과 프로그램 등의 기획, 집행, 평가 등의 전 과정에서 여성과 남성에게 미칠 잠재적 영향을 파악하고 그 개선대안을 마련하기 위한 도구이다. 성인지 예산은 국가와 지방정부의 예산 편성, 심의, 집행, 결산 과정에서 예산이 남성과 여성에게 미치는 영향을 분석하여 성평등을 제고할 수 있도록 예산을 편성하고 집행하는 것을 말한다. 성별분리 통계는 젠더격차의 현실을 정확하게

---

2) 『여성정책 용어사전』에 의하면 "성인지적 관점이란 일반적으로 여성이 남성과 다른 이해와 요구를 가지고 있다고 보면서 여성과 남성의 삶을 비교하고, 여성의 삶의 경험을 반영하며, 특정한 개념이 특정 성에게 유리하거나 불리하지 않은지, 성 역할 고정관념이 개입되어 있는지 아닌지 등을 분석에 적용하는 것을 의미한다. 즉 성별을 중심으로 성별 간의 차이와 차별 그리고 불평등의 문제에 주목하는 것으로 정책이 성별 요구에 민감해지는 것을 의미한다."

참고자료 15-2 **제4차 세계여성회의 '행동강령' 요지**

- 각국 정부는 여성의 빈곤 극복을 위한 거시경제정책과 전략을 수립, 이행한다.
- 교육은 기본권의 하나로 남녀평등을 달성하기 위한 필수적 도구이다.
- 여성은 스스로 임신 · 출산 · 건강을 포함한 성생활의 제반 문제를 결정할 권리를 갖는다.
- 모든 종류의 여성에 대한 폭력의 책임자를 처벌할 수 있는 법령을 제정, 강화한다.
- 분쟁의 평화적 해결을 위한 협상에 여성의 참여를 보장한다.
- 고용과 승진 등에서 직장 내 성차별을 방지할 수 있는 정책과 법을 마련한다.
- 정치 및 정책결정에 여성 비율을 증가시키기 위한 목표를 설정하고 조치를 시행한다.
- 여성정책 전담기구를 정부 내에 설치 강화한다.
- 성희롱, 가정폭력 등 여성에 대한 성폭력에 대한 강력한 대책을 마련한다.
- 여성에 대한 부적절하고 편견적 이미지를 내보내는 미디어는 시정되어야 한다.
- 모든 차원의 환경정책 결정에 있어서 여성의 참여가 활발하도록 보장되어야 한다.
- 여아의 상속권이 차별되지 않도록 법이 제정, 강화되어야 한다.

출처 : 여성부(2002), 『성인지적 정책형성을 위한 길라잡이』.

파악하고 올바른 정책목표를 수립하고 정책수단을 선택하며 성별영향분석을 하기 위한 기초통계를 성별로 분리해서 집계된 통계를 말한다.

1995년 북경 세계여성회의에서는 유엔 여성정책의 규범인 '유엔여성차별철폐협약'과 '나이로비미래전략'의 이행을 위한 구체적인 실천전략인 '행동강령(Platform for action)'을 채택했다. 이 행동강령은 개최지의 이름을 붙여 '북경 행동강령'이라고 불리기도 한다. 행동강령은 지속적인 지구의 발전을 가능하게 하기 위한 전제가 남녀평등의 실현임을 강조하고 모든 분야의 국가정책이 성인지적 관점에서 형성되는 성인지 정책(gender sensitive policy)을 천명하고 있다(김선욱, 1996). 참고자료 15-2는 '북경 행동강령'의 요지이다.

유엔은 1975년에 멕시코에서 개최된 제1차 세계여성회의 이후에 1980년 코펜하겐에서 열린 제2차 회의, 1985년 나이로비에서 열린 제3차 회의, 1995년 북경에서 열린 제4차 회의를 통해서 여성차별철폐협약과 나이로비 여성발전 미래전략을 채택하고 이를 실행하기 위한 구체적인 행동강령을 채택함으로써 유엔 가입국들이 여성에 대한 차별을 철폐하고 실질적인 성평등을 이루기 위한 선도적인 노력을 해 왔다. 그런데 1995년 제4차 세계여성회의 이후에 2012년 현재까지 세계여성회의가 열리지 않고 있으며, 세계 각국의 성평등 이행 정도를 점검하고 평가하여 전 세계가 공동으로 실행할 새로운 전략은 나오지 않고 있다. 그러나 '유엔여성차별철폐협약'은 협약 당사국이 매 4년마다 협약 이행보고서를 유엔 여성차별철폐위원회에 제출하여 심의받을 것을 의무화하고 있기 때문에 우리나라를 포함한 180여 개 국가가 성평등 실현에 관련된 법 · 제도 및 정책시행 결과에 관한 국가 보고서를 유엔에 제출하고 유엔의 심의에 따른 권고사항을 이행하기 위한 후속 조치를 하고 있다.

한편, 선진국들의 경제협력기구인 OECD도 성평등 문제를 주로 경제와 고용노동정책 측면에서 다루어 왔으며 2008년 세계 금융 쓰나미 이후로 급격하게 대두되는 경제성장과 노동시장의 변화를 주도하고 있다. OECD의 '젠더 이니셔티브(Gender Initiative)'는 남녀 모두에게 더 나은 기회를 부여하고 모든 사람이 더 효율적으로 기량을 발휘할 수 있는 성평등이 경제성장의 새로운 요인임을 지적하고, 성평등을 효율적으로 성취하는 방법은 모든 수준의 정책의 성주류화임을 천명하고 있다(OECD, 2012). 이는 OECD가 '북경 행동강령'의 실행을 재천명한 것이라고 할 수 있다. 이에 따라 OECD는 2012년부터 OECD 가입국뿐만 아니라 비가입국들의 성평등 수준의 변화를 시계열과 횡단면으로 비교할 수 있도록 각국의 부문별 젠더 데이터를 발표하는 인터넷 사이트[3]를 출범시켰다. 이제 성평등정책은 장기적이고 지속 가능한 성장과 여성과 남성의 삶의 질 및 사회 전체의 삶의 질 향상을 위해 추진해야 할 핵심 정책과제로 부각된 것이다.

2 한국의 여성정책

1) 한국 여성정책의 흐름

"사용자는 근로자에 대하여 남녀의 성(性)을 이유로 차별적 대우를 하지 못하고 국적 신앙 또는 사회적 신분을 이유로 근로조건에 대한 차별적 대우를 하지 못한다"라는 문장은 1953년에 제정된 「근로기준법」 제6조 조문으로 남녀 근로자에 대한 균등 처우의 원칙을 명시하고 있다. 그러니까 우리나라에서 노동시장에서의 성차별을 금지한 역사는 60년 전에 시작되었다고 할 수 있다. 이 법률에 근거한 성차별 금지와 관련된 정책이 수립 · 추진되었는지 여부는 알 수 없으나 이 조항은 정부 수립 시 선진적인 외국의 제도를 법률에 삽입한 장식적인 조항에 불과한 것이었다는 평가를 받고 있다(이은영, 1999).

3) www.oecd.org/gender.

1953년에서 1960년대까지 한국은 산업화 과정에서 저임금 여성노동력을 필요로 했기 때문에 생리휴가, 산전 · 산후 휴가 등 여성의 신체적 생리적 특성에 대한 보호제도를 도입하고 생산노동에 종사하는 여성들을 위한 기숙사 설치, 특별학급 운영 등에 치중했다. 1970년대부터 1980년대 중반까지는 한국 경제의 고도성장기로 노동력 부족현상을 해결하기 위해 여성인력의 노동시장 진출을 돕는 정책의 필요성이 증대된 시기이다. 따라서 이 시기에는 여성근로자의 인권과 육아지원 문제가 대두되었고 여성노동력에 대한 시혜적 복지제도가 주류를 이루었다. 그러므로 「근로기준법」이 제정된 1953년부터 30년 동안은 노동시장에서의 남녀차별 금지가 법으로는 명시되어 있었으나 여성 관련 정책은 근로여성의 모성보호 및 복지혜택에 초점을 두었고 성평등정책은 부재했던 시기라고 할 수 있다.

1983년은 한국의 여성정책이 성차별과 성불평등의 문제를 제기하고 정치, 경제, 사회, 문화 등 각 분야에서 양성평등을 이룩하는 것을 정책목표로 추진하는 정책으로 전환되기 시작한 해라고 할 수 있다. 1983년에 정부의 여성 관련 정책에 대한 종합적인 심의 · 조정을 위한 여성정책심의위원회가 국무총리 산하기구로 발족되었고 여성관련 연구를 전문적으로 하는 여성개발원(현 여성정책연구원)이 국책연구원으로 설립되었기 때문이다. 1987년에 정부는 제6차 경제사회개발 5개년 계획(1987~1991년)에 여성부문을 포함시켜 교육, 고용, 문화, 복지, 사회활동 및 국제협력 분야별로 여성발전을 위한 구체적인 정책과제를 제시하기 시작했으며 이와 더불어 「남녀고용평등법」이 제정되어 모집 · 채용 · 교육 · 배치 · 승진에서의 남녀차별을 금지하여 노동시장에서의 기회의 평등의 원칙을 정립했다. 이어 1988년에는 정무장관제2실(현 여성가족부)이 발족되면서 여성관련 법과 제도가 새롭게 구축되기 시작했다.

1990년대는 남녀공무원의 육아휴직제, 가사휴직제, 직장보육시설 지원제도, 직장 내 성희롱 금지, 간접차별 금지, 「남녀차별 금지 및 구제에 관한 법률」의 제정 등 여성노동 관련 법의 제 · 개정 및 제도의 도입이 매우 활발하게 이루어진 시기이다.

특히 1995년에는 북경에서 열린 제4차 유엔세계여성회의의 영향을 받아 「여성발전기본법」이 제정되었는데 이 법률은 한국 여성정책의 패러다임을 여성을 대상으로 하는 정책에서 성평등을 목적으로 하는 젠더정책으로의 전환을 가져온 한국 여성정책의 기본이 되는 법률이며, 노동시장에서의 실질적 평등을 실현하기 위한 적극적 조치제도의 근거가 되는 법률이다.

2000년대에 들어 한국의 여성정책은 유엔의 성주류화 전략을 따라 여성정책뿐만 아니라 정부의 일반 정책과 사업의 성인지 정책화를 추진하고 있다. 2002년부터는 정책이 여성과 남성에게 미치는 영향을 분석하고 특정 성(性)에 대해 편파적이지 않도록 정책을 수립하고 집행하는 과정에서 성별에 미치는 영향을 평가하는 성별영향평가 제도, 성인지 예산 제도, 성별분리 통계 작성, 성인지 교육 등 성인지 정책 형성에 필요한 수단을 정책화했다. 그리고 2007년에는 「남녀고용평등법」의 명칭을 「남녀고용평등과 일 · 가정 양립 지원에 관한 법률」로 개정하고 일 · 가정 양립을 지원하는 제도를 확대했으며, 2008년에는 1995년에 제정되어 몇 차례의 개정을 거친 「여성발전기본법」의 전문 개정이 이루어졌다. 「여성발전기본법」은 여성가족부 장관이 '여성정책에 관한 기본계획'을 5년마다 수립할 것을 명시하고 중앙정부와 지방정부가 기본계획에 따른 연도별 시행계획을 수립하고 시행할 것을 의무화하고 있다. 「여성발전기본법」은 정치, 경제, 사회, 문화의 모든 영역에서 남녀평등을 촉진하기 위한 성평등정책의 근간이 되고, 「남녀고용평등과 일 · 가정 양립 지원에 관한 법률」은 고용노동 부문에서의 성평등 실현을 목적으로 하는 고용평등정책의 기본이 되는 법률이다.

2) 「여성발전기본법」과 여성정책

한국의 여성정책은 「여성발전기본법」에 근거하여 수립 · 추진되고 있으므로 이 법률의 목적과 기본이념 및 주요 내용을 살펴보자. 「여성발전기본법」은 "「대한민국 헌법」의 남녀평등 이념을 실현하기 위한 국가와 지방자치단체의 책무 등에 관한 기본적인 사항을 규정하여 정치 · 경제 · 사회 · 문화의 모든 영역에서 남녀평등을 촉진하고 여성의 발전을 도모함"을 목적으로(제1조) 제정되었으며, "개인의 존엄을 기초로 한 남녀평등의 촉진, 모성의 보호, 성차별적 의식의 해소 및 여성의 능력 개발을 통하여 건강한 가정을 이루고 국가와 사회의 발전에 남녀가 공동으로 참여하여 책임을 분담할 수 있도록 함"을 그 기본이념(제2조)으로 하는 법률이다. 여기서 주목할 점은 한국 여성정책의 목적이 정치 · 경제 · 사회 · 문화의 모든 영역에서의 남녀평등 촉진과 여성의 발전을 도모하는 데 있으나, 그 바탕에는 개인의 존엄성에 대한 가치관과 국가와 사회의 발전에 남녀가 공동으로 참여하며 동시에 책임을 분담하는 인식이 있음을 천명하고 있다는 것이다. 여기서 여성정책이란 "남녀평등의 촉진, 여성의 사회참여 확대 및 복지증진에 관하여 대통령령으로 정하는 정책(제3조)"이라고 정의되며, 한국 여성정책의 범위는 참고자료 15-3에 정리되어 있다.

「여성발전기본법」에 의하면 국가와 지방자치단체가 남녀평등의 촉진, 여성의 사회참여 확대 및 복지 증진을 위하여 법적 · 제도적 장치를 마련하고 이에 필요한 재원을 마련할 책무를 가지며(제5조), 여성가족부 장관은 여성정책 기본계획을 매 5년마다 수립해야 하고(제7조), 중앙행정기관의 장, 특별시장, 광역시장, 도지사 및 특별자치도지사는 기본계획

참고자료 15-3 **한국 여성정책의 범위**

① 교육에서의 남녀평등에 관한 정책
② 정책결정과정의 여성참여확대에 관한 정책
③ 고용상의 남녀차별해소에 관한 정책
④ 여성고용촉진 및 안정에 관한 정책
⑤ 여성보건 및 모성보호에 관한 정책
⑥ 여성인적자원의 개발에 관한 정책
⑦ 보육시설에 관한 정책
⑧ 저소득 모자가족의 여성, 미혼모, 가출여성, 장애여성 등 보호를 요하는 여성 및 노인여성의 복지증진에 관한 정책
⑨ 농어촌여성의 복지증진에 관한 정책
⑩ 평등한 가족관계의 확립에 관한 정책
⑪ 성폭력, 가정폭력 등 여성에 대한 폭력의 방지에 관한 정책
⑫ 성매매 방지 및 성매매 피해자 보호 등에 관한 정책
⑬ 가사노동가치의 평가 등에 관한 정책
⑭ 여성의 국제적 평화증진운동 및 국제협력강화에 관한 정책
⑮ 여성의 자원봉사활동에 관한 정책
⑯ 기타 여성의 권익증진에 관한 정책

출처 : 「여성발전기본법」 시행령 제2조.

에 따른 시행계획을 수립 · 시행해야 하며(제8조), 소관 정책을 수립 · 시행하는 과정에서 그 정책이 여성의 권익과 사회참여 등에 미칠 영향을 미리 분석 · 평가해야 한다고 규정하여(제10조) 정책의 성별영향평가를 명문화하고 있다.

동 법률 제15~28조는 국가와 지방자치단체가 추진해야 할 기본시책을 규정하고 있는데 그 주요 내용은 정책결정과정 및 정치참여를 확대하기 위한 방안, 여성의 공직참여를 확대하기 위한 여건 조성, 채용 · 교육훈련 · 승진 · 퇴직 등 고용전반에 걸쳐 남녀평등 실현, 가정 · 학교 · 평생교육에서 남녀평등에 관한 교육, 어린이집 확충, 방과 후 아동보육 활성화, 육아휴직제의 정착, 국제기구나 국제회의에서의 여성참여 확대 등이다.

「여성발전기본법」에 따라 한국의 여성정책은 매 5년마다 수립되는 '여성정책에 관한 기본계획'에 따라서 추진되어 왔는데 '여성정책에 관한 기본계획'에는 다음 각 호의 사항이 반드시 포함되어야 한다(제7조의 ②).

1. 여성정책의 기본방향
2. 여성정책의 추진 목표
   ① 남녀평등의 촉진
   ② 여성의 사회참여 확대
   ③ 여성의 복지 증진
   ④ 그 밖의 여성정책에 관한 주요 시책
3. 여성정책 추진과 관련한 재원의 조달방법

'여성정책 기본계획'은 1998년에 처음 수립되었으며 제1차(1998~2002년), 제2차(2003~2007년), 제3차(2008~2012년)에 걸쳐 수립 · 추진되고 있으며, 여성가족부는 매년 '여성정책 기본계획'의 시행실적과 차기연도 시행계획을 보고한다.

특히 「여성발전기본법」은 제6조에서 여성의 참여가 현저히 부진한 분야에 대하여 '적극적 조치'를 취할 수 있도록 했고 제15조와 제16조에서 적극적 조치가 필요한 부문을 명시하고 있다. 즉, 6조는 ①항에서 국가와 지방자치단체는 여성의 참여가 현저히 부진한 분야에 대하여 합리적인 범위에서 여성의 참여를 촉진하여 실질적인 남녀평등이 이루어질 수 있도록 관계 법령으로 정하는 바에 따라 적극적 조치를 취할 수 있다고 적극적 조치제도 도입을 법제화했으며, ②항에서 여성가족부 장관은 국가기관 및 지방자치단체의 장에게 적극적 조치를 취하도록 권고하고 그 결과를 점검해야 한다고 명시하고, 동 법률 제15조는 ① 국가와 지방자치단체는 각종 위원회 등 정책결정과정에 여성의 참여를 확대하기 위한 방안을 강구해야 한다, ② 국가가 지방자치단체는 다양한 방법을 통하여 여성의 정치 참여 확대를 지원하기 위하여 노력해야 한다고 규정하며, 제16조에서 국가와 지방자치단체는 공무원의 채용 · 보직관리 · 승진 · 포상 · 교육훈련 등을 합리적으로 운영하여 여성의 공직 참여를 확대하기 위한 여건을 조성해야 한다고 명문화함으로써 여성의 정책결정과정 참여, 정치 참여와 공직 참여에 대해 적극적 조치 제도 도입을 뒷받침하고 있다. 적극적 조치는 여성의 참여가 현저히 부진한 분야에 대하여 합리적인 범위에서 여성의 참여를 촉진하여 실질적인 평등을 이루기 위한 잠정적 우대조치로, 현재 정부위원회 여성비율 목표제, 여성공무원 채용목표제, 비례대표 국회의원 여성비율 할당제, 적극적 고용개선조치 등 여성의 참여가 부진한 분야에서 시행되고 있는 제도이므로 뒤의 제4절 '적극적 조치'에서 자세히 다룬다.

결론적으로, 한국의 여성정책은 법과 제도의 측면에서는 선진국의 수준에 이른 것으로 평가되고 있다.[4] 이처럼 한국의 여성정책이 제도적으로 발전할 수 있었던 것은 국내적으

4) 이러한 평가는 참고문헌을 제시할 필요가 없을 정도로 젠더 관련 여성학자들의 공통된 평가이다.

로는 1980년대 이후에 활발하게 전개된 민주화운동과 여성운동 그리고 경제성장 및 국가경쟁력 강화 등 경제정책의 정책수단으로 등장한 여성인력 활성화 전략 등에서 그 원인을 찾을 수 있고, 국외적으로는 1990년대에 불어온 세계화 바람과 더불어 한국의 여성정책이 유엔을 중심으로 한 세계 여성정책의 흐름에 동조할 수 있었기 때문이다.

3) 한국 여성의 지위와 여성정책

이 책의 제2장에서 젠더격차는 정치, 경제, 사회, 교육, 보건, 복지 등 여러 분야에서 그리고 세계 모든 나라에서 발견된다는 것을 보았다.[5] 그리고 젠더격차는 소득이 높은 국가보다 낮은 국가에서 상대적으로 더 크게 나타나고 있는 것을 알았다. 분야별로 비교해 볼 때 젠더격차의 크기가 국가별로 조금씩 다르기는 하지만 세계적으로 공통된 현상이 있는데, 그것은 경제활동참가율, 고용률, 평균임금, 행정 · 관리직 비율, 직장 내 고위직 비율 등은 여성이 남성보다 낮으며 시간제 근로자 비율, 비정규직 비율은 여성이 남성보다 높고 가사 · 육아 · 가족 돌보기 등 무임노동시간은 여성이 남성보다 훨씬 길다는 것이다. 이와 같은 정형화된 젠더격차 현상은 우리나라에서도 동일하게 발견되는 현상이다. 그런데 이런 정형화된 젠더격차 현상 중에서도 우리나라가 다른 나라에 비해 격차가 두드러지게 크거나 국제비교에서 하위 수준에 위치하는 현상들이 있다.

우리나라 15~64세 여성의 경제활동참가율[6]은 2011년 현재 54.9%로 선진국 수준인 70%대에는 훨씬 미달할 뿐만 아니라 OECD 평균 61.8%에도 못 미치고 OECD 국가 중 최하위권에 속한다. 한국 여성의 고용률은 2011년 현재 53.1%로 OECD 평균 63.8%보다 10%포인트 이상 낮으며 OECD 회원국 최하위 수준에 달한다. 또한 여성의 연령계층별 경제활동참가율 패턴은 20대 후반에서 30대 초반에 함몰되는 M자 형태에서 수십 년 동안 벗어나지 못하고 있다. 그런가 하면 우리나라 대졸여성의 경제활동참가율은 OECD 국가 중 가장 낮은 수준이고, 2007년 대졸여성의 60.9%만 취업을 했는데 이는 평균 대졸여성 취업률이 79.9%인 OECD 국가들 중 최하위 수준이며, OECD 30개국 중에서 임금격차도 가장 커서 여성임금은 남성보다 38% 낮다. 미국의 주요 신문에 보도된 한국의 성불평등과 한국의 일하는 여성들이 겪는 고통에 관한 기사에 의하면 "한국의 2009년 GEI(gender equality index)는 0.594(100점 만점에 59.4점)로 수년 동안 F학점에서 벗어나지 못하고

---

5) 자세한 내용은 제2장 젠더격차의 현실과 이해 참조.

6) OECD 경제활동참가율은 만15~64세 인구 기준으로 하고 ILO 기준은 만15세 이상 기준이므로 ILO 기준을 따르는 우리나라 국내 통계보다 높다.

|표 15-1| 한국 여성의 경제 · 사회적 지위 순위

지수명/발표기관	한국 순위	연도	지수 구성요소
남녀평등지수(GDI) /UNDP	25위/155 30위/143	2009 2000	평균기대수명 문자해득률 취학률 남녀추정소득
여성권한척도(GEM) /UNDP	61위/109 90위/116	2009 1995	국회 여성의원 비율 행정 · 관리직 여성 비율 전문 · 기술직 여성 비율 남녀 소득비율
젠더격차지수(GGI) /WEF	107위/135 92위/115	2011 2006	경제활동참가 교육 참여도 건강과 생존 정치적 역량강화

* 주 : GDI(Gender Development Index), GEM(Gender Empowerment Measurement), GGI(Gender Gap Index), UNDP(United Nations Development & Planning), WEF(World Economic Forum).

출처 : 김정숙(2011) 재인용.

있다"[7]고 한다. 과연 한국의 성평등지수는 F학점일까? 몇 가지 지수를 사용하여 한국 여성의 지위를 국제적으로 비교해 보자.

표 15-1은 GDI, GEM, GGI 지수로 평가한 한국 여성의 지위를 보여 준다.

한국은 1998년부터 매 5년마다 3차에 걸쳐 '여성정책 기본계획'을 수립하고 정책목표를 제시하며 실행 과제들을 선정해 정책을 추진해 왔으며, 1994년부터는 4차에 걸쳐 '남녀평등과 일 · 가정 양립 기본계획'을 수립 · 추진해 왔다. 그럼에도 불구하고 국제적으로 한국 여성의 지위가 낮게 평가되고 여성의 경제활동참가율은 선진국에 비해 낮은 수준이며, 결혼과 출산을 전후하여 여성의 경제활동참가율이 급격히 떨어지는 M자형, 이른바 경력단절현상도 여전히 개선되지 않고 고학력 여성의 취업이 힘든 것이 현실이다. 양성평등을 이루기 위한 법 · 제도와 정책 그리고 현실 간에는 거리가 있다는 것이다. 선진국 수준의 법 · 제도와 후진국 수준의 여성의 지위 간의 거리를 좁히는 방법은 현실을 정확하게 파악하고 실행 가능한 목표를 설정하며 합리적인 정책수단과 전략으로 정책을 집행하는 것이다. 그리고 정책 결과를 평가하고 다시 새로운 정책에 결과를 피드백하는 작업이 필요하다.

정부는 제4차 '남녀고용평등과 일 · 가정 양립 기본계획'에서 2007년 현재 54.8%(15~

7) 「Korea Times」 2010. 3. 4.

64세, OECD)에 머물고 있는 여성 경제활동참가율을 2012년까지 선진국 수준(OECD 평균)인 60.0%로 높인다는 목표를 세웠다. 그리고 이를 위해 여성일자리를 확대하고 여성의 특성을 고려한 직업능력을 지원하는 등 여성고용 확대정책을 추진하겠다고 했다(고용노동백서, 2010). 그러면 한국 여성 경제활동참가율을 2007년의 54.8%에서 2012년에 60.0%로 끌어올리겠다는 목표는 실현 가능한 목표일까?

여성 경제활동참가율을 2012년까지 60.0%로 증가시키려면 2007년부터 5년 동안에 여성 경제활동참가율이 5.2%포인트 증가해야 된다. 여성의 경제활동참가율을 5년 동안에 5.2%포인트 증가시킨다는 목표는 실행 가능한 목표인가? 현실을 정확하게 파악하기 위해서 그동안 한국의 여성 경제활동참가율이 증가해 온 속도를 살펴보자. OECD 통계에 의하면 한국의 여성 경제활동참가율은 1990년 49.9%에서 2010년에 54.5%로 증가했다. 20년 동안에 4.6%포인트 증가한 것이다. 20년 동안에 4.6%포인트 증가했는데 5년 동안에 5.2%포인트를 증가시킬 수 있겠는가? 여성의 경제활동참가율 증가 추세를 정확히 파악하고 있다면 60.0%라는 목표치는 실현 가능성이 전혀 없는 것이 분명하다. 그럼에도 불구하고 2012년까지 여성 경제활동참가율을 OECD 평균인 60%로 끌어올리겠다는 발표를 한 것은 정책목표의 허구성을 짐작케 하는 것이다.

만일 정책당국이 5년 동안에 목표에 도달할 계획을 세웠으면 연도별 목표도 설정해야 한다. 그런데 통계를 보면 2011년 한국의 여성 경제활동참가율은 54.9%(OECD Employment Outlook, 2012)로 4년 동안에 여성 경제활동참가율은 겨우 0.1%포인트 증가하는 데 그쳤다. 물론 이렇게 낮은 증가폭은 2008년의 세계금융위기의 영향을 받았기 때문이라고 할 수 있다. 그러나 만일 1990년에서 2010년까지 20년 동안에 5%포인트 정도 증가한 한국의 여성 경제활동참가율 증가 추세가 그대로 지속된다면 한국이 OECD 평균인 60%에 도달하려면 20년 이상이 걸리고, 선진국 수준인 70%대에 도달하려면 60년 이상이 걸릴 것으로 추산된다. 합리적이고 실현 가능한 목표를 설정하는 것이 정책의 기본이다. 만일 목표치를 기간 내에 달성하겠다는 계획이 분명하면 그 정책목표를 이룰 수 있는 가장 효율적인 정책수단을 도입해서 추진해야 하는 것이다. OECD 평균 수준만큼 한국 여성들의 경제활동이 촉진되기 위해서는 획기적인 방안이 마련되었어야 한다. 여성의 경제활동을 저해하는 직접적인 차별뿐만 아니라 간접적인 차별을 철폐하고 경력단절 현상의 원인을 제거해야 하며, 일과 가정의 양립이 가능한 획기적인 정책과 함께 양질의 여성일자리 창출 계획 등이 함께 추진되어야 한다.

그런데 독일과 네덜란드의 경우를 보면, 여성의 경제활동 참여가 매우 빠른 속도로 진행될 수 있는 가능성을 보여 준다. OECD 통계에 의하면 1990~2010년에 독일은 여성 경제활동참가율이 55.5%에서 70.8%로 15.3%포인트 증가했고 네덜란드는 53.1%에서 72.6%로 19.5%포인트 증가했다(OECD, 2012). 독일과 네덜란드 사례는 국가의 고용정책과 관련 제도 및 일자리 창출 능력 등에 따라서 여성 경제활동참가율이 획기적으로 제고될 수도 있음을 시사하는 것이다.

한국 대졸여성의 고용률이 OECD 국가 중에서 가장 낮은 점도 정책적인 노력으로 획기적으로 개선되어야 할 문제이다. 고학력 여성이 일할 수 있는 분야인 전문직, 행정직, 관리직 등에 여성비율이 매우 저조한 문제와 성별 직업분리로 인해 특정 직업에 특정성이 매우 적은 과소대표성 문제의 해결이 없이 한국 여성의 지위는 개선되기 어렵다. 효율적인 적극적 조치 제도의 도입은 빠른 시일 내에 한국 여성 고용의 양과 질을 개선할 수 있는 하나의 방안이 될 수 있다.

3 한국의 남녀고용평등정책

1) 남녀고용평등정책 패러다임의 전환

우리나라의 남녀고용평등정책은 「남녀고용평등법」에 근거하여 수립 · 추진되어 왔고, 2008년부터는 「남녀고용평등과 일 · 가정 양립 지원에 관한 법률」에 근거해 수립 · 추진되고 있다. 이 두 법률은 동일한 법률이지만 법률의 명칭과 법률의 목적 및 내용이 다른 법률이며, 우리나라 남녀고용평등정책의 패러다임이 다른 법률이라고 할 수 있다. 우선 「남녀고용평등법」과 「남녀고용평등과 일 · 가정 양립 지원에 관한 법률」의 차이점을 간단히 살펴보자.

「남녀고용평등법」은 "헌법의 평등이념에 따라 고용에서 남녀의 평등한 기회 및 대우를 보장하며 모성을 보호하고 직업 능력을 개발하여 근로여성의 지위 향상과 복지 증진에 기여하기 위함"을 목적으로 1987년에 제정된 법률로, 모집 · 채용에서의 기회의 평등을 보장하고 임금 · 배치 · 교육훈련 · 승진 · 정년 · 퇴직 등에서의 남녀차별을 금지한 법률이다. 동법률은 몇 차례의 개정을 거치면서 동일가치노동 동일임금의 원칙이 확보되고 고용차별의 개념이 직접적인 차별에서 간접적인 차별의 개념까지 확대되는 등 우리나라 여성노동정책의 대표적인 법률로 발전해 왔다(강이수 · 신경아, 2001). 그런데 「남녀고용평등법」은 2007년 12월에 법률 명칭이 「남녀고용평등과 일 · 가정 양립 지원에 관한 법률」로 개정되면서 법률의 목적이 전문 개정되었고 적극적 고용개선조치와 일 · 가정 양립 지원에 관련된 새로운 제도가 추가되는 등의 전면 개정이 이루어졌다. 그리고 동 법률은 다시 2010년 6월에 분쟁의 예방과 해결을 위한 상담지원과 명예고용감독관 제도를 추가하는 등의 개정이 이루어졌다.

「남녀고용평등과 일 · 가정 양립 지원에 관한 법률」은 「남녀고용평등법」을 개정한 법률인데 법률의 목적이 다른 것이 가장 큰 차이점이다. 「남녀고용평등과 일 · 가정 양립 지원에 관한 법률」의 목적은 "헌법의 평등이념에 따라 고용에서 남녀의 평등한 기회와 대우를 보장하고 모성보호와 여성고용을 촉진하여 남녀고용평등을 실현함과 아울러 근로자의 일과 가정의 양립을 지원함으로써 모든 국민의 삶의 질 향상에 이바지하는 것"이다. 법률의 목적이 종전의 '여성의 지위향상과 여성의 복지증진' 으로부터 '모든 국민의 삶의 질 향상에 이바지함' 으로 변경된 것이다. 이는 우리나라 남녀고용평등정책의 패러다임의 변화를 의미한다. 그리고 평등의 범위가 공적 영역인 노동시장에서 사적 영역인 가정까지 확대되고 기회의 평등을 넘어 실질적인 평등을 이루는 것을 뜻한다. 「남녀평등실현과 일 · 가정 양립지원에 관한 법률」은 '국민의 삶의 질 향상에 이바지함' 이라는 궁극적 목적이 있으며, 이를 달성하기 위한 정책수단으로 '남녀고용평등' 과 '일 · 가정 양립 지원' 을 설정하고 있는데, 이 두 정책수단을 통해서 이루게 되는 진정한 남녀평등이 국민의 삶의 질을 개선하는 데 이바지할 것이라는 것이다. 이는 젠더 문제에 대한 인식의 변화를 반영하는 것이며, 노동시장에서의 기회의 평등만으로는 남녀 모두의 삶의 질이 향상될 수 없음을 의미하는 것이다.

모든 정책에는 정책목표와 정책수단이 있다. 정책목표는 정책을 통해서 달성하고자 하는 바람직한 상태를 의미하며 그 정책이 추구하는 가치관을 반영한다. 좋은 정책이란 현실을 명확하게 파악하고 현실에 대한 문제의식에서 출발하여 도달하고자 하는 정책목표를 설정한 다음, 가장 효율적인 정책수단을 선택하여 정책을 수립 · 추진하는 것이다. 그런데 바람직한 상태는 가치관으로부터 자유로울 수 없기 때문에 정책목표는 가치관으로부터 자유로울 수가 없다. 그리고 정책목표는 최종목표, 중간목표, 하위목표 등 체계적으로 설정될 수 있고 그 정책을 통해서 궁극적으로 이루기를 소망하는 궁극적 목표가 있을 수 있다. 그림 15-1은 「남녀고용평등과 일 · 가정 양립 지원에 관한 법률」에 근거한 남녀고용평등정책의 정책목표 체계와 정책수단을 도표로 그려 본 것이다.

한국의 남녀고용평등정책이 법률의 전면 개정을 통해서 패러다임의 전환을 가져온 것은 정책목표의 전환뿐만이 아니라 정책의 범위와 정책기조 그리고 정책 대상자의 변화이다. 정책의 범위는 종전의 노동시장에서의 여성차별 해소에서 고용평등의 정착과 더불어 일 ·

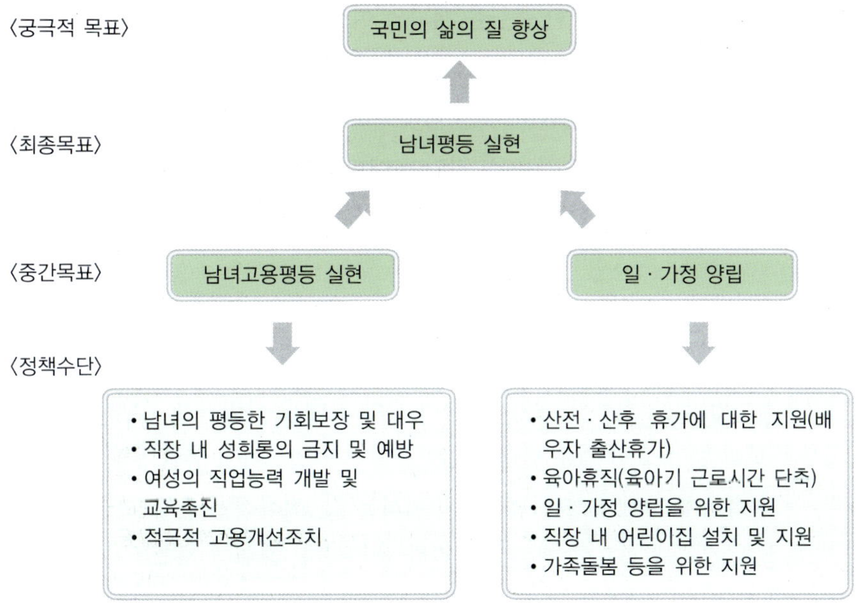

| 그림 15-1 | **남녀고용평등정책**

* 주 : 이 도표는 「남녀고용평등과 일 · 가정 양립 지원에 관한 법률」 전문에 기초하여 필자가 그린 것임.

가정 양립을 위한 각종 지원정책으로 확대되었으며 모집 · 채용 등에서의 차별해소와 기회의 평등 원칙 선언에서 적극적 고용개선조치를 통한 적극적인 차별해소와 실질적 평등을 위한 정책으로 전환되었다. 그리고 정책 기조는 사업주에게 '…하여야 한다' 라는 규제 중심에서 벗어나 사업주의 자율적 고용평등 노력을 지원하는 인센티브 시스템을 도입하고 위반행위에 대한 벌칙을 강화했다. 마지막으로, 남녀고용평등정책의 정책 대상을 근로자와 사업주에서 일 · 가정 양립을 위한 정부와 노동조합의 역할을 강화하는 방향으로 전환했다(여성과 취업, 2008).

「남녀고용평등법」은 1987년에 제정된 이후에 20년 동안 몇 차례의 개정을 통해서 발전하기는 했으나, 2007년의 전면 개정이 있기 전까지는 여성노동의 양적 변화에는 기여했더라도 질적인 변화에는 별로 영향을 미치지 못한 법률이었다고 할 수 있다. 그런데 최근에 시행되기 시작한 「남녀고용평등과 일 · 가정 양립 지원에 관한 법률」은 앞으로 여성노동의 양적 확대와 더불어 질적 개선을 가져올 수 있을 것으로 기대된다. 「남녀고용평등법」은 유엔여성차별철폐협약 가입국으로서의 의무를 이행하고 경제성장에 필요한 여성노동력의 활용을 촉진하기 위한 실질적 목적이 배경에 있고, 「남녀고용평등과 일 · 가정 양립 지원에 관한 법률」의 배경에는 저출산 · 고령화시대의 심각한 문제가 되고 있는 낮은 출산율과 노동력 부족 문제를 해결하기 위한 출산율 제고와 여성고용률 제고의 목적이 있는 것은 부인할 수 없는 사실이다. 그러나 법률에 명시된 '법률의 목적'과는 다른 정책적 목적을 가지고 정책이 시행되는 경우 그 법률은 다른 정책목표의 한 수단이 될 수 있다. 우리나라 남녀고용평등정책의 패러다임의 전환은 성 역할에 대한 차별적 고정관념을 벗어나서 공·사 영역에서 남녀가 함께 일하고 함께 발전해 가야 한다는 인식의 전환을 요구한다.

2) 남녀고용평등정책

「남녀고용평등법」에는 정부가 해야 할 일에 관한 규정과 사업주가 시행해야 할 규정이 있다. 정부가 해야 할 중요한 일은 남녀고용평등 실현과 일·가정 양립에 대한 기본계획을 수립하는 것과 법률에 의해 규정된 정책을 수립하는 것, 적극적 고용개선조치 시행계획의 수립·제출 등과 정책에 필요한 재원을 마련할 책무이다. 그런데 사업주가 해야 할 일에 대해서는 대부분이 "사업주는 근로자를 모집하거나 채용할 때 남녀를 차별하여서는 아니 된다"라는 식의 선언문 규정이고, 구체적으로 무엇을 어떻게 하지 말라는 것인지 알 수 없는 애매함이 있다.

남녀고용평등을 실현하기 위해서는 우선적으로 고용에 있어서 남녀의 동등한 기회와 동등한 대우가 보장되어야 한다. 그러므로 모집과 채용, 임금, 임금 외의 금품 등, 교육, 배치, 승진, 정년, 퇴직, 해고에서 사업주는 남녀를 차별해서는 안 된다는 것이 남녀의 평등한 기회보장 및 대우에 관련된 '정책'이다. 그러나 법률에 차별의 정의와 판단기준에 대한 명확하고 구체적인 규정이 없으면 주관적으로 판단해 기준이 애매하기 때문에 특정 성의 근로자가 차별을 당해도 입증하기가 쉽지 않은 어려움이 있다. 정부는 2001년 「남녀고용평등법」 개정을 통해서 직접차별뿐만 아니라 간접차별도 금지하고 2007년에는 차별금지법 제정안을 입법예고했다. 그러나 2012년 현재까지 차별금지법이 제정되지 않고 있으며 이에 대해서 유엔여성차별철폐위원회의는 한국에 대해서 차별금지법 제정을 촉구했다.[8)]

「남녀고용평등과 일·가정 양립 지원에 관한 법률」에서 고용노동부 장관은 남녀고용평등 실현과 일·가정의 양립에 관한 기본계획을 수립해야 하며(제6조의 2), 기본계획에는 다음 각 호의 사항이 포함되어야 한다고 규정하고 있다.

1. 여성취업의 촉진에 관한 사항
2. 남녀의 평등한 기회보장 및 대우에 관한 사항

8) 여성가족부, 「유엔여성차별철폐협약」 제7차 국가이행보고서 심의 결과, 2012.

3. 동일가치 동일노동에 대한 동일임금 지급의 정착에 관한 사항
4. 여성의 직업능력 개발에 관한 사항
5. 여성근로자의 모성 보호에 관한 사항
6 일 · 가정 양립 지원에 관한 사항
7. 여성근로자를 위한 복지시설의 설치 및 운영에 관한 사항
8. 그 밖에 고용평등의 실현과 일 · 가정의 양립 지원을 위하여 고용노동부 장관이 필요하다고 인정하는 사항

그리고 정부가 정책으로 추진해야 할 사업은 경력단절여성의 능력개발과 고용촉진 사업으로, 법률 제17조의 2는 "고용노동부 장관은 임신 · 출산 · 육아 등의 이유로 직장을 그만두었으나 재취할 의사가 있는 경력단절 여성을 위하여 취업유망 직종을 선정하고 특화된 훈련과 고용촉진프로그램을 개발하여야 한다"고 규정하고 있다.

모성보호와 일 · 가정 양립에 관한 정책에 대해서는 제14장에서 자세히 다루고 있으므로 여기서는 간단히 설명한다. 일 · 가정 양립정책은 2001년 「남녀고용평등법」 개정에 직장과 가정생활의 양립이라는 정책목표가 추가되면서 도입된 양성평등정책이며 가족친화정책이라고 부르기도 한다. 일 · 가정 양립정책은 정책 대상이 남녀 모두이며, 구체적인 제도는 재택근무, 시간제 근무, 노동시간 단축 등 탄력적 근무제도, 육아 및 가족관련 휴가제도로 돌봄과 관련된 가족책임을 수행하는 노동자를 지원하기 위한 제도로 산전 · 산후휴가, 유급육아휴직, 가족간호휴가, 아버지 휴가 할당제가 있으며 부양가족 프로그램과 종업원 지원 프로그램 등이 있다.

정부는 「남녀고용평등법」의 규정에 따라 제1차(1994~1997년), 제2차(1998~2002년) '근로여성복지기본계획' 및 제3차(2003~2007년) '남녀고용평등기본계획'을 수립 · 추진하고, 「남녀고용평등과 일 · 가정 양립 지원에 관한 법률」에 의해 제4차(2008~2012년) '남녀고용평등과 일 · 가정 양립 기본계획'을 수립 · 추진하고 있다.

4 적극적 조치

1) 적극적 조치의 개념과 찬반 논쟁

(1) 적극적 조치 개념

적극적 조치(affirmative action)는 원래 미국에서 1960년대에 인종 · 성 차별을 없애기 위해 시작한 반차별정책으로, 동등한 조건이라면 유색인종과 여성을 채용하도록 하기 위해 도입한 제도이다. 우리나라에서는 「여성발전기본법」에서 "여성의 참여가 현저히 부진한 분야에 대하여 합리적인 범위에서 여성의 참여를 촉진하여 실질적인 남녀평등을 이룰 수 있도록 관계 법령으로 전하는 바에 따라 취할 수 있는 조치"를 적극적 조치라고 한다. 적극적 조치는 한시적으로 특정 특성을 가진 계층에게 적용하는 한시적인 조치이기 때문에 '잠정적 우대 조치' 라고도 한다.

적극적 조치의 개념을 더 잘 이해하기 위해서 여성학자의 정의를 소개한다. 한 여성학자는 적극적 조치는 집단에 따른 조건의 불평등을 인지하고 결과의 평등을 실현하기 위해 사회적으로 차별받아 온 집단에게 누적된 차별을 보상하는 잠정적 제도라고 한다(이은아, 2007). 또 다른 학자는 적극적 조치는 구조적 차별을 인식하고, 그러한 차별의 결과로 나타나는 특정 집단의 과소대표성, 통계적 불균형을 차별의 지표로 받아들이며 적극적으로 교정함으로써 결과적으로 평등을 실현하고자 하는 제도라고 정의한다(김경희, 2000; 이은아, 2007 재인용).

요약하면 적극적 조치의 목적은 오랜 차별구조를 완전히 해소하기 위해 과거 누적된 차별의 결과를 시정하는 데 있다. 적극적 조치의 수단으로는 할당제, 목표제, 적극적 고용개선조치 등이 있는데, 가장 일반적인 수단은 기업 스스로 소수집단을 위한 목표치를 설정하고 이를 달성하기 위한 합리적 수준의 우대조치를 시행하는 적극적 고용개선조치라고 할 수 있다(장지연, 2006).

(2) 적극적 조치 찬반 논쟁[9)]

적극적 조치에 대한 찬반 논쟁은, 적극적 조치가 필요한가? 적극적 조치가 소수자에게 도움을 주는가? 적극적 조치는 역차별이 아닌가? 적극적 조치는 업적주의에 대한 침해로

---

9) 이 부분은 장지연의 "적극적 조치 논쟁: 논점과 시사점"을 요약한 것임을 밝혀 둔다. 구체적인 내용은 「노동시장 차별과 적극적 고용개선조치」, 한국노동연구원, 2006. 장지연 외 7인의 논문들을 참고.

|표 15-2| 적극적 조치 반대론 · 옹호론의 쟁점별 비교

구분	반대론	옹호론
필요성	필요하지 않다.	필요하다.
	현재 고용구조는 과거 차별의 결과이므로 이제부터 차별을 금지하면 개인에게 더 이상의 불이익은 없다.	차별은 과거 행위의 결과일 뿐만 아니라 현재도 진행 중인 문제이다.
	더 이상의 차별을 금지하는 것으로 족하다.	차별금지만으로는 공정한 기회보장을 할 수 없기 때문에 출발선 맞추기가 필요하다.
	기업이 비합리적인 차별은 근절해 나갈 것이다.	국가 개입 없이 기업의 차별 근절이 어렵다.
효과성	여성 · 소수자에게 도움이 안 된다.	여성 · 소수자에게 도움이 된다.
	교육 · 훈련투자 감소를 초래하여 장기적으로 능력 저하를 가져온다. 낙인효과로 명예를 실추시키고 집단 간의 갈등을 유발한다.	교육 · 훈련에 더 분발하게 된다. 질시와 배제는 이전에도 존재했다. 낙인 문제는 제도개선으로 해소되어야 할 문제이다.
	소수 엘리트에게만 도움이 된다.	하층민 생산직 노동자에게도 도움이 된다.
정당성	적극적 조치는 역차별이다.	적극적 조치는 역차별이 아니다.
	차별의 직접적인 가해자가 아닌 사람이 벌을 받고 피해자가 아닌 사람이 보상을 받는 제도이다.	재분배를 통해서 왜곡된 구조를 바로잡는 것이므로 직접적인 피해자를 찾아낼 필요는 없다.
효율성	경제적 비효율을 증가시킨다.	경제적 효율성을 증가시킨다.
	현재는 업적주의 · 능력주의 시스템이 작동한다. 업적주의에 대한 침해로 경제적 비효율과 경쟁력 약화를 가져온다.	현재의 업적주의는 불완전하고 불필요하다. 다양한 인력구성으로 소비자의 다양한 욕구에 대응하고 창의적 아이디어로 경쟁력이 강화될 수 있다.

출처 : 장지연(2006) 인용.

경제적 비효율을 초래하지 않는가? 등의 질문에 대한 답과 그러한 답의 판단 근거와 반론 및 재반론으로 이어진다. 논쟁의 역사가 40여 년이 되고 관련된 연구물이 많이 있기 때문에 적극적 조치와 관련된 논쟁을 간단히 요약하기는 쉽지 않다. 표 15-2는 장지연이 적극적 조치의 필요성, 효과성, 정당성 및 효율성에 대한 반대론과 옹호론의 논점을 정리한 표를 재구성한 것이다.

적극적 조치의 필요성 측면에서의 논점은 차별을 과거의 문제로 보느냐, 현재도 진행 중인 문제로 보느냐의 차이와, 기업이 이윤 추구를 위해서 스스로 비합리적인 차별을 근절해 나갈 수 있다고 보는 낙관론, 사회 자체가 차별적 환경이라면 차별을 행하는 것이 기업에 손해가 아닐 수도 있으므로 정책적 개입 없이 차별 문제가 저절로 해결될 것으로 기대하기 어렵다는 것이다.

적극적 조치의 효과에 대한 논점은 적극적 조치가 모든 인구집단에게 공평한 기회를 주자는 본래의 취지를 달성할 수 있는가 없는가에 있다. 반대론자들은 적극적 조치제도는 대상 집단에 속한 사람들의 교육 · 훈련에 대한 투자 감소로 장기적으로 이들의 능력을 저하시키며, 적극적 조치의 혜택을 받았다는 낙인효과가 오히려 불이익을 준다고 주장한다. 이에 대해 적극적 조치 옹호론자들은 반대론자의 비판은 사실과 다르며 일부에서 일어난 일을 확대하여 일반화하는 오류라고 지적한다. 실제 사례들은 적극적 조치 이후 대상자들의 인적자본투자가 증가했고 고학력자와 엘리트집단에게만 혜택을 준다는 비판도 사실과 다르다는 것이다.

적극적 조치가 역차별인가 아닌가의 논쟁은 가장 뜨거운 쟁점이다. 적극적 조치 반대론자는 이 제도는 개인의 권리를 침해하는 것으로 형평성에 어긋나는 역차별이라고 주장하며, 차별의 직접 가해자가 아닌 사람이 벌을 받고 차별의 직접 피해자가 아닌 사람이 보상을 받는 형국이라는 것이다. 이에 대해 적극적 조치가 개인에 대한 보상이 아니고 차별의 피해를 받은 집단에 대한 분배적 정의를 실현하는 것이기 때문에 할당을 적용하는 것은 부당하다고 볼 수 없다는 것이 옹호론자들의 논리이다.

적극적 조치의 경제적 효과에 관련된 효율성 논쟁은 완전경쟁과 완전정보의 가정(假定)과 통계적 차별에 대한 경제학적 지식이 필요하고 이론적이라서 간단히 설명하기는 쉽지 않다. 적극적 조치로 인해서 더 능력 있고 업적이 뛰어난 사람이 경쟁에서 탈락하고 그보다 부족한 사람이 선정된다면 이는 업적주의 원칙을 침해하는 것이며, 이로 인해 기업의 생산효율성이 저하되고 사회 전체의 효율성과 경쟁력이 저하된다는 것이 반대론의 주장이다(장지연, 2006 재인용). 이에 대해서 옹호론자는 적극적 조치가 비효율적이라는 것은 이론적으로 완전경쟁과 완전정보의 가정하이며, 이 가정이 깨지는 경우 적극적 조치가 효율성을 증가시킬 수 있다고 설명한다. 그런데 완전정보의 가정이 깨지는 사례가 통계적 차별이 존재하는 경우로, 고용주가 소수자에 대해 부정적인 차별을 가지고 있으면 소수자는 인적자본에 대한 투자를 적게 하기 때문에 비효율성이 발생할 수 있는데 이러한 편견이 작용하지 못하게 하는 적극적 조치는 효율성을 증가시킨다는 것이다(장지연, 2006 재인용).

2) 한국의 적극적 조치 제도

(1) 할당제 · 목표제

우리나라에서 여성의 고용확대와 차별개선을 위한 적극적 조치가 처음 거론된 것은

| 표 15-3 | 주요 적극적 조치(할당제 · 목표제)의 결과

구분	1990	1995	2000	2005	2010
국회의원 여성비율	2.7	3.0	5.9	13.4	13.7
정부위원회 여성위원비율	9.0	7.7	23.6	32.2	22.3
정부위원회 여성참여위원회비율	19.4	35.8	82.9	95.9	86.7

출처 : e-나라지표, www.index.go.kr.

1989년 「남녀고용차별법」 개정안이었다. 그러나 실제로 제도가 도입된 것은 1996년에 도입된 10대 과제 중 '정책결정과정에서의 여성의 대표성 제고'와 '여성인적자원 개발과 활용을 위한 여성관리자 임용확대 및 양성평등목표제' 부터라고 할 수 있다. 이에 따라 도입된 적극적 조치는 여성관리자 임용확대 5개년 계획, 공무원 양성평등 채용목표제, 국공립대 여성교수 임용계획 및 실적 평가, 정부위위원회 여성참여율, 여성과학기술인력 채용목표제 등이다.

우리나라에서 시행되고 있는 적극적 조치제도 중에서 국회 비례대표 여성공천할당제와 정부위원회 여성참여율 목표제는 할당제와 목표제의 대표적 사례이다. 표 15-3은 국회의원 여성비율, 정부위원회 여성참여율 그리고 정부위원회 중 여성이 참여하고 있는 위원회 비율의 변화를 보여 준다.

우리나라에서는 16대(2000~2004년) 국회에서 처음으로 비례대표 국회의원 30% 여성할당제를 도입하여 17대(2004~2008년) 국회부터는 50% 할당제를 시행하고 있다. 이에 따라 15대 국회까지 3% 이하에 머물던 여성의원비율이 16대 5.9%, 17대 13.4%, 18대 13.7%, 19대 15.7%로 증가해 왔다. 이와 같은 여성의원비율 증가는 비례대표 여성할당제의 결과이다. 그런데 지역구 국회의원 중 여성의원비율은 16대에 1.8%, 17대에 3.3%, 18대에 4.4%, 19대에 7.8%로 정치에서의 여성의 대표성이 극도로 낮은 현실이다. 정치참여의 기회가 법적으로는 남성과 여성에게 동등하게 주어져 있으나 실제로는 많은 구조적 장애요인이 있기 때문에 여성의 대표성을 높이기 위해서는 사회적으로 합의 가능한 적극적 조치의 도입이 필요함을 시사한다.[10)]

정부는 2003년부터 시행된 「제2차 여성발전기본계획」에서 정부위원회 여성비율을 2007년까지 40%를 달성할 것을 목표로 설정했다. 그리고 분야별 여성 전문인력 발굴, 여성인력 데이터베이스 구축, 인사관련기관에 정보 제공 등의 사업을 추진했다(제2차 여성

10) 참고로 여성의원비율이 가장 높은 국가는 스웨덴(47.3%)이고 노르웨이(37.7%), 네덜란드(36.7%), 오스트리아(32.2%), 독일(31.6%) 등은 여성의 정치참여율이 높은 나라인 데 반해 영국(19.7%)과 미국(16.3%)의 여성의원비율은 세계평균(17.2%) 수준이다(김정숙, 2011).

|그림 15-2| 정부위원회 여성참여율 추이

출처 : e-나라지표.

정책기본계획, 2004). 그 결과는 그림 15-2가 보여 주는 바와 같다. 정부위원회 여성비율 목표제가 도입되기 전에는 정부위원회의 여성비율이 10%에 미치지 못하였고 정부위원회 가운데 여성위원이 전혀 없는 위원회의 비율이 60%를 넘었다. 즉 정부의 의사결정과정에 여성 전문가의 목소리가 과소대표되고 있었다. 그러나 여성의 과소대표성을 해소하기 위한 적극적 조치의 도입으로 정부위원회의 여성비율은 2006년에 33.7%까지 상승하고 정부위원회 중 여성위원이 전혀 없는 위원회 비율은 5% 이하로 줄었다. 그러나 정부위원회의 여성비율은 2007년부터 급격히 하락하여 2010년에는 22.3%까지 내려갔다. 이처럼 급속히 여성비율이 하락한 데는 합리적인 범위를 초과한 과도한 목표설정으로 인한 부작용과 잠정적 우대조치에 대한 정책적 무관심에 그 원인이 있을 것으로 본다.

(2) 적극적 고용개선조치

적극적 고용개선조치는 적극적 조치를 고용부문에 적용한 개념으로 현존하는 남녀 간의 고용상 차별을 해소하고 고용평등을 촉진하기 위하여 잠정적으로 취하는 모든 조치와 이에 따르는 절차를 말한다.

우리나라는 「남녀고용평등과 일 · 가정 양립 지원에 관한 법률」에 의하여 2006년에 적극적 고용개선조치 제도를 도입하였다. 2006년 3월부터 상시근로자 1,000인 이상의 기업 및 정부 투자기관, 산하기관을 대상으로 실시하고, 2008년 3월부터는 상시근로자 500인 이상 사업자로 확대 시행하고 있다. 적극적 고용개선조치 제도는 동종 산업의 유사규모 기업들을 비교 평가하여 여성을 현저히 적게 고용하였거나 여성 관리자 비율이 낮은 기업에

| 표 15-4 | 적극적 고용개선조치 사업장 현황

연도	합계	공공기관		민간기업	
		정부투자기관	정부산하기관	1,000인 이상	500~999인
2006	548	14	93	439	–
2007	613	14	101	498	–
2008	1,425	14	101	591	719
2009	1,607	246		600	761
2010	1,576	255		592	729

출처 : 「2011년판 고용노동백서」, 고용노동부.

대하여 간접차별의 징후가 있을 것으로 보고 개선방안을 찾고 시행할 것을 요구하는 제도이다(여성과 취업, 2008).

적극적 고용개선조치 대상 사업주는 '직종별 · 직급별 남녀 근로자 현황'을 매년 5월 말까지 제출해야 하며, 여성고용기준에 미달하는 경우 '적극적 고용개선조치 시행계획'을 수립 · 이행하고 그 실적을 다음 해 10월 15일까지 보고해야 한다. 고용노동부는 제출된 시행계획서의 적정성 및 이행실적을 평가하여 미흡한 기업에게는 이행촉구기한을 통보하고 우수기업에 대해서는 남녀고용평등의 날에 표창하고 행정적 · 재정적 지원을 한다. 적극적 고용개선조치 제도는 능력주의나 업적주의를 침해하지 않는 방법으로 기업 스스로 여성고용이 미흡한 원인을 찾아 개선해 나가도록 하는 제도라고 할 수 있다(「고용노동백서」, 2011).

표 15-4는 적극적 고용개선조치 대상 사업장 수를 보여 주고, 표 15-5와 표 15-6은 각각 적극적 고용개선조치 대상 사업장의 여성근로자 비율 변화와 여성 관리자 비율 변화를 보여 준다.

여성근로자 비율의 증감이 모두 적극적 고용개선조치의 효과를 반영하는 것으로 볼 수 없지만, 민간기업의 여성근로자 비율은 크게 증가하지 않고 공공기관의 여성근로자 비율이 증가한 것을 볼 때 민간기업보다는 공공기관에서 적극적 고용개선조치를 이행하고 있는 것으로 볼 수 있다. 적극적 고용개선조치 의무 적용 사업장이라 해도 민간기업에게 인센티브가 별로 없는 제도를 자율적으로 시행할 것을 요구하는 정책의 효과는 미미할 것으로 보인다. 따라서 인센티브 시스템을 강화해야 할 것이다.

적극적 고용개선조치 대상 사업장의 여성임원비율의 변화를 살펴보면 우리나라 여성들이 상위직으로 승진하는 것이 매우 어려운 현실을 단적으로 볼 수 있다. 예를 들어, 2006년 정부 투자기관에서 일하는 여성근로자 비율은 전체의 16.48%인데 여성 관리자 비율은

|표 15-5| 적극적 고용개선조치 대상 사업장의 여성근로자 비율(단위 : %)

구분		전체	공공기관		민간기업
			투자기관	산하기관	
2006		30.77	16.48	24.61	32.54
2007		32.32	16.36	25.54	34.14
2008	1,000인 이상	35.02	15.68	27.14	35.60
	1,000인 미만	32.44	23.81	26.19	33.19
2009	계	34.01	28.15		35.00
	1,000인 이상	35.10	28.61		35.81
	1,000인 미만	33.24	28.48		34.36
2010	계	34.12	30.14		34.89
	1,000인 이상	35.60	28.95		36.34
	1,000인 미만	33.07	30.55		33.72

출처 : 「2011년판 고용노동백서」, 고용노동부.

|표 15-6| 적극적 고용개선조치 대상 사업장의 여성 관리자 비율

구분		전체	공공기관		민간기업
			투자기관	산하기관	
2006		10.22	1.69	6.76	11.22
2007		11.00	1.47	6.88	12.10
2008	1,000인 이상	13.17	1.33	6.72	15.56
	1,000인 미만	11.99	4.09	7.07	12.59
2009	계	14.13	8.43		15.16
	1,000인 이상	14.84	9.85		15.39
	1,000인 미만	13.62	7.91		14.98
2010	계	15.09	9.93		16.09
	1,000인 이상	16.15	10.97		16.72
	1,000인 미만	14.33	9.56		15.57

출처 : 「2011년판 고용노동백서」, 고용노동부.

1.69%에 불과하다. 민간기업의 경우는 공공기관보다는 나은 편이나(여성근로자 비율 32.54%, 여성관리자 비율 11.22%) 여성의 상위직 진출이 매우 힘든 상황임을 보여 준다. 공공기관의 여성 관리자 비율이 2010년 현재 10% 수준에 못 미치나 적극적 고용개선조치 제도가 도입된 2006년 이후에 조금씩 증가하는 추세를 보이고 있으며, 민간기업의 여성 관리자 비율이 공공기관보다는 높아 2010년에 15% 수준에 도달했다. 이는 여성임원비율에 대한 적극적 고용개선조치가 공공기관과 민간기업에 영향을 미치고 있음을 시사하는

것이다.

결론적으로, 한국 여성의 경제활동참여가 증가해 왔으나 고용의 질적인 변화가 크지 않게 평가되고 있는 이유는 그동안의 고용정책이 여성 인력의 활용이라는 차원에서 추진되어 왔을 뿐 구조적인 차별에 기인한 노동시장에서의 젠더격차 문제를 적극적으로 해결하려는 노력은 하지 않았기 때문이다. 대졸여성의 고용률이 OECD 최하위를 벗어나지 못하는 현상은 우리 사회의 구조적 차별의 심각성을 보여 주는 것이다. 따라서 누적된 구조적 차별을 해소하기 위한 방안으로 여러 분야에서 적극적 조치의 도입·추진을 모색할 필요가 있다.

참/고/문/헌

김선욱(1996), 『21세기 여성과 정책』, 박영률출판사.

김원홍 · 김혜영(2011), "공공기관 여성임원 현황 및 향후 과제", 『공공기관, 고위공무원 여성대표성 현황과 제고방안』, 제1차 공공기관 여성대표성 제고를 통한 국격향상포럼(2011. 5. 31), 한국 여성정책연구원.

김정숙(2011), "한국 여성의 정치 리더십 확대 방안", 『여성의 정치적 대표성 제고 종합토론회』, 2011. 11. 29, 한국 여성정책연구원.

오정진 외(2002), 『여성정책용어사전』, 여성부.

이은아(2007), "젠더와 여성정책", 「여성학」, 이재경 · 조영미 · 민가영 · 박홍주 · (이박)혜경 · 이은아.

장지연 외(2006), 『노동시장의 차별과 적극적 고용개선조치 I』, 한국노동연구원.

차인순(2007), 『성 인지 정책』, 푸른사상.

고용노동부, 『고용노동백서』, 2011, 2010.

고용노동부, 『여성과 취업』, 2011, 2008.

국회여성위원회, 『해외시찰 결과보고서(독일 · 스웨덴 · 노르웨이 · 러시아)』, 2005. 5. 9~5. 19, 국회여성위원회 해외시찰단.

국회예산정책처(2011), 「2010년도 성인지 예산서 분석」.

여성가족부, 「유엔여성차별철폐협약」 이행 심의결과 보고서, 제5차 및 제6차(2007), 제7차(2012).

여성부, 『성인지정책을 위한 길라잡이』, 2002.

여성부, 『제2차 여성정책기본계획(2003~2007) 2003년도 시행실적 및 2004년도 시행계획』, 2004.

정무장관(제2실)(1994), 『나이로비 여성발전전략 이행 국가보고서(1985~1994)』.

Korea Times, 2010. 3. 4.

OECD, *Employment Outlook*, 2012.

www.index.go.kr e-나라지표.

www.oecd.org/gender.

찾아보기

ㅊ

ㅋ

ㅌ

⏭ 집필진 소개 ⏮

■ 김애실
미국 하와이대학교 졸업(경제학, 수학)
미국 하와이대학교 경제학 석사
미국 하와이대학교 경제학 박사
현재 한국외국어대학교 경제학부 명예교수

■ 김경아
국립공주대학교(구 공주사범대학) 독어독문학과 졸업
성균관대학교 일반대학원 경제학과 석사
성균관대학교 일반대학원 경제학과 박사
현재 국민연금연구원 연금제도연구실 연금제도팀 부연구위원

■ 김영옥
서울대학교 소비자아동학과 졸업
네덜란드 Institute of Social Studies 여성학 석사
고려대학교 경제학 석사 · 박사
현재 한국여성정책연구원 선임연구위원

■ 김종숙
이화여자대학교 경제학과 졸업
이화여자대학교 대학원 경제학 석사
미국 위스콘신주립대학교(매디슨) 가족경제학 박사
현재 한국여성정책연구원 연구위원

■ 민세진
서울대학교 경제학과 졸업
미국 캘리포니아주립대학교(로스앤젤레스) 경제학 석사 · 박사
현재 동국대학교 경제학과 조교수

■ 박진희
성신여자대학교 경제학과 졸업
고려대학교 대학원 경제학 석사 · 박사
현재 한국고용정보원 연구위원

■ 윤자영
서울대학교 경제학과 졸업
이화여자대학교 여성학 석사
미국 매사추세츠주립대학교(앰허스트) 경제학 박사
현재 한국노동연구원 연구위원

■ 이은형
서울대학교 국사학과 졸업
KDI국제정책대학원 경영학 석사 · 박사
현재 국민대학교 경영학부 부교수

■ 최숙희
서강대학교 경제학과 졸업
서강대학교 경제학 석사
미국 코넬대학교 공공정책학 박사
현재 한양사이버대학교 시니어비즈니스학과 부교수

■ 한현옥
연세대학교 경제학과 졸업
연세대학교 대학원 경제학 석사
미국 위스콘신주립대학교(매디슨) 경제학 박사
현재 부산대학교 경제학부 부교수

■ 황수경
서울대학교 화학공학과 졸업
숭실대학교 노사관계대학원 노동경제학 석사
미국 뉴욕주립대학교(빙햄튼) 경제학 박사
현재 한국개발연구원 연구위원